Ch. E. Cowman: ALLE MEINE QUELLEN SIND IN DIR

CH. E. CHOWMAN

Alle meine Quellen sind in Dir

Andachten für jeden Tag

SCHULTE & GERTH

Die amerikanische Originalausgabe erschien im Verlag
Zondervan Publishing House, Grand Rapids
unter dem Titel »Streams in the Desert«.

Aus dem Amerikanischen übersetzt und bearbeitet
von Joachim Hoene und Waltraut Schmalzried

Best.-Nr. 815 250
ISBN 3-89437-250-8
15. Auflage 1997
Umschlaggestaltung: Ursula Stephan
Titelfoto: THE IMAGE BANK
Druck und Verarbeitung: Ebner Ulm
Printed in Germany

VORWORT

Arthur Rubinstein, einer der bedeutendsten Pianisten der Gegenwart, sagte einmal: »Wenn ich einen Tag nicht übe, merke ich es; wenn ich zwei Tage nicht übe, merken es meine Freunde; wenn ich drei Tage nicht übe, merkt es das Publikum!«

Auf geistlichem Gebiet ist es nicht anders. Wenn wir Gottes Angesicht nicht täglich suchen; wenn wir uns nicht in der Stille von ihm stärken, trösten, Mut machen und neu ausrichten lassen — dann merken es die anderen ebenfalls.

Dieses Andachtsbuch zeichnet sich durch drei Vorzüge aus.

1. Es ist für Christen geschrieben, die in ihren alltäglichen Nöten und Schwierigkeiten Trost, Kraft und Ermunterung suchen. Martin Luthers Frau soll gesagt haben, sie hätte viele Worte der Bibel und die praktische Seite des christlichen Glaubens niemals verstanden, wenn Gott sie nicht in Nöte geführt hätte. Gott straft uns niemals für irgend etwas, das wir in der Vergangenheit einmal getan haben. **Dafür ist Jesus Christus gestorben! Aber er erzieht uns und hat nur das eine Ziel, uns immer mehr in das Bild Jesu umzugestalten.**

2. In diesem Andachtsbuch wurde die Erfahrung verwertet, daß sich biblische Wahrheiten oft am besten mit Hilfe einer lebendigen und spannenden Kurzgeschichte einprägen. Viele Andachten sind dadurch kurzweilig, eindrucksvoll, ja gelegentlich dramatisch geworden. Solche Geschichten setzen sich tiefer in unserem Gedächtnis fest und wirken nachhaltiger als theoretische Darlegungen, die man bereits am nächsten Tag wieder vergessen hat. Aus diesem Grund eignet sich dieses Buch auch besonders für Andachten im Kreis der Familie.

3. Wozu wären Andachten schließlich nütze, wenn sie nicht immer wieder aufs neue zur Bibel hinführten! Deshalb sind die Andachten in erster Linie als Hinführung zur Bibellese gedacht, die am Schluß jedes Andachtstextes angegeben ist.

Dieses Andachtsbuch ist in Amerika bereits zu einem Klassiker geworden! Seit 40 Jahren wird es von Millionen Lesern mit großem Gewinn gelesen!

Das kommt nicht von ungefähr: Die Verfasserin hat selbst große Nöte und viel Leid durchgemacht. Sie wirkte von 1901—1917 mit ihrem Mann als Pionier-Missionarin in Japan und China. Während dieser Zeit gründeten sie die Orientmission. 1917 wurde das Ehepaar Cowman gezwungen, nach Amerika zurückzukehren, weil Herr Cowman sehr krank geworden war. Sechs Jahre lang bis zu seinem Tod pflegte Frau Cowman ihren Mann. Die während dieser Jahre durchstandenen Nöte und Leiden, aber auch die wunderbaren Erfahrungen mit dem lebendigen Gott haben in den Andachten dieses Buches ihren Niederschlag gefunden.

Frau Cowman gibt in diesem Buch jedoch nicht nur weiter, was sie selbst in der Schatzkammer Gottes entdeckte; sie läßt auch Männer wie Georg Müller, Hudson Taylor, Spurgeon, Torrey u. a. zu Wort kommen. So wird der Leser in einer ungewöhnlich vielfältigen und eindringlichen Weise zu einer Begegnung mit dem lebendigen Gott und seinem Wort geführt.

Möge dieses Buch vielen die unerschöpflichen Quellen Gottes neu auftun, so daß sie aus vollem Herzen mit dem Psalmisten ausrufen können: »Alle meine Quellen sind in dir!« (Psalm 87,7).

Der Herausgeber

Hinweis: Ein Verzeichnis der Abkürzungen der biblischen Bücher finden Sie am Schluß dieses Bandes; ebenso ein Verzeichnis der Bibelstellen.

1. Januar

Ich vergesse, was dahinten ist und strecke mich aus nach dem, was vor mir ist (Phil. 3,14a).

Das vergangene Jahr liegt hinter uns. Es gleicht einem alten Buch, dessen vergilbte Seiten wir noch einmal durchblättern, bevor wir den Blick auf das neue Jahr richten und auf das, was es bringen mag.

Wenn Paulus hier von »vergessen« spricht, dann meint er es auch so. Es gilt:

1. die eigene Vergangenheit zu vergessen. Jesus Christus ist groß genug, daß er uns alle Sünden vergibt, wenn wir sie ihm nur bekennen (1. Joh. 1,9). Paulus achtete seine ganzen vergangenen Leistungen — sein Studium, seine Verdienste als Pharisäer, als Eiferer des Gesetzes, der Gesetzlichkeit — als Unrat. Genauso sollen wir unser Selbstbewußtsein nicht aus unseren Leistungen des vergangenen Jahres schöpfen, aus dem, was wir geschafft haben, was wir zustandegebracht haben, sondern aus dem, was uns Christus geworden ist. Er ist unser neues Leben; er will, daß wir »Menschen ohne Vergangenheit« sind, das heißt ganz bereit für ihn und für die Aufträge, die er uns zu geben hat.

2. aus Glauben zu leben. Dieser Glaube fußt auf der Tatsache, daß Jesus Christus auf Golgatha die Strafe für alle meine Sünden getragen hat. Gott wird mich niemals mehr für irgend etwas bestrafen, das ich in der Vergangenheit getan habe. Strafe als Vergeltung ist Gott fremd, dessen Kinder wir in Jesus Christus geworden sind. Das Erziehungswerk, das Gott durch den Heiligen Geist in uns tut, bringt zwar manche Züchtigung mit sich, aber sie hat immer den Sinn, daß uns alles zum Besten dienen muß.

3. ungeteilten Blicks nach vorn zu schauen, ganz für das dazusein, was Gott uns als Nächstes zu sagen hat. Vielleicht wartet er schon lange darauf, daß wir endlich einmal »hören«; vielleicht wartet er schon lange darauf, daß wir endlich einmal an diesem oder jenem Punkt seinem Wort gehorsam werden; vielleicht wartet er

schon lange darauf, daß wir im Glauben den Schritt tun, vor dem wir noch immer zögern, weil wir eben noch nicht bereit sind, ihn über alles zu lieben.

Es liegt in unserer menschlichen Natur, daß wir lieber im Gestern leben, in den Tagen, die niemals wiederkehren. Vergessen wir doch, was dahinten ist, und seien wir bereit für die Aufträge, die Gott in diesem Jahr für uns hat.

Bibellese: Phil. 3,7—14.

2. Januar

Ich aber will gemächlich hintennach ziehen, wie eben das Vieh vor mir her und die Kinder gehen mögen (1. Mo. 33,14).

Was für ein schönes Bild von Jakobs Fürsorge für das Vieh und die Kinder! Er wollte nicht zulassen, daß sie auch nur einen Tag überfordert würden. Er führte sie nicht in dem Tempo, das ein starker Mann wie Esau angeschlagen und vielleicht auch erwartet hätte, sondern führte sie so, wie sie es durchhalten konnten. Er wußte genau, welche Wegstrecke sie an einem Tag zurücklegen konnten, und das war bei der Festlegung der Marschroute allein ausschlaggebend. Vor Jahren hatte er ja dieselbe Strecke durch die Wüste zurückgelegt und kannte deshalb die Beschaffenheit des Weges, die Entfernungen und die Hitze aus Erfahrung. Deshalb sagte er: »Ich will gemächlich hintennach ziehen.« »Ihr seid den Weg zuvor nicht gegangen« (Jos. 3,4).

Wir sind den Weg durch das vor uns liegende Jahr noch nicht gegangen, wohl aber unser Herr. Für uns ist es Neuland, aber er kennt den ganzen Weg aus persönlicher Erfahrung: die steilen Strecken, die uns außer Atem bringen; die steinigen Wege, die unsere Füße wundreiben; die heißen, schattenlosen Strecken, auf denen wir vor Durst fast verschmachten; die reißenden Ströme, die wir überqueren müssen — Jesus ist vor uns durch all diese Beschwer-

nisse hindurchgegangen. »Jesus war müde von der Reise«, lesen wir in Johannes 4,6. Nicht einige, sondern alle Wasser gingen über ihn und haben doch seine Liebe nicht auslöschen können. Er wurde durch das, was er selbst erlitt, zu einem vollkommenen Führer. »Er weiß, was für ein Gemächte wir sind; er denkt daran, daß wir Staub sind.« Denken wir daran, wenn wir versucht sind, an seiner Fürsorge und Liebe, mit der er uns leitet, zu zweifeln. Er »denkt« allezeit daran, und nicht einen Schritt weiter wird er uns gehen heißen, als unser Fuß gehen kann. Es tut nichts, wenn wir meinen, wir hätten nicht die Kraft, den nächsten Schritt zu tun. Entweder wird er unseren Fuß so stark machen, daß wir den Schritt tun können, oder er wird plötzlich Halt gebieten, und wir brauchen ihn überhaupt nicht zu tun (Frances Ridley Havergal).
Bibellese: 1. Mo. 33,1—20.

3. Januar

Obwohl er reich war, ward er doch arm um euretwillen, damit ihr durch seine Armut reich würdet (2. Kor. 8, 9).

In Rom steht unweit des Kapitols ein altes Gebäude. Es wurde erbaut, als das Christentum noch eine sehr junge Bewegung in der Welt war. In einem der langen Gänge befindet sich eine Steinbank, auf der die jungen Pagen warteten, bis sie von ihren Herren gerufen wurden.

An der Wand genau gegenüber dieser Bank ist mit ungelenker Hand ein Kreuz mit einer ausgestreckten Figur eingeritzt. Darunter hat der boshafte kleine Künstler einen seiner Gefährten gezeichnet und die Worte dazugeschrieben: »Aleximos, der Narr, verehrt auch diesen Jesus.«

Die anderen Jungen fanden es komisch, daß Aleximos Jesus als seinen König betrachtete, denn die Welt hat noch nie einen König ohne Besitz gesehen, wie es einmal jemand ausdrückte.

Bei seiner Geburt wurde Jesus in eine Krippe gelegt, die sich seine Eltern ausgeliehen hatten. Er predigte in einem geborgten Schiff; auf einem Esel, der ihm nicht gehörte, ritt er in Jerusalem ein. Sein letztes Abendmahl hielt Jesus in einem Raum, der ihm nur zur Verfügung gestellt wurde. In einem fremden Grab legte man ihn zur letzten Ruhe. Doch er steht da als der Lebendige, der auferstandene Gottessohn, ohne jeden irdischen Reichtum und sagt: »Mir ist gegeben alle Gewalt im Himmel und auf Erden« (Mt. 28,18).

Irdische Könige mußten sich immer auf etwas stützen. Sie brauchten viele Hilfsmittel, um sich halten zu können: Gold in der Schatzkammer, um Menschen für sich zu gewinnen; Armeen marschbereiter Legionen, um alles niederzuschlagen, was sich ihnen entgegenstellte; Spiele in der Arena, um die Massen bei guter Laune zu halten; Brot, um die Hungrigen zu füttern, damit sie ihnen nicht gefährlich werden konnten. Jesus Christus aber brauchte keine solchen Stützen. Er hielt sich an den lebendigen Gott, der in Ewigkeit bleibt, während die Stützen der anderen Könige schließlich immer zerbrachen.

Genauso können die Nachfolger Jesu in jeder Lage mit Gottes Beistand rechnen. Aber nicht nur das! Gott will uns innerlich reich machen durch die ständige Gemeinschaft mit ihm. Wir brauchen nicht mehr nach den schalen Freuden der Welt zu schielen. Haben wir schon diese Freude, diesen Frieden, den Gott schenken will? Wenn nicht, so liegt es nur daran, daß wir unsere »Reichtümer« noch woanders haben oder suchen als bei Jesus.

Bibellese: Phil. 2,5—11.

4. Januar

Die auf den Herrn harren, kriegen neue Kraft, daß sie auffahren mit Flügeln wie Adler (Jes. 40,31).

Beobachten wir einmal den Adler! Er sitzt auf einem steilen Felsen hoch über den Bäumen und beobachtet die heranziehenden dunklen

Gewitterwolken, die sich drohend über ihm zusammenbrauen. Ganz still sitzt er da, blickt mal mit dem einen, mal mit dem anderen Auge in das Unwetter hinaus. Blitze zucken nieder. Er rührt keine Feder, dann — die erste Sturmbö! Jetzt weiß er: der Sturm ist da! Mit wildem Aufschrei benutzt er die nächste Bö, um hoch in den nachtschwarzen Himmel emporzusteigen. Er läßt sich einfach vom Sturm tragen. Mühelos gleitet er auf seinen Schwingen dahin.

Auch in unserem Leben gibt es solche Gewitter. Gott will, daß seine Kinder die Sturmwolken in ein Gefährt verwandeln. Wir kommen niemals weiter und ändern die Verhältnisse und Umstände nicht dadurch, daß wir gebannt auf die dunklen Seiten des Lebens starren. Nehmen wir Zuflucht zu dem Wort unseres Herrn! Reden wir uns im stillen Kämmerlein unseren Kummer von der Seele und halten wir uns an dem wunderbaren Wort fest, daß denen, die Gott lieben, alle Dinge zum Besten dienen müssen (Rö. 8,28).

Bibellese: Jes. 40,25—31.

5. Januar

Mehre uns den Glauben! (Lk. 17,5).

Fünftausend Männer, dazu eine ungezählte Menge Frauen und Kinder waren am Hang eines Berges in Galiläa versammelt und blickten über den See Genezareth. Unter diesen vielen Menschen, die zusammengekommen waren, um den Meister zu hören, befand sich ein kleiner Junge, der gern helfen wollte. Nur ein Junge — das schien nichts Besonderes. Doch weil er glaubte und gehorsam war, haben Menschen in der ganzen Welt 2000 Jahre lang über dieser Geschichte, in der er eine wichtige Rolle spielte, das Staunen gelernt.

Die Sonne ging gerade unter. Den ganzen Tag hatten die Menschen gespannt den Worten Jesu gelauscht. Kein Wunder, daß die Kinder allmählich unruhig wurden und Hunger bekamen; denn sie hatten den ganzen Tag noch nichts gegessen. Die Jünger machten sich Gedanken, wie sie für diese große Menge eine Mahlzeit beschaffen könnten. Jesus hatte deutlich durchblicken lassen, daß er diesen Menschen etwas zu essen geben wollte, bevor er sie entließ. Sie speisen — aber womit? Es war kein Ort in der Nähe, wo man etwas Eßbares besorgen konnte!

In der Hoffnung, daß einige ihren mitgeführten Proviant teilen würden, gingen die Jünger durch die Menge und fragten, ob jemand etwas Eßbares bei sich hätte. Da zupfte ein kleiner Junge Andreas am Ärmel. »Hier ist mein Korb; aber es sind nur fünf Brotfladen und zwei Fische darin.« Betroffen brachte Andreas den Korb zu Jesus. Er hegte ernsthafte Zweifel, ob er eine offensichtlich so nichtssagende Geste im Gehorsam gegenüber dem Wort seines Meisters ausführen sollte. Aber in den Händen Jesu reichte der Inhalt des kleinen Korbes, um die ganze Menge satt zu machen. Und als dann alle gegessen hatten, blieben immer noch zwölf Körbe voll übrig.

Wer sind wir, daß wir darüber entscheiden oder urteilen könnten, was Gott kann und was nicht?! Er hat die Welt geschaffen und alles, was in ihr ist! Er schuf auch die Naturgesetze. Er regiert die gesamte Schöpfung, wie er will! Und wir sind Geschöpfe, nicht der Schöpfer!

Bibellese: Joh. 6,1—13.

6. Januar

Ich vermag alles durch den, der mich stark macht, Christus (Phil. 4,13).

Ein kleiner Junge bemühte sich vergeblich, einen schweren Gegenstand aufzuheben. Da trat sein Vater ins Zimmer. Er sah, wie der Kleine sich quälte. »Hast du auch all deine Kraft zusammengenommen?« fragte er. »Ja, natürlich«, kam die ungeduldige Antwort.

»Nein«, entgegnete der Vater, »du hast mich noch nicht um Hilfe gebeten!«

Nicht erst, wenn die Last zu schwer ist, ist es höchste Zeit, unseren himmlischen Vater um Hilfe zu bitten. Unser kümmerlicher Vorrat an Kraft reicht nicht aus für die Enttäuschungen und Schwierigkeiten, mit denen wir es im Leben zu tun haben. Gott wartet geradezu darauf, daß wir ihn bitten. »Ihr habt nicht, darum, daß ihr nicht bittet.« Wie muß es unseren Herrn bekümmern, wenn wir immer wieder meinen, wir schafften es doch allein.

Und wenn wir dann am Boden liegen, so finden wir vor lauter Bitterkeit und Verzagtheit nicht den Weg, um mit unserem Vater im Himmel zu reden.

Paulus hatte es gelernt, in Freude und in Leid bei seinem Herrn zu bleiben.

Machen wir es uns zur Gewohnheit, die Hilfe Gottes zu erbitten. Gott wird kein Leiden, keine Versuchung an uns heranlassen, die über unsere Kraft geht; denn er sagt in 1. Kor. 10,13: »Gott ist getreu, der euch nicht läßt versuchen über euer Vermögen, sondern macht, daß die Versuchung so ein Ende gewinne, daß ihr's könnet ertragen.«

Bibellese: Mt. 7,7—11.

7. Januar

Gott hat mich fruchtbar gemacht in dem Lande meines Elends (1. Mo. 41,52).

Das sagte Josef, als ihm sein zweiter Sohn Ephraim (»Doppelfrucht«) geboren wurde.

Schwere Schläge hatte er hinter sich: Seine Brüder hatten ihn verkauft; die Frau seines Herrn Potiphar hatte ihn verleumdet. Jahrelang mußte er dafür ins Gefängnis. Aber Gott hatte alle diese furchtbaren Schläge zugelassen, und nun war Josef der zweitmächtigste Mann in Ägypten.

Die Tore des himmlischen Jerusalem bestehen aus Perlen, aber wissen wir, wie Perlen entstehen? — Eine Muschel wird tief in ihrem Innern verletzt. Möglicherweise ist ein Sandkörnchen in ihre Wunde gedrungen. Alle heilenden Kräfte der Muschel konzentrieren sich nun auf die verletzte Stelle. Ist die Wunde schließlich zugewachsen und der Heilungsprozeß abgeschlossen, so befindet sich an der ehemals verletzten Stelle eine Perle.

Die Verletzung ließ ungeahnte Kräfte in der Muschel frei werden. Etwas überaus Schönes ist entstanden, das ohne Verletzung nie hätte entstehen können. Eine Perle ist eine geheilte Wunde! Wo keine Wunde ist, wächst auch keine Perle!

Josef mußte erst durch eine harte Schule gehen, ehe er von Gott in das einflußreiche Amt eingesetzt wurde. Auch für dich und mich hat Gott einen Plan. Daraufhin erzieht er uns.

Bibellese: 1. Pt. 4,12—19.

8. Januar

Und die zwölf Tore sind zwölf Perlen, jedes der Tore aus einer Perle (Off. 21,21).

Wie bei Muscheln aus Verletzungen kostbare Perlen entstehen, so kann sich Unglück in unserem Leben in Segen verwandeln. Auch ein schweres Gebrechen in unserem Leben kann lebensrettende Kräfte freisetzen.

In dem Roman »Die letzten Tage von Pompeji« ist von der blinden Blumenverkäuferin Nydia die Rede. Sie war über ihre Blindheit nicht verbittert geworden, hatte sich auch nicht murrend zurückgezogen und von den anderen Menschen abgesondert. Sie verdiente sich ihren Lebensunterhalt selbst, so gut sie konnte.

Als jener schreckliche Tag kam, an dem der Vesuv ausbrach, lag die Stadt in wenigen Augenblicken unter einer dichten Decke von Rauch und Asche. In der Finsternis rannten die Bewohner blindlings hin und her. Nydia aber ging nicht verloren. Sie hatte es gelernt, sich durch Tastsinn und Gehör zurechtzufinden. Jetzt fand sie auch sicher einen Ausweg. Weil sie es verstand, sich rasch und sicher im Dunkeln zu bewegen, war ihr Gebrechen zum kostbaren Schatz geworden, ein Geschenk des Himmels, durch das sie in finsterer Stunde gerettet wurde.

»Jedes Tor eine Perle!« Jedes Unglück, jeder Mißerfolg, jeder Verlust kann in etwas Besseres umgewandelt werden. Gott ist mächtig genug, um aus jedem scheinbaren Unglück ein Geschenk des Himmels zu machen. So verwandelte Jesus den Schandbalken des Kreuzes in das Zeichen der Liebe Gottes. Petrus mußte erst erfahren, was es heißt, seinen Herrn zu verleugnen, um später durch die Kraft des Heiligen Geistes ein furchtloser Mensch zu werden. Aus den Schlägen und Stößen, die uns das Leben versetzt, kann reicher Lohn entstehen.

Ob das Leben einen Menschen zerreibt oder ihn glättet und läutert, hängt davon ab, ob Jesus seine erste Liebe ist und bleibt.
Bibellese: Rö. 8,28—30.

9. Januar

Also soll das Wort, das aus meinem Munde geht, auch sein: Es soll nicht leer zu mir zurückkehren, sondern ausrichten, was mir gefällt, und durchführen, wozu ich es sende! (Jes. 55,11).

Wenn wir Gottes Wort aussäen, machen wir gleichsam Distelwolle frei, die voll kraftvollen Samens steckt und, vom Wind des Geistes erfaßt, über die Welt weht. Das gedruckte Wort weicht niemals zurück, zeigt nie Feigheit; es kommt nie in Versuchung, Zugeständnisse zu machen; es wird nie müde und läßt sich nie entmutigen; es reist billig; es wirkt, während wir schlafen, verliert nie die Fassung und wirkt auch dann noch weiter, wenn wir schon lange tot sind. Es trifft den Menschen immer in der richtigen inneren Verfassung; denn es spricht ihn nur an, wenn er sich zum Lesen Zeit nimmt; es steht immer zu dem, was es gesagt hat; es ist wie ein Angelköder, der immer im Wasser hängt.

Einem jungen Franzosen, der bei der Belagerung von Saint Quentin verwundet worden war und auf einer Pritsche im Lazarett lag, fiel ein Traktat auf seiner Bettdecke in die Augen. Er las es durch und bekehrte sich zu Jesus Christus. Das Denkmal dieses Mannes mit einer Bibel in der Hand steht noch heute in Paris vor der »Kirche des Konsistoriums«. Der Mann war Admiral Coligny, der Führer der Reformation in Frankreich.

Aber jenes kleine Traktat hatte seine Wirkung noch nicht beendet. Auch Colignys Krankenschwester in jenem Lazarett, eine »barmherzige Schwester«, die deswegen Gewissensbisse bekam und das Blatt ihrer Äbtissin brachte, kam dadurch samt ihrer Oberin zum Glauben an Christus. Sie floh aus Frankreich in die Pfalz, wo sie einen jungen Holländer traf, dessen Frau sie später wurde. Der segensreiche Einfluß, den sie auf ihren Mann ausübte, wirkte sich auf ganz Europa aus, denn der Holländer war Wilhelm III. von Oranien, ein Vorkämpfer für die Freiheit und den Glauben in den Niederlanden. Gottes Wort hat eine ungeheure Kraft! Wir erfahren es täglich, wenn wir in der Bibel lesen; es tröstet uns, reinigt uns und macht unser Herz im Glauben fest.

Setzen wir uns selbst diesem Worte mehr aus! Hudson Taylor hatte beispielsweise die Gewohnheit, im Jahr mehrmals die Bibel durchzulesen.

Bibellese: Hb. 4,12—13.

10. Januar

Da fingen sie an, ihn zu bitten, er möge aus ihren Grenzen weichen (Mk. 5,17).

Von allen Berichten der Bibel ist dies wohl der traurigste. Es fällt einem schwer zu begreifen, daß jemand Jesus bitten kann, von ihm wegzugehen. Der Sohn Gottes war in das Gebiet der Gadarener gekommen und hatte einen Menschen von der schrecklichsten Plage befreit, die ihn befallen konnte: von dämonischer Besessenheit.

Jesus war bereit, noch mehr im Land der Gadarener zu tun, aber sie baten ihn wegzuziehen. Ihre angebliche Existenzgrundlage, die Schweinezucht, schien bedroht. Daher wollten sie keine weiteren Wunder mehr erleben. Sobald wir Jesus Christus unser Leben übergeben haben, bekommen wir ein neues Verhältnis zu den Menschen und Dingen unserer Umwelt; aus Besitz wird verwaltetes und anvertrautes Gut; unsere Kinder halten wir nicht mehr fest, als wären sie unser Eigentum. Auch sie sind uns nur anvertraut, und wir sollten sie früh zur Selbständigkeit erziehen.

Vielleicht wissen wir das, aber tun wir es auch? Wenn nicht, dürfen wir uns nicht wundern, daß wir nicht die Freude haben, die Jesus jedem geben will, der ihm gehört.

Jesus blieb nicht da, als die törichten Menschen ihn baten wegzugehen. Er bleibt nicht, wo man den eigenen Willen gegen den seinen stellt. Er nimmt dann aber auch wieder mit, was er eigentlich bringen wollte.

Das Schlimmste aber war, daß deshalb, weil einige um ihre Existenzgrundlage bangten, viele im Land der Gadarener ungesegnet blieben. Wo wir Jesus Christus nicht ganz Raum geben, bleibt auch unsere Umgebung ungesegnet. Was für eine Lästerung Gottes, die Not und Schwierigkeit in unserer Familie und in unserer Umgebung Gott anzulasten. Gerade diejenigen, die Gott anklagen, weshalb er denn so grausam sein könne, waren die ersten, die Jesus weggeschickt haben. Das soll in unserem Leben nicht so sein!
Bibellese: Mk. 5,1—20.

11. Januar

Wer wüßte nicht, daß die Hand des Herrn solches gemacht hat? (Hi. 12,9).

Vor vielen Jahren wurde in einem afrikanischen Bergwerk der schönste und größte Diamant der Welt gefunden. Nie zuvor in der Geschichte war ein so prachtvoller Stein entdeckt worden. Er wurde dem König von England für seine Staatskrone verehrt.

Der König schickte den Stein nach Amsterdam, wo er den Händen eines fachkundigen Edelsteinschleifers anvertraut wurde. Dieser nahm den Edelstein von unbezahlbarem Wert und schnitt eine Kerbe hinein. Dann versetzte er ihm mit einem seiner Instrumente einen harten Schlag, und siehe da, der kostbare Stein lag in zwei Teilen in seiner Hand.

Welche Rücksichtslosigkeit, welch strafbarer Leichtsinn würde man meinen. Aber nein! Tage- und wochenlang hatte der Edelsteinschleifer diesen Schlag vorbereitet und geplant, Zeichnungen und Modelle von ihm angefertigt, seine Qualität, seine Fehler und die Spaltungslinien mit größter Sorgfalt untersucht. Der Mann, dem man den Stein anvertraut hatte, war einer der geschicktesten Edelsteinschleifer der Welt.

Meinst du, dieser Schlag sei ein Irrtum gewesen? Nein! Er war der Höhepunkt der Geschicklichkeit des Meisters. Als er jenen Schlag ausführte, tat er das unbedingt Notwendige, um dem Edelstein seine vollkommenste Form, seinen höchsten Glanz und seine größte Leuchtkraft zu geben. Der Schlag, der den prächtigen Stein zu ruinieren schien, führte in Wirklichkeit zu seiner Vollendung. Denn aus diesen beiden Hälften wurden zwei makellose Steine gewonnen, die das geübte Auge des Fachmanns schon in dem rohen, ungeschliffenen Stein erkannt hatte.

So läßt Gott uns manchmal einen schrecklichen Schlag treffen. Das Blut spritzt auf, die Nerven zucken zusammen, die Seele schreit in Todesangst. Der Schlag scheint uns ein furchtbarer Irrtum zu sein. Aber das ist er nicht, denn wir sind für Gott das kostbarste Juwel der Welt. Und er ist der geschickteste Edelsteinschleifer des ganzen Universums. Eines Tages sollen wir in der Krone des Königs leuchten. Wie wir jetzt in seiner Hand liegen, weiß er genau, wie er uns behandeln muß. Nicht ein Schlag wird unsere erschrockene Seele treffen, den die Liebe Gottes nicht zuvor überlegt und geplant hat. Er will uns dadurch segnen und geistlich so bereichern, wie wir es nie für möglich gehalten hätten.

Bibellese: Hi. 12,1—10.

12. Januar

Siehe, wie der Ton ist in des Töpfers Hand, also seid auch ihr vom Hause Israel in meiner Hand (Jer. 18,6b).

Dieses Wort, das Gott durch den Propheten Jeremia dem Volk Israel sagen ließ, gilt jedem Gotteskind. In einem Buch findet sich folgender Auszug aus einer Unterhaltung: »Ich möchte wissen, warum Gott mich geschaffen hat«, sagte Frau Faber bitter. »Ich weiß wahrhaftig nicht, wozu ich auf der Welt bin!«

»Vielleicht bist du tatsächlich bisher zu nicht viel nütze gewesen«, antwortete ihre Freundin, »aber Gott ist ja noch nicht mit dir fertig. Er arbeitet jetzt an dir, und du wehrst dich dagegen!«

Wenn die Menschen doch nur glauben wollten, daß Gott an ihnen arbeitet und sich ihm willig überlassen würden! Laß es zu, daß der Schöpfer mit dir umgeht wie der Töpfer mit dem Ton. Wehre dich nicht gegen das Drehen des Rades und den Druck seiner Finger — auch wenn er dir dadurch Schmerzen verursacht. Dann wirst du nicht nur glauben, sondern auch erkennen, daß Gott ein Ziel mit dir hat: einen Sohn (oder eine Tochter) zur Herrlichkeit zu führen.

Herr, beuge mich! Mach aus dem Ton, der doch zu nichts sonst für dich wert, ein dir gebräuchliches Gefäß, das dich gebeugt, zerbrochen ehrt!

Bibellese: Jer. 18,1—10.

13. Januar

Wer unter euch fürchtet den Herrn, ist gehorsam der Stimme seines Knechtes? Wenn er im Finstern wandelt und ihm kein Licht scheint, so vertraue er auf den Namen des Herrn und halte sich an seinen Gott! (Jes. 50,10).

Was soll der Gläubige tun, wenn es um ihn finster ist, wenn er keinen Ausweg sieht? Zeiten der Dunkelheit kommen auch für den treuen und gläubigen Nachfolger Jesu, der Gott gehorsam ist und in seinem Willen wandelt; Zeiten, in denen er nicht weiß, was er tun und welchen Weg er einschlagen soll. Der Himmel ist von dunklen Wolken verhangen. Kein Lichtstrahl fällt auf seinen Weg. Es ist, als ob er sich durch die Dunkelheit tasten müsse.

Ist das unser Los? Was soll der Gläubige in Zeiten der Dunkelheit tun? Zunächst gar nichts! Das geht jedoch der menschlichen Natur schwer ein. Wenn wir in eine geistliche Nebelbank geraten, sollen wir nicht ungestüm vorwärtsrasen, sondern die Motoren unseres Lebens drosseln. Wenn nötig, müssen wir den Anker auswerfen und unser Schiff stillegen. Wir sollen einfach Gott vertrauen. Wenn wir vertrauen, kann Gott wirken.

Wenn wir uns sorgen, hindern wir Gott daran, etwas für uns zu tun. Wenn unser Sinn zerstreut und unser Herz traurig ist, wenn wir durch die Finsternis um uns herum in Schrecken versetzt werden, wenn wir hierhin und dorthin rennen in dem vergeblichen Bemühen, einen Ausweg aus dem dunklen Tal der Prüfung zu finden, in das Gott uns geführt hat, dann kann er nichts für uns tun. Der Friede Gottes muß zuerst unser Herz und Gemüt zur Ruhe bringen.

Wir müssen unsere Hand wie ein kleines Kind in die Hand Gottes legen, damit er uns in das helle Licht seiner Liebe führen kann.

Er kennt den Weg heraus aus dem Wald. Wir wollen uns von ihm führen lassen und ihm vertrauen, daß er uns auf dem kürzesten und sichersten Weg herausführt.

Bibellese: Mi. 7,7—8.

14. Januar

Ich will den Herrn allezeit preisen, sein Lob soll immerdar in meinem Munde sein (Ps. 34,2).

Gebet und Lobpreis sind Schlüssel, welche die Tür zu Gottes großer Schatzkammer aufschließen, Schlüssel, die die Fenster des Himmels öffnen, daß Segensströme herabfließen!

Eine gewaltige Macht liegt im Beten und Loben beschlossen. Gefängnistore öffnen sich daraufhin. Paulus und Silas beteten und lobten Gott mit Gesang im Gefängnis zu Philippi. Daraufhin entstand ein Erdbeben, und alle Türen öffneten sich.

Bitten und Loben ist die beste Antwort auf die mancherlei »Gefängnisse«, in denen wir leben. Vielleicht bedrückt uns ein gewisser Umstand; vielleicht machen wir uns Sorgen um eines unserer Lieben; vielleicht sind wir krank.

Je schlimmer unsere Lage, desto mehr sollten wir Gott loben und preisen. Dem natürlichen Menschen erscheint diese Aufforderung widersinnig. Aber Christen sind übernatürliche Wesen; Gott lebt in ihnen. Wir verstehen zwar nicht, warum wir für das Böse an sich danken sollen, aber wir dürfen Gott dafür preisen, daß er aus dem Bösen Gutes machen kann. So werden uns viele Dinge, die wir als Unglück betrachten, zum Segen gereichen. Wie würde sich unser Leben ändern, wenn wir immer danach handelten! Darum: »Saget allezeit Gott, dem Vater, Dank für alles, in dem Namen unseres Herrn Jesus Christus« (Eph. 5,20).
Bibellese: Ps. 34,1—11.

15. Januar

Ich will dich unterweisen und dir den Weg zeigen, den du wandeln sollst (Ps. 32,8).

Vor etwa hundert Jahren kam ein Missionar namens Shaw mit seiner Familie nach Südafrika. Er hatte die Absicht, ins Landesinnere vorzudringen, um dort das Evangelium zu verkündigen. Die Buren suchten ihm den Plan auszureden, indem sie ihm Angst machten und ihm jegliche Unterstützung versagten. Alle Türen schienen fest verschlossen. Schließlich konnte er mit seiner Frau einen Ochsenwagen auftreiben; er entschloß sich, einfach draufloszufahren und den Ochsen selbst den Weg zu überlassen. Wo sie ihn hinzogen, dort wollte er bleiben. Wochenlang fuhren sie so über das weite

Land und legten unter einer geheimnisvollen Führung über 500 Kilometer zurück. Da erblickten sie plötzlich vor sich in der Ferne eine Schar Eingeborener, die auf sie zukamen. Beim Näherkommen erkannten sie, daß es Hottentotten waren. Sie befanden sich auf dem Weg nach Kapstadt, um einen Missionar zu suchen. Nun trafen sie sich dort in der Wildnis, und Gott begann sein wunderbares Wirken unter diesen Stämmen.

Manchmal merken wir erst hinterher, wie wunderbar und vollkommen (Ps. 18,31) Gott die Seinen führt. Bei Entscheidungen sollten wir Gottes Wort ernstlich durchforschen, im Gebet unser Herz vor dem Herrn ausschütten und auch mit Geschwistern darüber sprechen. Nicht selten hat Gott durch die Umstände auch schon den Weg vorgezeichnet. Es ist wunderbar, einen Herrn zu haben, der sich so sehr um die Seinen kümmert!

Bibellese: Ps. 32,8—11.

16. Januar

Denn wer sein Leben retten will, der wird es verlieren; wer aber sein Leben verliert um meinetwillen, der wird es finden (Mt. 16,25).

Die Wahrheit dieser Worte Jesu führt uns Gott an einer geographischen Tatsache vor Augen.

Es gibt in Palästina zwei Seen. Der eine hat frisches, klares Wasser und beherbergt viele Fische. Dichtes Grün säumt seine Ufer. Bäume strecken ihre Zweige über sein Wasser und senken ihre Wurzeln tief in den Boden, um sein Wasser aufzusaugen. Jesus liebte diesen See.

Weiter im Süden Palästinas mündet der Jordan in einen anderen großen See. Dort hört man keinen Fisch, der in fröhlichem Spiel aus dem Wasser springt und wieder in das köstliche Naß taucht. Kein Blatt regt sich hier; kein Vogel singt. Reisende meiden ihn und suchen sich einen anderen Weg, falls nicht dringende Geschäfte sie daran vorbeiführen. Schwer wie Blei hängt die Luft über der

Wasserfläche, von deren Fluten weder Mensch noch Tier trinken will.

Wie kommt es, daß die beiden Seen so grundverschieden sind, obwohl sie gar nicht weit voneinander entfernt liegen? Nicht der Jordan ist schuld; denn er bringt in beide Seen dasselbe klare, gute Wasser. Es liegt auch nicht am Untergrund der beiden Seen, auch nicht an dem Land, das sie umgibt.

Der See Genezareth empfängt das Wasser des Jordan und gibt es weiter. Der andere See dagegen bewahrt das Wasser, das er erhält und hütet es eifersüchtig. Er denkt nicht daran, etwas abzugeben. Jeder Tropfen Wasser, der hineinfließt, bleibt darin.

Darin also liegt der gewaltige Unterschied! Der See Genezareth gibt und lebt. Der andere gibt nichts und ist tot. Darum nennt man ihn auch »Totes Meer«.

Wie es zwei verschiedene Seen in Palästina gibt, so gibt es auch zwei Arten Menschen in der Welt.

Nur die Herzen der Menschen, welche die Fülle des Lebens in Jesus weitergeben, gleichen dem See Genezareth, der weitergibt und dadurch lebendig bleibt!

»Geben ist seliger als nehmen« (Apg. 20,35) bezeugt Paulus und beschreibt damit das blühende Leben derer, die ihr Leben verloren, das heißt an Jesus abgetreten haben.

Schrecklich aber verläuft das Leben jener Menschen, die es retten wollen. Sie bleiben egoistisch, und ihr Herz wird bitterer und bitterer. Sie haben keinen »Abfluß« für ihre Sünde, während Gottes Kinder ständig Vergebung erlangen können (vgl. 1. Joh. 1,9).
Bibellese: Mt. 16,24—27.

17. Januar

Es war gut für mich, daß ich gedemütigt wurde (Ps. 119,71).

Es gab einen Mann in der Geschichte Amerikas, der schon zu Beginn seiner Laufbahn mit Demütigungen und Fehlschlägen wohl vertraut war. Wäre er nicht so fest entschlossen gewesen, seinen Landsleuten und seinem Gott zu dienen, er wäre nie einer der bedeutendsten Präsidenten der Vereinigten Staaten geworden.

Seine erste Niederlage erlitt Abraham Lincoln, als er seinen Sitz im Parlament von Illinois verlor. Er ließ sich von Freunden überreden, es doch als Geschäftsmann zu versuchen. Auch dieser Versuch mißlang. Zwanzig Jahre lang mußte er seine Schulden abzahlen. Dann starb die junge Frau, die er heiraten wollte. Später heiratete er eine Frau, die ihm zu einem »Pfahl im Fleisch« werden sollte.

Sein zweites Ziel war der Kongreß. Nicht genug damit, daß er dieses Ziel nicht erreichte; auch das Staatliche Grundbuchamt und der Sitz im Senat der Vereinigten Staaten wurden von seinen politischen Gegnern beansprucht. Die meisten Menschen würden wohl bei so viel Mißerfolgen und Niederlagen den Mut endgültig verloren haben. Lincoln jedoch steckte sich noch höhere Ziele. Er glaubte, die Vizepräsidentschaft im Jahre 1856 erreichen zu können. Er konnte dieses Amt nicht gewinnen, versuchte es aber doch noch einmal im Jahre 1858, wobei er ebenfalls verlor.

Ein Mißerfolg nach dem anderen, schwere und unheilvolle Niederlagen. Und doch — wer hat noch nicht von Abraham Lincoln gehört? Er zählt zu den Männern, die gerade nicht durch ihre Mißerfolge bekanntgeworden sind! Gott demütigt die Seinen, damit sie sich nicht mehr an den Dingen dieser Welt festhalten, sondern an seinem Wort.

Er hat erwählt, »was nichts ist, damit er zunichte mache, was etwas ist« (1. Kor. 1,28). Der Stolze und Hochmütige wird vor Gott niemals bestehen können, aber dem Demütigen gibt er Gnade. Lassen wir es doch zu, daß der Vater uns demütigt; dahinter steht seine unfaßliche Liebe zu uns, um derentwillen er seinen eigenen Sohn nicht verschont, sondern für uns alle dahingegeben hat.

Bibellese: 1. Pt. 5,5—11.

18. Januar

Alles nun, was ihr wollt, daß euch die Leute tun sollen, das tut auch ihr ihnen ebenso (Mt. 7,12).

Das ist die Sprache, die man überall in der Welt versteht: die Sprache des Handelns. Ich weiß, daß du ein freundliches Herz hast, weil deine Freundlichkeit sich in einem freundlichen Brief oder in einer Tat ausdrückt; ich kann deine Freundlichkeit sehen. Ich weiß, wie sehr du deine Familie liebst, weil du in Beruf und Arbeit alles einsetzt, um ihren Bedürfnissen zu begegnen.

Auf dieselbe Weise lernen wir auch die Liebe Gottes kennen. Jahrhundertelang hat Gott sich den Menschen in seiner Weisheit durch Worte verständlich gemacht, die er durch berufene Männer ausrichten ließ, aber die Menschen konnten noch nicht wissen, wie Gott wirklich ist. Später sprach Gott auf eine ganz neue Weise zu den Menschen: »Und das Wort ward Fleisch und wohnte unter uns, und wir sahen seine Herrlichkeit« (Joh. 1,14).

Gottes Liebe nahm Gestalt an in einem Menschenleben, das wir sehen konnten, einem Sterben am Kreuz, das wir erblicken konnten; seitdem können die Menschen sagen: Gott ist wie Jesus Christus. Gottes Liebe erkennen wir am Kreuz auf Golgatha!

Es gibt auch einen ganz einfachen Weg, um Gott zu erkennen; es ist ein Weg der Tat und des Gehorsams: »Will jemand seinen Willen tun, der wird innewerden, ob diese Lehre von Gott sei, oder ob ich [Jesus] aus mir selbst rede« (Joh. 7,17). Am Ende hatte Gott in der weltweit verstandenen Sprache der Tat gesprochen und läßt sich auch durch die Tat finden.

Bibellese: Jak. 1,22—25.

19. Januar

Alles nun, was ihr wollt, daß euch die Leute tun sollen, das tut auch ihr ihnen ebenso (Mt. 7,12).

George Washington bekam eines Tages eine einmalige Gelegenheit, eine Predigt über die Nächstenliebe zu halten. Er ritt mit einer Gruppe hochstehender Persönlichkeiten über Land, als das letzte Pferd beim Überspringen eines lose aufgeschichteten Steinwalls einige Steine herunterriß und dadurch ein erhebliches Loch in der Mauer entstand. Washington schlug vor, man solle haltmachen und den angerichteten Schaden auf der Stelle wieder in Ordnung bringen; aber die anderen hatten nur ein gleichgültiges Achselzucken für diesen Vorschlag. Washington sagte nichts mehr und ritt mit ihnen weiter. Als sich die Gesellschaft später auflöste und man wieder heimritt, fand einer der Männer Washington an der beschädigten Mauer des Bauern, wie er sorgfältig die Steine wieder in das entstandene Loch schichtete. »Nanu, Herr General«, äußerte er erstaunt, »Ihr Rang und Ihre Stellung verbieten Ihnen eine solche gemeine Arbeit!« »Nein«, entgegnete Washington, wobei er ernst sein vollbrachtes Werk musterte, »ich bin genau der richtige Mann dafür.« Durch solches Verhalten hielt Washington eine Predigt, die besser verstanden wurde als Worte. Bloße Worte hätten den Mann nur gelangweilt, aber jene gutnachbarliche Tat sprach für sich.

Wenn du jemandem aus tiefstem Herzen deine Liebe bezeugen willst, sprich so wenig wie möglich darüber; zeige sie ihm durch die Tat.

Bibellese: Mt. 7,16—29.

20. Januar

Nur auf Gott wartet still meine Seele (Ps. 62,6).

Ein Christ, der ein großes Unternehmen besaß und in seinem Beruf rastlos tätig war, wurde durch eine Krankheit in die Stille geführt.

Ihm, der sonst nie seine Arbeit unterbrechen wollte, wurde plötzlich Halt geboten. Seine sonst ruhelosen Glieder lagen bewegungslos auf dem Krankenbett. Er war so schwach, daß er kaum ein Wort hervorbringen konnte. Er sprach mit einem Freund über den gewaltigen Unterschied zwischen seiner früheren nimmermüden Geschäftigkeit und seinem jetzigen elenden Zustand.

»Erst jetzt wachse ich«, sagte er. »Ich habe meine Seele durch allzu große Aktivität abgehetzt und fast verhungern lassen. Aber jetzt erkenne ich mich selbst und lerne die Dinge begreifen, die mein ganz persönliches, inneres Leben betreffen.«

Zweifellos sind viele unter uns, die sich durch pausenlosen Einsatz im Alltag verbrauchen, ohne jemals ein paar stille Stunden zu finden.

Da kann es für uns von großem Segen sein, wenn uns durch Krankheit, Not oder ähnliches Erleben Einhalt geboten wird, damit wir Zeit gewinnen, unser Herz um die tausend kleinen und großen Sorgen zu erleichtern und uns wieder Gott zuzuwenden.

Warum aber sollten wir erst auf eine Krankheit oder eine schwere Not warten, die uns die so notwendigen stillen Stunden aufzwingt? Wäre es nicht viel besser, wenn wir uns schon jetzt darin übten, täglich für eine Weile die laute Welt hinter uns zu lassen, um Gottes Angesicht zu suchen und aus seinen Quellen zu schöpfen?

Wenn wir an jedem Tag diese heiligen, stillen Augenblicke einhalten, werden wir immer stark und »zu jedem guten Werk geschickt« sein (2. Tim. 3,17). Wenn wir täglich das Gespräch mit Gott in der Stille suchen, werden wir unsere verbrauchten Kräfte wieder auffüllen und fähig sein, zu laufen und nicht matt zu werden, zu wandeln und nicht müde zu werden.
Bibellese: Jes. 30,15—18).

21. Januar

Wohl dem Manne, der sein Vertrauen auf den Herrn setzt (Ps. 40,5a).

Eine Gruppe von Naturfreunden suchte in den Alpen nach seltenen Blumenarten. Eine besonders seltene und schöne Alpenblume erblickten sie an einem Steilhang, der jäh in eine tiefe Schlucht abfiel. Die Blume stand auf einem äußerst schmalen Felsvorsprung, an den nur sehr schwer heranzukommen war. Man mußte ein Seil benutzen, um sie pflücken zu können.

Da entdeckten sie drüben am Hang einen Hütejungen. Sie riefen ihn heran und zeigten ihm einige Silbermünzen. Wenn er bereit wäre, sich ein Rettungsseil umbinden und sich hinunterzulassen, um die Blume auf dem Felsvorsprung zu pflücken, würden ihm die Münzen gehören.

Er schaute auf die schimmernden Münzen — man sah es ihm an, wie gern er einen so seltenen Schatz besessen hätte! Dann aber wanderten seine Blicke den steilen Felshang hinunter in die gähnende Tiefe und wieder zu den ihm fremden Gesichtern.

Er schüttelte den Kopf. Der Kampf war schwer. Er wollte doch die Münzen so gern haben! Aber der Felsabhang schien ihm zu gefährlich. Außerdem waren ihm die Leute alle fremd. Immer wieder suchte er mit den Blicken das Ganze abzuschätzen: die Schlucht, die blanken Münzen und die fremden Gesichter, zu denen er kein Vertrauen finden konnte. Wieder schüttelte er den Kopf.

Da schien ihm plötzlich etwas Wichtiges einzufallen. Er rannte den Hang hinauf und verschwand in einer kleinen Hütte. Bald darauf kam er mit einem großen, stattlichen und freundlich blikkenden Mann zurück. Es war offenbar der Vater des Jungen. Fest hatte er ihn an der Hand und zog ihn hinter sich her, als wolle er ihn zur Eile antreiben.

Als sie fast schon den Rand der Schlucht erreicht hatten, rannte der Junge zu den Fremden hinüber. »Sie können mir jetzt das Rettungsseil umbinden«, rief er schon von weitem. »Ich bin bereit, mich hinunterzulassen, wenn mein Vater das Seil halten darf!«

Ja, nur vertrauensvoll auf Gott schauen in den Nöten dieses Lebens! Wir können überall sicher hingelangen, wenn unser himmlischer Vater, der uns liebt und dem wir vertrauen können, das Seil hält.
Bibellese: Jer. 17,5—8.

22. Januar

Wer unter dem Schirm des Höchsten sitzt und unter dem Schatten des Allmächtigen wohnt ... (Ps. 91,1).

Ein neunzehnjähriger amerikanischer Soldat, der im Zweiten Weltkrieg eine Tapferkeitsauszeichnung erhalten hatte, weil er allein eine ganze Gruppe japanischer Soldaten gefangengenommen hatte, erzählte folgendes:

»Eigentlich habe ich diese Medaille gar nicht verdient. Es kam nämlich so: Zusammen mit fünf Kameraden geriet ich in japanische Gefangenschaft. Man trieb uns mit Bajonetten durch den Urwald. Ich mußte mit ansehen, wie meine Kameraden einer nach dem andern getötet und verstümmelt wurden. Ich sagte mir den 23. Psalm vor und betete das Vaterunser. Sterben mußte ich ja, nur war ich fest entschlossen, mir vor meinen Feinden meine Angst nicht anmerken zu lassen. Zitternd wie Espenlaub, ein Bajonett im Rükken, durch knöcheltiefen Schlamm watend, begann ich plötzlich ein Lied zu pfeifen, wie ich es manchmal als kleiner Junge getan hatte, wenn ich durch eine dunkle Gasse gehen mußte. So pfiff ich: ›Es kennt der Herr die Seinen und hat sie stets gekannt, die Großen und die Kleinen in jedem Volk und Land. Er läßt sie nicht verderben, er führt sie aus und ein; im Leben und im Sterben sind sie und bleiben sein.‹

Auf einmal merkte ich, daß jemand mitpfiff — mein japanischer Aufseher! Auch er pfiff jetzt dasselbe Lied. Bald merkte ich, daß er sein Gewehr umgehängt hatte; dann kam er an meine Seite. Ich hätte vor Überraschung beinahe einen Luftsprung gemacht, als er mich jetzt in fehlerfreiem Englisch ansprach: ›Ich habe schon immer diese wunderbaren Lieder der Christen bewundert.‹ Bereits nach wenigen Sätzen unseres Gesprächs hatte ich erfahren, daß dieser japanische Soldat auf einer Missionsschule Englisch gelernt hatte, zu deren Unterhaltung ich während meiner Sonntagsschulzeit auch beigetragen hatte. Der Japaner sprach vom Krieg und wie dieser den Christen in Japan im tiefsten zuwider sei. Wir stellten fest, daß wir beide den christlichen Glauben für eine große Macht hielten und fragten uns, was wohl geschehen könnte, wenn es die Menschen wirklich einmal wagten, ihren Glauben konsequent auszuleben. Dann sprachen wir über unsere Familien und unsere Heimat. Auf Anregung des Japaners knieten wir schließlich im Schlamm nieder und beteten.

Als wir wieder aufstanden, bat er mich angesichts der Kriegslage, ihn selbst als Gefangenen zu meinen Landsleuten ins amerikanische Hauptquartier zu bringen. Auf dem Rückweg fand er dann verschiedene Schlupfwinkel und konnte noch andere japanische Christen dazu bewegen, sich uns anzuschließen. Nie werde ich den Hoffnungsschimmer und die Freude in ihren Augen vergessen, als mein Freund jedem einzelnen erzählte, wie wir uns gefunden hatten und wohin sie jetzt gebracht würden. Auf dem ganzen Weg sprachen wir über Jesus. Als wir uns dem amerikanischen Lager näherten, machten die Japaner starre und stumpf ergebene Gesichter, wie wir es vorher vereinbart hatten, und ich brachte sie, das Gewehr im Anschlag, ins Lager. Sehen Sie, für dieses wunderbarste Erlebnis meines Lebens habe ich wirklich keine Tapferkeitsauszeichnung verdient.«

Bibellese: Ps. 91.

23. Januar

Erkenne ihn auf allen deinen Wegen (Spr. 3,6).

Ein weiser Mann schrieb einmal: »Die Bezeichnung ›Christ‹ hat ihre Bedeutung. Wenn sich jemand Christ nennt, will er damit sagen, daß Jesus Christus der Herr seines ganzen Lebens ist — auch seiner Freizeit.«

Jack Miner hatte im Jahre 1904 in Kingsville, Ontario, ein Vogelasyl gegründet. Er fütterte die Vögel und sorgte in besonderer Weise für die Wildenten und Wildgänse. Fünf Jahre später begann er damit, jedem Vogel einen leichten Metallring mit einer Nummer am Fuß zu befestigen. Wurde einer dieser Vögel abgeschossen oder viele Kilometer entfernt verletzt aufgefunden, konnte der Finder den Ring an ihn zurückschicken.

Durch die Post erhielt Jack Miner tatsächlich Hunderte solcher Vogelringe zurück. Dadurch konnten wertvolle Erkenntnisse über Flugrouten und Lebensgewohnheiten dieser Tiere gewonnen werden. Das Beringen von Vögeln war also Jack Miners Freizeitbeschäftigung!

Im Jahre 1914 hatte er dann einen ganz sonderbaren Einfall. »Eines Morgens«, so erzählt er selbst, »gab mir Gott blitzartig eine Erleuchtung, die sofort zu einer Idee wurde: Drucke Bibelstellen auf die Innenseite der Vogelringe! Vom ersten Augenblick an, da ich diesen Gedanken in die Tat umsetzte, hatte ich den Eindruck, daß jetzt mein Hobby seinen eigentlichen Sinn erhalten hatte.«

Ein Jäger, der bald darauf weit im Süden eine Ente schoß, fand den Vogelring mit Namen und Anschrift von Jack Miner und auf der Innenseite den Vermerk: »Mk. 11,22«. Er schlug die Stelle in seinem Neuen Testament nach. »Habt Glauben an Gott«, las er.

Ein anderer Mann, der eine Haft im Gefängnis von Arkansas verbüßte, las in der Zeitung von diesem Vorfall und begann, sein Neues Testament zu lesen.

Im Laufe der nächsten Jahre schrieben Sportler an Jack Miner, daß ihr Leben aufgrund der Bibelstellen, auf die sie durch die Vogelringe gestoßen waren, umgewandelt worden sei. Ein Missionar, der tief im Gebiet der Hudson-Bucht seinen Dienst tat, konnte zum erstenmal in 26 Jahren Jack Miner berichten, daß diese beschrifteten Vogelringe eine Erweckung unter den Indianern und Eskimos hervorgerufen hatten, weil sie zu ihm kamen, um sich die Botschaften erklären zu lassen. Dazu sagte Jack Miner: »Mein Vogelasyl

wäre nie zu dem geworden, was es ist und hätte nicht weltweite Beachtung gefunden, wenn ich nicht Gottes Willen in meiner Tätigkeit erkannt und ihm den ersten Platz eingeräumt hätte.«
Bibellese: Kol. 3,12—17.

24. Januar

Was betrübst du dich, meine Seele, und bist so unruhig in mir? (Ps. 42,6).

Wir werden unsere Traurigkeit nicht überwinden können, solange wir nicht ihre Ursache entdeckt und beseitigt haben.

Der eigentliche Grund unserer Traurigkeit liegt nicht in den äußeren Umständen, sondern in uns selbst. Diese Tatsache sollte uns ermutigen, denn die äußeren Umstände zu ändern liegt nicht in unserer Macht; wohl aber können wir ein Heilmittel für unsere Seele finden.

Als der Psalmist diese bange Frage stellte, entdeckte er die Ursache seines tiefen Kummers. Sie lag nicht so sehr in den schweren äußeren Umständen als vielmehr in der Finsternis, die sein Herz einhüllte. Er hatte Gott aus den Augen verloren. Es war ihm schwer ums Herz, weil alle Wasserwogen über ihn gingen (Ps. 42,8), sein Feind ihn bedrängte (Ps. 42,10) und die Leute ihm boshafte Fragen stellten (Ps. 42,11). Mit diesen Dingen war er so beschäftigt, daß ihm der Blick auf Gott verdunkelt und die Erfahrung seiner Gegenwart unmöglich gemacht wurde. Er kam sich verlassen und verloren vor; er war traurig.

Was auch die Ursache unseres Kummers und unserer düsteren Gedanken sein mag, wenn wir unseren Kummer über die notvollen Umstände unseres Lebens vor Gott ausschütten und unsere falsche, glaubenslose Haltung als Sünde bekennen, verschwindet die Traurigkeit. Dann gilt auch uns das Wort: »Fülle von Freuden ist vor deinem Angesicht« (Ps. 16,11).
Bibellese: Ps. 42.

25. Januar

Ich weiß, wem ich mein Vertrauen geschenkt habe (2. Tim. 1,12).

In Mexico City trug sich vor einigen Jahren etwas höchst Ungewöhnliches zu. Ein berühmter Künstler hatte ein wunderschönes Bild gemalt, das in einem neuen, supermodernen Hotel an einer Wand angebracht wurde. Es stellte einen künstlerisch großartig gelungenen Ausschnitt der herrlichen Landschaft von Mexico dar. Am oberen Rand des Gemäldes waren vier Worte gestochen scharf als Überschrift gesetzt: »Es gibt keinen Gott.« Eine recht seltsame Inschrift für ein solch überragendes Kunstwerk!

Tag für Tag strömten viele Besucher staunend an diesem Gemälde vorbei. Eines Abends betrat eine Gruppe junger Leute die Eingangshalle des Hotels. Zielbewußt schritten sie durch den Korridor auf den Raum zu, in dem das Kunstwerk aufgehängt war. Wortlos nahmen sie Farbtöpfe und Pinsel aus ihren Umhängetaschen und waren bald eifrig am Werk. Als die jungen Leute wieder zurücktraten, war ein Buchstabe aus der Überschrift übermalt worden, und zwar das »k«. Jetzt war zu lesen: »Es gibt einen Gott.«

Ruhig und siegesbewußt verließen die jungen Leute das Hotel. In fassungslosem Staunen und voller Bestürzung starrten die Betrachter das Bild an.

Wichtiger als die Änderung unserer Verhältnisse, als die Befreiung von allem, was uns bedrückt und bedrängt, ist ein bedingungsloses Vertrauen zu Gott. Was für eine herrliche Tatsache, daß er *ist* und uns seine Liebe bewiesen hat, indem er Jesus sandte.
Bibellese: Jes. 53.

26. Januar

Euch aber habe ich Freunde genannt (Joh. 15,15).

Im Neuen Testament erscheint die Beziehung des Christen zu Jesus Christus als ein sehr persönliches Bekanntsein mit ihm. Diese Ver-

bindung führt mit der Zeit zu einer echten und tiefen Freundschaft. Eine solche Freundschaft sieht Jesus selbst als die ideale Form der Jüngerschaft. Er lud die Menschen ein, zu ihm zu kommen. Er bat sie, andere Bindungen zu lösen und sich persönlich ganz eng an ihn zu halten. Diese von ihm Gerufenen sollten alles verlassen und ihm folgen. Er sollte ihnen der Liebste sein. Er erwartete von ihnen unbedingte Hingabe. Wo wir zulassen, daß Jesus die erste Stelle in allen Beziehungen unseres Lebens bekommt, da bewährt er sich auch klar als unser Freund. Jesus will nicht nur unser Helfer in äußeren Nöten sein, nicht nur unser Retter, der unsere Sünden auf sich nahm und am Kreuz für sie starb. Er will auch ein enges und unauflösliches Freundschaftsverhältnis mit uns knüpfen.
Bibellese: Joh. 15,9—17.

27. Januar

Himmel und Erde werden vergehen, aber meine Worte werden nicht vergehen (Mt. 24,35).

Generationen kommen und gehen — doch das Wort Gottes bleibt. Völker stehen auf und gehen unter — doch das Wort Gottes bleibt. Könige, Diktatoren und Präsidenten kommen und gehen — doch das Wort Gottes bleibt.

Zerrissen, verdammt, verbrannt — das Wort Gottes bleibt. Gehaßt, verachtet, verflucht — das Wort Gottes bleibt. Angezweifelt, verdächtigt, kritisiert — das Wort Gottes bleibt. Von Atheisten verdammt — doch es bleibt. Von Fanatikern übertrieben — doch es bleibt. Mißdeutet und entstellt — doch es bleibt. Heiß umstritten und mißbraucht — doch es bleibt.

Es ist lebendig — als Leuchte unseren Füßen, als Licht auf unserem Weg, als Richtschnur in der Kindheit, als Führer der Jugend, als Ansporn für Erwachsene, als Trost für die Alten.

Es bleibt als Speise für die Hungrigen, als Quellwasser für die Durstigen, als Ruhe für die Müden, als Licht für die Heiden, als Rettung für den Sünder, als Gnade für den Christen.

Wer es kennt, muß es lieben; wer es liebt, erkennt es an; wer es annimmt, hat ewiges Leben.

Bibellese: Ps. 119,1—16.89.105.162.

28. Januar

Nicht mehr lebe ich, sondern Christus lebt in mir (Gal. 2,20).

Lange hatte der Docht meiner Öllampe seinen stillen und doch so wichtigen Dienst getan, mir beim Lesen zu leuchten. Ich schämte mich ein wenig, seinen unaufdringlichen Dienst bisher nicht bemerkt zu haben. Darum sagte ich zum Docht: »Ich danke dir für deinen monatelangen Dienst.«

»Was habe ich denn schon für dich getan?«

»Hast du mir mit deinem Schein nicht jede Seite meines Buches hell beleuchtet?«

»Nein, ich habe dir doch gar kein Licht gegeben; nimm mich nur einmal aus meinem Ölbad, dann wirst du sehen, wie schnell ich ausgebrannt sein werde. Bald wirst du nur noch ein Stück rauchenden, verkohlten Flachses in der Hand haben. Nicht ich brenne, sondern das Öl, das ich in meinem Gewebe aufsauge. Das Öl gibt dir Licht. Ich stelle nur die Verbindung zwischen dem Öl in der Lampe und der Flamme an meiner Spitze her. Meine äußerste Kante wird allmählich schwarz und vergeht, aber das Licht brennt ständig weiter.«

»Hast du keine Angst, einmal ganz aufgebraucht zu sein? Sieh einmal, wieviel von deiner Länge noch übrig ist! Wirst du solange Licht spenden können, bis jeder Millimeter deiner jetzigen Länge langsam verkohlt und weggeschnitten ist?«

»Ich fürchte nichts, solange mein Ölvorrat nicht zu Ende geht und eine freundliche Hand von Zeit zu Zeit den verkohlten Rand mit einer Lichtschere entfernt, damit die Flamme wieder hell brennen kann. Ich brauche nur zwei Dinge: das Öl und das Beschnittenwerden. Dann werde ich bis zuletzt brennen können.«

Wir kommen uns vielleicht völlig hilflos und unzulänglich vor. Aber es steht eine lebendige Quelle Öl für uns bereit — Gottes Geist —, um uns mit unerschöpflichen Vorräten zu versorgen.
Bibellese: Joh. 15,1—8.

29. Januar

Ihr seid das Licht der Welt (Mt. 5,14).

Zweiundzwanzig Flugzeuge waren bei hereinbrechender Dunkelheit von einem Marineflughafen zu einer militärischen Übung aufgestiegen, als völlig unerwartet dichter Nebel aufkam. Acht Maschinen rasten sofort zurück zur Landebahn, während die anderen von der dichten Nebeldecke eingeschlossen wurden. Vier Maschinen gingen zu Bruch, und eine verbrannte, als zwölf Piloten im Blindflug die Nebelwand durchstoßen wollten.

Zwölf Stunden später waren nur noch zwei Maschinen in der Luft. Da wurde plötzlich das Programm des örtlichen Rundfunksenders unterbrochen und für jenes Gebiet folgende Durchsage gegeben: »Alle Autobesitzer werden gebeten, sich unverzüglich zum Flugplatz vor der Stadt zu begeben. Sie sollen den beiden Fliegern, die noch im Nebel stecken, zu einer sicheren Landung verhelfen.« Bald waren dichte Fahrzeugschlangen in der undurchdringlichen Finsternis des Flugfeldes unterwegs, um mit ihren schwachen Lichtern den schwarzen Nebel zu durchdringen. Das Flughafenpersonal wies die ankommenden Fahrzeuge in dichter Reihe um das Flugfeld ein, so daß die eingeschalteten Scheinwerfer die Landebahn beleuchteten, die schließlich von 2500 Autos dicht umringt war. Jetzt wurde der Befehl durchgegeben, alle Scheinwerfer voll aufzublenden. Die Lichter eines einzelnen Fahrzeugs hätten bei dem Nebel und der Finsternis nur wenig genützt, aber die Lichter von 2500 Wagen tauchten das Flugfeld in ein so grelles Licht, daß eine Transportmaschine aufsteigen und die beiden Piloten sicher herunterlotsen konnte.

Weder dein noch mein Licht ist sehr hell; aber wenn wir als Gemeinde und in Gemeinschaft mit andern Christen unser kleines Licht auf diese Welt mit ihrem Sündennebel und ihrer Not richten, wird es hell genug, daß unser Herr und Meister Jesus Christus Verlorene herausholen und retten kann.

Bibellese: Mt. 5,13—16.

30. Januar

Dies sind die Gebote und Satzungen, die der Herr, euer Gott, euch zu lehren geboten hat (5. Mo. 6,1).

Die Bibel gleicht einem wunderschönen, aus 66 Marmorblöcken erbauten Palast. Es sind ihre einzelnen Bücher. Mit dem ersten Buch Mose betreten wir die Vorhalle, die von den mächtigen Schöpfungstaten Gottes erfüllt ist. Von hier aus gelangen wir in die Gemäldegalerie der Geschichtsbücher. Hier erblicken wir an den Wänden Darstellungen von Schlachtszenen, Abbildungen heldenhafter Taten und Bilder berühmter Männer aus der Frühzeit der Weltgeschichte. Hinter der Bildergalerie finden wir den Philosophensaal, das Buch Hiob. Wir gehen weiter und betreten das Musikzimmer, das Buch der Psalmen, wo wir den schönsten Melodien lauschen, die menschliche Ohren jemals wahrnehmen konnten. Dann kommen wir ins Arbeitszimmer, das Buch der Sprüche, wo uns mitten im Raum der Spruch in die Augen springt: »Gerechtigkeit erhöht ein Volk, aber die Sünde ist der Leute Verderben!« Von dort gehen wir hinüber in die Kapelle des Predigers, der von seiner Kanzel herab zu uns spricht und von da in den Wintergarten, das Hohelied Solomos, mit der Rose von Saron, der Lilie des Tales und allen Arten von duftenden Salbölen, Früchten und Blumen. Schließlich betreten wir den Beobachtungsraum, das Observatorium der Propheten, die ihre Fernrohre auf nahe und ferne Sterne gerichtet haben, alle aber ausgerichtet auf den hellen Morgenstern, der bald aufgehen sollte.

Wir überqueren den Hof und gelangen in das Audienzzimmer des Königs, die vier Evangelien, wo wir vier sich ergänzende Bilder des großen Königs finden. Dahinter liegt das Arbeitszimmer des Heiligen Geistes, die Apostelgeschichte, und dahinter das Korrespondenzzimmer, die Briefe, wo wir Paulus und Petrus, Jakobus, Johannes und Judas eifrig schreiben sehen. Wenn wir wissen wollen, was sie schreiben — ihre Briefe liegen offen zu jedermanns Einsicht aus.

Bevor wir wieder hinausgehen, bleiben wir noch einen Augenblick auf dem Balkon stehen, wo wir einige erregende Bilder vom kommenden Weltgericht und der zukünftigen Herrlichkeit Gottes sehen können. Das letzte Bild, das uns vor Ehrfurcht erschauern läßt, zeigt den Thronsaal des Königs.

Bibellese: 2. Tim. 3,12—15.

31. Januar

O *daß du auf meine Gebote merktest, so würde dein Friede sein wie ein Wasserstrom* (Jes. 48,18).

Wer in Zeiten höchster Not und Bedrängnis, in denen das Leid wie eine Sturmflut über ihn kommt, noch ausrufen kann »Mir ist wohl in dem Herrn!«, der hat das Geheimnis des Herrn gelernt und kann mit Hiob sprechen: »Obwohl er mich geschlagen hat, will ich ihm vertrauen« (Hi. 13,15).

Ein solcher Mann war Horatio Spafford, ein Rechtsanwalt in Chikago. Als im Jahre 1871 die große Feuersbrunst über die Stadt hinwegraste, verlor er seinen gesamten Besitz. Zwei Jahre darauf schickte er seine Frau mit den vier Kindern nach Europa, während er versuchte, den erlittenen Schaden wieder gutzumachen und sich eine neue Existenz aufzubauen.

Am 15. November 1873 fuhr seine Familie mit dem Schiff »Ville de Havre« ab. Sechs Tage, nachdem sie aus New York ausgelaufen waren, stieß das Schiff nachmittags mit einem Segelschiff zusammen.

Kurz nach dem Zusammenstoß sammelte Frau Spafford ihre vier Kinder an Deck und kniete mit ihnen zum Gebet nieder. Sie bat Gott um Rettung oder, wenn nötig, um die Bereitschaft zu sterben. Innerhalb von fünfzehn Minuten sank das Schiff. Sie wurden alle ins Wasser geworfen. Ein Ruderer eines Rettungsbootes zog Frau Spafford ohnmächtig aus dem Wasser, aber die Kinder fand man nicht wieder.

Einige Tage später landete Frau Spafford in Cardiff in Wales und schickte ihrem Mann das Telegramm: »Bin allein am Leben geblieben.«

Als Anwalt Spafford diese Schreckensnachricht erhielt, rief er aus: »Des Herrn Wille geschehe!« Und um diesem seinem Glauben Ausdruck zu verleihen, dichtete er das wunderbare Lied, das schon vielen Menschen in tiefem Leid zum Segen wurde: »Wenn Friede mit Gott meine Seele durchdringt . . .«

Bibellese: Eph. 2,13—18.

1. Februar

Und der, welcher mich gesandt hat, ist mit mir; er läßt mich nicht allein; denn ich tue allezeit, was ihm gefällt (Joh. 8,29).

Dieses Wort spricht von einer dreifachen Gewißheit: Erstens von der Gewißheit, immer das zu tun, was Gott gefällt. Jesus hat uns das vorgelebt, und er will auch in uns dieses Gott wohlgefällige Leben wirken.

Zweitens: Von der Gewißheit, von Gott beauftragt zu sein. Auch hier ist Jesus unser Vorbild. Immer erkannte und bejahte er seine göttliche Sendung, seinen Auftrag. Er hatte sich seine Aufgabe nicht selbst gestellt, sondern lebte gehorsam dem Willen des Vaters gegenüber. Genauso sollte es bei allen sein, die seinen Namen tragen. Auch ihnen gibt Gott einen bestimmten Auftrag.

Drittens: Die Gewißheit der Gemeinschaft mit Gott. Immer wieder weist Jesus auf die Tatsache hin, daß der Vater bei ihm ist: »Der Vater läßt mich nicht allein!« Diese dreifache Gewißheit ist auch für uns von großer Wichtigkeit. Überprüfen wir unser Leben daraufhin, ob es auf diesen Fundamenten ruht.

Bibellese: 1. Pt. 4,10—11.

2. Februar

Alles hat seine Zeit und jegliches Vornehmen unter dem Himmel seine Stunde (Pr. 3,1).

Die Überlieferung berichtet, ein Jäger habe eines Tages den Apostel Johannes dabei gefunden, wie er am Boden saß und mit einer zahmen Wachtel spielte. Der Jäger äußerte sein Erstaunen darüber, daß ein so ernster Mann seine Zeit mit einer so nutzlosen Spielerei verschwende. Johannes blickte auf und fragte ihn: »Warum ist der Bogen, den du über deiner Schulter trägst, nicht gespannt?« »Wenn ich ihn immer straff gespannt hielte«, erwiderte der Jäger, »würde die Sehne ihre Geschmeidigkeit und Spannkraft einbüßen.« »Eben aus demselben Grund spiele ich mit dem Vogel«, erwiderte freundlich der Apostel.

Wir müssen wissen, wie wir einen Ausgleich für unsere Arbeit und Anspannung finden können. Vielen ist es nicht vergönnt, irgendwo ans Meer oder ins Gebirge zu fahren, um einmal Urlaub zu machen. Wir müssen das segensreiche Geheimnis lernen, uns dort auszuruhen, wo wir uns gerade befinden.

Bibellese: Mk. 6,30—32.

3. Februar

Wenn das Weizenkorn nicht in die Erde fällt und erstirbt, so bleibt es allein; wenn es aber erstirbt, so bringt es viele Frucht (Joh. 12,24).

Jesus deutete mit diesen Worten prophetisch auf seinen Tod am Kreuz hin. Auch wir müssen sterben, indem wir Jesus unser Leben ganz übergeben. Unser Ich muß in den Tod gegeben werden. Das Alabasterfläschchen muß zerbrochen werden, damit das kostbare Salböl des Segens herausströmen kann, um mit seinem Duft das ganze Haus zu erfüllen. Trauben müssen gekeltert werden, wenn es Wein zu trinken geben soll. Das Weizenkorn muß zermahlen werden, wenn man Brot daraus gewinnen will.

Dasselbe gilt auch vom Menschen. Unzerbrochene, ichhafte, hochmütige Menschen, die sich nicht »zermahlen« lassen, nützen wenig. Das Leben ist eine nicht endende Kette von Kämpfen, in denen wir nur bestehen, wenn der Geist über das Fleisch triumphiert.

Wenn dieses Prinzip der Hingabe und des immer neuen Sich-Zerbrechenlassens zum Gesetz unseres Lebens geworden ist, wird unser Leben innerlich reich und zum Segen für andere.

Bibellese: Rö. 6,1—11.

4. Februar

Wer seine Seele liebt, der wird sie verlieren; wer aber seine Seele in dieser Welt haßt, wird sie zum ewigen Leben bewahren (Joh. 12,25).

Wie scheinbar Sinnloses doch sinnvoll sein kann, wird am Beispiel des Steinbruchs deutlich, aus dem kostbare Granit- und Marmorblöcke gebrochen werden, um daraus eine Kirche zu bauen. Wenn sich die Steinfräse in die festen Felswände hineinfrißt, hört man die Steine gleichsam stöhnen und klagen. Sie meinen, man zerstöre sie, wenn sie aus ihrem Felsenbett gerissen werden, wo sie jahrtausendelang ungestört geruht haben. Nachdem sie in Blöcke zerlegt und vorsichtig herausgehoben wurden, glattgemeißelt und in die richtige Form gebracht sind, wird dem Betrachter klar, daß sie in ihrer ursprünglichen Form zerstört werden mußten, um sinnvolle Verwendung finden zu können. Denken wir daran, daß sie geheiligte Bausteine an einem Ort werden, wo ihr Schöpfer verehrt und verherrlicht und das Wort Gottes gepredigt wird, wo verlorene Menschen Leben, Hoffnung und einen Heiland finden, wo die Traurigen getröstet werden und die Verzagten Frieden bekommen sollen. Da scheint es nur natürlich und selbstverständlich, daß diese kalten, grauen Steine, wenn auch unter hartem Kampf, aus ihrer dunklen Felswand herausgemeißelt werden müssen, um diesem Zweck dienen zu können. Durch die scheinbare Zerstörung wurden sie von ihrem nutzlosen Dasein befreit.

Bibellese: 1. Pt. 2,1—10.

5. Februar

Einem festen Herzen bewahrst du den Frieden, den Frieden, weil es auf dich vertraut (Jes. 26,3).

Für dieses Vertrauen gibt Fräulein Amy Carmichael ein anschauliches Beispiel aus der Natur. Der Honigsauger, der zu den winzigsten Vögeln gehört und in Indien zu Hause ist, baut sich ein hängendes Nest, das er an vier hauchdünnen Fäden aufhängt. Es ist ein wunderbar zartes, kunstvolles Gebilde, mit einem richtigen kleinen Dach und einer winzigen Halle, zu dessen Zerstörung schon ein kräftiger Wasserspritzer oder die Berührung eines Kindes ausreicht.

Fräulein Carmichael erzählt, wie sie einmal einen Honigsauger ein solches Nest bauen sah — kurz vor Beginn des Monsunregens! Sie konnte sich des Eindrucks nicht erwehren, daß hier die Kunstfertigkeit und Klugheit dieses Vögelchens vergeblich sein würde; denn wie könnte ein so zartes Bauwerk, das den Winden und wolkenbruchartigen Regengüssen schutzlos ausgesetzt war, standhalten?

Der Monsun setzte mit voller Stärke ein, und sie beobachtete das in den Zweigen unter der Gewalt des Sturms hin- und herschwankende Nest. Erst jetzt bemerkte sie, daß es so dicht unter den Blättern angebracht war, daß diese die Wassertropfen wie eine Dachrinne ableiten konnten.

Da saß nun der kleine Vogel und hatte sein Köpfchen auf den kleinen, balkonartigen Vorsprung des Nestes gelegt. Sooft ein Wassertropfen auf seinen langen, geschwungenen Schnabel fiel, saugte der Vogel ihn wie köstlichen Nektar ein. Die Stürme tobten, aber der Vogel saß ruhig und furchtlos auf seinen Eiern.

Wir haben einen viel festeren Ruheort für Haupt und Herz als der kleine Vogel auf seinem Nestsims. Wir haben Gottes Verheißungen. Und sie genügen uns, wie heftig der Sturm auch toben mag!
Bibellese: 2. Kor. 1,19—22.

6. Februar

Wohl dem, der nicht wandelt nach dem Rate der Gottlosen (Ps. 1,1).

Als John Wanamaker, der König unter den Kaufleuten, elf Jahre alt war, kaufte er sich eine Bibel. In späteren Jahren sprach er einmal darüber. »Natürlich habe ich im Laufe der Jahre größere Geschäfte gemacht, die meinen Besitz vermehrten, bei denen es um Millionen ging, aber doch habe ich damals als einfacher Junge auf dem Lande das größte Geschäft meines Lebens gemacht: In einer kleinen Sonntagsschule kaufte ich mir eine Bibel im roten Ledereinband für etwa 10 Mark. Ich bezahlte sie in kleinen Raten. Und wenn ich heute mein bisheriges Leben überblicke, wird mir klar, daß jenes kleine Buch der Grundstein war, auf dem ich mein Leben aufgebaut habe. Diese Bibel hat mir all das in meinem Leben ermöglicht, was wirklich von Wert ist. Heute weiß ich, daß es die größte Kapitalanlage und der bedeutendste und folgenschwerste Einkauf war, den ich jemals getätigt habe.«

Ein Mensch, der Gottes Wort lieb hat, der sich felsenfest auf das verläßt, was es sagt, ein Mensch, der sich eine Bibelstelle einprägt, um noch weiter darüber nachzudenken und sie Tag und Nacht im Herzen bewegt, dem »gerät wohl«, was er auch tut (Ps. 1,3).
Bibellese: Ps. 1.

7. Februar

Er zog aus, ohne zu wissen, wohin er komme (Hb. 11,8).

Das heißt glauben, ohne zu schauen. Wenn wir etwas sehen können, haben wir es nicht mit dem Glauben, sondern mit unserer Vernunft zu tun. Eine Überfahrt über den Atlantik gab uns hierin guten Anschauungsunterricht. Wir sahen keinen Weg im Wasser und kein Zeichen vom Ufer. Und doch verfolgten wir unseren Weg Tag für Tag auf der Karte, genauso, wie wenn wir mit Kreide einen großen Strich über das Wasser gezogen hätten. Und als wir bis auf 20 Meilen ans Land herangekommen waren, wußten wir genau, wo wir waren, so als ob wir es schon aus 3000 Meilen Entfernung gesehen hätten.

Wie hatten wir unsere Route gemessen und markiert? Tag für Tag hatte unser Kapitän mit Hilfe seiner Instrumente die Route nach der Sonne festgelegt. Er segelte nach den himmlischen, nicht nach den irdischen Lichtern.

So blickt der Glaube auf Gott, richtet sich nach seiner Sonne, ohne eine Spur vom Ufer, einen Leuchtturm oder einen Weg zu sehen. Oft scheint der Weg in die Ungewißheit zu führen, ja sogar in Dunkelheit und Unglück zu enden, aber der Herr hilft weiter und macht oft gerade aus solchen mitternächtlichen Stunden Tore des Tages. Wir wollen deshalb in diesen Tag hineingehen, ohne etwas zu wissen, aber im Vertrauen auf Gott.

Die meisten von uns möchten gern den ganzen Weg sehen, ehe sie zu neuen Unternehmungen aufbrechen. Wenn wir das tun könnten und würden, wie sollten sich dann unsere christlichen Tugenden entwickeln? Glaube, Hoffnung, Liebe können nicht wie reife Äpfel vom Baum gepflückt werden.
Bibellese: Ps. 25,1—15.

8. Februar

Darum hat ihn auch Gott über alle Maßen erhöht und ihm den Namen geschenkt, der über allen Namen ist (Phil. 2,9).

Für viele ist Jesus Christus nur eine Gestalt, die sich für ein Gemälde eignet, die Hauptfigur in einem Heldenroman, eine schöne Gestalt für ein Standbild oder das Thema für ein Lied. Aber denen, die seine Stimme hörten (vgl. Joh. 10,4—5), seine Vergebung erfuhren (1. Joh. 1,9) und seine Segnung spürten, ist er Wärme, Licht, Freude, Hoffnung und Heil, ein Freund, der nie im Stich läßt, der uns aufhebt, wenn andere uns zu Boden stoßen.

Nie können wir ihn müde machen; wir werfen alle unsere Sorgen und Kümmernisse auf ihn. Immer ist er bereit, uns aufzuhelfen; immer spricht er uns mit der gleichen Liebe an und hört auf das, was wir vor ihm ausbreiten. Es gibt keinen größeren Namen als den Namen »Jesus«. Er ist herrlicher als der Name Cäsars, wohltönender als der Beethovens, sieghafter als der Napoleons, beredter als der eines Demosthenes, geduldiger als der Lincolns. Der Name Jesus bedeutet Leben und Liebe. Der Name Jesus ist wie ein herrlicher Wohlgeruch. Wer kann wie Jesus mit einer heimatlosen Waise mitfühlen? Wer kann wie Jesus einen verlorenen Sohn daheim wieder willkommen heißen? Wer kann wie Jesus einen Trinker von seiner Trunkenheit freimachen? Wer kann wie Jesus einen Friedhof voller Gräber mit hoffnungsfrohem Licht erfüllen? Wer kann wie Jesus aus einer Straßendirne eine Königin für Gott

machen? Wer kann wie Jesus die Tränen menschlichen Leids in seinen Krug fassen? Wer kann uns wie Jesus in unserem Kummer trösten?
Bibellese: Off. 1,4—8.

9. Februar

Er wurde durchbohrt um unserer Übertretung willen, zerschlagen wegen unserer Missetat; die Strafe, uns zum Frieden, lag auf ihm, und durch seine Wunden sind wir geheilt (Jes. 53,5).

Ein Lehrer hatte es sich zur Regel gemacht, jedem, der in der Schule eine Lüge aussprach, dafür mit einem Rohrstock sieben Schläge auf die Handfläche zu geben.

Eines Tages wurde ein kleines Mädchen bei einer Lüge ertappt und nach vorn zitiert, um seine Strafe in Empfang zu nehmen. Sie war ein sehr zartes, kleines Persönchen, und es tat dem Lehrer selbst sehr leid, sie schlagen zu müssen. Aber er mußte sich auch diesmal an die Regel halten. Der Schmerzensschrei, den sie beim ersten Schlag ausstieß, schnitt ihm tief ins Herz; er brachte es nicht über sich, mit der Bestrafung fortzufahren. Doch er konnte ihre Verfehlung nicht einfach übergehen oder als ungeschehen betrachten. So blickte er über die Reihe der Jungen.

»Ist einer von euch Jungen bereit, an ihrer Stelle die restlichen Schläge auf sich zu nehmen?« fragte er.

Da meldete sich auch schon ein kleiner Bursche. »Ich bin bereit!« Mit diesen Worten kam er nach vorn zum Pult und steckte ohne einen Schmerzenslaut die restlichen sechs Schläge ein.

Der Lehrer erzählte diese kleine Begebenheit und fügte hinzu: »Da stand vor meinem inneren Auge plötzlich die Gestalt jenes Mannes, der ein noch edleres Herz hatte als dieser tapfere kleine Junge. Jesus trug unsere Strafe, eine Strafe, die wir nie hätten ertragen können!«
Bibellese: Gal. 4,4—7.

10. Februar

Er wird handeln (Ps. 37,5).

Früher dachte ich, es sei meine Pflicht, nachdem ich gebetet hatte, alles in meinen Kräften Stehende zu tun, um die Antwort zu erwirken. Aber der Herr belehrte mich eines Besseren und zeigte mir, daß meine eigenen Anstrengungen sein Werk nur hindern. Wenn ich bete und ihm in allem vertraue, möchte er, daß ich voll Lob und Dank abwarte und nur das tue, was er sagt. Es scheint unserer menschlichen Natur schwer zu fallen, still und untätig zu sein und nichts zu tun, als dem Herrn zu vertrauen. Die Versuchung, die Angelegenheit selbst in die Hand zu nehmen, ist riesengroß.

Wir alle wissen, wie schwer es ist, einen Ertrinkenden zu retten. Ebenso schwer ist es für den Herrn, unsere Schlachten zu schlagen, wenn wir darauf bestehen, sie selbst ausfechten zu wollen.

Gott braucht Zeit, um unsere Gebete zu beantworten. Wir geben ihm oft gar keine Chance dazu. Gott brauchte Zeit, um eine Rose in ihrer Pracht zur Entfaltung zu bringen. Er braucht Zeit, eine Eiche wachsen zu lassen. Er braucht Zeit, um ein Weizenkorn entstehen zu lassen. Er braucht dazu Erde, begießt sie mit Tau und Regen, wärmt sie durch die Sonne, schafft das Blatt, den Halm und schließlich die goldene Ähre.

Alles das braucht Zeit. Deshalb säen wir, pflügen, warten und vertrauen wir, bis Gottes Plan ausgeführt ist. In diesem Fall geben wir Gott eine Chance, was die Zeit anbetrifft. Dieselbe Lektion müssen wir für unser Gebetsleben lernen. Gott braucht Zeit, um Gebete zu beantworten.

Bibellese: Ps. 130,5—8.

11. Februar

Da fiel das Feuer des Herrn herab und fraß das Brandopfer und das Holz und die Steine und die Erde; und es leckte das Wasser auf in dem Graben (1. Kö. 18,38).

Charles Finney, der große amerikanische Erweckungsprediger, war wie Elia ein Mann des Gebets.

Es war im Sommer des Jahres 1853. Das Wetter war ungewöhnlich heiß und trocken, so daß die Weiden verbrannten. Es sah so aus, als würde es eine schreckliche Mißernte geben. Unter diesen notvollen Umständen versammelte sich die große Gemeinde an einem Sonntag wie immer in der Kirche der amerikanischen Stadt Oberlin. Hier wurde es Finney trotz des strahlenden Sonnenscheins auf die Seele gelegt, um Regen zu beten.

»Lieber Herr, wir sind nicht so vermessen, daß wir dir vorschreiben wollten, was für uns das Beste ist; doch du selbst ermunterst uns wie ein Vater seine Kinder, daß wir zu dir kommen sollen und dir unsere Wünsche und Anliegen vortragen. Wir ersehnen uns Regen. Unsere Weiden sind von der Sonne versengt. Die Erde hat tiefe Risse und schreit nach Regen. Die Kühe wandern umher und brüllen nach Wasser. Auch die Eichhörnchen im Wald leiden Durst. Wenn du uns keinen Regen schickst, wird unser Vieh elend eingehen und unsere Ernte zunichte werden. O Herr, sende uns einen gnädigen Regen, und zwar jetzt gleich auf der Stelle! Wenn wir jetzt auch noch keine Anzeichen dafür entdecken können, ist es dir doch ein Kleines. Bitte, Herr, sende uns jetzt Regen um Jesu Christi willen. Amen.«

Finney verlas dann einen Bibeltext und begann seine Predigt. Aber schon nach wenigen Minuten mußte er sie unterbrechen, weil ein Wolkenbruch niederprasselte. Finney hielt einen Augenblick inne. »Wir sollten hier erst einmal eine Pause machen«, sagte er, »und Gott für den herrlichen Regen danken!«

Bibellese: 1. Kö. 18,30—40; Joh. 11,41—46.

12. Februar

Gott aber sei Dank, der uns allezeit in Christus triumphieren läßt (2. Kor. 2,14).

Ein junger Mann kam zu einem alten, erfahrenen Christen und bat ihn, für ihn zu beten. »Ich bin immer so schrecklich ungeduldig und komme nicht los davon. Beten Sie bitte für mich, daß ich geduldiger werde!«

Der alte Mann erklärte sich bereit. Sie knieten gemeinsam nieder, und der alte Gottesmann begann sein Gebet mit den Worten: »Herr, schicke diesem jungen Mann Trübsal am Morgen, schicke ihm Trübsal am Nachmittag —«

»Nicht doch«, unterbrach ihn der junge Mann, »beten Sie nicht um Trübsal, sondern um Geduld!«

»Aber Trübsal wirkt doch gerade Geduld«, verteidigte sich der Alte. »Wenn Sie wissen wollen, was Geduld ist, brauchen Sie Trübsal.«

Wenn wir siegen und triumphieren wollen, brauchen wir den Kampf. Es wäre lächerlich, wenn jemand von Sieg sprechen wollte, der noch nie im Kampf gestanden hat. Wir müssen bereit sein, uns von Jesus in die Kampfbahn stellen zu lassen. Dann wird er uns dort täglich seine Lektionen erteilen. Aber wir müssen auch darauf gefaßt sein, den Preis dafür zu zahlen. Niemand kann sich eines Sieges freuen, ohne dafür bezahlt zu haben.

Nur wer sich selbst kreuzigen läßt, das heißt seinem alten Menschen absagt, kann mit einem gekreuzigten Herrn Gemeinschaft haben. Über Golgatha gelangte Jesus Christus zu seinem wunderbaren Sieg. Auch du und ich können nur auf dem Weg über das Kreuz diese Siegesfreude erfahren.

Wenn wir Geduld wollen, brauchen wir Trübsal, und wenn wir siegen wollen, müssen wir bereit sein, uns in den Kampf stellen zu lassen.

Bibellese: Eph. 6,10—17.

13. Februar

Herr, frühe wollest du meine Stimme hören (Ps. 5,4).

In der Bibel sind viele Menschen erwähnt, die früh aufstanden. Diese Gottesmänner lösten die schwierigen Probleme ihres Lebens dadurch, daß sie ihre Gebete an den Einen richteten, der sie erhören und ihnen bei den Aufgaben des Tages helfen würde. Noch bevor der Tag richtig begonnen hatte, bekamen sie schon die Zuversicht, die sie brauchten, um die Aufgaben des Tages zu meistern.

Abraham stand früh am Morgen auf, um vor dem Herrn zu stehen (1. Mo. 19,27). Jakob stand in der Frühe auf, um den Herrn anzubeten (1. Mo. 28,18). Mose machte sich früh auf, um Gott einen Altar zu bauen (2. Mo. 24,4) und Gott am Sinai zu begegnen (2. Mo. 34,4). Hanna und Elkana standen früh am Morgen auf, um Gott anzubeten (1. Sam. 1,19); auch Hiob brachte Gott früh am Morgen Opfer dar (Hi. 1,5). David erwachte in der Frühe, um zu beten (Ps. 57,9; 119,147—148). Hiskia stand in der Frühe auf, versammelte die Obersten der Stadt und ging hinauf ins Haus des Herrn (2. Chr. 29,20). Der Sohn Gottes stand des Morgens früh auf und ging an einen einsamen Ort, um zu beten (Mk. 1,35).
Bibellese: Ps. 57.

14. Februar

Darum sollt ihr sie an ihren Früchten erkennen (Mt. 7,20).

Wenn jemand beweisen will, wie großartig Konfuzius war, zitiert er einige seiner Weisheitssprüche. Aber wenn ein Christ Gottes Größe und Herrlichkeit zeigen will, braucht er nicht einen Teil aus Jesu Reden anzuführen, sondern er weist auf das Kreuz hin und sagt: »So ist Gott!« Alles, was Jesus gesprochen hat, ist nur im Lichte dessen zu verstehen, daß Gott bereit war, für jeden Menschen zu leiden.

Das Siegel der Echtheit und Wahrheit besteht in der Tat, nicht in Worten. Wir schätzen Gottes Wort erst dann richtig, wenn wir begreifen, was er für dich und mich getan hat.
Bibellese: Joh. 3,14—21.

15. Februar

Ich bin gekommen, damit sie Leben haben und es im Überfluß haben (Joh. 10,10).

Manche Christen scheinen sich immer nur mit knapper Not am Leben zu erhalten; ihr Glaubensgewand ist fadenscheinig; ihr Leben hohl und unfruchtbar wie die weite, öde Wüste.

Aber es gibt auch andere, die täglich in Gott ruhen und in ihrer Nachfolge Frieden und tiefe Freude erfahren. Ihr Glaubensleben ist ohne Krampf. Sie leben ständig aus der Kraft, die Gott darreicht.

»Ihr werdet Kraft empfangen, wenn der Heilige Geist über euch kommt« (Apg. 1,8). Empfangen heißt hier nicht, mühsam hinaufzuklettern, sondern etwas kommt zu uns herab. Niemand braucht sich diese Kraft durch harten Kampf und Anstrengung zu erkämpfen.

Ob wir Kraft haben, hängt davon ab, ob wir den Heiligen Geist haben und uns von ihm aus dem Kerker des Gesetzes, das in unseren Gliedern ist, befreien lassen. Der Heilige Geist muß die Herrschaft über alle Bereiche unseres Lebens bekommen! Leider dämpfen wir ihn allzuleicht durch das, was wir fühlen, befürchten oder denken. Wenn wir die Kraft Gottes in ihrer Fülle erleben wollen, müssen wir es wagen, uns ganz auf das Wort Gottes zu verlassen und dem Herrn, der es uns gegeben hat, bedingungslos zu vertrauen.
Bibellese: Apg. 9,17—19.

16. Februar

Wer aber von euch kann durch sein Sorgen zu seiner Länge eine einzige Elle hinzusetzen? (Mt. 6,27).

Es ist also umsonst, sich zu sorgen! Ein kleiner Mann kann sich keinen Zentimeter größer machen. Warum sollte er seine Lebenskraft vergeuden und sich mit dem vergeblichen Wunsch aufreiben, einen Zentimeter größer zu sein?

Einer ist bekümmert, weil er zu klein, ein anderer, weil er zu groß ist; einer, weil er zu mager, ein anderer, weil er zu dick ist; einer, weil er an einem Fuß lahm ist, ein anderer, weil er ein Muttermal im Gesicht hat. Sie mögen sich noch so sehr daran reiben und eine Änderung herbeiführen wollen, sie werden all diese Dinge doch nicht ändern können.

Manche Menschen beklagen sich auch über die Verhältnisse. Sie sind arm und müssen schwer arbeiten. Sie haben Nöte, erleiden Verluste und Enttäuschungen, deren Ursachen außerhalb ihres Einflußbereichs liegen.

Warum sollten sie um diese Dinge bekümmert sein und sich Sorgen machen? Wird dadurch irgend etwas anders? Wird Unzufriedenheit den lahmen Fuß heilen oder das häßliche Mal entfernen? Wird Ärger die schwere Arbeit leichter, die Lasten erträglicher machen oder die Sorgen vermindern? Wird ängstliches Sorgen die ständige Geldentwertung aufhalten, wird dadurch Heizöl in den Keller geschafft oder Kleider für die Kinder in den Schrank? Sogar die Philosophen zeigen uns, wie schädlich das Sorgen ist, da es die Lebenskraft aufzehrt und uns unfähig macht, unser Bestes zu leisten.

Gottes Wort geht noch weiter. Es sagt, daß auch die schweren Dinge unseres Lebens ein Segen sind, wenn wir sie demütig aus Gottes Hand nehmen und unserem Herrn dafür danken (1. Th. 5,18). Dann werden sie zu Stufen, auf denen wir emporsteigen, zu Erfahrungen, die uns erziehen und weiterhelfen. So können wir unser Leben gelassen und vertrauensvoll annehmen, wie es auf uns zukommt und uns nicht ständig daran reiben und stoßen.

Bibellese: Mt. 6,25—33.

17. Februar

Nicht durch Heer und nicht durch Kraft, sondern durch meinen Geist! (Sach. 4,6).

Eines Tages stand ich am Ufer eines Flusses und beobachtete die Strudel in unmittelbarer Nähe des Ufers. Diese Strudel ließen das Wasser längs des Ufers in entgegengesetzter Richtung zur Strömung fließen. Auf den ersten Blick sah es aus, als fließe das Wasser in der falschen Richtung. Aber als ich meine Augen auf die Mitte des Flusses richtete, sah ich, daß die Strömung rasch ihren Weg in Richtung auf das offene Meer nahm.

In seiner unendlichen Kraft und Allmacht wirkt Gott auf eine ähnliche Weise. Man muß sein Wirken genau erkennen, um es recht zu würdigen.

Ohne Aufhebens davon zu machen, tut Gott Tag für Tag Wunder im Großen wie im Kleinen. Hier bewahrt er, dort sorgt er für uns oder gebraucht uns in wunderbarer Weise, um das Herz eines Menschen für ihn zu gewinnen. Manchmal scheint es zwar, als ziehe Gott den kürzeren, als seien die Werke seiner Gnade und göttlichen Vorsehung Fehlschläge, als würden seine Pläne genau in die entgegengesetzte Richtung gelenkt, anstatt in das Meer des Segens zu münden. Aber man braucht nur seinen Blick zu erheben und vom Ufer der entmutigenden und notvollen Verhältnisse der Gegenwart wegzublicken, hinaus auf den vollen Strom der Absichten Gottes, um zu erkennen, daß er den Kampf stets gewinnt.

Gott erringt seine herrlichsten Siege da, wo seine Heiligen in völliger Abhängigkeit von ihm aus dem Glauben leben. In seinem Programm geschieht nichts menschlich Gewirktes, sondern alles geschieht in und durch Jesus.

Wo Skeptiker nur Fehlschläge und Niederlagen erkennen, feiern Gottes Kinder die schönsten Erfolge. Sie besiegen ihre Feinde durch Liebe und überlassen Gott ruhig alles übrige. Gott vollbringt weiterhin seine Wunder hinter den Kulissen und unter der Oberfläche tobender Wasser.

Bibellese: 1. Kö. 19,9—18.

18. Februar

Was ihr auch in meinem Namen bitten werdet, will ich tun (Joh. 14,13).

Der bedeutende amerikanische Erweckungsprediger Torrey (1856—1928) hat über das Gebet gesagt: »Beten im Namen Jesu heißt nicht, am Ende eines Gebets nur seinen Namen auszusprechen, sondern es heißt Beten im Sinne und im Geist Jesu und dabei seinen Verheißungen glauben, uns auf seine Gnade verlassen und seine Werke tun.

Was heißt also praktisch, im Namen Jesu zu beten? Es liegt nichts Mystisches oder besonders Geheimnisvolles in diesem Ausdruck. Wenn man in der Bibel einmal alle die Stellen untersucht, in denen der Ausdruck »in meinem Namen«, »in seinem Namen« oder andere sinnverwandte Ausdrücke vorkommen, wird man entdecken, daß diese Wendung auch unserer heutigen Umgangssprache entspricht. Wenn ich zu einer Bank gehe und dort einen Scheck einreiche, der meine Unterschrift trägt, bitte ich diese Bank *in meinem eigenen Namen.* Wenn ich bei dieser Bank über Geld verfüge, löst man mir den Scheck ein; wenn nicht, bekomme ich kein Geld. Wenn ich jedoch mit einem Scheck zur Bank gehe, den ein anderer unterzeichnet hat, *bitte ich in seinem Namen.* Dabei spielt es keine Rolle, ob ich oder irgendeine andere Person Geld auf dieser Bank verfügbar hat. Wenn derjenige, der den Scheck unterzeichnet hat, dort ein laufendes und gedecktes Konto unterhält, wird der Scheck ausbezahlt. Genauso ist es, wenn ich zur himmlischen Bank gehe, mich also im Gebet an Gott wende. Ich habe dort nichts, was mir zur Verfügung stände. Ich habe absolut keinen Kredit. Und wenn ich in meinem eigenen Namen hingehe, werde ich bestimmt nichts bekommen. Aber Jesus hat im Himmel unbeschränkten Kredit und gewährt mir das große Vorrecht, mit seinem Namen auf meinen Schecks zur Bank zu gehen. So werden meine Bitten in unbegrenzter Höhe anerkannt und erhört.«

Bibellese: Joh. 9,31—34.

19. Februar

Wenn er im Finstern wandelt und ihm kein Licht scheint, so vertraue er auf den Namen des Herrn und halte sich an seinen Gott (Jes. 50,10).

Der Mensch sollte sich in seinem Verhältnis zu Gott niemals dadurch erschüttern lassen, daß er Gottes weises Walten nicht in allem versteht. Im Gegenteil! Desto fester sollten wir uns an Gottes Wort klammern. Es ist das einzige in dieser Welt, das uns Kraft und Mut geben kann, mit den Hindernissen in unserem Leben fertig zu werden.

Alexander Duff befand sich auf der Fahrt nach Indien. Er wollte dort als Missionar wirken und den Kindern dieses armen Landes das herrliche Evangelium bringen. Bevor er jedoch sein Ziel erreichte, geschah etwas, das manchem anderen den Mut zu diesem Unternehmen geraubt hätte: Das Schiff, mit dem Duff fuhr, zerschellte an den steilen Klippen des Kaps der Guten Hoffnung. Glücklicherweise wurden er und die anderen Schiffbrüchigen gerettet; aber alles übrige ging verloren. Duff hatte nur retten können, was er auf dem Leibe trug; sein gesamtes Gepäck war verlorengegangen, darunter seine wertvolle Sammlung von 800 Büchern. Duff stand an der kahlen Küste und schaute auf die grauen heranrollenden Wellen. Er hoffte immer noch, etwas zu entdecken, das er bergen könnte. Da sah er einen kleinen Gegenstand auf den Wellen auf- und niedertanzen. Immer näher wurde er dem Strand zugetrieben. Schließlich erkannte er es als ein Buch aus seiner Sammlung. Als ein großer Brecher es auf den Strand warf, hob Duff es auf. Es war seine Bibel, in der er jeden Tag gelesen hatte!

Duff dankte seinem Gott aus tiefstem Herzen dafür, daß das einzige Buch, das aus seiner Sammlung gerettet wurde, seine Bibel war. Er rief seine Freunde zusammen, schlug die Bibel auf und las ihnen den wunderbaren Psalm 107 vor, in dem u. a. steht: »Die in Schiffen sich aufs Meer begaben und Handel trieben auf großen Wassern, die des Herrn Werke sahen und seine Wunder auf hoher

See . . . die sollen dem Herrn danken für seine Gnade . . .« (Ps. 107, 23—24).
Bibellese: Ps. 107.

20. Februar

Da nun Jesus die Augen erhob und sah, daß eine große Menge zu ihm kam, spricht er zu Philippus: Woher kaufen wir Brot, daß diese essen können? (Das sagte er aber, um ihn auf die Probe zu stellen, denn er selbst wußte wohl, was er tun wollte) (Joh. 6,5—6).

Dieses Wort gibt uns einen interessanten Einblick in das Erziehungswerk Jesu an seinen Jüngern, um sie im Glauben zu stärken. Er gab ihnen nicht nur ständig Unterricht im Wort Gottes; er wollte sie auch dahin bringen, das langsam und mühsam Gelernte in die Tat umzusetzen.

Philippus enttäuschte seinen Herrn bei dieser Prüfung. Er sah nur auf das Sichtbare. Er lebte noch das »alte Leben« und hatte noch nicht begriffen, daß das Zusammenleben mit Jesus die natürlichen Grundlagen des Lebens verändert.

Auch wir geraten in unserem Leben ständig in gefahrvolle Situationen. Ebenso gibt es im Werk des Herrn Schwierigkeiten, mit denen wir aus eigener Kraft und Weisheit nicht fertig werden. Wenn wir jedoch einmal im Glauben angenommen haben, daß wir unser Leben nicht mehr nach der Art dieser Welt führen müssen, um durchzukommen; wenn wir im Glauben die Tatsache ergriffen haben, daß unser himmlischer Vater alle Lebenslagen schafft und vorherbestimmt, um uns durch sie in das Bild Jesu zu verwandeln (vgl. 2. Kor. 3,18), dann kann uns keine Prüfung Gottes mehr verwirren. Die Schwierigkeiten, die uns begegnen, sollen uns nicht entmutigen, sondern im Glaubensleben weiterhelfen. Dabei haben wir Gelegenheit zu zeigen, ob wir bei der Bewältigung der Probleme

von unseren eigenen Möglichkeiten ausgehen oder ob wir die Hilfe von dem Gott erwarten, bei dem alle Dinge möglich sind.
Bibellese: Joh. 6,1—15.

21. Februar

Wir tappen an der Wand wie die Blinden; wir tappen, wie wenn wir keine Augen hätten; wir straucheln am hellen Mittag wie in der Dämmerung; unter Gesunden sind wir wie die Toten (Jes. 59,10).

Welch anschauliche Worte! Ein treffendes Bild von der verworrenen Welt, in der wir heute leben! In jedem Land, in jedem Lebensbereich wird man sich zunehmend einer Tatsache bewußt: Unsere Welt ist aus den Fugen geraten.

Die Christen sind voll gespannter Erwartung, denn der Geist des Herrn gibt allen Glaubenden zu verstehen, daß Jesus bald wiederkommen wird.

Selbst die geistlich Blinden, die ihresgleichen in die Irre leiten, empfinden eine von Tag zu Tag wachsende Furcht vor einer namenlosen, dunklen Macht, die sich langsam und unaufhaltsam der Menschen bemächtigt und sie in ihrem Denken und Handeln nachhaltig beeinflußt.

Eine Mutter bestieg mit ihrer vierjährigen Tochter die Straßenbahn. Sie fand einen Platz und nahm die Kleine auf den Schoß. Neben ihr saß eine Frau mit einem wunderschönen Rosenstrauß. Von dem süßen Kindergesicht mit den großen blauen Augen beeindruckt, nahm die Frau eine Rose aus ihrem Strauß und hielt sie der Kleinen hin. »Hier hast du eine schöne Rose, liebes Kind«, sagte sie freundlich. Das Kind jedoch blickte sie seltsam an und zuckte ängstlich zurück. Ein wenig verwirrt über das seltsame Verhalten wiederholte die Frau ihr freundliches Angebot, wobei sie diesmal die Hand des Kindes mit der Blüte berührte. Die Kleine schien jäh zu erschrecken, denn sie faßte mit den Händen nach dem

Gesicht der Mutter, um ihre Aufmerksamkeit auf sich zu lenken. Jetzt wandte sich die Mutter ihrer freundlichen Nachbarin zu, wobei sich auf ihrem Gesicht ein Lächeln abzeichnete und sagte: »Mein Kind ist blind!«

Blind! Schon leibliche Blindheit ruft bei uns allen tiefes Mitgefühl hervor. Wieviel größer ist die Not unzähliger Männer und Frauen, deren inneres Auge für Gott blind ist! Könnten doch diese Menschen die Schönheit der herrlichen »Rose von Saron« (Lutherübersetzung) sehen und sich an ihr freuen!

Bibellese: Mt. 9,27—31.

22. Februar

Kämpfe den guten Kampf des Glaubens (1. Tim. 6,12).

Napoleon konnte blitzschnell erfassen, wo der strategisch entscheidende Punkt bei einer Schlacht lag. Dorthin konzentrierte er alle zur Verfügung stehenden Truppen, um diese Stellung zu nehmen und zu halten, wie hoch die Verluste dabei auch immer sein mochten.

Um sich in geistlichen Auseinandersetzungen zu behaupten, müssen Streiter Gottes bereit sein, dasselbe zu tun. Gordon B. Watt hat einmal gesagt: »Wir müssen den Punkt finden, wo das eigentliche Hindernis liegt und darauf die Hauptmacht unserer Gebete richten.«

Welche Wunder können durch das Gebet gewirkt werden! Abrahams Knecht betet, und Rebekka kommt daher. Mose schreit zu Gott — und das Meer teilt sich; er betet — und die Amalekiter werden besiegt. Josua betet — und der schuldige Achan wird entdeckt. Hanna betet, und Samuel wird geboren. Asa betet, und der Sieg ist sein. Josaphat ruft zu Gott — und Gott schlägt seine Feinde zurück. Daniel betet, und der Traum wird ihm geoffenbart. Die Christengemeinde in Jerusalem fleht zu Gott, und Petrus wird durch einen Engel befreit!

Das Gebet erweist sich immer als die siegreiche, starke Waffe im Kampf gegen die Mächte des Bösen. Es gibt keine größere Macht als die des anhaltenden Gebets. Wagen wir es, entschlossen und bestimmt vor Gott zu treten; wagen wir es, die Verheißungen Gottes zu ergreifen und im Glauben an ihnen festzuhalten, bis Gott antwortet. Durch Golgatha ist der Sieg unser!
Bibellese: 1. Tim. 6,8—16.

23. Februar

Dein Weg war im Meer und deine Bahn in großen Wassern, und deine Fußstapfen waren nicht zu erkennen (Ps. 77,20).

Uns erscheint das Meer wie die größte Wasserwüste, durch die kein Weg führt. Es ist ein Sinnbild für das Geheimnisvolle. Aber wenn uns auch vieles Geheimnis bleibt — Gott ist da! Wenn wir ratlos nicht mehr weiter wissen, sieht er immer noch einen Weg. Er überschaut auch das Ende unseres Weges. Wenn sein Weg durch das Meer geht, können wir ihn nicht verfolgen oder aufspüren. Gottes geheimnisvolles Wirken, das wir nicht ergründen können, gehört mit zu unserer Erziehung. Ungewißheit soll uns zu tieferer Gewißheit führen. Viele unbeantwortete Fragen sollen dazu dienen, daß wir im Glauben wachsen.

Ein alter Seemann erzählte aus dem Anfang seiner Lehrzeit, wie er als Schiffsjunge lernte, den Kurs durch das Meer zu finden. Als er allein in seinem Boot war, verirrte er sich mehrere Male. Man zeigte ihm, wie er seinen Kompaß gebrauchen sollte. Wieder wurde er allein in seinem Boot zu Wasser gelassen. Bald hatte er sich erneut hoffnungslos verirrt und verbrachte die Nacht allein in seinem Boot. Als man ihn wiederfand, wurde er gefragt, warum er seinen Kompaß nicht benutze. »Ich wollte nach Norden und versuchte mit aller Kraft, das Ding nach Norden auszurichten, aber vergeblich. Es wollte sich nicht von der Stelle rühren, ging immer im Kreis herum und zeigte nach Südosten.«

Viele Menschen verfehlen die rechte Richtung auf dem Meer des Lebens aus demselben Grund wie unser Matrose. Sie fürchten sich, den Kapitän beim Wort zu nehmen und die Richtung anzusteuern, in die der Kompaß zeigt.

Bibellese: Ps. 77.

24. Februar

Er war im Hinterteil des Schiffes und schlief (Mk. 4,38).

Die Gegenwart Jesu hält die Stürme nicht fern; aber er ist uns nahe, wenn sie toben. Wenn Jesus in der Gefahr bei uns ist, sind wir sicherer, als wenn wir ohne ihn in Sicherheit zu sein scheinen.

Wir setzen unsere Hoffnung nicht auf die kurze Zeit unseres Lebens, die wie Sand im Stundenglas verrinnt, sondern setzen unser Vertrauen auf den festen, ewigen Felsen Jesus Christus. Gerade in größter Gefahr merken wir, daß wir ihn brauchen und daß er hilft. Warum sollen wir uns vor dem Sturm fürchten, wenn unser himmlischer Vater ihn unter Kontrolle hat?

Die Fischer waren mit ihrer Kunst am Ende, bevor sie das Ziel ihrer Fahrt erreicht hatten. Immer tritt der Heiland rettend dazwischen, wenn die Seinen mit ihrer Kraft am Ende sind!

Bibellese: Mk. 4,35—41.

25. Februar

Die Elenden und Armen suchen Wasser und finden keines; ihre Zunge verdorrt vor Durst. Ich, der Herr, will sie erhören; ich, der Gott Israels, will sie nicht verlassen (Jes. 41,17).

Eine Karawane aus dem Osten, die in der Wüste unterwegs war, hatte kein Trinkwasser mehr. Die gewohnten Quellen waren alle versiegt. Die Oase selbst war zur Wüste geworden. Nach einem Tag sengender Sonnenglut machten sie an dieser früheren Oase eine Stunde vor Sonnenuntergang halt, nur um die schreckliche Entdeckung zu machen, daß sie an Wassermangel elend zugrunde gehen würden.

Vergeblich untersuchten sie alle bekannten Brunnen, aber alle waren versiegt. Entsetzen zeichnete sich auf allen Gesichtern ab, Verzweiflung bemächtigte sich der Männer.

Da trat ein alter Mann an den Scheich heran und gab ihm den Rat, die beiden prächtigen Kamele loszubinden, die er als Geschenk für seine Braut mit nach Hause nehmen wollte. Sicher würden die empfindlichen Geruchsorgane der Tiere die Nähe von Wasser wahrnehmen, sofern überhaupt etwas vorhanden war. Vor Durst hing den Kamelen die Zunge weit aus dem Maul, schwer und keuchend ging ihr Atem. Aber kaum hatte man sie an den Rand des Lagers geführt, als sie ihre Köpfe erhoben und prüfend die Luft einsogen. Dann stoben sie geradlinig wie Pfeile durch die Wüste davon. Schnelle Reiter folgten ihnen. Nach zwei Stunden kamen sie mit der guten Nachricht zurück, daß man Wasser gefunden habe. Mit Freudenrufen wurde das Lager zu den neu entdeckten Quellen verlegt.

Diese Geschichte illustriert sehr anschaulich das Wort aus Jesaja 41: Erstens, wir müssen erst »arm« werden, damit Gott uns helfen kann. Deshalb bringt er uns an das Ende unserer eigenen Möglichkeiten. Zweitens, sobald wir uns unserer Hilflosigkeit bewußt sind, besinnen wir uns mit einemmal auf das, was uns Gott gegeben hat: den Heiligen Geist. Jetzt erst geben wir ihm Raum, damit er uns zu den Quellen göttlichen Wassers, zu seinem Wort, führen kann.

Bibellese: Jes. 41,17—20.

26. Februar

Aber doch essen die Hündlein von den Brotsamen, die vom Tisch ihrer Herren fallen (Mt. 15,27).

Als Jesus sich in der Gegend von Tyrus und Sidon aufhielt, kam eine Frau zu ihm mit der Bitte, ihre Tochter gesund zu machen. Er zögerte zunächst, bis ihn ihr ständiges Betteln und Drängen zu den Worten nötigte: »Es ist nicht fein, daß man den Kindern ihr Brot nehme und werfe es vor die Hunde!«

In der Antwort darauf zeigt sich die Demut und zugleich der kühne Glaube dieser Frau. »Ja, Herr, aber doch essen die Hündlein von den Brotsamen, die vom Tisch ihrer Herren fallen.« Sie war über das Wort Jesu nicht beleidigt. Sie wollte wie ein kleiner Hund unter dem Tisch des Meisters sein. Die Kinder bekamen zuerst ihr Teil. Nur die Stücke, die die Kinder unter den Tisch fallen ließen, gehörten den Hunden. Sie bat nur um die Portion, die gewöhnlich den Hunden zufiel. Ihr genügten sogar die Krümel. Sie waren ihr lieber als die schmackhaftesten Speisen von irgendeiner anderen Tafel.

Diese Frau ist uns ein Vorbild. Wenn wir zu Jesus kommen, sollten wir uns unserer Unwürdigkeit bewußt und bereit sein, den untersten Platz einzunehmen. Es ist etwas so Köstliches, die Krümel vom Tisch des Meisters nehmen zu dürfen! Wir sollten über dieses Vorrecht laut jubeln! Die Brotsamen seiner Gnade und Liebe sind köstlicher als die fettesten Brocken auf den Tafeln dieser Welt.

Als der verlorene Sohn nach Hause kam, bat er nur darum, ein Knecht sein zu dürfen, da er sich für unwürdig hielt, jemals wieder den Platz des Sohnes einzunehmen. Aber die Liebe des Vaters wollte sich mit einer solchen halben Wiederherstellung nicht zufrieden geben. Ihm wurden das weiße Gewand, der Siegelring und die Schuhe gebracht, die Zeichen der Sohnesrechte. Gott nimmt stets die Geringsten und Unwürdigsten als seine Kinder an und speist sie reichlich.

Bibellese: Mt. 15,21—28; Lk. 15,11—32.

27. Februar

Jeder, der seinem Bruder zürnt, wird dem Gericht verfallen sein (Mt. 5,22).

Unser Herr führt uns immer an die verborgene Wurzel der Dinge. Er gibt sich nicht mit den äußeren Erscheinungsformen ab, sondern erforscht die Ursachen. Er beginnt nicht mit der geschmolzenen Lava, die sich den Berghang hinunterwälzt und die Weinberge vernichtet, sondern er fängt bei dem Feuer im Innern des Kraters an, in dem die Lava entsteht. Er beginnt nicht bei der Unreinheit, sondern bei den Gedanken, die sie hervorrufen; er fängt nicht beim Mord, sondern beim Zorn an, der ihn verursacht. »Wer seinen Bruder haßt, der ist ein Totschläger« bedeutet nicht, daß Haß genau dasselbe Verbrechen ist wie Mord, sondern daß er aus der gleichen Wurzel erwächst und das gleiche Wesen hat. Mord ist ausgereifter Zorn.

Es gibt einen Zorn, der wie ein schwelendes Kartoffelfeuer ist, das nur langsam ausbrennt und dabei die Luft der ganzen Umgebung verpestet. Es ist der unreine Zorn, der aus der Sünde kommt. Er sinnt auf Rache, nicht auf Gerechtigkeit. Er will es dem anderen heimzahlen, aber nicht den Übeltäter zu Gott zurückbringen. Er vergilt das Böse immer wieder mit Bösem. Er breitet das Feuer des Teufels aus. Der Ausweg aus solchen schlimmen Gefühlen kann nur darin bestehen, sich der Sanftmut und Liebe des Heiligen Geistes auszusetzen und sich von ihm umwandeln zu lassen.
Bibellese: Mt. 5,21—24.

28. Februar

Alles ist möglich dem, der glaubt (Mk. 9,23).

Ich habe selten eine bessere Erklärung für den Glauben gehört als die einer lieben alten Chinesin. In einer unserer Versammlungen hatte ein junger Mann gefragt, wie man in der Not die Hilfe des Herrn erfahren könne. In ihrer charakteristischen Art antwortete sie, indem sie den Finger auf ihn richtete und jedes Wort besonders betonte: »Du mußt nur glauben, daß er es getan hat, dann wird es geschehen.«

Die größte Gefahr bei den meisten von uns ist, daß wir, wenn wir Gott um etwas gebeten haben, nicht glauben, daß es geschehen ist, sondern ihm immer wieder helfen wollen und noch andere bitten, ihm zu helfen.

Der Glaube sagt »Amen« auf Gottes »Ja«, nimmt dann die Hände weg und überläßt es Gott, sein Werk zu tun. Die Sprache des Glaubens ist: »Befiehl dem Herrn deinen Weg und vertraue auf ihn, so wird er handeln.« Ein aktiver Glaube kann für eine Verheißung danken, auch wenn ihre Verwirklichung noch nicht sichtbar ist, weil er weiß, daß Gottes Pfandbriefe soviel wert sind wie bares Geld.

Bibellese: 1. Joh. 5,14—15.

29. Februar

Redet miteinander in Psalmen und Lobgesängen und geistlichen Liedern und singet und spielet dem Herrn in eurem Herzen (Eph. 5,19).

An einem herrlichen Junimorgen ging ich bei Tagesanbruch hinaus, um im Garten zu arbeiten, als eben die Sonne aufging. In unmittelbarer Nähe saß ein kleiner Bergkanarienvogel auf dem Ast eines Baumes und begann sein Morgenlied.

Anfangs war ich so in meine Arbeit vertieft, daß ich den Gesang kaum zur Kenntnis nahm. Als wolle er die Aufmerksamkeit noch mehr auf sich lenken, hüpfte er auf einen tieferen Ast herunter, so daß ich ihn mit der Hand hätte greifen können und fing noch feuriger und klangvoller an zu singen. Diesmal schaute ich von meiner Arbeit auf und hörte ihm zu.

Der kleine goldgefiederte Sänger legte seine ganze Seele in seinen herrlichen Gesang. Ich hatte das Empfinden, daß Gott mir diesen kleinen Sänger geschickt hatte, um mich mit seinem Lied für den ganzen Tag froh zu stimmen.

Es hat einmal jemand gesagt, ein Lied zur rechten Zeit und am rechten Ort würde einen nachhaltigeren Eindruck hinterlassen als eine gute Predigt.

Jener gefiederte kleine Bote erinnerte mich jedenfalls daran, daß ich die Bereitschaft zum Singen in meinem Herzen wachhalten müsse. Der Psalmist singt: »Wache auf, meine Seele ... Herr, ich will dir danken unter den Völkern« (Ps. 108,2.4). Laßt uns unserem Herrn das Lied singen: »Du meine Seele, singe, wohlauf und singe schön dem, welchem alle Dinge zu Dienst und Willen stehn. Ich will den Herren droben hier preisen auf der Erd'; ich will ihn herzlich loben, solang ich leben werd'.«

Bibellese: Ps. 103,1—13.

1. März

Ich aber bete (Ps. 109,4).

Wir sind im allgemeinen viel zu sehr in Eile, wenn es darum geht, vor Gott still zu werden und zu beten. Wieviel Zeit nehmen wir uns täglich für das Gebet? Können wir sie nicht ohne weiteres in Minuten angeben? Hat es jemals einen wahrhaft heiligen Menschen gegeben, der nicht viel Zeit im Gebet zugebracht hätte?

Whitefield sagte: »Tage- und wochenlang habe ich in stillem oder lautem Gebet auf dem Boden gelegen.«

Um in der Gnade wachsen zu können, müssen wir viel allein sein. In einer einzigen Stunde des Gebets machen wir oft größere Fortschritte im Glaubensleben, als wenn wir tagelang mit anderen zusammen sind. In der Wüste fällt der Tau am frischesten, ist die Luft am reinsten.

Man sagt, kein großes Werk der Literatur oder Wissenschaft sei

jemals von einem Menschen hervorgebracht worden, der nicht die Einsamkeit geliebt hätte. Ein elementarer Grundsatz des Glaubens ist, daß ein starkes Wachstum in der Heiligung niemals von einem Menschen erreicht wurde, der sich nicht oft und lange Zeit genommen hätte, mit Gott allein zu sein.
Bibellese: Apg. 9,10—11; 1. Th. 5,17.

2. März

Der Herr behütet alle, die ihn lieben (Ps. 145,20).

In einem Gottesdienst während des Zweiten Weltkriegs berichtete Frau Stuart folgendes Erlebnis. Auf einer Reise von den Freundschaftsinseln nach Britisch-Guayana im November 1940 wurde das Schiff, mit dem sie fuhr, im Pazifik beschossen und versenkt. Nach ihrer Gefangennahme wurden alle auf die Kannibaleninsel Emirau gebracht, eine wunderschöne, aber malariaverseuchte kleine Insel. Dort sollten sie alle elend umkommen.

Herr Stuart, der bereits Erfahrungen im Umgang mit den Polynesiern der Freundschaftsinseln hatte und auch von Bekannten in Südafrika wußte, welch wunderbaren Einfluß Missionare auf die Wilden ausüben können, machte den Vorschlag, das Eingeborenendorf zu besuchen und auszukundschaften, ob man irgend etwas Eßbares bekommen könnte.

Als er mit seiner Frau aufbrach, waren sie sich der Gefahr bewußt, der sie sich damit aussetzten. Sie bewegten sich sehr vorsichtig vorwärts, um die Eingeborenen durch den ungewohnten Anblick von Weißen nicht zu erschrecken.

Das malerisch gelegene Dorf, ganz verdeckt unter tropischer Vegetation, lag wie ausgestorben da. Beim Näherkommen hörten sie jemand in englischer Sprache ein Lied singen: »... mein Jesus liebt mich ganz gewiß, das ist mein Paradies.« Wie Engelsgesang klangen diese Worte in ihren Ohren! Ohne Furcht betraten sie daraufhin die kleine Hütte. Es war die Kirche des Dorfes.

Ein hochgewachsener Eingeborener der Salomon-Inseln mit markanten, aber schönen Gesichtszügen leitete den Gottesdienst. Man bot den Fremden für die Nacht eine kleine Hütte im Dorf an. Während sie in unruhigem Schlummer am Boden der Hütte lagen, hörten sie draußen etwas rascheln. Das Herz stockte ihnen! Die Eingeborenen! Kamen sie in feindlicher oder in freundlicher Absicht? Im schwachen Nachtlicht sahen sie ein paar schwarze Arme ein Tablett mit Nahrung und Wasser hereinreichen. Eine Stimme sagte: »Nahrung, essen!«

Als sie gegessen hatten, gingen sie im Morgengrauen, um den Missionar aufzusuchen. Er war der Sohn von Eingeborenen der Salomon-Inseln, die noch Kannibalen waren. Unter dem Einfluß von methodistischen Missionaren war er jedoch Christ geworden. Dann hatte man ihn auf die Fidschi-Inseln geschickt, um sich dort im christlichen Glauben unterweisen zu lassen. Als er seine Ausbildung beendet hatte, äußerte er den Wunsch, nach Emirau zu gehen, wohin noch kein Missionar gekommen war und wo die Eingeborenen menschenfressende Wilde waren.

Viele hatten seitdem die frohe Botschaft von Jesus angenommen und sich taufen lassen. »Jetzt keine Kannibalen mehr, alle freundlich!« Bei diesen Worten nahm er seine Gitarre, griff in die Saiten und sang mit seiner schönen Stimme einen Chorus, dessen Text sinngemäß lautete: »Ich will euch zu Menschenfischern machen, wenn ihr mir nachfolgt.«

Bibellese: Ps. 145.

3. März

Habe ich dir nicht gesagt, wenn du glaubst, werdest du die Herrlichkeit Gottes sehen? (Joh. 11,40).

Maria und Martha konnten die Handlungsweise ihres Herrn nicht verstehen. Beide sagten: »Herr, wärest du hier gewesen, mein Bruder wäre nicht gestorben.« Wir können daraus den Hintergedanken ablesen, den sie nicht aussprachen: »Herr, wir verstehen nicht, weshalb du so lange weggeblieben bist. Wir verstehen nicht, warum du es zugelassen hast, daß der Mann, den du liebtest, sterben mußte. Wir verstehen nicht, warum du Schmerz und Leid in unser Leben kommen ließest, wo doch deine Gegenwart alles hätte ändern können. Warum bist du nicht gekommen? Jetzt ist es zu spät, denn er ist schon vier Tage tot!«

Und auf all diese Fragen hatte Jesus nur eine Antwort: Du verstehst es vielleicht nicht, aber ich sage dir, wenn du glaubtest, würdest du *sehen.*

Abraham konnte nicht verstehen, warum Gott das Opfer seines Sohnes von ihm forderte, aber er glaubte Gott, und er *sah* die Herrlichkeit Gottes, als ihm sein Sohn wiedergegeben wurde.

Mose konnte nicht verstehen, weshalb Gott ihn 40 Jahre in der Wüste bleiben ließ, aber er glaubte, und er *sah,* als Gott ihn rief, Israel aus der Knechtschaft zu führen.

Und so ist es vielleicht auch in deinem Leben. Du sagst: »Ich verstehe nicht, warum Gott mir mein Liebstes genommen hat. Ich verstehe die verschlungenen Pfade nicht, die der Herr mich führt. Ich verstehe nicht, warum Pläne und Absichten, die in meinen Augen gut zu sein schienen, vereitelt wurden. Ich verstehe nicht, warum ich so lange auf Segnungen, die ich so nötig brauche, warten muß.«

Freund, du brauchst gar nicht alle Wege Gottes mit dir zu verstehen. Das erwartet Gott gar nicht von dir. Du erwartest ja auch nicht von deinem Kind, daß es dich in allem versteht, sondern nur, daß es dir vertraut. Eines Tages wirst du die Herrlichkeit Gottes in den Dingen sehen, die du nicht verstanden hast.

Bibellese: Rö. 11,33—36.

4. März

Der Wind war ihnen entgegen (Mt. 14,24).

Märzwinde sind oft rauh und stürmisch. Sie sind ein Sinnbild für stürmische Zeiten unseres Lebens. Aber wir sollten eigentlich froh sein, solche Zeiten zu erleben. Stürme der Versuchung scheinen grausam, aber sie verleihen unserem Gebet mehr Inbrunst und Intensität. Sie zwingen uns, die Verheißungen Gottes ganz ernst zu nehmen und uns darauf zu stützen. Dadurch wird unser Charakter gefestigt.

Stürme der Trauer um geliebte Menschen sind sehr bitter, aber sie sind ein Mittel in des Vaters Hand, uns ihm näher zu bringen, weil er in der Stille zu unserem Herzen sprechen möchte. Es gibt eine Herrlichkeit des Meisters, die nur zu sehen ist, wenn der Wind uns entgegen ist und das Schiff von den Wellen hin- und hergeworfen wird.

Jesus Christus bietet keine Sicherheit *gegen* Stürme, aber er bietet vollkommene Sicherheit *in* den Stürmen. Er hat uns keine leichte Überfahrt versprochen, aber eine sichere Ankunft.

Ein alter Seemann sagte: »In starken Stürmen müssen wir eins tun, und nur eins: das Schiff in eine gewisse Position bringen und es in dieser Position halten.«

Darauf kommt es an. Manchmal können wir wie Paulus weder Sonne noch Sterne sehen, weil ein heftiger Sturm um uns tobt. Weder unser Verstand kann uns dann helfen noch frühere Erfahrungen. Nur ein einziger Weg ist offen: die Seele in eine bestimmte Position zu bringen und sie in dieser Position zu erhalten. Wir werden in solchen Zeiten öfter als gewöhnlich mit unserem Vater im Himmel reden, sein Wort lesen und Gebetsgemeinschaft mit andern suchen, die den Herrn lieb haben.

Bibellese: Mt. 14,22—25; Apg. 2,42—47.

5. März

Komm heraus und tritt auf den Berg vor den Herrn (1. Kö 19,11).

Aus Furcht vor Isebel war Elia geflohen und schließlich zum Horeb gekommen. Dort hatte er sich in einer Höhle verkrochen. Er brauchte ein zurechtweisendes Wort, damit er begriff, daß seine Furcht unbegründet war.

Gott wollte, daß er seinen Zufluchtsort, in den ihn sein Unglaube getrieben hatte, wieder verließ. Er stellte Elia seine Gewalt und Majestät vor Augen, damit er wieder die Haltung des Glaubens einnehmen konnte.

So wird es immer sein. Wenn wir uns in den Niederungen der Welt aufhalten, können wir nie die erquickende Begegnung mit Gott haben, die unserem Leben neue Kraft verleiht. Wir müssen hinaustreten ins helle Sonnenlicht und mit dem Aufstieg beginnen, wenn wir die Offenbarung von Gottes Macht in den Blick bekommen wollen, die uns immer zur Erneuerung unseres Glaubens bereitsteht.

Bibellese: Apg. 4,23—31.

6. März

Der Herr ist dein Schatten über deiner rechten Hand (Ps. 121,5).

Im Garten der Seele wachsen nicht nur Blumen, sondern auch Farne. Die Blumen gedeihen am besten in der Sonne, die Farne am besten im Schatten.

Da ist der Farn der Geduld, der Farn der Ausdauer und der Farn der Sanftmut. Der große Gärtner unserer Seele freut sich an ihnen und ist entschlossen, sie davor zu bewahren, daß sie durch grelles Tageslicht zugrunde gehen.

Darum bringt er uns in den Schatten, den Schatten der Enttäuschung, den Schatten der Sorge oder den Schatten der Krankheit und der Schmerzen. Aber es ist ein segensreicher Schatten, denn es ist der »Schatten des Allmächtigen«. Und hier gedeihen die Farnkräuter prächtig, und der wolkenverhangene Tag läßt den Garten besonders schön werden.

Es kann keinen Schatten ohne Sonne geben, keine Nacht ohne den Tag. Über den Wolken ist der Himmel klar. Nur wer im Schatten ausruhte, eine Nacht durchwachte oder unter dichten Wolken gewandert ist, kann anderen den Pfad erhellen.

Bibellese: Ps. 121.

7. März

Die wahren Anbeter werden den Vater im Geist und in der Wahrheit anbeten (Joh. 4,23).

Gott im Geist und ihn in Wahrheit anbeten heißt, ihm die Ehre geben, die ihm gebührt. Gott ist Geist; deshalb müssen wir ihn im Heiligen Geist anbeten, das heißt, ihm von ganzem Herzen und mit demütigem Sinn alle Ehre geben.

Nur Gott sieht es, ob wir ihn so anbeten; tun wir es, so wird diese Anbetung uns so in Fleisch und Blut übergehen, als wäre er eins mit unserer Seele und unsere Seele eins mit ihm. Das wird sich dann auch auf unseren täglichen Wandel auswirken.

Gott in Wahrheit anbeten heißt, ihn als den anerkennen, der er ist und auch uns selbst so zu sehen, wie wir in Wirklichkeit sind: als Sünder, an denen nichts Gutes zu finden ist. Gott in Wahrheit anbeten heißt, ihn aus tiefstem und ehrlichem Herzen gelten zu lassen als den unendlich Vollkommenen, der ewiger Anbetung würdig ist, der unendlich weit von der Sünde geschieden ist. Es wäre eine große Torheit, wenn der Mensch nicht all seine verfügbaren Kräfte dafür einsetzte, um diesem gewaltigen Gott die Ehre zu erweisen, die ihm zukommt.

Gott in Wahrheit anbeten heißt aber auch zu bekennen, daß wir unser Leben oft entgegen seinem Willen führen und auch nicht immer bereit sind, uns in sein Bild umgestalten zu lassen.

Wer möchte sich einer so großen Torheit schuldig machen, Gott auch nur einen Augenblick die Ehrfurcht und Liebe, den Dienst und die Anbetung vorzuenthalten, die wir ihm schulden, ihm, der uns so geliebt hat, daß er seinen Sohn für uns gab, als wir noch Sünder waren?

Bibellese: Joh. 4,21—26.

8. März

Ein Sohn soll seinen Vater ehren ... Bin ich nun Vater, wo ist meine Ehre? (Mal. 1,6).

Wenn man bedenkt, wie wichtig es für einen Menschen ist, den himmlischen Vater zu verstehen und zu ehren, überrascht es uns nicht, daß uns in der Bibel, dem Wort Gottes, das Wort »Vater« sehr häufig begegnet, öfter als »Mutter«.

Wer niemals erfahren hat, was ein irdischer Vater bedeutet, kann unmöglich das Vaterbild Gottes begreifen. Es fällt einem Menschen äußerst schwer, das rechte Verhältnis zum Vater im Himmel zu finden, wenn er seinen irdischen Vater nicht liebt und ehrt. Wie kann jemand Gott als seinen Vater erfahren, wenn er nie am eigenen Leibe die Liebe und Fürsorge eines Vaters spürte, seine Hilfe und seinen Schutz, seine Anteilnahme und sein Verständnis, seine Zucht, seine Weisheit und nicht zuletzt seine feste, warme Hand?

Ein Kind denkt immer daran, was seinem Vater wichtig und das Höchste ist. Ein Gotteskind möchte seinem himmlischen Vater gefallen. Was Gott wichtig ist, bedeutet auch seinem Kind alles.

Ein Kind schwelgt in Seligkeit, wenn es mit seinem Vater fröhlich spielen und Geselligkeit pflegen kann. Wieviel mehr Wonne und Glück empfindet das Kind Gottes, wenn es mit seinem himmlischen Vater Gemeinschaft hat!

Ein Vater arbeitet Tag für Tag, um seine Familie zu versorgen. Eines der Wesensmerkmale Gottes ist die Fürsorge, die all unseren Mangel ausfüllen kann.

Der Vater nimmt sich Zeit, sich die Sorgen und Probleme seines Kindes anzuhören und zu verstehen. Gott weiß um all unsere Sorgen. Er hört uns an und erhört uns auch, wenn es gut für uns ist.

Trägt ein Vater deshalb nicht eine große Verantwortung, und muß er es nicht als seine erste und wichtigste Aufgabe ansehen, seinen Kindern ein echter und guter Vater zu sein? Der Vater, der den Vater im Himmel kennt, wird seiner Aufgabe als Vater am besten gerecht werden können und darum auch am meisten geehrt und respektiert werden. Er kann es sich nicht leisten, weniger zu sein (Marie Taylor).

Bibellese: Eph. 5,25—6,4 (für Väter); Eph. 5,22—24 (für Mütter).

9. März

... und du sollst sie deinen Kindern fleißig einschärfen und davon reden, wenn du in deinem Hause sitzest oder auf dem Wege gehest, wenn du dich niederlegst und wenn du aufstehst (5. Mo. 6,7).

Im »Logbuch des guten Schiffes ›Gnade‹«, das Dr. Joplin verfaßt hat, gibt der erste Maat Bob das Gleichnis vom »verlorenen Sohn« im umgekehrten Sinn wieder. Dabei wird besonders auf die Mahnung an die Väter im 5. Buch Mose Bezug genommen, das Gesetz Gottes zu halten und ihren Kindern weiterzusagen, wie es in den oben angeführten Versen zum Ausdruck kommt.

Ein Mann hatte zwei Söhne, und der Jüngere sagte zu seinem Vater: »Vater, gib mir den Anteil deiner Zeit, deiner Aufmerksamkeit, deiner Kameradschaft, deines Rates und deiner Führung, der mir zusteht.« Und der Vater beteiligte ihn an seinem Einkommen, indem er dem Jungen seine Rechnungen bezahlte, ihn eine besonders gute Schule, die Tanzschule und die Universität besuchen ließ und sich mit dem Gedanken zu beruhigen suchte, damit erfülle er vollauf seine Vaterpflichten.

Nicht lange danach sammelte der Vater all seine eigenen Interessen, Wünsche und ehrgeizigen Pläne zusammen und reiste in ein fernes Land, in ein Land der Aktien, Wertpapiere, Pfandbriefe und anderer Dinge, die einen Jungen nicht interessieren und verschleuderte hier die kostbare Gelegenheit, seinem Sohn ein guter Kamerad und Lebensgefährte zu sein. Als er nun die besten Jahre seines Lebens verbracht und viel Geld erworben, aber bei alledem doch keine innere Befriedigung gefunden hatte, erhob sich ein großer Hunger in seinem Herzen, und er begann, Mangel zu leiden — Mangel an Sympathie, Verständnis und echter Kameradschaft.

Da ging er hin und hängte sich an ein Mitglied der vielen Klubs jenes Landes, und sie wählten ihn zum Vorsitzenden und entsandten ihn ins Parlament. Und er hätte sich gern sattgegessen an den Abfällen, die die andern Männer aßen, aber niemand schenkte ihm wirkliche, echte Freundschaft.

Da schlug er in sich und sprach: »Wie viele Männer aus meinem Bekanntenkreis haben Jungen, die sie verstehen und denen sie Verständnis entgegenbringen, die mit ihren Söhnen reden und Umgang mit ihnen haben, die in der Freundschaft mit ihren Söhnen glücklich sind, während ich hier innerlich verhungern muß! Ich will mich aufmachen und zu meinem Sohn gehen und zu ihm sagen: »Mein Sohn, ich habe gesündigt gegen den Himmel und vor dir und bin nicht mehr wert, daß ich dein Vater heiße. Mache mich nur zu einem deiner Bekannten!« Und er machte sich auf und kam zu seinem Sohn. Als er aber noch weit entfernt war, sah ihn sein Sohn und war sehr erstaunt; aber anstatt ihm entgegenzulaufen und ihm um den Hals zu fallen, wich er zurück und fühlte sich sehr unbehaglich. Und der Vater sprach zu ihm: »Mein Sohn, ich habe gesündigt gegen den Himmel und vor dir. Ich bin dir ein schlechter Vater gewesen und nicht mehr wert, daß du mich Vater nennst. Vergib mir doch und erlaube mir von jetzt an, wenigstens dein Freund zu sein!«

Aber der Sohn sprach: »Nein, dazu ist es zu spät. Es gab eine

Zeit, da begehrte ich deine Freundschaft, deinen Rat, aber du warst immer viel zu beschäftigt. Ich bekam die Bildung und den Umgang, den ich wollte, aber das war nicht das Richtige für mich. Jetzt bin ich an Leib und Seele verdorben. Es ist zu spät — zu spät — zu spät!«

Bibellese: Kol. 3,21.

10. März

Dein Vater, der ins Verborgene sieht, wird es dir vergelten öffentlich (Mt. 6,6).

Im Talmud befindet sich die Geschichte von einem armen Tagelöhner, der sich in die Tochter seines reichen Arbeitgebers verliebte. Sie erwiderte seine Liebe und heiratete ihn trotz des erbitterten Widerstands ihres Vaters. Da sie wußte, daß ihr Mann brennend gern studiert hätte, bestand sie darauf, daß er auf die Rabbinerschule nach Jerusalem ginge, um dort seinen Wissensdurst zu stillen. Zwölf Jahre studierte er dort, während seine Frau, von ihrer Familie enterbt, in Armut und Einsamkeit ein kümmerliches Leben fristete. Obwohl er seine Studien gern noch fortgesetzt hätte, kehrte er nach Hause zurück. Als er sich der Tür seines Hauses näherte, hörte er zufällig, wie seine Frau zu einer Nachbarin sagte, daß sie trotz des unerträglichen Schmerzes, von ihrem Mann getrennt leben zu müssen, doch hoffte und betete, daß er zur Akademie zurückkehren und dort seine Studien zum Abschluß bringen möchte.

Ohne ein Wort mit ihr gewechselt zu haben, kehrte er für weitere zwölf Jahre nach Jerusalem zurück. Als er dann wieder seinem Heimatdorf zustrebte, war er inzwischen in ganz Palästina berühmt geworden und wurde als der größte und bedeutendste Gelehrte seiner Generation gefeiert. Als er den Marktplatz betrat, war er sogleich von einer großen Menschenmenge umringt. Ein Empfangskomitee hatte sich versammelt, um den großen Sohn der Stadt durch eine ehrenvolle Begrüßung würdig zu empfangen. Während sich alle um ihn drängten, erblickte er eine Frau, deren Rücken von schwerer Arbeit gebeugt und deren Gesicht von vielen Runzeln vorzeitig gealtert war. Verzweifelt bemühte sie sich, durch die drängende und schiebende Menge zu ihm zu gelangen. Plötzlich erkannte er sie. Diese abgehärmte Frau, die von der Menge gar nicht beachtet oder zurückgestoßen wurde, war sein geliebtes Weib!

»Laßt sie durch!« rief er gebieterisch. »Laßt sie durch! Nur sie allein hat es verdient, von euch geehrt zu werden, sie, die sich aufgeopfert hat, während ich studierte. Wäre sie nicht bereit gewesen, schwer zu arbeiten und all diese Jahre treu auf mich zu warten, zu dienen und zu dulden, wäre ich heute noch ein armer Tagelöhner und nicht der berühmte Rabbi Akiba.«

Auch wir Menschen der heutigen Zeit sind mehr von spektakulären Dingen eingenommen. Wir alle neigen dazu, nur das Großartige und Augenfällige zu sehen und anzuerkennen. Wir suchen in den Zeitungen nur nach aufregenden und sensationellen Meldungen. Dabei haben wir schon fast keinen Blick mehr für das, was die schlichten Alltags- und Durchschnittsmenschen gewöhnlich leisten. Wir sind so sehr damit beschäftigt, den erstaunlichen Leistungen in Wissenschaft und Technik Beifall zu spenden, die außergewöhnlichen Schritte unserer Politiker und der großen Staatsmänner zu bewundern, daß wir nicht mehr fähig sind, schlichte Menschen und ihre bescheidenen Leistungen zu würdigen, die im Drama des Alltagslebens eine entscheidende Rolle spielen — die, ohne viel darüber zu reden, hinter den Kulissen der großen Welt gearbeitet und dabei »nur« eine kleine Nebenrolle gespielt haben.

Vielleicht steht deine Arbeit für den Herrn wenig im Rampenlicht; möglicherweise betest du »nur« treu für einen Missionar und unterstützt ihn mit deinen geringen Mitteln. Sei ohne Sorge, Gott sieht es!

Bibellese: Mt. 6,5—6.

11. März

Gott aber beweist seine Liebe gegen uns damit, daß Christus für uns gestorben ist, als wir noch Sünder waren (Rö. 5,8).

Eines Morgens ging eine Hindumutter mit ihren beiden Kindern an den Ganges. Ein Ausländer, der sie zum Fluß hinuntergehen sah, wußte, was sie vorhatte. Flehend blickte er ihr in die Augen, als wäre er selbst der Vater der beiden Kinder. Er versuchte, sie zu überreden, ihre furchtbare Absicht doch nicht auszuführen, eins dieser kleinen Kinder zu opfern. Dann schaute er auf die beiden Kleinen. Das eine war ein gesundes, gut gewachsenes Baby, wie es jede Mutter in der Welt dankbar ans Herz drücken würde. Das andere war lahm und blind. Ach, wie ohnmächtig kam er sich vor! Er konnte die Frau nicht dazu bewegen, sich von jahrhundertealten Traditionen zu lösen.

Als er wenig später nochmals an dieselbe Stelle zurückkam, sah er die Hindumutter am Flußufer stehen; fast brach ihr das Herz vor Weh. Jetzt hatte sie nur noch ein Kind. Beim Näherkommen erkannte der Fremde, daß sie das gesunde Kind den Göttern geopfert hatte, das lahme und blinde hatte sie behalten. Er blickte der Frau in die Augen. »Liebe Frau«, sagte er, »wenn Sie schon eins von Ihren Kindern hergeben wollten, warum haben Sie dann nicht das lahme und blinde Kind geopfert und das gesunde für sich behalten?« »O Herr«, erwiderte sie, »ich weiß ja nicht, was für einen Gott Sie haben; jedenfalls erwarten unsere Götter in Indien von uns, daß wir ihnen das Beste und Liebste geben.«

Kommt uns diese Geschichte unfaßlich vor? Gott hat ebenfalls das Liebste und Beste, das er hatte, seinen Sohn, auf diese Erde gesandt, damit er für unsere Sünden stürbe. Der Vater hat seine Liebe zu jedem Menschen durch die Tat bewiesen! An uns Menschen liegt es, dieses Opfer im Glauben anzunehmen und Gott für seine unfaßliche Liebe zu preisen.

Bibellese: Rö. 8,28—39.

12. März

Und ich sage euch: Bittet, so wird euch gegeben werden (Lk. 11,9a).

Alexander der Große hatte an seinem Hof einen berühmten Philosophen, der selbst völlig mittellos war. Eines Tages befand sich der Gelehrte finanziell in einer besonderen Notlage. An wen sollte er sich sonst wenden, als an seinen Gönner, den Herrscher der damaligen Welt? Kaum hatte er die Bitte ausgesprochen, als sie ihm auch schon gewährt war. Alexander gab ihm eine schriftliche Vollmacht, sich jeden gewünschten Betrag aus der Schatzkammer auszahlen zu lassen.

Sogleich verlangte er im Namen seines Herrschers 10 000 Pfund. Bestürzt über eine so große Forderung, weigerte sich der Schatzmeister, das Geld auszuzahlen. Er wartete erst auf seinen Herrn und legte ihm die Angelegenheit vor. Er äußerte, ihm erscheine dieses Ansinnen unvernünftig und die Summe ungeheuerlich.

Geduldig hörte sich Alexander den Einspruch seines Beamten an, gab dann aber zur Antwort: »Laß das Geld sofort auszahlen; ich freue mich, daß der Mann so hoch von mir denkt; damit hat er mir eine einzige Ehrung zuteil werden lassen. Die Höhe seines Gesuches zeigt, wie hoch er mich einschätzt, sowohl im Blick auf meinen Reichtum als auch auf meine königliche Freigebigkeit.«

In gleicher Weise wollen auch wir die wunderbare Liebe und Freundlichkeit Gottes, unseres Herrn, ehren, die Paulus im Römerbrief mit den Worten zum Ausdruck gebracht hat: ». . . welcher auch seines eigenen Sohnes nicht hat verschont, sondern hat ihn für uns alle dahingegeben; wie sollte er uns mit ihm nicht alles schenken?« (Rö. 8,32).

Das Gebet ist die Tür zur Schatzkammer Gottes, und unser Glaube der Schlüssel, der sie aufschließt.

Bibellese: Lk. 11,5—13.

13. März

Nur Güte und Gnade werden mir folgen mein Leben lang, und ich werde bleiben im Hause des Herrn immerdar (Ps. 23,6).

Hudson Taylor hat einmal gesagt: »Der Herr ist mein Hirte; er ist es am Sonntag, am Montag und an jedem anderen Tag der Woche; er ist es im Januar, im Februar und in jedem Monat des Jahres; er ist es daheim und in China; er ist es im Frieden und im Krieg, im Überfluß und in der Armut.«

Ein andermal schrieb er: »Alles Tun Gottes ist Segen. Er ist gut und tut immer Gutes, nur Gutes. Der Glaubende, der sich dem Herrn als seinem Hirten anvertraut hat, kann mit dem Psalmisten in großer Gewißheit sprechen: ›Güte und Gnade werden mir folgen mein Leben lang, und ich werde bleiben im Hause des Herrn immerdar!‹ Von daher dürfen wir sicher sein, daß die Zeiten der Not wie auch die Zeiten, da es uns gut geht, Zeiten des Segens für uns sind. Der Gläubige braucht nicht erst darauf zu warten, bis er den Grund erkennt, warum Gott ihn in die Anfechtung führt, um sich zufrieden zu geben; er weiß, daß denen, die Gott lieben, alles zum Besten mitwirkt.«

Der Hirte ist verantwortlich für die Schafe, nicht die Schafe für den Hirten! Schlimm ist nur, daß wir manchmal glauben, wir müßten zugleich Hirte und Schaf sein, zugleich führen und folgen. Wohl uns, wenn wir erkennen, daß der Hirte die Verantwortung trägt, daß er vorangeht und daß Güte und Gnade uns folgen werden!

Vielleicht steht jemand, der dies tröstliche Wort liest, gerade in einer schlimmen Zerreißprobe seines Lebens, an der er beinahe zerbricht. Mancher stellt sich die bange Frage, was morgen sein wird. Gott aber kennt auch dein Morgen und denkt auch für dich voraus. Ja, für dich! Um dich sorgt er sich! Birg diese kostbare Verheißung in deinem Herzen! »Wie teuer sind mir, Gott, deine Gedanken!«
Bibellese: Ps. 23.

14. März

Was betrübst du dich, meine Seele, und bist so unruhig in mir? Harre auf Gott! (Ps. 42,6).

Spurgeon schreibt: »Der Pfad des Christen ist nicht immer von strahlender Sonne beschienen; er kennt auch Zeiten, da es finster ist und der Sturm heult. Zwar steht im Wort Gottes auch geschrieben: ›Ihre Wege sind liebliche Wege, und alle ihre Steige sind Frieden‹ (Spr. 3,17); und es ist wahr, daß der Christ von seinem Herrn erwarten darf, auf Erden glücklich und im Himmel gesegnet zu werden. Die Erfahrung lehrt auch, daß der Pfad des Gerechten ›ist wie des Lichtes Glanz, das immer heller leuchtet bis zum vollen Tag‹ (Spr. 4,18). Dieses Licht ist aber manchmal verdeckt oder verlischt ganz. Manchmal schieben sich dunkle Wolken vor die Sonne des Glaubenden, und er wandelt in der Finsternis, ohne das Licht zu sehen.

Viele haben sich eine Zeitlang der Nähe Gottes erfreut; sie wärmten sich in der Sonne ihres ersten Glaubens an Christus; sie ließen sich ›auf grünen Auen‹ weiden und an ›frische Wasser‹ führen. Plötzlich aber mußten sie feststellen, daß sich der blaue Himmel mit dunklen Wolken bedeckte; statt im Lande Gosen finden sie sich in steiniger Wüste wieder. Dann sagen sie: ›Wenn ich wirklich ein Kind Gottes wäre, würde mir dies nicht passieren!‹

Aber so darfst du nicht sprechen! Auch Gottes größte Heilige müssen Wermut trinken, seine liebsten Kinder müssen das Kreuz tragen. Vielleicht schenkte dir der Herr zuerst einen glatten und sonnigen Weg, weil du schwach und ängstlich warst. Aber jetzt, da du in deinem Glaubensleben stärker geworden bist, mußt du auch die reiferen und rauheren Erfahrungen der erwachsenen Gotteskinder durchlaufen. Wir brauchen die Winde und heftigen Stürme, um uns im Glauben zu üben, um die dürren Zweige unseres falschen Selbstvertrauens abzuwerfen und unsere Lebenswurzel fester in Jesus Christus zu gründen. Die schlimmen Tage und Zeiten zeigen uns nur, wieviel unsere herrliche Hoffnung wert ist.«

Bibellese: Ps. 42.

15. März

. . . harre auf Gott, denn ich werde ihm noch danken, daß er meines Angesichts Heil und mein Gott ist (Ps. 42,6).

Hoffnung — welch kostbares Wort! Davids bange Frage findet die Antwort: »Harre auf Gott!« Wie oft haben Kinder Gottes in Sorge und Ausweglosigkeit das Buch der Psalmen aufgeschlagen und dort gerade das Wort gefunden, das ihnen neue Kraft, Erleichterung und neuen Mut gab.

Kommentatoren und Reporter geben uns fast täglich beunruhigende Berichte über die heutige Weltlage. Durch Fernseh-Übertragungen können wir die führenden Staatsmänner unserer Welt bei ihren Friedenskonferenzen sitzen sehen und erkennen, wie sie nach einem befriedigenden Ausweg aus der verworrenen und hoffnungslosen Lage suchen.

Was soll damit erreicht werden, wenn dauernd »Friede, Friede« gerufen wird, da es doch keinen Frieden gibt?

Die Menschheit lebt zwischen den Trümmern einer Welt, die voll zerbrochener Familien, zerbrochener Hoffnungen und gebrochener Herzen ist. Man braucht heute nicht mehr an der Wahrheit des Satzes zu zweifeln: »Die Welt ist aus den Fugen geraten.« Der Mensch mit all seiner Weisheit, seinen Erfindungen und großen Projekten wird die Probleme unserer heutigen Zeit nicht lösen. Aber sei nur getrost, es gibt einen Ausweg, allerdings nur einen, und dieser Weg ist der Weg Gottes!

Der große Glaubenszeuge Georg Müller hat dieses Vermächtnis hinterlassen: »Es wird nie soweit kommen, daß wir nicht mehr auf Gott harren dürfen! Wie groß die Not, wie unüberwindlich unsere Schwierigkeiten sein mögen, auch wenn äußerlich alle Hilfe sinnlos und unmöglich erscheint, ist es dennoch unsere Aufgabe, auf Gott zu harren. Und es wird sich zeigen, daß dieses Harren nicht vergeblich sein wird.«

Bibellese: Joh. 14,15—24.

16. März

Fliehe wie ein Vogel auf die Berge (Ps. 11,1).

Wer sich mit Vögeln beschäftigt und sich in ihren Lebensgewohnheiten etwas auskennt, weiß, daß sie auf ihren Wanderzügen höher fliegen, als wenn sie nur im Nahbereich unterwegs sind. Es gibt dafür drei Gründe: Erstens, sie haben dann ein weites, unbegrenztes Blickfeld und finden ihre Flugrichtung besser. Zweitens, sie befinden sich außerhalb der Flugbahnen von Raubvögeln und anderen Hindernissen, und drittens können sie sich wegen der größeren Reinheit der dünneren oberen Luftschichten auf ihrem Flug rascher fortbewegen.

Je höher sich ein Kind Gottes im Glauben aufschwingt, desto deutlicher kann es Gottes Plan für sein Leben erkennen. In der »Burg des Zweifels« kann die Seele den Angriffen Satans nicht entfliehen. Trübe Gedanken verschaffen dem Geist ebensowenig Erleichterung wie der Zweifel an der Liebe Gottes.

Die schönsten Psalmen Davids entstanden in den Stürmen seines Lebens. Dieser Hirtenknabe sollte nach Gottes Willen einmal den Ehrennamen »größter Sänger der Welt« tragen. Eines Tages hörte er die Stimme des Versuchers. Sein großer Musiklehrer hatte ihn mitten in einen Sturm geraten lassen, um ihn das rechte Singen zu lehren. Aber statt der Versuchung nachzugeben und stöhnend auszurufen: »O hätte ich doch Taubenflügel, daß ich davonfliegen könnte! Siehe, ich wollte weit weg fliehen ... vor dem sausenden Wind und Sturm!« (Ps. 55,7—9), erhob er aus dem Tosen des Sturmes heraus einen lauten Lobgesang für seinen Gott, nämlich die beiden wunderschönen Psalmen 23 und 91. Diese beiden Psalmen haben Menschen aller Zeiten Trost gegeben. Was hätte David mit Taubenschwingen anfangen sollen? Wie weit hätten ihn diese gebrechlichen Flügel aus dem Sturmbereich heraustragen können? Und wieviel ärmer wäre die Menschheit ohne diese trostreichen Worte aus dem bedrängten Herzen jenes großen Sängers Gottes!

Achte darauf, welche Bitten du zum himmlischen Thron empor-

sendest, wenn du durch den Sturm der Prüfung und körperlichen Erschöpfung hindurch mußt!
Bibellese: Ps. 11.

17. März

Seid stille und erkennet, daß ich Gott bin (Ps. 46,11).

Es scheint, als könne in unserer modernen Zeit nur noch alles in größter Eile vonstatten gehen. Fachleute werden zu Rate gezogen, um die Produktion zu rationalisieren, also noch rascher und gewinnbringender produzieren zu können.

Geschwindigkeit hat auch ihre Nachteile. Die Welt erscheint kleiner und weniger eindrucksvoll, wenn man sich vorstellt, in welch kurzer Zeit man heute von Kontinent zu Kontinent fliegen und den Erdball umrunden kann. Das Staunen über die Schönheiten auf dem Reiseweg macht der Ehrfurcht vor dem Erfindergeist des Menschen Platz, der so gewaltige Maschinen bauen kann, die uns mit ungeheurer Geschwindigkeit vorantreiben. Soll man sich da noch wundern, daß das Leben heute eine einzige Strapaze geworden ist? Denkt man überhaupt noch nach über die wunderbare Ruhe in der Natur? Fern in den Bergen, abseits der lärmenden Straßen des Alltagslebens ist noch etwas von der Stille und Erhabenheit der Natur zu spüren. Wälder und Felder nehmen ruhig und geduldig Sonnenstrahl und Regentropfen in sich auf.

Gottes Stimme ist dem wohltuenden Rauschen und Plätschern eines Baches vergleichbar, erquickend und schlicht wie Musik. Sein Befehl: »Seid stille!« soll unseren Schritt zügeln, daß wir ruhiger dahinschreiten. Denn nur so können wir seine Zeichen am Wege erkennen.

Dr. Griffiths schreibt einmal: »Stille ist nicht nur das Gegenteil von Lärm. Sie bedeutet keine Aufregung, keine Hast, keine Unruhe. Letztere verzehren unsere Kraft, während Ruhe und Besonnenheit sie fördern. Die wahrhaft Großen unserer Welt sind in der einsamen Stille gewachsen. Mose, der Fürst der Gesetzgeber und Führer Israels, verbrachte vierzig Jahre in der Wüste und Abgeschiedenheit Midians. Der Vorläufer und Wegbereiter unseres Herrn fand in der Wüste die Zurüstung für seinen späteren Dienst. Jesus selbst bewältigte die schwierigen Fragen seines Dienstes in ruhiger Abgeschiedenheit. Der Missionseifer des Apostels Paulus wuchs in der Stille Arabiens. Die große Vision des Sehers Johannes entstand in der Verbannung. Martin Luther, der Mönch in der Klosterzelle, leitete den Strom abendländischer Geschichte in ein neues Bett um, so daß eine neue Kulturepoche entstehen konnte. Abraham Lincoln, der Sklavenbefreier, kam aus den stillen Bergen Kentuckys und den weiten Wäldern von Illinois. Die Einsamkeit und Zeiten der Stille gaben diesen Männern Gelegenheit, sich selbst, die Natur und Gott zu erkennen und sich so für ihren großen Dienst zurüsten zu lassen.

Lerne die Kunst des Stilleseins vor Gott! Sie schenkt Sicherheit, Trost und Kraft. Nur so können wir die Seuche des Lärms und der Unruhe besiegen.

Bibellese: Ps. 46.

18. März

Wer unter euch fürchtet den Herrn, ist gehorsam der Stimme seines Knechtes? Wenn er im Finstern wandelt und ihm kein Licht scheint, so vertraue er auf den Namen des Herrn und halte sich an seinen Gott! (Jes. 50,10).

Auf einer schönen, handgeschriebenen Schriftrolle waren in kunstvoll verschnörkelten Buchstaben die Worte zu lesen: »Vertrauen in der Nacht bringt den Sieg am Morgen.« Diese Worte erinnern uns an die Prüfungsjahre Moses, an jene dunkelste Zeit seines Lebens, die er in der heißen Sinaiwüste verbringen mußte. Das war Glaube in der Nacht.

Vierzig Jahre lang hatte Mose in einer Umgebung gelebt, die

ihm jeden Luxus dieses irdischen Lebens erlaubte. Jetzt mußte er eine ebenso lange Zeit abseits all jener Vergünstigungen zubringen. Menschlich gesehen hätte er diese Spannung gar nicht ertragen können. Aber er verfügte über eine verborgene Kraftquelle: »Er hielt sich an den Unsichtbaren, als sähe er ihn« (Hb. 11,27). In der schauerlichen Öde der Wüste war Gott sein Begleiter; dort draußen lernte er erst richtig erkennen, wie freundlich und gnädig Gott ist. Mose erfuhr ihn als Fels in einem trockenen und dürren Land, und wenn seine Kraft zu schwinden drohte, barg er sich unter seinem Schatten.

Und dann widerfuhr Mose eines Tages die größte Offenbarung seines Lebens. Am brennenden Dornbusch erhielt er seinen größten Auftrag. Er nahm ihn, wenn auch zögernd, an. Er war gehorsam, koste es, was es wolle.

Einige Zeit später sehen wir ihn als von Gott bevollmächtigten Führer mit dem Volk, das ihm vertraute, am Rande einer fast ausweglosen Situation. Obwohl er nicht einmal die Spur eines Weges vor sich erkennen kann, gibt ihm Gott den Befehl, vorwärtszugehen. »Durch den Glauben« wird Mose gehorsam, »durch den Glauben« führt er sein Volk wie eine Herde durch das Rote Meer. Sein Gehorsam machte Bahn für den Glauben, der den Arm des Allmächtigen in Bewegung setzte, das Meer in trockenes Land zu verwandeln. Welch ein allmächtiger Gott! Welch eine frohmachende Erfahrung! Ihr, die ihr an Gott glaubt, gebt ihm doch Gelegenheit, eurem glaubensvollen Gebet Erhörung zu schenken!
Bibellese: 2. Mo. 14.

19. März

Senke meine Tritte ein in deine Fußstapfen, daß mein Gang nicht wankend sei! (Ps. 17,5).

Eine Frau erzählte einmal von einem Traum, der ihr ganzes Leben bestimmen und alle seine Bitterkeiten versüßen sollte.

Sie träumte, sie stände mit einer großen Menge auf einer weiten grünen Wiese, jung und lebensfroh. Da erblickte sie vor sich einen schmalen, steilen und zerklüfteten Pfad, zu beiden Seiten von schroffen Felswänden eingeengt. Der Weg führte ständig bergauf und war dicht mit Disteln und Dornen übersät.

Eine gebieterische Stimme sprach zu ihr: »Dies ist dein Weg, den du gehen sollst!«

Sie duckte sich ängstlich. »Kein Mensch kann auf diesen schrecklichen Disteln gehen!« wehrte sie erschrocken ab, »er reißt sich sonst die Füße blutig. Niemand ist so stark, daß er ständig einen so schroffen, dornigen Weg emporklimmen kann. Ich würde bald ermatten und elend verbluten!«

»Aber es ist gerade der Weg, der eigens für dich bezeichnet wurde«, fuhr die Stimme fort. »Geh hin!« So ging sie los und erblickte dicht vor sich spitze Steine und stachlige Dornen. Aber siehe da! Sobald sie ihren Fuß hob, den nächsten Schritt zu tun, trat plötzlich wie ein Engel ein kleiner Knabe vor sie hin und begann, die Steine für den nächsten Schritt wegzuräumen, und dann wieder für den nächsten Schritt — immer weiter. Er machte nur immer für den nächsten Schritt Platz.

Schließlich wandte sie sich um. Sie wollte sehen, wie weit sie schon gekommen war. Da erblickte sie dort hinten am Anfang des Weges Jesus. Er deutete dem Jungen mit einer Armbewegung, die nächsten Steine fortzuräumen, damit ihre Füße beim nächsten Schritt auftreten konnten.

Bibellese: Ps. 17.

20. März

Dennoch glaube ich zuversichtlich, daß ich die Güte des Herrn sehen werde im Lande der Lebendigen (Ps. 27,13).

Dieses ermutigende Zeugnis hat uns der Psalmist David hinterlassen, nachdem er eine dunkle Wegstrecke schlimmer Versuchungen und Anfechtungen hinter sich hatte. Mehr als einmal war er nahe daran gewesen, verzweifelt alles aufzugeben, sich niederzulegen, um nicht wieder aufzustehen.

Nicht wenige seiner Psalmen lassen ähnliche Klagen aus bangem Herzen erkennen. Hier begegnen wir einem Mann, der mit Schmerzen nach einem Ausweg aus den großen Stürmen des Lebens ruft. In Psalm 27 zeigt uns der Psalmsänger Israels das Geheimnis, das ihn davor bewahrte, innerlich schwach zu werden. »Dennoch glaube ich zuversichtlich, daß ich die Güte des Herrn sehen werde im Lande der Lebendigen.« Damit meinte er dieses irdische, nicht erst das zukünftige Leben.

Ein gottesfürchtiger Mensch erfuhr eine wunderbare Errettung. Diese ergreifende Geschichte ist in 2. Kö. 4,1—7, nachzulesen. Ein Knecht Gottes war gestorben und hatte seine Frau und zwei Söhne in großer Not hinterlassen. Die Frau konnte die an sie gestellten Forderungen nicht erfüllen. Bald kamen die Gläubiger, um ihre beiden Söhne, die ihre einzige Stütze waren, als Leibeigene abzuholen. Die Frau nahm ihre beiden Söhne, schloß sich in ihrer ärmlichen Hütte ein und betete in ihrer verzweifelten Not aus tiefstem Herzen zu dem, der die Gebete der Witwen und Waisen hört.

Mache auch du einen Besuch in der kleinen Hütte jener Witwe. Es wird deinen Glauben stärken, wenn du dir von ihr erzählen läßt, was Gott für sie getan hat. Wenn alle Stützen — außer Gott — umgefallen sind, dann hört er den Schrei deines Herzens, das sich ganz von ihm abhängig weiß. So kannst du auch in der schlimmsten Lage deines Lebens größten Trost erfahren und deinen Gott ganz neu entdecken.

Bibellese: Ps. 27.

21. März

Denn ich weiß, daß mir das zum Heil ausschlagen wird durch eure Fürbitte und die Handreichung des Geistes Jesu Christi (Phil. 1,19).

Es ist gut, daß wir manchmal Gelegenheit haben, Einblick in das Leben eines großen und bedeutenden Menschen zu nehmen und herauszufinden, aus welchen Quellen er lebt. Das können wir auch beim Apostel Paulus tun, dem größten Wandermissionar.

Einen großen Teil seiner Kraft schöpfte er aus den Gebeten anderer. Auf diese Weise kann ein einzelner Mensch, der nur *ein* Talent empfangen hat, demjenigen ein unsichtbarer Helfer werden, der *zehn* erhielt.

Aus welchem Grund war das anhaltende Gebet der Gläubigen so ungeheuer wichtig? Paulus war gefangen! Er hatte weite Strekken zurückgelegt, für die Sache des Herrn große Unternehmungen gewagt. Er war durch ganz Kleinasien gezogen, durch abgelegene Gebiete, über eisige, schneebedeckte Gebirgspässe und durch fieberverseuchte Ebenen. Überall hatte dieser große »Fackelträger Gottes« für das »Reich des Lichts« Feuer entzünden können.

Nun aber saß Paulus in einer engen Gefängniszelle. Sollte nun seine Fackel verlöschen? Nein! Für Menschen wie ihn bedeutet die Gefangenschaft des Leibes nicht auch eine Gefangenschaft der Seele. Auch eine Gefangenschaft kann einen Strom himmlischen Segens auslösen. Die Kette, die ihn fesselte, war ein Beweis seines Glaubens, das Zeugnis einer edleren, höheren Freiheit. Jetzt war es an der Zeit, daß ein anderer für ihn stritt und den Sieg errang. Aber wie? Indem er die stärkste Macht der Welt anwandte. Durch die Fürbitte anderer können die Kräfte großer Männer und Frauen freiwerden und sie befähigen, schwierige Situationen zu meistern. Die Fürbitte ist das von Gott bestimmte Mittel, wodurch er die Nöte seiner Knechte behebt und all ihren Mangel ausfüllt. Darum ist das Gebet nicht nur Reden — sondern auch wirksames Handeln!
Bibellese: Phil. 1,12—20.

22. März

Denn für mich ist Christus das Leben, und das Sterben ist mein Gewinn (Phil. 1,21).

Eine Geschichte aus dem Bürgerkrieg der Vereinigten Staaten veranschaulicht uns die Wahrheit dieses Bibelwortes, daß Sterben Leben bedeuten kann und daß der, welcher sein Leben drangibt, es gewinnt. Wenn wir unser Ich auf den Altar legen, um es vom Feuer der Liebe verzehren zu lassen, werden wir damit Gott ehren und den Menschen Gutes erweisen.

Es war bei Fredericksburg nach einer blutigen Schlacht. Hunderte von Unionssoldaten lagen verwundet auf dem Schlachtfeld. Die ganze Nacht und den folgenden Tag wurde das Feld von der Artillerie beider Seiten beschossen, so daß niemand wagen konnte, den Verwundeten und Schwerverletzten Hilfe zu bringen. Verzweifelte Schreie nach Wasser und das Todesröcheln der Sterbenden stiegen auf, wurden aber vom Brüllen der Geschütze übertönt. Ein tapferer Soldat aus den Reihen der Konföderierten (Südstaaten) konnte diese jämmerlichen Hilferufe nicht länger hinter seiner schützenden Grabenwand ertragen. Sein Mitleid mit den Verwundeten war stärker als sein Selbsterhaltungstrieb.

»General«, sagte Richard Kirkland zu seinem Vorgesetzten, »ich kann das nicht länger mit anhören. Diese Ärmsten da draußen haben schon die ganze Nacht nach Wasser geschrien und den ganzen Tag über. Das ist mehr, als ich ertragen kann. Erlauben Sie mir, daß ich ihnen Wasser bringe!«

Der General versuchte ihm klarzumachen, daß es sein sicherer Tod wäre, wenn er sich nur auf dem Schlachtfeld zeigte. Aber er bat so dringend, daß der Offizier, der insgeheim die edle, selbstlose Gesinnung dieses Soldaten bewunderte, ihm seine Bitte nicht abschlagen konnte.

Mit einem Wasservorrat versehen, stieg der tapfere Soldat über den Erdwall und trat seinen Gang der Barmherzigkeit an. Erstaunt wurde er von beiden Seiten aus beobachtet, als er bei dem ihm nächstliegenden Verwundeten niederkniete, sanft seinen Kopf anhob und ihm den Wasserbecher an die fieberrissigen Lippen hielt.

Die Unionssoldaten begriffen rasch, was der Soldat in der grauen Uniform da vorn für ihre verwundeten Kameraden tat; das Feuer wurde sofort eingestellt. Anderthalb Stunden lang fuhr er in seinem Samariterdienst fort, gab den Durstigen zu trinken, richtete verkrampfte und verstümmelte Gliedmaßen, bettete die Köpfe der Männer auf ihre Tornister und breitete Decken und Mäntel über sie, wie eine fürsorgliche Mutter des Nachts ihre Kinder zudeckt. Die ganze Zeit über schwiegen die todbringenden Geschütze, bis dieser Engelsdienst beendet war.

Wir müssen den Heldenmut dieses tapferen Soldaten bewundern, der so selbstlos den Dienst der Barmherzigkeit an denen verrichtete, die eigentlich seine Feinde waren. In fünf Minuten der Selbsthingabe liegt mehr Größe als in einem ganzen Menschenleben, das nur die eigenen Wünsche und Interessen verfolgt. Und dazu befähigt uns Gott durch seinen Geist! Wie armselig und fadenscheinig erscheinen neben solchen Taten ehrgeiziges Streben, Eigenliebe und menschlich große Unternehmungen.

Bibellese: Phil. 1,21—26; Rö. 12,1—8.

23. März

Denn Gott ist es, der in euch sowohl das Wollen als auch das Vollbringen wirkt, nach seinem Wohlgefallen (Phil. 2,13).

Man sagt, das vom eisigen Sturmwind der Arktis gepeitschte Unkraut seien dieselben Pflanzen wie unsere Bäume im Wald, die stattliche Eiche und die kräftige Ulme. Dieselben Gräser und Farne der gemäßigten Klimazonen wachsen in den Tropen zu stattlichen Bäumen heran.

Wer weiß, wie weit wir uns entwickeln könnten, wenn wir uns aus dem trostlosen Bereich unserer inneren Kälte und unseres Zweifels in den warmen Sommer der Gegenwart Gottes versetzen ließen! Wie oft zeigten Männer und Frauen ohne besondere Bildung oder große Begabung unwiderstehliche Kraft, um große Taten für Gott zu vollbringen, weil die Kraft des Heiligen Geistes in ihnen wohnte.

Uns wird in Gottes Wort nicht nur der Keim eines neuen Lebens verheißen, sondern auch neuer Boden, neue Atmosphäre und neue Lebensbedingungen.

Bibellese: Phil. 2,14—18.

24. März

Er wußte selbst, was im Menschen war (Joh. 2,25).

Der Verfasser des Hebräerbriefes schildert Jesus als den Sohn Gottes, der an unserer Menschlichkeit soviel Anteil nimmt, daß er sich nicht schämt, uns seine Brüder und Schwestern zu heißen. Immer wieder betont der Verfasser, wie Gott sich in unsere notvolle menschliche Lage hineinversetzte. Gott wollte sozusagen am eigenen Leibe erfahren, wie uns Menschen in unserem Leben zumute ist und was es heißt, Mensch zu sein. Darum stellte er sich uns gleich; er schlüpfte gleichsam »in unsere Schuhe«.

Vom nordamerikanischen Indianer heißt es, er glaube erst dann über einen anderen ein Urteil abgeben zu dürfen, wenn er »zwei Monde in seinen Mokassins gegangen ist«. Indem Gott uns freundlich entgegenkommt und uns zu erkennen gibt, daß er uns im Innersten versteht, befreit er uns zu echten Persönlichkeiten.

Die moderne Psychologie lehrt, daß wir zur Erlangung der seelischen Reife das Verständnis eines uns wichtigen Menschen brauchen, der uns liebt. Daß Gott uns liebt, bedeutet also in gewisser Weise, daß er die Mühe auf sich nahm, uns in unseren menschlichen Erfahrungen zu belauschen. Das tat er durch einen Menschen wie wir — durch unseren Herrn Jesus Christus.

Wer sich in der Kunst des Zuhörens übt, wird bald entdecken, daß dies einer der stärksten und einflußreichsten Faktoren im menschlichen Miteinander ist. Wir gehen tatsächlich am liebsten auf solche Menschen zu, die uns zuhören können.

Wenn uns jemand anhört, entfaltet und entwickelt sich unsere Persönlichkeit. Gute Gedanken kommen und erwachen in uns zum Leben. Dasselbe geschieht auch, wenn wir anderen aufmerksam und unkritisch zuhören. Das Hören aufeinander ist ein Ausdruck unserer Nächstenliebe.

Bibellese: Joh. 4,5—42.

25. März

Und ihre Seele wird sein wie ein wasserreicher Garten, und sie werden hinfort nicht mehr verschmachten (Jer. 31,12).

Zu allen Zeiten haben Dichter den Regen mit Tränen verglichen. Sie sagen: »Der Himmel weint«, wenn es regnet. Jeremia, einer der großen Propheten des Alten Testaments, vergleicht die fröhliche Seele mit einem wasserreichen Garten.

In diesem Bild bringt er seine innersten Gefühle zum Ausdruck. Es ist so, als ginge ein ergiebiger Regen auf einen Garten nieder. Alle Pflanzen stehen aufrecht und leuchten vor Frische. Auf jedem Blatt glitzern die Regentropfen wie schimmernde Perlen; duftende Blüten entfalten ihre leuchtenden Farben. Wie klar war Jeremia in dem, was er damit sagen will! Regen ist nicht Tränen vergleichbar, sondern bringt neue Schönheit, Frische und Lebenskraft.

Manchmal fällt es schwer, sich über Regen zu freuen. Ist jemand froh, wenn er Schmerzen hat? Beides kann uns im Leben traurig stimmen. Wer wünschte sich nicht immer wolkenlos blauen Himmel und ein Leben ohne Schmerzen und Leid? Menschen, die in Klimazonen immerblauen Himmels und strahlenden Sonnenscheins leben, sehnen sich manchmal nach ein paar wolkenreichen Tagen. Die Freuden des Himmels werden dadurch noch herrlicher sein, daß wir uns an unsere Erdentage erinnern, die von Wolken verhangen waren.

In einem Leben ewigen Frühlings wird es für die Seele einen wasserreichen Garten geben — obwohl dieser auch oft mit Tränen bewässert wird. Dies ist das Leben, welches aufs engste mit dem »Mann der Schmerzen« verbunden ist, dem jeder Kummer vertraut war, der die Blüten der Freude und des Friedens sprießen lassen kann. Wenn seine Freude in uns wohnt, wird unsere Freude vollkommen.

Bibellese: Jer. 31,10—14.

26. März

Nachdem sie den Lobgesang gesungen hatten, gingen sie hinaus an den Ölberg (Mt. 26,30).

Es gab viele Gelegenheiten, da unser Herr Jesus Christus hätte singen können; doch es wird uns nur einmal davon berichtet — in der dunkelsten Nacht seines Erdenlebens, kurz bevor er in den Garten Gethsemane ging.

Jesus sang dieses Loblied nicht allein, seine Jünger waren bei ihm. Er hätte auf dem Berg der Verklärung oder an dem Tag singen können, als er unter den Hosiannarufen der Menge in Jerusalem einzog oder auch auf der Hochzeit zu Kana. Aber es war ein »Lobgesang in der Nacht«.

Die Freude, die sich in diesem Loblied brach, war die Freude darüber, daß Gott ihm das Kreuz bestimmt hatte, ungeachtet der damit verbundenen Schande. Er sollte den Todesweg der Schmach und des Spottes gehen. Er mußte einen Blick auf die finsteren Todesschatten werfen, die vor ihm lagen, um so den Weg freizumachen, verlorene Menschen vor dem ewigen Tod zu retten. Trotz aller Angst und Schmerzen, die sein Herz in dieser Stunde bedrückten, herrschte doch eine tiefe Freude in ihm, dazu eine große Liebe zur verlorenen Menschheit.

Mußte nur Jesus diese Last tragen? Mußte nur er »Lobgesänge in der Nacht« singen? Können nicht auch wir daraus etwas lernen? Bist du, lieber Bruder, liebe Schwester, nicht auch schon mit solchem

Gesang an der Reihe gewesen? — Wir müssen dieses Singen lernen, wenn wir das dunkle, schattige Tal betreten. Wir singen bei der Arbeit; wir singen, wenn wir uns freuen. Können wir aber auch singen, wenn wir leiden müssen? Wie schwer fällt uns das Singen, wenn wir kein Ende der Bedrängnis absehen können!

Das Geheimnis inniger Gemeinschaft mit Jesus liegt darin, über die augenblickliche Notsituation hinauszusehen und den Lohn in der himmlischen Herrlichkeit ins Auge zu fassen. Auch Christus sah in jener dunklen Gethsemanestunde seinen Lohn: die Vollendung der ewigen Erlösung für die Menschen.

Bibellese: Mt. 26,30—35.

27. März

Denn seht, ich komme zu euch und wende mich wieder zu euch, daß ihr angebaut und besät werdet (Hes. 36,9).

Gott benutzt Pflug und Egge nicht ohne eine bestimmte Absicht. Wo Gott pflügt, will er säen! Sein Pflügen beweist, daß er nicht gegen, sondern für uns ist!

Der Landmann ist seiner Scholle nie so nah wie beim Pflügen. Gerade in der Zeit, in der wir versucht werden, dürfen wir nicht denken, daß Gott uns verlassen habe!

Der himmlische Pflüger hält uns für so wert, daß er uns bebauen will; er vergeudet seine Zeit nicht damit, Sandboden zu bepflanzen. Er wird nicht immer pflügen, sondern nur eine bestimmte Zeit. Bald wird er mit der Arbeit fertig sein. »Pflügt der Ackersmann allezeit zur Saat?« (Jes. 28,24). Gewiß nicht. Bald werden wir durch diesen schmerzvollen Prozeß hindurch sein, und die sanften Regengüsse seiner Gnade werden uns zu einem für ihn fruchtbaren Land machen. »Das verwüstete Land soll wieder bearbeitet werden« und »ist wie ein Garten Eden geworden« (Hes. 36,34—35). So werden wir etwas zum Lob seiner Herrlichkeit.

Bibellese: Mk. 4,1—20.

28. März

... wenn ihr alles getan habt, was euch befohlen war (Lk. 17,10).

Nichts erfreut Jesus mehr, als wenn wir ihm gehorchen. Von einem bedeutenden Philosophen wird erzählt, ein Freund habe ihm eines Tages seinen Besuch angekündigt. Die kleine Tochter des Philosophen unterhielt den Gast, bis der Vater hereinkam. Der Freund meinte, die Tochter eines so berühmten Denkers würde bei ihrem Vater viel Tiefsinniges lernen.

»Was lehrt dich denn dein Vater?« fragte er sie.

Das kleine Mädchen schaute ihn mit ihren klaren Augen an und erwiderte: »Gehorsam.«

Diese wichtige Lektion lernen auch wir bei unserem himmlischen Vater. Er will, daß wir Gehorsam lernen. Wenn wir ihm immer folgen, werden wir auch immer etwas für ihn tun können.

Wir tun das für Jesus, was wir aus Liebe zu ihm tun. Selbst Gehorsam kann ihm nicht gefallen, wenn er nicht aus der Liebe kommt. Aber die geringsten Dienste, die wir ihm erweisen, nimmt er gern an, wenn wir sie aus Liebe zu ihm tun. So können die unbedeutendsten und schmutzigsten Alltagsarbeiten zu einem heiligen Dienst werden, heilig wie die Dienste der Engel.

Bibellese: 1. Sam. 15,10—26.

29. März

Vom Herrn werden die Schritte eines Mannes bestätigt (Ps. 37,23).

Wir haben die felsenfeste Gewißheit, daß unser Gott seine Kinder in allen Dingen führt. Er lenkt unsere Gedanken, Entschlüsse und Schritte zu dieser oder jener Tat. Wo kämen wir hin, wenn das nicht so wäre? Wie sollten wir dann weiterkommen? Wie könnten wir unsere Schritte und Bewegungen steuern? Sollten wir uns von den Winden des Augenblicks bald hierhin, bald dorthin treiben lassen? Sollten wir dem blinden Zufall überlassen sein oder den Trieben unseres eigenen Willens?

Gott sei Dank ist es nicht so! Er kann uns auf seine göttlich vollkommene Weise in jeder Lage die Gewißheit darüber geben, was er von uns will; ohne diese Gewißheit sollten wir uns keinen Schritt voranwagen. Jesus Christus kann seine Knechte und Mägde so lenken und bis ins Innerste beeinflussen, daß sie dahin gehen, wo er sie haben will und daß sie tun, was er sie heißt. Kein echter Diener Jesu Christi wird ohne einen solchen Wink seines Herrn einen Schritt vorwärtsgehen. Niemals sollten wir etwas unternehmen, wenn wir nicht volle Gewißheit haben. Sonst laßt uns ruhig abwarten! Es kommt oft vor, daß wir uns um Wege sorgen und beunruhigen, die wir nach Gottes Willen überhaupt nicht gehen sollen.

»Ich weiß überhaupt nicht mehr, wohin ich mich wenden soll«, klagte einmal jemand seinem Freund.

»Dann bleib stehen«, war die weise Antwort des Freundes. Aber nur den Demütigen wird Gott leiten in Gerechtigkeit und ihn seinen Weg lehren! Das dürfen wir nie vergessen!

Bibellese: Ps. 37,1—24.

30. März

In ihm seid auch ihr, als ihr glaubtet, versiegelt worden mit dem heiligen Geiste der Verheißung, welcher das Pfand unseres Erbes ist bis zur Erlösung des Eigentums (Eph. 1,13b—14a).

Ein Pastor, der viele Gemeinden zu betreuen hatte, besuchte einmal eine Gemeinde weit draußen in den Wäldern. Als er zurückkehren wollte, war die Nacht schon hereingebrochen.

Ein Mann aus jener Gemeinde, der schon lange in den Wäldern lebte und oft auch schon bei Nacht unterwegs war, gab ihm eine Pechkieferfackel mit auf den Weg.

Der Pfarrer war sicher, daß sie ihm unterwegs ausgehen würde.

»Sie wird Ihnen bis nach Hause leuchten«, versicherte ihm der Waldbewohner.

»Aber der Wind wird sie doch ausblasen!« widersprach der Pfarrer hartnäckig.

»Sie wird Sie sicher nach Hause geleiten«, kam die Antwort.

»Und wenn es nun regnet?«

»Sie wird in jedem Fall leuchten!«

Der Mann behielt recht. Er war früher schon mit einer solchen Fackel gegangen und wußte, daß man sich darauf verlassen konnte.

Gott ist unser Licht. Er hat uns seinen Geist gegeben. Diejenigen, die dieses Licht aus Erfahrung kennen, wissen, daß es uns leuchten wird, bis wir das Ziel erreicht haben!

Bibellese: Ps. 37,25—40.

31. März

Der Herr wird dich ohne Unterlaß leiten (Jes. 58,11).

Ein Vater und sein Sohn zelteten in einem Waldgebiet, ein Stück vom nächsten Dorf entfernt. Der Vater hatte einen Brief, der zur Post mußte und bat seinen Sohn, ihn im nächsten Dorf in den Briefkasten zu werfen. Der Vater brachte sein Kind an den Rand des Zeltlagers und zeigte ihm den Fußpfad, der zum Dorf hinunterführte.

»Aber Vater«, sagte der kleine Junge, »ich sehe ja nicht, daß dieser Weg wirklich zum Dorf hinunterführt!«

Der Vater nahm die kleine Hand in die seine und zeigte den Pfad entlang. »Siehst du«, erklärte er ihm, »wie der Pfad dort zu dem großen Baum führt, wo er scheinbar zu Ende ist?«

»Ja, ich sehe, daß der Pfad bis dahin geht; aber dort ist doch noch kein Dorf!«

»Nun, wenn du erst einmal zu dem großen Baum gekommen bist, wirst du von dort um die nächste Biegung blicken können, wo der

Weg weiter hinabführt. Geh nur zum Baum, dann weiter bis zur nächsten Biegung, dann immer weiter vorwärts, bis du die ersten Häuser des Dorfes siehst. Wenn du die Häuser erreicht hast, wirst du schon die Post sehen. Da kannst du den Brief einwerfen.«

Oft geht es uns genauso. Gott zeigt uns in seiner Liebe nicht den ganzen gewundenen Weg durchs Leben. Er offenbart ihn uns nur Schritt für Schritt, von einer Wegbiegung zur nächsten. Darum ist es nötig, daß wir seiner Führung vertrauen, denn er kann um die nächste Biegung sehen. Er weiß, was vor uns liegt und ob wir eine Situation jetzt oder später meistern. Wie ein weiser und liebender Vater stillt er unsere wirklichen Bedürfnisse, nicht unsere Wünsche.
Bibellese: Jes. 58,8—14.

1. April

Darum sage ich euch: Sorget euch nicht um euer Leben (Mt. 6,25a).

Nicht so sehr das gewaltige Ereignis, daß Mose und die Israeliten durch das Rote Meer zogen, ist erstaunlich und wunderbar; es ist vielmehr die Wüstenwanderung, bei der annähernd drei Millionen Menschen vierzig Jahre lang in einer dürren, unfruchtbaren Wüste ernährt wurden.

Haben wir uns jemals darüber Gedanken gemacht, was es hieß, nur von einem Tag zum andern am Leben zu bleiben, wo alle dazu notwendigen Mittel fehlten? Halten wir uns einige Tatsachen vor Augen, um zu erkennen, wie unmöglich es für Mose und das Volk gewesen wäre, sich auf eigene Mittel und Möglichkeiten der Lebenserhaltung zu verlassen. Um das Volk nur vor dem Verhungern zu bewahren, hätte Mose täglich bis zu 1500 Tonnen Nahrungsmittel gebraucht; um sie zu ernähren, wie wir es gewohnt sind, hätte man mindestens 4000 Tonnen täglich heranschaffen müssen. Dazu wären zwei Güterzüge nötig gewesen, jeder 1,5 km lang!

Nach unseren heutigen Preisen hätte das täglich 12 Millionen Mark gekostet.

Und dann die Wassermenge, nur für die äußersten Bedürfnisse, zum Trinken und Waschen! Man hat errechnet, daß dafür täglich 45 Millionen Liter nötig waren. Stellen wir uns die gewaltige Aufgabe vor, dieses Wasser herbeizuschaffen! Dazu wäre ein Tankzug von 2700 km Länge nötig gewesen!

Ob Mose sich nun dieser gewaltigen Zahlen bewußt war oder nicht, Gott wußte jedenfalls, was zum Überleben des Volkes notwendig war. Man kann jetzt wohl eher verstehen, weshalb Mose zuerst zögerte, der große Befreier des Gottesvolkes zu werden, wenn er auch nur einen Schimmer von der gewaltigen Aufgabe hatte, die ihn erwartete. Wir wissen mit ziemlicher Sicherheit, daß er das Land, seine Jahreszeiten und seine Ausdehnung kannte. Aber Gott war der Versorger, nicht Mose.

Moses Aufgabe und die des Volkes bestand darin, Tag für Tag weiterzuziehen. Gott sorgte an jedem Tag dafür, daß das Volk essen und leben konnte. Bedenken wir, daß sie noch nicht einmal etwas hatten, um Nahrung und Wasser zu transportieren. Aber Gott sorgte für sie, und das 14 600 Tage lang!

Bibellese: Mt. 6,25—33.

2. April

... den unausforschlichen Reichtum Christi zu verkünden (Eph. 3,8).

Gott verfügt über Reichtümer, die über alle zahlenmäßigen Berechnungen, das Maß der Vernunft, die kühnsten Träume und die bildreichsten Worte hinausgehen. Sie sind unausforschlich! Du kannst sie betrachten, darüber nachsinnen, sie abwägen; aber Jesus ist ein größerer Heiland, als du dir in deinen kühnsten Vorstellungen ausmalen kannst. Er ist schneller bereit zur Vergebung, als wir bereit sind, uns selbst zu vergeben. Er ist williger, deinem Mangel abzuhelfen, als du ihn eingestehen willst. Laß es niemals zu, von Jesus gering zu denken!

Jesus hat Reichtümer der Freude, die er jetzt über dich ausschütten will.

Er kann dich auf grünen Auen lagern lassen, dich an stille Wasser führen. Keine Musik ist schöner als seine Hirtenpfeife, wenn er der Hirte und wir seine Schafe sind und uns zu seinen Füßen lagern. Es gibt keine größere Liebe als die seine. Weder Himmel noch Erde reichen an sie heran. Christus erkennen und in ihm erfunden werden — das ist Leben, das ist Freude. Er behandelt seine Knechte nicht kleinlich; er gibt ihnen, wie nur ein König einen König beschenkt; er gibt ihnen zwei Himmel: einen hier auf Erden, um ihm zu dienen und einen droben, um sich auf ewig an ihm zu freuen. Seinen unausforschlichen Reichtum werden wir erst in der Ewigkeit in seiner ganzen Fülle erkennen können.

Auf dem Weg zum Himmel gibt er dir alles, was du brauchst, um ans Ziel zu kommen. Auf felsigen Höhen wirst du vor allen Angriffen geschützt sein, dein Brot wirst du bekommen, auch dein Wasser ist dir sicher; aber dort, erst dort wirst du das Lied der Überwinder hören, den Jubelruf derer, die an der Festtafel Gottes sitzen, wirst den Herrlichen und Geliebten sehen, wie er ist!

Herr, lehre uns, Jesus immer besser zu erkennen, dann wollen wir auch den anderen die gute Nachricht weitersagen.

Bibellese: Eph. 3,8—12.

3. April

Der Kleinste wird zu Tausend werden, der Geringste zu einem starken Volk (Jes. 60,22).

Wir erinnern uns an Mose, den großen Führer und Befreier, Gesetzgeber und Propheten; aber wir vergessen Aaron, seinen Bruder, der sein Sprachrohr vor Pharao war.

Wir erinnern uns an Joseph, den Traumdeuter, den der Pharao erhöhte. Er brachte den vom Hungerstod bedrohten Ägyptern die

Rettung; aber wir vergessen Ruben und Juda und die anderen Brüder, die über ihrem Vater und dem ganzen Haus Israel wachten und sie wohlbehalten nach Ägypten führten.

Wir erinnern uns an Abraham, den wagemutigen Begründer eines neuen Glaubens, vergessen aber seine Frau Sara, die als seine Begleiterin und Mitarbeiterin auch Opfer brachte und Entbehrungen auf sich nahm.

Wir erinnern uns an Ruth, vergessen aber leicht Naemi. Wir denken an David, vergessen aber Jonathan.

Vor einigen Jahren trat nach einer Versammlung eine Dame mit folgenden Worten an mich heran: »Ich wünschte, Gott hätte mich in die Mission gerufen! Mein Leben verläuft so nutzlos und eintönig, ich verbringe meine Zeit mit so viel alltäglichem Kleinkram, der anscheinend keine bleibenden Früchte trägt.«

Im Verlauf des folgenden Gesprächs stellte sich heraus, daß sie eine treue Mitarbeiterin in ihrer Gemeinde war und durch ihren guten Einfluß in der Gemeinde viele Menschen zu einem reichen Leben und fruchtbaren Dienst geführt worden waren.

Ein Leben muß nicht unbedingt berühmt sein, um ein schönes, das heißt lohnendes Leben zu werden. In einer bescheidenen Blume kann ebensoviel Schönheit liegen wie in einem gewaltigen Baum, in einer kleinen Perle genausoviel Glanz wie in einem kostbaren Diamanten. Ein Leben kann sehr reich und fruchtbar sein, auch wenn es in den Augen der Welt bedeutungslos erscheint.

Reich ist dein Leben dann, wenn du deinen Auftrag in dieser Welt erfüllst. Menschen mit durchschnittlicher Begabung meinen leicht, sie könnten kein erfülltes Leben führen, könnten keinen Segen in der Welt bewirken. Aber das bescheidenste Leben, das seinen Platz in der Welt recht ausfüllt, ist in Gottes Augen lieblicher als das berühmteste Leben mit den glänzendsten Gaben, das seinen göttlichen Auftrag verfehlt.

Bibellese: Lk. 16,1—13.

4. April

Das Gras verdorrt, die Blume verwelkt; aber das Wort unsres Gottes bleibt in Ewigkeit (Jes. 40,8).

Die Bibel ist einer großen Schatzkammer vergleichbar, die immer neue Reichtümer bereithält. Nicht ein einziges Kapitel, nicht eine Zeile noch ein Wort wurden hinzugefügt, seitdem die Bibel unter der Einwirkung des Heiligen Geistes vollendet wurde. Und doch entdeckt jede Generation immer wieder Neues in diesem heiligen Buch. Wie wahr erweist es sich in der persönlichen Erfahrung jedes einzelnen Menschen.

Als junge Menschen studieren wir die Bibel, aber viele ihrer kostbaren Verse bedeuten uns wenig oder gar nichts. Licht, Trost und Hilfe sind in ihnen enthalten, nur sehen wir sie nicht. Das können wir erst, wenn uns bewußt wird, wie nötig wir diese Verse brauchen. Die reichen Wahrheiten scheinen sich zu verstecken, wollen anscheinend ihren eigentlichen Sinn nicht preisgeben.

Wenn wir aber in die Kämpfe, Versuchungen und Konflikte des wirklichen Lebens hineingeraten, entdecken wir plötzlich in den altvertrauten Aussagen der Bibel einen neuen Sinn. Verheißungen, die anscheinend mit unsichtbarer Tinte geschrieben waren, beginnen aufzuglühen und einen tiefen Sinn zu offenbaren, strahlen auf wie eben entzündete Lampen, die unseren Lebensweg erhellen. Das Licht ist nicht neu. Es hat dort schon die ganze Zeit geleuchtet, wir konnten es nur deshalb bisher nicht sehen, weil andere Lichter heller leuchteten und es verdunkelten.

Daniel Webster äußerte einmal, er glaube, daß man die Bibel in der ursprünglichen und schlichten Bedeutung ihrer Worte glauben und verstehen müsse; »denn ich kann mir nicht denken, daß ein Buch, das eine ganze Welt unterweisen und zu Gott bekehren soll, seinen wahren Sinn in Geheimnissen und Rätseln so verhüllt, daß ihn nur Kritiker oder große Denker entdecken können.«

Bibellese: Jos. 1,6—9.

5. April

Ich bin mit dir, um dich zu erretten, spricht der Herr (Jer. 1,8).

Komm, mein Herz, sei heute still und voller Hoffnung. Wenn sich auch Wolken zusammenballen, so kann sie der Herr doch wegblasen. Da Gott mich nicht verlassen wird, wird auch mein Glaube nicht schwinden; und da er nicht von mir weichen wird, werde auch ich nicht von ihm weichen. Was wir brauchen, ist ein gelassener, gewisser Glaube! (C. H. Spurgeon).

Gott gibt die nötige Gnade nicht schon vor der Versuchung. Er baut die Brücke erst, wenn wir den Fluß erreicht haben. Oft fürchten wir, unter den heftigen Stürmen der Versuchung, die wir an anderen wahrnehmen, selbst versinken zu müssen. Wir blicken weit voraus, fürchten uns vor dem Geheimnisvollen und sind bange vor Dingen, die über uns kommen könnten. Dabei haben wir den kritischen Punkt noch gar nicht erreicht, und die Gnade wird uns nicht eher gewährt werden, als bis wir sie brauchen.

Bibellese: Jos. 3.

6. April

Wie ich mit Mose gewesen bin, also will ich auch mit dir sein; ich will dich nicht loslassen und gar nicht verlassen (Jos. 1,5).

Die Ketten, mit denen Petrus im Gefängnis gefesselt war, wurden gesprengt. Er folgte dem Engel, den ihm Gott gesandt hatte. Auf ihrem Weg aus dem Gefängnis gelangten sie an ein unüberwindliches Hindernis: das eiserne Gefängnistor, das zur Stadt hinausführte. Aber »es tat sich ihnen von selbst auf« (Apg. 12,10).

Wenn wir das uns Mögliche tun, wird Gott sich um das Unmögliche kümmern! Gott tat in jener Nacht für Petrus nichts, was Petrus hätte selbst tun können. Wenn das eiserne Tor vor uns fest verschlossen und verriegelt ist, uns höhnisch anstarrt, dann ruft

Gott uns auf, alles zu tun, was er von uns verlangt; das übrige dürfen wir getrost ihm selbst überlassen.

Jesus sagt in der Bergpredigt: »Darum sollt ihr euch nicht sorgen um den andern Morgen; denn der morgende Tag wird für das Seine sorgen. Jedem Tage genügt seine eigene Plage!« (Mt. 6,34).

Wenn wir uns jammernd der Sorge überlassen, vertrauen wir Gott nicht. Aber leider liegt uns das Klagen so nahe.

Bischof Quayle hatte einen Sinn für Humor, auch was ihn persönlich betraf. So erzählte er humorvoll, wie er einmal in seinem Studierzimmer saß und sich über vieles sorgenvoll den Kopf zerbrach. Schließlich habe der Herr zu ihm gesagt: »Quayle, du gehst jetzt schlafen; ich werde den Rest der Nacht aufbleiben!«
Bibellese: Ps. 27.

7. April

Er gibt dem Müden Kraft und Stärke genug dem Unvermögenden (Jes. 40,29).

Wie gut kennt der Herr unseren Hang zum Schwachwerden, zur Verzagtheit, wenn der Feind heftig auf uns einstürmt, wenn sich die Finsternis um uns verdichtet und uns die Sturmwinde umtosen und unsere Gebete scheinbar nichts ausrichten. »Er denkt daran, daß wir Staub sind«, und in seiner großen Liebe hat er uns für solche Zeiten der Not und Sorge ein Gleichnis gegeben.

Statt der Schwäche nachzugeben, sollen wir beten und so lange weiterbeten, bis er es für gut hält, uns so zu befreien, wie es am besten für uns ist. Gott weigert sich ja nicht, unsere Bitten zu erhören, wie es der ungerechte Richter anfangs der armen Witwe gegenüber tat. Es ist bedauerlich genug, daß nur wenige ihn so gut kennen und wissen, daß wir ihn mit unserer Zudringlichkeit nicht belästigen, ihn durch unser beharrliches Kommen nicht ermüden.

»Fürchte dich nicht, zu Gott zu gehen«, hat einmal jemand gesagt. »Nie wird er sagen: ‚Komm später wieder, wenn ich mehr

Zeit habe!‹« Hoffnung, die sich lange nicht erfüllt, nimmt dem Herzen den Mut. Manchmal sind wir schnell bereit, schwach zu werden und die Hoffnung aufzugeben, jemals die Hilfe zu erleben. Wie nötig haben wir es, uns an die zudringliche Witwe zu erinnern, die schließlich ihr Anliegen erreichte, weil sie die Hoffnung nicht aufgeben wollte.

Bibellese: Lk. 18,1—8.

8. April

Was betrübst du dich, meine Seele? (Ps. 43,5).

Gibt es irgendeinen Grund, niedergeschlagen und betrübt zu sein? Es gibt zwei Gründe dafür: Wenn wir noch nicht wiedergeboren sind, haben wir Grund, niedergeschlagen zu sein — und wenn wir wiedergeboren sind und in der Sünde leben, sind wir ebenfalls mit Recht niedergeschlagen.

Außer diesen beiden Gründen gibt es keine Ursache, jemals betrübt zu sein, denn alles andere dürfen wir mit Bitten und Danksagung im Gebet vor Gott bringen. Im Blick auf alle unsere Bedürfnisse, alle unsere Schwierigkeiten, alle unsere Prüfungen dürfen wir auf die Macht und die Liebe Gottes vertrauen.

»Harre auf Gott.« Denke daran! Es gibt keine Zeit, in der wir nicht auf Gott hoffen dürften. Wie auch immer unsere Bedürfnisse und Schwierigkeiten aussehen mögen, wenn jede Hilfe ausgeschlossen scheint — unsere Aufgabe ist es, auf Gott zu hoffen, und wir werden erfahren, daß wir es nicht vergeblich tun. Zu der vom Herrn bestimmten Zeit wird die Hilfe kommen. Ich habe das in den letzten 70 Jahren meines Lebens Hunderte, ja Tausende von Malen erfahren. Wenn jede Hilfe unmöglich schien, kam sie, denn Gott hat seine eigenen Hilfsquellen. Ihm sind keine Grenzen gesetzt. Auf zehntausend verschiedene Arten und zu zehntausend verschiedenen Zeiten kann er helfen. Unsere Sache ist es, alle unsere

Not in kindlichem Vertrauen vor dem Herrn auszubreiten, unser Herz vor ihm auszuschütten und zu beten: »Ich habe es nicht verdient, daß du mich hörst und auf meine Bitten antwortest, aber um meines Herrn Jesu Christi willen erhöre mein Gebet, und gib mir Gnade, ruhig zu warten, bis es dir gefällt, mein Gebet zu beantworten. Denn ich glaube, du wirst es zu deiner Zeit und auf deine Art und Weise tun.«

»Denn ich werde ihm noch danken.« Mehr Gebet, mehr Übung im Glauben, mehr geduldiges Warten führt zum Segen, zu überfließendem Segen. So habe ich es immer und immer wieder erfahren. Deshalb sage ich mir beständig: »Harre auf Gott« (Georg Müller).

Bibellese: Na. 1,7.

9. April

... damit die, welche an Gott gläubig geworden sind, darauf bedacht seien, sich guter Werke zu befleißigen (Tit. 3,8).

»Der Alte ist ein Narr, daß er sich so viel Mühe gibt«, sagten die Leute über den Schmied, der in seiner düsteren Werkstatt mitten in der Stadt an einer großen Kette arbeitete.

Doch der Schmied machte sich nichts aus ihren spöttischen Bemerkungen und arbeitete gewissenhaft weiter. Glied für Glied schmiedete er, bis die Kette endlich fertig war und weggebracht wurde.

Eines Tages lag sie zusammengerollt an Deck eines großen Schiffes, das die Weltmeere befuhr. Lange Zeit lag sie da, als würde sie nie gebraucht. Die Jahre vergingen.

Aber eines Nachts kam ein schrecklicher Sturm auf, und das Schiff geriet in große Gefahr, auf die Klippen geschleudert zu werden. Ein Anker nach dem andern wurde zu Wasser gelassen, aber keiner hielt. Die Ketten rissen wie Zwirnsfäden.

Schließlich wurde der mächtige Notanker ins Meer geworfen. Die alte Kette war rasch entrollt, bis sie straff gespannt war. Alle

Matrosen schauten angstvoll zu, ob sie wohl der ungeheuren Belastung standhalten werde. Sie ächzte im schweren Sturm, während das Schiff mit seinem Riesengewicht an ihr zerrte. Ein Augenblick äußerster, sorgenvoller Spannung. Das Schiff mit seiner kostbaren Fracht von tausend Menschenleben hing jetzt an dieser einzigen Kette. Was wäre, wenn der alte Schmied auch nur ein einziges Glied der Kette nachlässig geschmiedet hätte? Aber in jedem Glied steckte seine ehrliche Arbeit und Treue. Darum konnte die Kette ihre Zerreißprobe bestehen und das Schiff sicher halten, bis der Sturm abflaute und der Morgen kam.
Bibellese: Tit. 3,1—8.

10. April

Befiehl dem Herrn deinen Weg und vertraue auf ihn, so wird er handeln (Ps. 37,5).

Ein Mann kam zu Moody und sagte: »Ich habe keinen Glauben, ich kann nicht glauben.« Moody erwiderte: »Wer kann nicht glauben?«

Mehrere Male erwiderte der Mann, daß er nicht glauben könne, und jedesmal fragte ihn Moody dasselbe: »Wer kann nicht glauben?«

Schließlich sagte der Mann: »Ich selbst kann nicht glauben!!«

»Ich *will* es nicht«, sagte Moody. »Erkennen Sie sich selbst als Lügner, aber lassen Sie Gott wahr sein!«

Glauben wir um all dessen willen, was Gott versprochen hat! Beten heißt, Gott seine Verheißungen vorhalten. Der Glaube nimmt sie für sich in Anspruch. Bei all unseren Bitten muß ein »so spricht der Herr« vor uns stehen, ganz gleich, ob wir es aussprechen oder nur mitdenken; denn alles, was Gott verheißen hat, will er uns auch geben.

Wenn wir abends zu Bett gehen, sorgen wir uns auch nicht die ganze Nacht, ob das Bett vielleicht zusammenbrechen wird. Wir

klammern uns nicht an den Bettpfosten, weil wir fürchten, herauszufallen. So würden wir nicht zur Ruhe kommen. Nein! Wir vertrauen uns einfach unserem Bett an und ruhen uns aus. So sollten wir uns auch völlig Jesus anvertrauen und »ruhen von unseren Werken, gleichwie Gott von den seinen« (Hb. 4,10). »Wir, die wir gläubig geworden sind, gehen in die Ruhe ein« (Hb. 4,3). Warum? Weil ein anderer für uns handelt. Gott verlangt von uns, daß wir uns ihm ausliefern und ihm und seinem Wort vertrauen. Vertrauen wir ihm im Blick auf alles, was wir brauchen! Vertrauen wir ihm von ganzem Herzen und jederzeit!
Bibellese: Hb. 4,1—13.

11. April

Jesus aber, der alles wußte, was über ihn kommen sollte, ging hinaus (Joh. 18,4).

Ostern ist der bedeutendste Tag der Weltgeschichte, ein Tag des Triumphes und der Siegesfreude. Aber die Tage, die zu diesem Ziel hinführten, haben auch ihre tiefe Bedeutung und sind es wert, daß wir darüber nachdenken.

In den Tagen vor Ostern geschah der aufregende Einzug Jesu in Jerusalem, als die Füße der geduldigen Eselin über einen Teppich aus Palmzweigen schritten. In diesen Tagen hatte Jesus das letzte Mahl mit seinen Jüngern, als er, in vollem Bewußtsein seines bevorstehenden Todes, mit denen das Brot brach, die ihn am meisten liebten; der Gründonnerstag, als er im Garten Gethsemane betete und danach von einem Verräter geküßt und von einem treuen Freund verraten wurde; der Karfreitag, der Jesus ans Kreuz brachte; dann der Tag zwischen Karfreitag und Ostern, ein Tag der Trauer, des geduldigen Wartens und Betens. Und dann schließlich die siegreiche Auferstehung.

Die Tage vor Ostern lehren uns, daß Beifall demütig aufgenommen werden muß, daß er sehr schnell in das Zwielicht der Vergessenheit geraten kann. Diese Tage lehren uns, daß wir im Augenblick des Triumphes bescheiden bleiben und uns nicht auf den Jubel der großen Menge, sondern auf das noch nicht ausgesprochene Lob des größten Richters verlassen sollten.

Sie lehren uns Toleranz; nicht die feige Toleranz eines Pilatus, der sich die Hände wusch und dem Unheil seinen Lauf ließ, sondern jene von Jesus geschenkte Nachsicht, die Mitgefühl und Hilfe anbietet und sich weigert, sich am Unrecht zu beteiligen. Sie lehren uns, daß unser Wille nicht immer auch Gottes Wille ist, sondern daß wir uns seinem Willen unterzuordnen haben. Sie lehren uns, daß Jesu Leben und Liebe stärker ist als Zorn und Kreuzigung.

Bibellese: Mt. 26,36—46.

12. April

Der Gerechte wird grünen wie ein Palmbaum (Ps. 92,13).

Dieser Ausspruch des Psalmisten ergibt keinen rechten Sinn, wenn man nichts über das Leben und die Eigenart der Palmen weiß. Menschen, die in tropischen und subtropischen Gebieten zu Hause sind, wissen um die Schönheit der Palmbäume. Aber ich bin überzeugt, daß nur wenige etwas über die Besonderheit dieses stattlichen Baums wissen. Wie alle anderen Baumarten nimmt die Palme ihre Feuchtigkeit durch die Wurzeln aus der Erde auf. Aber der Saft steigt nicht außen zwischen Rinde und Holz hoch und von da in die Äste und Zweige wie bei den meisten anderen Bäumen, sondern in der Palme steigt der Saft in der Mitte hoch.

Die meisten Bäume kann man dadurch zerstören, daß man ringsherum am Stamm einen schmalen Streifen Rinde entfernt. Das Leben der Palme jedoch liegt nicht so dicht unter der Oberfläche und wird durch eine Verletzung der äußeren Schicht nicht betroffen. Um eine Palme zu vernichten, muß man sie ganz umhauen.

Dasselbe gilt auch für den Christen. Die Bibel faßt es treffend in die Worte: »Mit dem Herzen glaubt man, um gerecht zu werden« (Rö. 10,10). Ein Christ wird nicht von dem berührt, was um ihn herum vorgeht; er bekommt Leben und Kraft durch den Heiligen Geist, der in ihm wohnt.

Die Palme grünt das ganze Jahr hindurch. Ihre Lebenssäfte fließen ständig. Ebenso sind Kinder Gottes tagaus, tagein kraftvolle Zeugen der Gnade Gottes, weil Jesus Christus »gestern und heute und derselbe auch in Ewigkeit« ist (Hb. 13,8).

Es ist auch unmöglich, den Palmbaum durch Pfropfen in eine andere Art zu verwandeln. Er würde dabei eingehen. Das ist auch für den Christen ein untrügliches Erkennungszeichen. »Niemand kann zwei Herren dienen« (Mt. 6,24). Es ist nur ein Gott, und ihm allein sollen wir dienen.

Bibellese: Ps. 92.

13. April

. . . *ein angenehmes Opfer, Gott wohlgefällig* (Phil. 4,18).

Das lebendige Opfer ist Gott angenehm. Dieses Wissen sollte uns beflügeln. Auch die geringsten Dinge, die wir für Jesus tun, sind Gott angenehm. Wir werden zu besserer, treuerer Arbeit fähig sein, wenn wir uns vor Augen halten, daß er sie freundlich annimmt.

Von Leonardo da Vinci heißt es, er habe als Schüler, bevor sein Genie zur vollen Entfaltung kam, einmal einen besonderen Auftrag bekommen: Sein alter und berühmter Meister fühlte sich verpflichtet, wegen verschiedener Altersbeschwerden sein eigenes Wirken zu beenden. Eines Tages befahl er Leonardo, ein Bild zu vollenden, das er noch begonnen hatte. Der junge Mann hatte eine solche Ehrfurcht vor dem Können seines Meisters, daß er vor dieser Aufgabe zurückschreckte. Der alte Künstler aber wollte keine Entschuldigung gelten lassen und blieb bei seiner Anweisung. »Tu dein Bestes«, sagte er schlicht.

Schließlich nahm Leonardo zitternd den Pinsel und kniete vor der Staffelei nieder. »Um meines geliebten Meisters willen flehe ich dich an, du wollest mir Geschicklichkeit und Kraft für diese Aufgabe verleihen«, betete er. Je weiter er mit der Arbeit vorankam, desto sicherer wurde seine Hand. Sein künstlerisches Genie erwachte. Vor lauter Begeisterung an seinem Werk vergaß er alles andere um sich her. Als das Gemälde vollendet war, ließ sich der alte Meister ins Studio tragen, um selbst über das Werk zu urteilen. Sein Auge erblickte einen Triumph der Malkunst. Er umarmte den jungen Künstler und rief: »Mein Sohn, ich male nicht mehr!«

Manche schrecken vor der Arbeit zurück, die der Meister ihnen aufgibt. Sie fühlen sich nicht würdig; sie haben kein Geschick, keine Kraft für diese heikle Aufgabe. Aber ihr ängstliches Zurückweichen wird durch das freundliche und doch bestimmte Wort des Meisters beschämt: »Tu dein Bestes!« Du brauchst nur in demütiger Ehrfurcht niederzuknien und um des geliebten Meisters willen um Geschick und Kraft für die Aufgabe zu beten; dann wirst du die Aufgabe meistern können. Die Kraft Jesu Christi wird auf dir ruhen und die Liebe Christi in deinem Herzen wohnen. Alle Arbeit, die in Abhängigkeit von Gott geschieht, wird Gott angenehm sein. Wir brauchen uns nur als lebendiges Opfer auf den Altar zu legen, dann wird Gott sein Feuer senden.

Seit Jesus sich am Kreuz für unsere Sünde hingab, fordert Gott nicht nur »gute Werke« von uns, sondern er will uns ganz haben (Rö. 12,1) — unseren Willen, unsere Zeit, unsere Wünsche und Pläne, alles.

Bibellese: Mk. 15,33—41; Phil. 4,10—20.

14. April

Und sehr früh am ersten Tage der Woche kamen sie zur Gruft, als die Sonne aufging (Mk. 16,2).

Markus berichtet uns: »Sie kamen zur Gruft, als die Sonne aufging«, diese kleine Schar der treuen Nachfolgerinnen Jesu, die am

Karfreitag mühsam den steilen Hügel Golgatha hinaufgestiegen waren, geschoben von einer johlenden, höhnenden Menge. Nur wenige Stunden zuvor hatten sie mitansehen müssen, wie die Feinde den Leib ihres Herrn an das rauhe Kreuzesholz nagelten, wo er dann auf dem kahlen Hügel außerhalb der Stadt einsam und verlassen sterben mußte. Wie blutete ihnen das Herz vor Schmerz und Trauer! Wie verzagt und niedergeschlagen waren sie!

Alle ihre Lichter waren mit einem Schlag ausgelöscht und ihre Zukunftshoffnungen zerschlagen! Wenn die allerletzte Hoffnung dahin ist, folgt ihr die tödliche Verzweiflung auf dem Fuß.

Aber hatte der Meister ihnen nicht gesagt, daß er wieder auferstehen werde? Hatte er nicht Maria und Martha belehrt: »Ich bin die Auferstehung und das Leben«? Und hatte er Lazarus nicht vom Tode auferweckt, nachdem er schon vier Tage im Grabe gelegen hatte? Wie schnell vergessen wir seine kostbaren Worte, wenn wir plötzlich in nachtschwarze Finsternis geraten, in Augenblicke, wo der Glaube aller Stützen beraubt ist und wir unseres Vaters Hand nicht mehr sehen noch seine Nähe spüren! Dann denken wir nicht mehr daran, daß in der finsteren Nacht, wenn kein Licht mehr scheint, unser Glaube leuchten soll.

Welch wunderbare Überraschung wartete auf diese verzagten und ratlosen Nachfolgerinnen Jesu! Sie wurden von Engeln begrüßt! Sie hörten aus ihrem Munde die frohmachende Kunde, und sie als einzige durften es in dieser Stunde hören: »Er ist nicht hier, er ist auferstanden, wie er euch gesagt hat!« Jetzt kamen ihre aufgewühlten Seelen zur Ruhe. Friede erfüllte sie. Auf die bittere Nacht der Tränen folgte ein Morgen der Freude.

Ohne tiefen Schmerz empfangen wir auch keinen tiefen Segen. An jenem Ostermorgen brach das Morgenlicht für alle kommenden Jahrhunderte an! Jesu Sieg über Satan reicht über alle Zeiten hinweg bis zu uns in diese Stunde. Auch wir jubeln über den Sieg seiner Auferstehung. Satan ist ein für ewig besiegter Feind!

Bibellese: Mt. 28,1—10.

15. April

Euer Herz erschrecke nicht! Vertrauet auf Gott und vertrauet auf mich! (Joh. 14,1).

Ein Soldat war aus dem Krieg heimgekommen und berichtete von der Gnade Gottes, die mit ihm gewesen war. »Kurz vor meiner Verwundung wurde ich von den Offizieren meines Regiments zu einem Essen eingeladen, das zu Ehren eines Soldaten gegeben wurde, der den ganzen Krieg mitgemacht und viele tapfere Taten vollbracht hatte, ohne je dafür ausgezeichnet worden zu sein.

Nach dem Essen sprach ihn einer der Offiziere an: ›Sie haben sehr viel erlebt, uns aber noch kein einziges Ihrer Erlebnisse erzählt. Erzählen Sie uns, was Ihrer Meinung nach das größte Erlebnis gewesen ist!‹

Der Soldat überlegte einen Augenblick und erwiderte dann: ›Ich ging eines Tages in der Nähe meiner Stellung spazieren, als ich einen jungen Soldaten am Boden liegen sah, der ganz in die Lektüre eines Buches vertieft war. Ich ging zu ihm hin und fragte, was er da lese. Er sagte, es sei die Bibel.

Ich hatte selbst viele Jahre lang die Bibel gelesen, ihr aber nie etwas Gutes abgewinnen können. Aber dieser Soldat sagte zu mir: ›Hören Sie einmal, was ich eben gelesen habe: Euer Herz erschrecke nicht ... In meines Vaters Hause sind viele Wohnungen ... Ich gehe hin, euch eine Stätte zu bereiten.‹ Dann las er weiter bis zum Ende des Kapitels.

›Ich habe dieses Kapitel oft gelesen‹ erwiderte ich, ›aber es hat mir nie etwas zu sagen gehabt. Gib's auch auf, Mann, gib's auf!‹ Er blickte mich erstaunt an und sagte: ›Wenn Sie wüßten, was mir die Bibel bedeutet, würden Sie mir niemals sagen, ich solle sie aufgeben.‹ Bei diesen Worten lag auf seinem Gesicht ein solches Leuchten, wie ich es noch bei keinem Menschen gesehen habe. Das verwirrte mich völlig. Ich konnte diesen strahlenden Blick nicht länger ertragen, wandte mich ab und ging weiter.

Kurz danach schlug an der Stelle, wo ich dieses Gespräch geführt hatte, eine Bombe ein. Als Rauch und Staub sich verzogen hatten, meinte ich, ich sollte einmal hingehen und nachschauen, ob dem jungen Soldaten etwas zugestoßen sei. Ich fand ihn schwerverwundet, seine Bibel ragte aus seiner Brusttasche. ›Hier ist sie‹, flüsterte er und hielt mir das Buch hin.

Das Wunderbarste, das ich während des ganzen Krieges erlebt habe, war dieses Leuchten auf dem Gesicht des jungen Soldaten, ja, mehr noch, heute kann ich sagen, daß sein Heiland auch mein Herr und Erlöser geworden ist!«

Bibellese: Joh. 14,1—14.

16. April

Ihr werdet die Wahrheit erkennen, und die Wahrheit wird euch frei machen (Joh. 8,32).

Der griechische Philosoph Plato vergleicht die Menschen, die noch nie versucht haben, der Wahrheit ins Auge zu schauen, mit Gefangenen in einer tiefen, unterirdischen Höhle, die mit Ketten so gefesselt sind, daß sie den Kopf nicht wenden können.

Vor sich sehen sie die Felswand ihres Gefängnisses. Hinter und über ihnen befindet sich ein Damm, auf dem Feuer brennen. Menschen bewegen sich auf diesem Damm entlang, Menschen, die singen, sich unterhalten und Lasten tragen. Ihre Schatten werden von den Feuern an die Wand der Höhle geworfen, die auch ihre Stimmen widerhallen läßt. Die in der dunklen Höhle gefangenen Menschen, die nur die flackernden Schattenbilder wahrnehmen, halten diese für echte und wirkliche Personen aus Fleisch und Blut; und die undeutlichen, von der Felswand zurückgeworfenen Echos erscheinen ihnen wie wirkliche Lieder und Stimmen.

Gefangen in selbstgewählter Finsternis, erfüllt von leeren und nichtigen Dingen, kümmern sich nur wenige Menschen um jene Weisheit, welche die bestehenden Dinge so zu sehen vermag, wie sie wirklich sind. Wenn ein Mensch aber nur ein einziges Mal einen

Schimmer des wahren Lichts gesehen hat, will er bald nichts mehr von dem trüben Licht wissen, das die glitzernden Bühnen dieser Welt erhellt. Wenn nur ein einziger Strahl aus der Ewigkeit auf ihn fällt, versinkt für ihn die Welt und alles, was sie bietet, in der Bedeutungslosigkeit.
Bibellese: 1. Kor. 1,18—31.

17. April

Ihr werdet mit Freuden Wasser schöpfen aus den Brunnen des Heils (Jes. 12,3).

Die Brunnen des Herrn befinden sich dort, wo ich sie am nötigsten brauche. Der Herr des Weges kennt das Leben des Pilgers, und die Brunnen werden dort aufgedeckt, wo die Seele ausgedörrt ist und zu ermatten droht. Am Fuße des Berges der Schwierigkeit fand sich eine Quelle!

Ja, diese Gesundbrunnen lassen ihre kristallklare Flut gerade in den freudlosen Einöden der schlimmsten Anfechtung und des größten Kummers aufquellen.

Manchmal bin ich so töricht, in meiner Not anzunehmen, der Brunnen sei noch weit entfernt. Ich kannte einen Farmer, der über zwanzig Jahre lang jeden Eimer Wasser von einem entfernten Brunnen heranschleppen mußte. Eines Tages trieb er bei seiner Haustür ein Rohr in die Erde und entdeckte zu seiner großen Freude, daß das Wasser dort vor seinem Haus schon auf ihn gewartet hatte.

Mein Herz, dein Brunnen ist nahe, ja er ist hier. Du brauchst ihn nicht erst zu suchen! Dein Pilgerweg ist zu Ende, das Wasser quillt zu deinen Füßen! Aber ich muß das Wasser aus dem Heilsbrunnen schöpfen! Die Glaubenshand muß die wunderbare Gabe an die vor Durst trockenen Lippen heben und die vor Erschöpfung keuchende Seele erquicken. »Ich will den Kelch des Heils nehmen!«

Strecke deine »lahme Glaubenshand« aus und nimm die heilige Kraft, die dir der Herr anbietet!
Bibellese: Jes. 12.

18. April

Es freue sich der Himmel, und die Erde frohlocke, es brause das Meer und was es erfüllt! Es jauchze das Feld und alles, was darauf ist! (Ps. 96,11—12).

Man erzählt von einem Bewohner des schottischen Hochlandes, daß er jeden Morgen zu einem bestimmten Aussichtspunkt in der Nähe seiner Hütte ging und eine Weile barhäuptig dastand. Auf die Frage, ob er dabei bete, gab er zur Antwort: »Ich komme jeden Morgen hierher, um vor dem Schöpfer dieser schönen Welt den Hut zu ziehen.«

Von der Natur hat einmal jemand gesagt: »Gott redet zu uns im schimmernden See, im ruhig dahinfließenden Strom, in der mächtigen Eiche und der winzigen Blume, in der majestätischen Höhe der Berge und in der Brandung des Meeres. Der aufmerksame Betrachter, der die Schönheit der Natur zu schätzen weiß, sieht in ihr immer das prächtige Gewand des Ewigen.«

Wie ein Astronom, der nicht an Gott glaubt, muß auch jeder andere töricht sein, der die Ordnung, die sinnvolle Funktion und die Schönheit der Gärten, Felder, Berge, Täler und Flüsse sieht, aber dahinter keine Spur von Gott entdeckt.
Bibellese: Rö. 1,18—25.

19. April

Machet eure Berufung und Erwählung fest (2. Pt. 1,10).

Es gibt eine ganze Anzahl unglücklicher Umstände, die einen Menschen daran hindern können, den ihm von Gott bestimmten Weg in seinem Leben zu gehen. Einer der Gründe ist seine eigene, falsche Wahl: Er entscheidet sich für sich selbst und für das, was in sein Herz gelegt ist, anstatt für Jesus.

»Zu den Sehenswürdigkeiten eines kleinen Fischerdorfes an den Großen Seen, wo wir unsere Sommerferien verbrachten«, berichtet James McConkey, »gehörten zwei gefangene Adler. Man hatte sie im Alter von zwei Wochen gefangen und in einen großen, weiträumigen Käfig eingesperrt. Im Laufe der Jahre wuchsen die kleinen Adler zu prächtigen Vertretern ihrer Art heran, mit einer Flügelspannweite von fast zwei Metern.

Eines Sommers, als wir wiederkamen, um dort unsere Ferien wie gewohnt zu verbringen, waren die Adler nicht mehr da. Als wir den Besitzer nach dem Verschwinden dieser Vögel fragten, erzählte er uns folgende Geschichte:

Er war etwas länger als sonst von Zuhause weggewesen, um auf dem See zu fischen. In seiner Abwesenheit öffneten ein paar böswillige Jungen die Tür des Käfigs und gaben den großen Vögeln ihre Freiheit wieder. Diese versuchten auch sofort zu entkommen; aber da sie seit frühester Kindheit nur die Gefangenschaft kannten, hatten sie nie fliegen gelernt.

Plötzlich schien ihnen einzufallen, daß sie vom Schöpfer zu mehr als nur kümmerlichen Erdenbewohnern bestimmt worden waren. Nach all den eintönigen Jahren der Gefangenschaft war der Instinkt für das Leben in der herrlichen Freiheit des weiten Himmelsraumes nicht ganz in ihnen erloschen.

Nun versuchten sie verzweifelt das Fliegen. Hilflos taumelten sie auf der großen Dorfwiese umher. Immer wieder versuchten sie, sich vom Boden zu erheben, fielen aber stets herunter. Alle Mühe war vergeblich. Einer von ihnen fiel ins Wasser, als er über einen kleinen Bach fliegen wollte und mußte herausgezogen werden, um nicht elend zu ertrinken. Der andere brachte es nach einer Reihe vergeblicher Versuche endlich fertig, den untersten Ast eines nahegelegenen Baumes zu erreichen. Von dort schoß ihn ein roher Knabe ab. Bald ereilte auch seinen Gefährten das gleiche Los. Damit hatte die Tragödie eines gehemmten Lebens ihr Ende gefunden.«

Seitdem hat uns diese tragische Geschichte der beiden gefangenen Adler bildhaft vor Augen gestanden. Gott hatte diesen königlichen Vögeln ein herrliches Leben in der Freiheit der Lüfte zugedacht. Sie sollten in erhabenem Flug der Mittagssonne ins Auge blicken. Sie sollten ihren Horst in schwindelnder Höhe an Felsen bauen, die nie der Fuß eines Menschen betritt. Sie sollten mit ihren machtvollen, unermüdlichen Schwingen den Stürmen und Unwettern der Berge die Stirn bieten. Es war ihnen wirklich ein königliches Erbe zugedacht. Aber die Grausamkeit des Menschen hatte sie hoffnungslos davon ausgeschlossen. Statt der ihnen bestimmten grenzenlosen Freiheit war Gefangenschaft, Hilflosigkeit, Erniedrigung und Tod ihr Schicksal geworden. Diese Vögel hatten den großen Plan des Schöpfers für ihr Leben verfehlt. Viele Gläubige sind ihnen ähnlich. Sie wissen nicht, was ihnen in Jesus Christus geschenkt ist (1. Kor. 1,30). Sie stehen in der Gefahr, weiterhin nach den Gedanken, Gefühlen und Zielen des alten Menschen zu wandeln, obwohl sie doch erlöst sind. Darum sagt Petrus: »Machet eure Berufung und Erwählung fest!« (2. Petr. 1,10).
Bibellese: 2. Pt. 1,3—11.

20. April

Was betrübst du dich, meine Seele, und bist so unruhig in mir? Harre auf Gott (Ps. 42,12).

Georg Müller, der große Mann des Glaubens und des Gebets, hatte in seinem ganzen Leben seine Hoffnung und sein Vertrauen auf Gott gesetzt, als er erklärte, daß er weit mehr als hundertmal das ganze Alte und Neue Testament unter Gebet und Meditation durchgelesen habe.

Durch Glauben und Gebet gab er zehntausend Waisenkindern in Bristol, England, ein Heim und sorgte für sie. Einmal wurde er gefragt, wie er das fertigbrächte. Zuversichtlich gab er zur Antwort: »Ich hoffe auf Gott.«

Was ist Hoffnung? Webster sagt: »Hoffnung ist ein Verlangen, das von Erwartung begleitet wird.« Der Apostel Paulus sagt: »Eine Hoffnung aber, die man sieht, ist keine Hoffnung; denn was einer sieht, das hofft er doch nicht mehr!« (Rö. 8,24). Georg Müller sagte, es sei in jedem Fall unsere Aufgabe, auf Gott zu hoffen, was wir auch brauchten, wie groß auch die Schwierigkeiten seien, wenn nach außen hin auch alles unmöglich erscheine. »Niemals ist die Zeit gekommen, da wir nicht mehr auf Gott hoffen dürfen!«

Hoffnung, die man auf Menschen oder Verhältnisse richtet, kann zuschanden werden, aber die Hoffnung auf Gott wird niemals mit einer Enttäuschung enden. Noch nie hat Gott jemand im Stich gelassen, der auf ihn hoffte. Zur rechten Zeit wird die Hilfe gewiß erscheinen.

»Wieviel hundert- und tausendmal habe ich das in den vergangenen siebzig Jahren erfahren«, bezeugt Georg Müller. »Wenn Hilfe unmöglich schien, kam Hilfe von Gott, denn seine Quellen gehen in die Hunderte und Tausende. Er ist nicht auf dies oder jenes, auch nicht auf zwanzig verschiedene Möglichkeiten beschränkt; sondern auf tausend verschiedene Weisen und zu tausend verschiedenen Zeiten kann er uns helfen!«

Bibellese: Hb. 10,19—25.

21. April

Und Jonatan zog den Rock aus, den er anhatte, und gab ihn David, dazu seine Kleider, sein Schwert, seinen Bogen und seinen Gürtel (1. Sam. 18,4).

Jonatan gehört zu den wenigen Gestalten der Bibel, über die dieses bis ins letzte wahrhaftige Buch nichts Verkehrtes oder Unehrenhaftes zu berichten weiß. Er war einer der Edelsten, die je gelebt haben, und vielleicht ist gerade seine Selbstlosigkeit das auffallendste Merkmal seines Charakters gewesen.

Obwohl er der Kronprinz war, der offensichtlich den Thron seines Vaters erben sollte und David nur ein Schafhirte, erwies sich doch Jonatans Liebe zu David als so tief, daß er bereit war, ihm alles zu geben, was er besaß. Jonatan rechnete fest damit, daß David eines Tages an seiner Statt König sein würde. Dennoch empfand er keine Eifersucht und freute sich herzlich über jeden Schritt, der David auf seinem Weg voranbrachte. Damit bewies er ein wunderbar freundliches, selbstloses Wesen, das völlig auf Gottes Willen abgestimmt war.

Der Neid gehört zu den schlimmsten und entwürdigendsten Charakterfehlern; er vergiftet das ganze Leben. Er raubt dem Menschen die Freude an jedem Erleben. Er macht aus jedem, der uns überlegen ist, einen Feind. Wir sind von Gott dazu bestimmt, einen wesentlichen Teil unseres Glücks in den Freuden und Erfolgen anderer Menschen zu finden, aber der Neid verkehrt dieses mögliche Glück in Elend.

Bibellese: 1. Sam. 18,1—11.

22. April

Geliebte, wenn Gott uns so geliebt hat, so sind auch wir schuldig, einander zu lieben (1. Joh. 4,11).

Die große Aufgabe eines Christuslebens besteht darin, lieben zu lernen. Das Leben mit seinen mancherlei Erfahrungen gibt uns immer wieder Gelegenheit dazu. Das Lernziel steht deutlich vor uns: »Du sollst lieben«, und ». . . das gebiete ich euch, daß ihr einander liebet.« Es kommt nur darauf an, diese Lektion zu lernen.

Wir sind nicht auf der Welt, um reich zu werden, Macht zu bekommen, uns in Künsten und Wissenschaften zu bilden, ein großes Unternehmen aufzubauen oder auf alle erdenkliche Weise große Leistungen zu vollbringen. Wir sind auch nicht hier, um in unserer täglichen Arbeit, unserem Geschäft, in der Schule oder zu Hause voranzukommen.

Wir sind nicht hier, um das Evangelium zu predigen, Traurige zu trösten, Kranke zu besuchen und Werke der Barmherzigkeit auszuüben. All dies kann auch zu unserem Aufgabenkreis gehören und unsere Hände füllen. Aber bei allem, womit wir uns beschäftigen, ist unsere eigentliche Aufgabe, nach der wir immer streben müssen, das Werk, das all unseren Erfahrungen vorangehen muß, wenn wir überhaupt den wahren Sinn des Lebens erfassen wollen: lieben zu lernen und in unserem Wesen in der Liebe zu wachsen (Eph. 4,15).

Wir mögen die schönsten Künste dieses Lebens erlernen — Musik, Malerei, Bildhauerei, Dichtkunst —, uns ein umfangreiches Wissen aneignen oder durch Lesen, Studieren, Reisen und Umgang mit gebildeten Menschen eine hohe Bildung und Lebenskultur erreichen. Wenn wir jedoch bei alldem keine Liebe lernen und in unserem Wesen und äußerem Verhalten nicht freundlicher und gütiger werden, haben wir den Sinn des Lebens verpaßt.

Wenn wir inmitten unserer Alltagspflichten, Sorgen, Anfechtungen, Freuden und Kümmernisse nicht Tag für Tag an Liebenswürdigkeit, Selbstlosigkeit, Rücksichtnahme und allen anderen Äußerungen der Liebe zunehmen, lernen wir nicht die große und wichtige Lektion, die uns der Meister in der Schule des Lebens aufgegeben hat.

Bibellese: 1. Kor. 13.

23. April

Siehe, die Hand des Herrn ist nicht zu kurz (Jes. 59,1).

Ja, Gott kann wirklich vom Himmel her seine Hand ausstrecken und ein Menschenleben berühren. Er kann mit seinem Arm den ungeheuren Raum überspannen und den Müden und Verzweifelten an sein liebendes Herz ziehen.

Der Arm seiner Liebe ist nicht zu kurz, daß er die Verlorenen und Hoffnungslosen nicht segnen könnte. Er gebraucht die Nächststehenden, um seine helfende Hand auszustrecken, zu trösten, aus der Verzweiflung heraufzuholen und die Unruhe des Unzufriedenen zu stillen. Die mutlose und verzagte Seele kann die Liebe Gottes nur durch einen anderen Menschen erfahren, der neben ihm zur Liebe bereit ist.

Wie kann das bekümmerte Herz die mutmachende und beruhigende Berührung fühlen, außer durch die liebende Hand eines Menschen, der freundlich Anteil nimmt? Das kann ein Freund oder auch ein Fremder sein, aber Gott gebraucht dabei immer solche Hände, die ihm geweiht sind, um segnend in das Leben eines Menschen einzugreifen. Man könnte natürlich einwenden, dies sei nichts weiter als eben ein anderer Mensch. Aber Gott will nichts anderes als Liebe erweisen. Er spricht zu uns auch durch die Stimme anderer Menschen.

Bibellese: Apg. 9,17—21.

24. April

Seine Hand heilt (Hi. 5,18).

Eine Frau befand sich in großer innerer Not und Einsamkeit. Sie hatte das Gefühl, Gott nicht mehr nahe zu sein. Sie hatte zu ihm gebetet und ihn angefleht, sie doch noch einmal anzurühren. »Wie kann er mich denn verlassen?« klagte sie ihrer Freundin. Diese lehnte sich dicht an sie und flüsterte: »Bete doch jetzt darum, daß er dich berühre; er wird dir gewiß seine Hand auflegen.«

In ihrer großen Angst begann sie noch einmal zu beten. Plötzlich spürte sie, wie eine Hand sie berührte. Jubelnd rief sie: »Er hat mich angerührt! Welche Freude erfüllt jetzt wieder mein Herz! Welche Wärme durchflutet mich! Aber weißt du, ich hatte das Gefühl, als wäre es deine Hand gewesen.«

»Ja, es war meine Hand«, antwortete die Freundin.

Auf dem Gesicht der Beterin malte sich Verwirrung und Enttäuschung. »Deine Hand?«

»Natürlich, oder meinst du im Ernst, daß eine wirkliche Hand durch die Decke kommt, um dich zu berühren? Gott gebrauchte die Hand, die dir am nächsten war!«

Bibellese: 2. Sam. 12,1—14.

25. April

Ich bin überzeugt, daß . . . (nichts) uns zu scheiden vermag von der Liebe Gottes, die in Christus Jesus ist, unsrem Herrn (Rö. 8,39).

Welch eine wunderbare Liebe! Was ist eigentlich Besonderes am Kreuz Jesu, daß es so viel Kraft und unvergängliche Herrlichkeit zu geben vermag? Seit frühester Zeit kannte man das Kreuz als Fluchbalken, als ein Instrument der Qual, eine Stätte der Strafe für hartgesottene und elende Verbrecher und ein Zeichen tiefster Schande und Entehrung. Aber seit dem Kommen Jesu schmückt das Kreuz gewaltige Dome und kunstvolle Altäre. Durch die gesamte Geschichte des christlichen Glaubens hindurch ist es das Sinnbild für alles Wahre und Heilige, für Gnade und Liebe. Wenn wir das begriffen haben, wissen wir, warum das Kreuz alle Ruinen dieser Zeit überragt und überdauert.

Das Kreuz veranschaulicht Gottes große Liebe zu uns. Es stellt kein Unglück, keine Tragödie dar, sondern das weltweite Zeichen der Liebe Gottes zu den sündigen Menschen. Das Kreuz ist die einzig angemessene Auslegung zu Johannes 3,16. Unser Vater war nicht gezwungen, das Kreuz zuzulassen. Seine Liebe zu uns trieb ihn dazu.

Jesus gab sein Leben freiwillig, weil er uns liebte und wollte, daß wir in seinem ewigen Reich mit ihm leben sollten. »Größere Liebe hat niemand als die, daß er sein Leben läßt für seine Freunde« (Joh. 15,13).

Aus der himmlischen Herrlichkeit kam der Eine in unsere Welt voller Weh und Leid, wurde er gesandt, der seine Freude darin

sah, des Vaters Willen zu erfüllen. Die Liebe führte Jesus nach Golgatha. Dort zahlte er den höchsten Preis, den man sich vorstellen kann, um uns loszukaufen aus der Macht Satans.
Bibellese: Joh. 17,22—26.

26. April

Gehet hin und machet zu Jüngern alle Völker (Mt. 28,19a).

Es kostet etwas, die Botschaft in die Welt zu tragen. »Wenn das Weizenkorn nicht in die Erde fällt und erstirbt, so bleibt es allein.« Diese Worte sprach der Heilige Geist zu Charles E. Cowman, der nach schwerer Tagesarbeit in ein stilles Zimmer gegangen war, um die Nacht im Gebet zu verbringen. Was folgte dieser Begegnung mit seinem Meister während jener kurzen Nachtstunden? Was war dort geschehen, daß sich sein Leben danach so vollständig veränderte? Er war Jesus begegnet. Dem, der später in allen Missionskreisen als »Missionsstreiter« bekannt werden sollte, war eine Offenbarung des Willens Gottes zuteil geworden: Jede Familie Chinas sollte einen Teil der Heiligen Schrift bekommen, damit jeder einzelne dieses Volkes persönlich eingeladen würde. Die Zeit für einen solchen Feldzug war jetzt gekommen. Wenn Gott »heute« sagt, meint er nicht »morgen«.

Cowman nahm den dringenden Auftrag an und begann im Namen des großen Gottes, der das Unmögliche schafft, dieses Unternehmen durchzuführen. Denn einer Vision folgt immer die Aktion. Während der nächsten fünf Jahre wurde der größte Feldzug zur Verbreitung des Evangeliums seit Pfingsten durchgeführt. Im Reich der Mitte wurden 10.320.000 Familien persönlich besucht und mit Teilen des kostbaren alten Buches beschenkt, das wir so lieben. Tausende zerstörten ihre Götzenbilder und folgten der Einladung Jesu, der gesagt hat: »Kommet her zu mir!«
Bibellese: Mt. 28,16—20.

27. April

Eine Zuflucht ist der alte Gott, und unter dir breitet er ewige Arme aus (5. Mo. 33,27).

Eines Nachts, als ein schrecklicher Sturm tobte, ging ein Mann am Strand des Meeres entlang. Niedrig jagten die Wolken daher, der Wind heulte, der Donner grollte, Blitze zuckten, und der Regen fiel in Strömen. Der Mann zog seinen Mantel fester um sich und eilte nach Hause. Ein kleiner Vogel, der sich im Sturm verirrt hatte, suchte Schutz unter seinem Mantel. Er nahm ihn in die Hand, trug ihn nach Hause und setzte ihn in einen warmen Käfig. Als sich der Sturm am nächsten Morgen gelegt und die Sturmwolken sich verzogen hatten, brachte er den kleinen Vogel an die Tür. Einen Augenblick zögerte der Vogel auf seiner Hand, dann entfaltete er seine kleinen Schwingen und flog seinem Nest im Walde zu.

Dieses Erlebnis hat Charles Wesley tief bewegt und ihn dazu veranlaßt, ein Lied zu schreiben, das in der ganzen Welt bekannt und beliebt wurde:

»Jesus, Heiland meiner Seele,
laß an deine Brust mich fliehn,
da die Wasser näher rauschen
und die Wetter höher ziehn.

Birg mich in den Lebensstürmen,
bis vollendet ist mein Lauf.
Führe mich zum sich'ren Hafen,
nimm dann meine Seele auf.

Andre Zuflucht hab' ich keine;
zagend hoff' ich nur auf dich.
Laß, o laß mich nicht alleine,
hebe, Herr, und stärke mich!«

Bibellese: Ps. 91.

28. April

Da dieser Elende rief, hörte der Herr und half ihm aus allen seinen Nöten (Ps. 34,7).

Ein kleiner Junge hatte sich eben in seinem Bett schlafen gelegt. Bevor er einschlief, wandte er sich in die Richtung des großen Bettes, in dem sein Vater lag und sagte: »Vater, bist du da?«

»Ja, mein Sohn«, kam die Antwort zurück.

Der Junge drehte sich um und schlief beruhigt ein.

Heute ist dieser Kleine ein alter Mann von siebzig Jahren, und jede Nacht vor dem Einschlafen blickt er seinem himmlischen Vater ins Gesicht und fragt: »Vater, bist du da?«, und die Antwort kommt zurück: »Ja, mein Sohn.« Und er bittet ihn in kindlichem Vertrauen: »Willst du mich, bitte, in dieser Nacht im Auge behalten?« Klar und fest kommt die Antwort: »Ja, mein Sohn, ich will dich nicht verlassen noch versäumen.« Vor wem sollen wir uns fürchten, wenn Gott, unser Vater, bei uns ist?

Ja, ich glaub', Gott hört Gebet,
ja, ich weiß, Gott hört Gebet,
ganz gewiß, Gott hört Gebet;
Ehre sei dem Herrn!
Ja, ich glaub', Gott hält sein Wort,
ja, ich weiß, Gott hält sein Wort,
ganz gewiß, Gott hält sein Wort;
Ehre sei dem Herrn!

Bibellese: Ps. 34.

29. April

Das Gebet eines Gerechten vermag viel, wenn es ernstlich ist (Jak. 5,16).

David Brainerd war ein Mann von großer geistlicher Kraft. Was er alles durch Gebet erreichte, ist einfach wunderbar. Gordon gibt einen kurzen Abriß der Erfahrungen Brainerds:

»Er konnte die Sprache der Indianer nicht sprechen. Einsam in den ungeheuren Wäldern, verbrachte er ganze Tage im Gebet. Worum betete er? Er wußte, daß er an die Wilden nicht herankommen konnte. Wenn er überhaupt sprechen wollte, mußte er jemand finden, der wenigstens annähernd seine Gedanken in die Indianersprache übersetzen konnte. Ihm war bewußt, daß er sich ganz auf die Macht Gottes verlassen mußte. Ganze Tage betete er darum, daß die Kraft des Heiligen Geistes so unmißverständlich über ihn kommen möchte, daß diese Menschen ihm nicht mehr widerstehen könnten. Und wie erhörte Gott diese Bitte? Einmal predigte er mit Hilfe eines betrunkenen Dolmetschers, der kaum auf den Füßen stehen konnte. Doch eine große Anzahl Menschen kam durch jene Predigt zum Glauben. Wir schreiben dieses Ergebnis nur der Tatsache zu, daß die gewaltige Macht Gottes hinter ihm stand.«
Bibellese: Jak. 5,16—18.

30. April

Wer in mir bleibt und ich in ihm, der bringt viel Frucht (Joh. 15,5).

William Carey las Brainerds Lebensgeschichte und war davon innerlich so stark bewegt, daß er als Missionar nach Indien ging. Ebenso ging es Henry Martyn. Payson las darüber als junger Mann von zwanzig Jahren und sagte, er sei durch nichts im Leben so tief beeindruckt worden wie von dieser Lebensgeschichte. Murray McCheyne las sie und wurde im Innersten getroffen. Das Gebet und die völlige Hingabe dieses einen Menschen, David Brainerd, richtete in der großen missionarischen Erweckungsbewegung des 19. Jahrhunderts mehr aus als irgendeine andere Macht.

Das verborgene Leben, ein Leben, das in der Gemeinschaft mit Gott gelebt wird und versucht, an die Quelle aller Kraft heranzukommen, setzt die Welt in Bewegung. Gebet ohne Glauben ist nichts als eine wertlose Hülse; mit Glauben aber enthält es das Samenkorn für eine Millionenernte.

Wenn wir uns von einer Organisation abhängig machen, bekommen wir, was Organisationen erreichen können. Wenn wir uns auf Bildung verlassen, erhalten wir, was uns die Bildung geben kann. Wenn wir von Menschen abhängig sind, erhalten wir, was Menschen zustande bringen; aber wenn wir uns auf das Gebet verlassen, bekommen wir das, was Gott vermag.
Bibellese: Jer. 17,5—8.

1. Mai

Denn welchen der Herr lieb hat, den züchtigt er (Hb. 12,6).

Durch Züchtigung erzieht Gott seine Kinder. So ist dieses Wort gemeint. Es beruht auf dem griechischen Wort für »Kind«. Es bedeutet »wie ein Kind behandeln«, »ein Kind erziehen«. Gottes Erziehung hat nichts mit Vergeltung für unser kindliches Fehlverhalten zu tun, wenn wir auch manchmal so denken. »Denn jene [unsere leiblichen Väter] haben uns für wenige Tage gezüchtigt, nach ihrem Gutdünken; er aber zu unsrem Besten, damit wir seiner Heiligkeit teilhaftig werden« (Hb. 12,10).

Ein Besucher schaute einem Silberschmied zu, der Silber in seinem Tiegel erhitzte. Immer heißer wurde das Feuer darunter angefacht. Die ganze Zeit blickte der Schmied gespannt aus nächster Nähe in den Tiegel.

Der Besucher fragte: »Warum beobachten Sie das Silber so genau?« »Ich schaue nach meinem Gesicht«, war die Antwort. »Wenn ich mein Gesicht im Silber sehen kann, höre ich auf. Dann ist die Arbeit fertig.« Warum zündete der Silberschmied das Feuer unter dem Silber an? Um es zu reinigen und zu vervollkommnen. Gleicht Gott in seiner Züchtigung einem Scharfrichter, der einen Urteilsspruch an uns vollstreckt? Nein, sondern eher einer reinigenden Macht. Was bedeutet der Feuerofen des Leids und der schmerzliche Kampf der Züchtigung? Gott wartet darauf, ein Gesicht zu sehen,

das Gesicht seines Sohnes. Denn er hat uns »vorherbestimmt, dem Ebenbilde seines Sohnes gleichgestaltet zu werden« (Rö. 8,29). Und er reinigt uns von allem, was dieses Bild trüben könnte. Wie alle rechten Eltern hat auch Gott ein Modell, ein Leitbild, nach dem er das Leben seiner Kinder gestalten will. Dieses Leitbild ist Jesus Christus, und Gottes große Absicht besteht darin, daß »Christus in euch Gestalt gewinnt«.
Bibellese: Hb. 12,1—11.

2. Mai

... daß der lebendige Gott unter euch ist (Jos. 3,10).

Von der ersten bis zur letzten Seite der Bibel haben Menschen jeden Ranges und Alters Zeugnis davon gegeben, wie sie sich voll Ehrfurcht und Entsetzen plötzlich in der strahlenden Gegenwart Gottes befanden. Zu dieser großen Schar gehört Abraham, der in der Nacht das Feuer auf dem Altar hütete (1. Mo. 15,17—21); Mose auf dem Sinai (er war sechs Tage auf dem Berg, ehe der Herr sich ihm offenbarte); Jesaja im Tempel, die drei Jünger auf dem Berg der Verklärung, Paulus vor Damaskus und Johannes auf Patmos.

Auf jeden von ihnen kam eine große Aufgabe zu und gab ihm Gelegenheit, Mitarbeiter am Werk Gottes zu sein. Keine Ausrede war stichhaltig. Ihre Antwort war derjenigen Marias ähnlich: »Siehe, ich bin die Magd des Herrn!« (Lk. 1,38) oder der des Paulus: »... bin ich der himmlischen Erscheinung nicht ungehorsam gewesen« (Apg. 26,19).

Wie Jesaja im Tempel sollten auch wir, wenn wir vor Gottes leuchtender Gegenwart stehen, zu dieser Antwort bereit sein: »Hier bin ich, sende mich!«

Gott besucht uns oft, aber die meiste Zeit sind wir nicht zu Hause!
Bibellese: Off. 1,9—18.

3. Mai

... denn die Waffen unserer Ritterschaft sind nicht fleischlich, sondern mächtig durch Gott zur Zerstörung von Festungen (2. Kor. 10,4).

Im ersten Weltkrieg sollte in Frankreich eine stark befestigte Stellung genommen werden. Die feindlichen Linien waren durch Schützengräben, Wälle und Stacheldrahtverhaue so geschützt, daß auch der größte Sturmangriff, ganz gleich mit welcher Anzahl von Soldaten, hätte scheitern müssen. Wie tapfer die Angreifer auch gewesen wären, keiner hätte lebend die feindlichen Gräben erreicht. Es war in der Tat völlig unmöglich, die Stellung allein durch einen Sturmangriff der Infanterie zu erobern. Aber der General, der diesen Angriff anführte, hatte mehrere Batterien schwerster Artillerie herankommen lassen, die über Granaten stärksten Kalibers und größter Sprengkraft verfügten. Diese Artillerie konzentrierte länger als fünf Stunden ein mörderisches Feuer auf eine ganz bestimmte Stelle der feindlichen Verteidigungslinie, bis die Gräben zugeschüttet, die Befestigungen gesprengt und die Stacheldrahtverhaue in tausend Fetzen zerrissen waren.

Als die Artillerie ihr Zerstörungswerk getan hatte, konnte die Infanterie schließlich den Angriff vortragen und vorwärtsstürmen, bis dann mit nur geringfügigen Verlusten die Stellung erobert war. Was den Soldaten vorher völlig unmöglich gewesen wäre, hatte ihnen das anhaltende Feuer der Artillerie möglich gemacht.

Dies ist ein genaues und anschauliches Bild für den geistlichen Kampf, in dem wir stehen. Es gibt Stellungen des Gegners, die nicht erstürmt oder ausgehungert werden können. Es gibt Befestigungen, die unbezwingbar sind. Es gibt Hindernisse, die den Vormarsch der treusten Soldaten Gottes aufhalten können. Bevor diese einen Erfolg erzielen können, ist das anhaltende, massive Feuer der Gebetsartillerie nötig. Nichts anderes kann an die Stelle des Gebets treten. Nichts wird ausgerichtet, bevor das Gebet nicht sein Werk getan hat.

Da das anhaltende Gebet oft fehlt, muß der Angriff ohne dieses erfolgen, wobei wertvolles Leben geopfert, Zeit vertan wird und alle Anstrengungen fehlschlagen. Nicht, weil Gott treulos wäre oder der Knecht nicht ernst genug bei der Sache, sondern weil das vorbereitende Feuer des Gebets ausblieb, das eine Bresche in die Befestigung des Feindes schlägt.
Bibellese: Apg. 12,1—17.

4. Mai

Befiehl dem Herrn deinen Weg und vertraue auf ihn, so wird er handeln (Ps. 37,5).

Ein junger Mann hatte monatelang darum gekämpft, sich Gott ganz auszuliefern. Fast bei jedem Gottesdienst kam er nach vorn, sobald die Suchenden dazu aufgefordert wurden.

Je mehr er es aber versuchte, desto mehr schien es ihm zu mißlingen. Schließlich fragte er sich, ob er überhaupt jemals den Segen der Hingabe erfahren würde.

Er besuchte jedoch weiter treu die Gottesdienste. Eines Abends sagte der Prediger: »Wenn hier Menschen unter uns sind, die sich verzweifelt bemühen, rate ich ihnen, in diesem Augenblick alles Gott zu überlassen (Let God).«

Dieser Gedanke sprach den jungen Mann stark an. Zu Hause schnitt er sich die sechs (englischen) Buchstaben L-E-T-G-O-D aus und befestigte sie an der Wand seines Zimmers. Dann versuchte er, Gott in sein Leben einzulassen, aber es geschah nichts. Unruhig schritt er in seinem Zimmer auf und ab. Schließlich ging er hinaus.

Als er nach einiger Zeit wiederkam und die Tür öffnete, grüßten ihn von der Wand die Worte »Laß los« (englisch: L-E-T-G-O). Der letzte Buchstabe, das D, war herabgefallen. Was ein Unglück zu sein schien, offenbarte dem jungen Mann endlich die Wahrheit. »Überlaß dich Gott. Laß los!« Wenn wir uns wirklich Gott aus-

liefern, überlassen wir uns Gott dadurch, daß wir loslassen und ihm auch in dieser grundlegenden Sache bedingungslos vertrauen.
Bibellese: 1. Mo. 22,1—14.

5. Mai

Und wiewohl er Sohn war, hat er doch an dem, was er litt, den Gehorsam gelernt (Hb. 5,8).

Eine Dame verlebte den Sommer in der Schweiz. Eines Tages ging sie in den Bergen spazieren. Als sie einen Hang hinaufstieg, kam sie zu einer Schafhürde. Sie ging näher heran und blickte hinein. Da saß der Hirte, um ihn lagerte die Herde. In seiner Nähe lag auf einem Bündel Stroh ein einzelnes Schaf. Es schien Schmerzen zu haben. Als sie genauer hinsah, entdeckte sie, daß das Tier ein Bein gebrochen hatte.

Die Dame empfand starkes Mitleid mit dem armen Tier. Fragend sah sie zu dem Hirten hinüber. »Wie ist das passiert?« erkundigte sie sich. Zu ihrem Erstaunen antwortete der Hirte: »Ich selbst habe dem Tier das Bein gebrochen.« Ein schmerzlicher Ausdruck huschte über das Gesicht der Besucherin. Der Hirte, dem das nicht entgangen war, fuhr fort: »Von allen Schafen meiner Herde war dies das eigensinnigste; es wollte nie meiner Stimme folgen. Es wollte nie den Weg gehen, den ich die Herde führte. Es wagte sich an den Rand manchen gefährlichen Abgrunds und stand oft dicht vor dem Absturz. Aber es war nicht nur selbst unfolgsam, sondern führte immer auch noch andere Schafe mit in die Irre. Ich habe mit dieser Art von Schafen meine Erfahrungen. Ich wußte genau, was ich tat, als ich ihm ein Bein brach. Am ersten Tag, als ich ihm Futter bringen wollte, versuchte es, mich zu beißen. Daher ließ ich es ein paar Tage allein. Schließlich ging ich wieder zu ihm. Da nahm es nicht nur das Futter, sondern leckte mir die Hand und zeigte alle Zeichen der Unterwerfung, ja sogar von Zuneigung.

Und jetzt möchte ich Ihnen noch etwas sagen. Wenn sich dieses Schaf wieder erholt hat — und das wird bald der Fall sein —, wird es das vorbildlichste Schaf meiner ganzen Herde sein. Kein Schaf wird so rasch meine Stimme hören, keins wird mir so dicht folgen. Statt seine Gefährten vom Weg abzuführen, wird es jetzt für die, die sich immer verlaufen, ein Vorbild und Leitschaf sein. Kurz, das Leben dieses störrischen Tieres wird völlig umgewandelt sein. Durch sein Leiden hat es Gehorsam gelernt.«

Selbst der Sohn Gottes mußte diese »Schule des Gehorsams« durchmachen. Wieviel mehr wir, die wir von Natur aus eigenwillig, hochmütig und rebellisch sind!

Die völlige Unterwerfung unter seinen Willen ist das Erziehungsziel, das der himmlische Vater mit jedem seiner Kinder hat. Laßt uns freiwillig diese Schule durchlaufen wie Jesus, der freiwillig für uns gelitten hat.

Bibellese: Hb. 5,1—10.

6. Mai

Er ließ sich nieder in einer Stadt namens Nazareth (Mt. 2,23).

Bis er seinen öffentlichen Dienst begann, wohnte Jesus in dem kleinen Dorf Nazareth. Es ist ein tröstlicher Gedanke, daß der Sohn Gottes so viele Jahre lang in einem irdischen Heim wohnte. Dort entfaltete sich sein reines und sündloses Leben.

Das Studium der Kindheits- und Jugendjahre Jesu kann jedem Kind und heranwachsenden Jugendlichen einen nachhaltigen Eindruck hinterlassen. Die Evangelien berichten nur sehr bruchstückhaft über jene Jahre. Zweifellos wünschten wir uns, mehr über das Leben Jesu in seiner Heimatstadt zu erfahren. Aber das wenige, das uns überliefert ist, genügt. Sonst hätte uns Gottes Geist mehr darüber berichtet.

Wir wissen, daß in Jesus keine Sünde war und können uns wohl seine Freundlichkeit, seinen Gehorsam, seine Liebe und Selbstlosigkeit und all die anderen guten und schönen Charakterzüge vorstellen. Jesus war sicher ein ganz natürlicher, fröhlicher Junge, interessiert an schönen Dingen, eifrig beim Lernen und ernst, ohne altklug oder krankhaft religiös zu sein. Er war ein Junge wie Gott ihn liebt und wie er sich auch jeden anderen Jungen wünscht.

Wir sehen dann Jesus kurz als Zwölfjährigen, wie er über sein Verhältnis zum himmlischen Vater nachzudenken begann. Er kehrte dann nach Nazareth zurück und nahm daheim seinen Platz mit allen Pflichten des Sohnes wieder ein. Dort blieb er noch weitere 18 Jahre. Der väterliche Betrieb, in den er mit zwölf Jahren eintrat, ließ nicht zu, daß er predigte, Wunder wirkte und in der Öffentlichkeit umherzog, um Gutes zu wirken.

Er blieb dort bis zum vollen Mannesalter.

Manche jungen Leute ärgern sich darüber, daß sie so viele Jahre zu Hause bleiben müssen, wo sie nur einfach und schlicht ihre Alltagsarbeit verrichten können. Aber wenn Jesus sein Heim in Nazareth als ausreichenden Lebensraum betrachtete, sollten wir kein Zuhause für zu eng und bescheiden ansehen, um darin aufzuwachsen.

Bibellese: Lk. 2,41—52.

7. Mai

Ich, der Herr, bin dein Arzt (2. Mo. 15,26).

Eine Missionarin stand eines Tages völlig mittellos unter einem heidnischen Stamm, weit entfernt von jeder Nahrungsmittelversorgung. In ihrer großen Not berief sie sich auf die Verheißung Gottes, daß er für sie sorgen würde. Auch gesundheitlich fühlte sie sich sehr elend. Da kamen von einem entfernt wohnenden Geschäftsmann mehrere große Packungen schottischen Hafermehls.

Die Missionarin hatte noch mehrere Dosen Büchsenmilch, so war sie gezwungen, vier Wochen lang von dieser eintönigen Nahrung zu leben. Mit der Zeit ging es ihr jedoch merklich besser, und nach

den vier Wochen fühlte sie sich wieder völlig gesund. Als sie später einer Gruppe von Leuten von ihrem Ergehen berichtete, erkundigte sich ein anwesender Arzt besonders eingehend nach der Art ihrer vorhergehenden Beschwerden. Dann sagte er: »Der Herr hat Ihr Gebet erhört und treuer für Sie gesorgt, als Sie sich denken können; denn für die Krankheit, unter der Sie gelitten haben, verschreiben wir Ärzte eine vierwöchige Haferdiät. Der Herr selbst hat sie Ihnen verschrieben und achtete darauf, daß Sie sonst nichts anderes bekamen. Es war genau die richtige Medizin für Sie!«
Bibellese: 1. Pt. 5,7.

8. Mai

Ohne Glauben aber ist es unmöglich, Gott wohlzugefallen (Hb. 11,6).

Der Glaube ist ein wunderbarer Schlüssel für jede Situation, in der wir im Gebet zu Gott kommen. Er öffnet Gottes Vorratshaus, das Regal an Regal bis zur Decke gefüllt ist mit all den guten Dingen, die wir brauchen.

Auf den Regalen von Gottes Vorratshaus ist Heil: die Erfahrung der Wiedergeburt, Sieg über das Fleisch, die Welt und Satan. Auf einem anderen Regal finden wir göttliche Heilung und Befreiung für Leib, Seele und Geist. Auf Gottes Regalen ist die tiefe Glaubenserfahrung mit ihm, ist unaussprechliche, herrliche Freude, Hoffnung, Frieden, Segen und Gebetserhörung.

Jeder Mann, jede Frau und jedes Kind kann sich den Schlüssel zu diesem Vorratshaus Gottes geben lassen, um im Gebet das Schloß aufzuschließen und die Tür weit zu öffnen.

Der Glaube versetzt Berge. Hast du einen Berg, der versetzt werden muß: Einen Berg von Herzweh, Verzweiflung, Unzufriedenheit und Mutlosigkeit? Der Glaube an Jesus Christus als den Sohn Gottes kann ihn versetzen!
Bibellese: Hb. 11.

9. Mai

Die Liebe eines jeden einzelnen von euch nimmt zu allen gegenüber (2. Th. 1,3).

Es ist die überfließende Liebe zu anderen Menschen, die auch aus der schweren Prüfung des öffentlichen Klatsches, des Neides, der Eifersucht und des Mißtrauens als Sieger hervorgeht. Um zunehmen zu können, muß diese Liebe höher, tiefer und weiter reichen als diese Laster, die sich sogar in unserem engsten Verwandtenkreis, bei Freunden und Bekannten breitmachen können.

Überfließende Liebe erweist sich als stärker als alle Verleumdung. Es gibt natürlich Leute, die es aufregend und abwechslungsreich finden, sich in abscheulichen Angriffen gegen andere zu ergehen. Diesen ihre unglückliche Lage — nämlich, daß sie ohne Liebe sind — vorzuhalten, würde nur ihren Zorn herausfordern und ihnen für das unselige Feuer, das sie unterhalten, noch mehr Zündstoff liefern.

Der vom Heiligen Geist bewegte Verfasser des »Hohelieds der Liebe« sagt: »Die Liebe glaubt alles«, nämlich das, was dem anderen Gutes bringt. Er sagt damit aber auch, daß die Liebe sich weigert, etwas zu glauben, was böse, herabsetzend, schädlich und verletzend ist. Viele wurden dadurch von diesen bösen Angewohnheiten gerettet, daß sie sich weigerten, Böses über einen anderen zu denken.

Bibellese: 2. Th. 1,3—12.

10. Mai

Betet ohne Unterlaß (1. Th. 5,17).

Einige Pastoren waren zur Besprechung schwieriger theologischer Fragen zusammengekommen. Unter anderem wurde die Frage aufgeworfen, wie man die Mahnung des Paulus: »Betet ohne Unterlaß« in rechter Weise erfüllen könne. Es wurden darüber recht verschiedene Ansichten geäußert, bis man schließlich einen der Teilnehmer dazu bestimmte, über diese Frage eine Abhandlung zu schreiben, die bei der nächsten Zusammenkunft verlesen werden sollte.

Eine Frau, die sie bediente und zufällig das Gespräch mit angehört hatte, rief erstaunt in die Runde: »Was, einen ganzen Monat soll man brauchen, um herauszufinden, was dieser kurze Vers bedeutet? Es ist doch eins von den einfachsten und besten Worten der Bibel!« »Gut, Marie«, sagte ein älterer Pastor, »was können Sie denn dazu sagen? Wie verstehen Sie dieses Wort? Können Sie denn dauernd beten?«

»O ja, Herr Pastor.«

»Bei Ihrer vielen Arbeit?«

»Nun, je mehr ich zu tun habe, desto mehr kann ich beten!«

»Tatsächlich? Dann sagen Sie uns doch, wie Sie das fertigbringen!«

»Wenn ich morgens die Augen aufschlage, bete ich: ›Herr, öffne mir die Augen meines Verständnisses‹; während ich mich ankleide, bete ich darum, mit dem Rock der Gerechtigkeit bekleidet zu werden; beim Waschen bete ich um Reinigung durch das Wort Gottes, wovon das Wasser ein Bild ist; während der Arbeit bete ich um Kraft, die für diesen Tag ausreicht; wenn ich Feuer mache, bete ich, daß Gott meine Seele durch das Feuer seiner Liebe entzünden möchte; wenn ich das Haus fege, daß er mich von aller Unreinheit reinigt; wenn ich das Frühstück zubereite und zu mir nehme, bitte ich, daß Gott mich mit dem verborgenen Manna und der lauteren Milch seines Wortes speise; wenn ich mit den kleinen Kindern beschäftigt bin, blicke ich zu meinem himmlischen Vater auf und bete um den Geist der Kindschaft, ihm gehorsam zu sein — und so weiter den ganzen Tag über. Alles, was ich tue, gibt mir Anregung zum Beten.«

»Genug! Genug!« rief der Pastor. »Dies ist den Unmündigen geoffenbart, aber den Weisen und Klugen verborgen. Machen Sie nur so weiter, Marie«, fuhr er ermunternd fort, »beten Sie ohne

Unterlaß. Und was uns betrifft, liebe Brüder, laßt uns dem Herrn für diese gute Auslegung danken und uns an das erinnern, was er selbst uns gesagt hat: ›Er leitet die Elenden auf den rechten Pfad und lehrt die Elenden seinen Weg‹« (Ps. 25,9).
Bibellese: 1. Th. 5,15—22.

11. Mai

Denn du, Herr der Heerscharen, du Gott Israels, hast dem Ohr deines Knechts geoffenbart und gesagt: Ich will dir ein Haus bauen! Darum hat dein Knecht den Mut gefunden, dieses Gebet zu dir zu beten (2. Sam. 7,27).

Ein bekannter und beliebter Bibelschullehrer schrieb einmal: »Gott im Himmel schaut nach solchen Menschen auf der Erde aus, denen er das Gebet um Erfüllung seiner Verheißungen ins Herz legen kann. Findet er dein Herz dafür nicht offen, wird er andere finden, du aber wirst etwas Wichtiges versäumen.

Ein anschauliches Beispiel dafür haben wir in der Geschichte der Königin Esther. Ihre Landsleute sollten nach dem Gesetz der Meder und Perser, das als unumstößlich galt, vernichtet werden. Der große Mardochai kannte das Wort Gottes. Er wußte um die Verheißungen Gottes in den Prophetenbüchern für sein Volk, die Juden. Daher wußte er auch, daß die Juden nicht vernichtet werden konnten. Deshalb würde Hamans teuflischer Plan nicht gelingen, und die Juden durften auf eine bessere Zukunft in ihrem eigenen Land warten. Aber er wußte auch, daß dazu etwas unternommen werden mußte. Darum wies er Esther an, sie solle zum König hineingehen und ›zu ihm flehen und Fürbitte tun für ihr Volk‹ (Est. 4,8). Wenn Esther selbst es nicht täte, würden es andere tun. ›Denn wenn du unter diesen Umständen schweigst, so wird den Juden von einer anderen Seite her Trost und Rettung erstehen, du aber und deines Vaters Haus werden umkommen. Und wer weiß, ob du nicht um dieser Umstände willen zum Königtum gekommen bist?‹ (Est. 4,14).

Gottes Verheißungen können nicht hinfällig werden. Er hat das Gebet dazu bestimmt, sie zu verwirklichen. Es wird immer Menschen geben, die so lange beten, bis sich ihre Gebete erfüllen. Wenn du es nicht tust, wird Gott sich andere suchen, die bereit sind, zu beten.

›Denn die Augen des Herrn durchstreifen die ganze Erde, um sich mächtig zu erzeigen an denen, die von ganzem Herzen ihm ergeben sind‹ (2. Chr. 16,9). Solchen Menschen wird Gottes Geist das Gebet eingeben, das Gott haben will. Denn ›beten heißt nichts anderes, als das vor dem Herrn auszusprechen, was der Geist des Herrn uns ins Herz gegeben hat‹. Der Satz, daß Verheißung und Gebet aufs engste zusammenwirken und zusammen geübt werden müssen, ist eines der wichtigsten geistlichen Gesetze des Glaubens.«

Bibellese: Est. 5,1—6,14.

12. Mai

Sie sollen das Geheimnis des Glaubens in reinem Gewissen bewahren (1. Tim. 3,9).

Glaube ist das Auge, mit dem wir Jesus anblicken. Auch ein trübes Auge ist ein Auge, auch ein weinendes Auge ist ein Auge.

Glaube ist die Hand, mit der wir Jesus ergreifen. Auch eine zitternde Hand ist eine Hand. Auch der ist ein Glaubender, der mit zitterndem Herzen das Gewand des Heilandes berührt, um geheilt zu werden.

Glaube ist die Zunge, mit der wir schmecken, wie freundlich der Herr ist. Eine fiebernde Zunge ist trotzdem eine Zunge. Wir dürfen auch dann noch glauben, wenn wir nicht den geringsten Trost empfinden; denn unser Glaube gründet sich nicht auf unsere Gefühle, sondern auf die Verheißungen Gottes.

Glaube ist der Fuß, mit dem wir zu Jesus gehen. Auch ein lahmer Fuß ist ein Fuß. Wer langsam kommt, kommt dennoch an (Georg Müller).

Habakuk pries seinen Gott, als er die Weinberge ohne Trauben, die Felder verbrannt und verödet und die Ställe ohne Herden sah. Er konnte sich freuen, weil er Glauben an Gott hatte. Seine kühle Glaubensgewißheit ließ ihn zu einem großen Propheten werden.

Abraham glaubte Gott, als alles dagegen zu sprechen schien und glaubte auf Hoffnung, da nichts zu hoffen war. Wir sind aufgerufen, unsere Füße in die Fußstapfen der großen Glaubenshelden zu setzen und ihnen zu folgen, wie sie dem Herrn folgten.

Ein treuer Streiter des Kreuzes sagte einmal, er säße am liebsten jenen alten Glaubenshelden zu Füßen, die im 11. Kapitel des Hebräerbriefes beschrieben werden und höre ihnen zu, wenn sie ihre Erfahrungen berichteten — von der Finsternis ihrer Nächte und den menschenunmöglichen Ausnahme- und Notsituationen, in denen sie sich oft befanden. Gerade an den dunkelsten Orten lernten sie, mit der Kraft des Allmächtigen zu rechnen.

Bibellese: Hb. 11.

13. Mai

. . . das Sitzen zu meiner Rechten und zu meiner Linken zu verleihen, steht nicht mir zu, sondern es wird denen zuteil, welchen es von meinem Vater bereitet ist (Mt. 20,23).

Als die Mutter des Jakobus und Johannes Jesus für ihre Söhne um die besten Plätze in seinem Reich bat, mußte sie sich von ihm in seiner ruhigen, freundlichen Art sagen lassen, daß es nicht so sehr darauf ankomme, die besten Plätze zu haben, als sich ihrer wert zu erweisen.

Man kann anstelle von »welchen es von meinem Vater bereitet ist« auch sagen »für die, die bereit sind«.

Wir sind im öffentlichen Leben so an die Günstlingswirtschaft gewöhnt, daß jeder Weg recht ist, wenn damit nur genügend Einfluß gewonnen werden kann. Vor Gott jedoch gilt kein Ansehen der Person. Er schaut sich nicht einmal das Bittgesuch und die Unterschrift eines Menschen an. Es ist ganz und gar eine Frage der persönlichen Eignung. Darum wollen wir das Hauptaugenmerk auf unser Leben richten und dann erst auf den Platz, den wir einnehmen wollen. Es geht nicht darum, etwas haben zu wollen, sondern einer Sache wert zu sein.

Gott hat viel Zeit, um den Rechten herauszufinden, uns aber bleibt nicht allzuviel Zeit, uns dessen würdig zu erweisen, daß wir von Gott entdeckt werden. Wir sollten uns nicht so sehr um unsere Anerkennung Sorgen machen, sondern darum, uns ihrer wert zu erweisen. Die eigentlichen Werte des Lebens sind geistlicher Art und ewig, und der wirklich fähige Mann wird eines Tages den Posten des Günstlings übernehmen.

Gott will unser Bestes; in alter Zeit wollte er die Erstlinge der Herde und die schönsten Weizengarben für sich. Und immer noch bittet er die Seinen, ihm ihre schönsten Hoffnungen und größten Begabungen zu Füßen zu legen. Den kümmerlichen Dienst, die demütige Liebe vergißt er nicht. Er will nur, daß wir ihm das Beste geben von dem, was wir haben.

Bibellese: Mt. 20,20—28.

14. Mai

Himmel und Erde werden vergehen, aber meine Worte werden nicht vergehen (Mt. 24,35).

Priscilla Howe hat das Wort Gottes einmal als das Buch beschrieben, das die Gedanken Gottes enthält, den Zustand des Menschen, den Weg zum Heil, das dunkle Schicksal und das Glück der Glaubenden zeigt. Alles, was die Bibel lehrt, ist heilig. Ihre Vorschriften sind bindend, ihre Geschichten wahr und ihre Entscheidungen unwiderruflich. Wie sollte sie deshalb jemals der Hand des Herrn entgleiten? Lies sie, um weise zu werden, glaube daran, um sicher zu sein, und wandle in den Werken, die Gott zuvor bereitet hat.

Die Bibel hat Licht, um uns zu leiten, Nahrung, uns zu versorgen und Trost, um uns froh zu machen. Sie ist die Landkarte für den Reisenden, der Stab für den Pilger, das Schwert des Kämpfers und der Freibrief des Christen. Hier wird das Paradies wiederhergestellt, der Himmel aufgeschlossen und die Pforten der Hölle enthüllt.

Ihr wichtigstes Thema ist Jesus Christus, ihre Absicht unser Heil und Wohlergehen und die Herrlichkeit Gottes ihr Endziel. Sie sollte unser Gedächtnis ausfüllen, das Herz regieren und unsere Schritte lenken. Lies sie gründlich, häufig und unter viel Gebet. Sie ist eine ergiebige Mine, ein Paradies voll Herrlichkeit, ein Strom der Freude.

Sie ist uns in unserem Leben anvertraut, wird beim Jüngsten Gericht aufgeschlagen werden, und ihre Worte werden für immer Gültigkeit haben. Sie hat höchste Verantwortlichkeit zur Folge, wird die größte Mühe lohnen, aber auch alle die verdammen, die leichtfertig mit ihrem heiligen Inhalt umgegangen sind.

Bibellese: Joh. 1,1—18.

15. Mai

Da ich den Herrn suchte, antwortete er mir und errettete mich aus aller meiner Furcht (Ps. 34,5).

Ein bekannter schottischer Evangelist erzählte einmal folgendes Erlebnis: »In meiner Jugend arbeitete ich weit entfernt von meinem Heimatort. Auf dem Heimweg mußte ich immer durch einen dichten Wald und einen breiten Hohlweg. Der Hohlweg war dafür berüchtigt, gefährliche, wilde Tiere und Räuber zu beherbergen.

Oft wurde es dunkel, noch ehe ich den Wald hinter mir hatte. Wie fürchtete ich mich immer vor der letzten Wegstrecke! Ich zitterte jedesmal vor Angst, wenn ich durch diesen Hohlweg mußte.

Eines Nachts war es besonders dunkel. Dennoch merkte ich, daß sich irgend etwas auf mich zubewegte. Sicher war es ein Räuber! Ich hörte eine laute Stimme rufen, und ihr unheimlicher, hohler Klang ließ mir das Blut in den Adern gerinnen. Ich dachte, mein letztes Stündlein sei gekommen.

Da kam ein zweiter Ruf, und diesmal konnte ich die Stimme deutlich erkennen: ›John, bist du's?‹ Es war die Stimme meines Vaters. Er hatte gewußt, wie ich mich vor dem Hohlweg und der Finsternis im Wald fürchtete und war mir entgegengegangen. Er ergriff mich bei der Hand und legte seinen Arm um meine Schultern. Das war der schönste Gang meines Lebens. Sein Erscheinen verwandelte den dunklen, unheimlichen Weg.«

Genauso macht es Gott. Durch Finsternis und Nebel hindurch hören wir seine väterliche Stimme; er kommt uns entgegen. Gerade wenn wir ihn brauchen, will er zur Stelle sein. Wenn es in unserem Leben am dunkelsten ist, hören wir die Stimme unseres himmlischen Vaters: Fürchte dich nicht! Hier ist meine Hand! Ich gehe mit dir!

Bibellese: Jes. 41,1—3.

16. Mai

Er führet mich auf rechter Straße (Ps. 23,3).

Wenn ein Reisender durch ein fremdes Land fährt, erfährt er, daß es mit einem dichten Netz von Haupt- und Nebenstraßen überzogen ist. Manche Nebenstraßen führen an den Ufern rasch dahinfließender Flüsse entlang, andere verlieren sich in dichten Wäldern, manche klettern steile Hänge bis zum Gipfel hinauf; andere durchschneiden große Ländereien und schlängeln sich durch Wiesen, Felder und niedriges Gehölz. Aber alles sind Nebenstraßen, die meisten sogar nur Privatwege. Wir dürfen sie oft gar nicht befahren, weil sie nicht für Durchreisende bestimmt sind.

Aber neben diesen kleinen Straßen und Wegen verfügt das Land auch über Hauptstraßen. Von Dorf zu Dorf und von Stadt zu Stadt verlaufen diese großen Verbindungsstraßen aus schimmerndem Sand, rotem Lehm oder grauem Asphalt. Es sind Straßen für das Volk. Sie stehen allen offen, die darauf gehen oder fahren: Arme und Reiche, Arbeitgeber und Arbeitnehmer, Geringe und Vornehme, alle dürfen diese großen Verkehrsadern eines Landes benutzen.

Genauso ist es im Christenleben. Manche sagen: »Gott hat mir noch nie gezeigt, welchen besonderen Plan er für mein persönliches Leben hat. Ich konnte noch keinen Weg entdecken, den er mich führt!«

Das mag zutreffen. Vielleicht hast du noch nie den besonderen Weg Gottes für dein Leben erkannt. Aber hier geht es um eine noch wichtigere Erkenntnis. Durch die ganze Bibel hindurch, auf jeder Seite verzeichnet, verläuft *eine* große, wichtige Hauptstraße: die Hauptstraße der Hingabe. Sie ist für alle Glaubenden da. Keiner, der sich auf dieser Hauptstraße vorwärtsbewegt, braucht zu befürchten, Gottes besondere Nebenstraße für ihn zu verfehlen.

Die meisten Menschen verpassen nur deshalb die besondere Berufung Gottes für ihr persönliches Leben, weil sie dem allgemeinen und umfassenden Ruf Gottes an alle Glaubenden nicht gefolgt sind, auf die Straße der Hingabe zu treten und ihr ganzes Leben Gott zu überlassen. »Will jemand seinen Willen tun, der wird innewerden, ob diese Lehre von Gott sei.« Das ist eine klare und sichere Verheißung für das Gotteskind, das seinen eigenen Willen dem Willen Gottes beugt und sich von ihm führen läßt.

Bibellese: Ps. 23.

17. Mai

Lehre uns unsre Tage richtig zählen, daß wir ein weises Herz erlangen! (Ps. 90,12).

Wir müssen jeden Tag mit allem, was er bringt, aus der Hand Gottes nehmen. Gerade bei dem Schweren und Unliebsamen, das uns begegnet, erkennen wir unsere Haltung Gott gegenüber.

Es heißt, die Welt habe ein scharfes Auge für alles Widersprüchliche in unserem alltäglichen Wandel. Die Welt hat ein adlerscharfes Auge; aber der Adler blinzelt vor der Sonne, und die flammende Iris seines Auges zieht sich vor ihrer makellosen Reinheit beschämt zusammen. Laß dein Glaubenslicht täglich so vor den Leuten leuchten, daß andere tief beeindruckt von der Echtheit deines Lebens mit Gott und, erschrocken vor der Festigkeit deines Glaubens, fragend zu dir kommen und zugeben müssen, daß du mit diesem Jesus von Nazareth gewandelt bist.

Jeder Tag ist ein Leben im Kleinen. Unser ganzes Leben ist nur ein Tag, der noch einmal kurz an unserem Auge vorüberzieht. Darum zählt der alte Jakob sein Leben nach Tagen, und Mose verlangt danach, in dieser heiligen Rechenkunst unterwiesen zu werden, nicht seine Jahre, sondern seine Tage zu zählen. Darum sind diejenigen, die auch nur einen Tag zu verlieren wagen, gefährlich verschwenderisch; und die, welche einen Tag vertun, aufs äußerste gefährdet.

Bibellese: Ps. 90.

18. Mai

Jede gute Gabe und jedes vollkommene Geschenk kommt von oben herab (Jak. 1,17).

Jede gute Gabe Gottes ist auch eine vollkommene Gabe, eine Gabe ohne Fehler, vollständig, in jeder Beziehung einwandfrei und ohne »Nebenwirkungen«.

Sehen wir uns diese Worte genauer an! »Jede gute Gabe und jedes vollkommene Geschenk kommt von oben herab, von dem Vater der Lichter, bei welchem keine Veränderung ist, noch ein Schatten infolge von Wechsel.« Sind das nicht wunderbare Worte? Der Schreiber des Jakobusbriefes hätte ein Student der Astronomie in unserer Zeit sein können. Das Wort »Veränderung« heißt in der Sprache der Astronomie »Parallaxe« und bedeutet den Unterschied, der sich aus verschiedenen Standpunkten ergibt. »Aber das ist es ja gerade!« wirst du einwenden. »Gott ist jetzt so anders zu mir. Sieh einmal, wie er mich früher behandelt hat, wie ich so glücklich war in meiner Jugend, wie alles in Knospen und Blüten stand! Und jetzt? Meine üppigen Zweige abgeschnitten, meine Blütenfülle dahin, und die Wunden meiner abgeschnittenen Zweige bluten von seinem Messer!«

Lieber Bruder, liebe Schwester, jede Gabe Gottes ist eine vollkommene Gabe. Pflug, Egge und Winzermesser sind genauso seine Gaben wie Sonne und Regen. Trauben sind besser als nur üppiger Blattwuchs und Gewirr von Ranken. Denn das wäre alles, was zu sehen wäre, wenn er nicht sein Messer gebrauchen würde. Die Möglichkeit, innerlich zu wachsen und Frucht zu bringen, ist alle Kosten wert; und da Gott unaufhörlich dieses Ziel verfolgt, einen von ihm geprägten Charakter aus dir zu machen, so ist auch die schwere Führung oder Anfechtung, die dazu beiträgt, ebenso ein Werkzeug seiner unbeirrbaren Heilsabsicht wie die Gabe, über die du dich von Herzen freuen kannst.

Der Schatten, der über dein Leben gekommen ist, rührt nicht daher, daß Gott sich abgewandt hat, sondern daß du dich abgewandt hast. Gott hat seine liebende Absicht dir gegenüber nie geändert, und es fällt nie ein Schatten auf dich, weil er sein Angesicht vor dir verborgen hätte.

Eines Tages wird das Gold für den Schmelztiegel dankbar sein, der Stahl für den glühenden Hochofen und die purpurnen Trauben für das Messer des Winzers.

Bibellese: Jak. 1,13—18.

19. Mai

Es kommt der Fürst dieser Welt, und in mir hat er nichts (Joh. 14,30).

Angenommen, ich besitze 10 000 Ar Land. Du kommst als Käufer, und ich verkaufe dir 9 999 Ar davon, behalte aber 1 Ar für mich, das genau in der Mitte deiner großen Fläche liegt. Ich habe das Recht, über dein Grundstück zu gehen, wenn ich zu meinem Land will; du darfst mich nicht daran hindern.

Wenn du dich nun Gott übergibst und behältst nur einen kleinen Teil deines Lebens zurück, um selbst »auch noch etwas Vergnügen« zu haben, dann hat Satan das Recht, das Gelände deiner guten Vorsätze zu betreten, um zu seinem Eigentum zu gelangen, und du kannst ihn nicht davon abhalten. Er hat das Besitzrecht auf seiner Seite. Jesus konnte sagen: »Der Fürst dieser Welt kommt, und er hat keine Macht über mich.« Bei Jesus Christus hatte er kein Eigentumsrecht.

Jedes Gotteskind sollte dem Teufel immer wieder ins Gesicht sehen und sagen können: »Du hast keine Macht über mich — kein Fußbreit Boden gehört dir, auf dem ich dich als Herrscher anerkennen müßte — weder über meine Zunge noch über mein Temperament, noch über meinen Willen; du hast mich weder durch Habgier, noch durch Selbstsucht noch durch weltliches Trachten unter deiner Herrschaft. Ich bin ein Eigentum des Herrn. Scher dich fort, du alter Verführer und Erzbösewicht!« Bestreite ihm das Recht schon an der Grenze deines Lebens, wo er genau weiß, daß er keine Macht hat, wenn dein Leben wirklich völlig Gott gehört.

Wenn du auf Ehrgeiz, Stellung, Macht oder Einfluß und den Beifall der anderen aus bist, kannst du sicher sein, daß der Teufel noch Grund und Boden in deinem Leben hat. Aber wenn du danach trachtest, es allein Gott recht zu machen und dich nicht darum kümmerst, ob du in einer bescheidenen oder in einer hohen Stellung bist, verliert der Teufel seinen Anspruch auf dich.

Sei mit allem, was du hast und bist ein Eigentum Gottes. Davon hängt deine Heiligkeit und dein Dienst für Gott ab.
Bibellese: Joh. 14,25—31.

20. Mai

Denn Gott ist es, der in euch sowohl das Wollen als auch das Vollbringen wirkt, nach seinem Wohlgefallen (Phil. 2,13).

Es wird erzählt, daß Mendelssohn einmal nach Freiburg kam, um sich im Münster die große Orgel anzusehen. Der alte Küster verweigerte ihm die Erlaubnis, auf dem Instrument zu spielen; denn er kannte ihn nicht. Schließlich erklärte er sich widerstrebend bereit, ihn ein paar Takte spielen zu lassen. Mendelssohn nahm auf der Orgelbank Paltz, und schon brach brausend die herrlichste Musik aus dem königlichen Instrument hervor. Der Mann war sprachlos vor Staunen. Er kam heran und fragte den großen Musiker nach seinem Namen. Als er hörte, wen er vor sich hatte, stand er tief betroffen da und machte sich bittere Selbstvorwürfe. »Wie konnte ich Ihnen nur die Erlaubnis zum Spielen auf dieser Orgel verweigern!«

Jesus ist es, der unser Leben haben und darauf »spielen« möchte. Aber wir verweigern uns ihm und wollen es ihm nicht erlauben. Dabei würde er unseren Herzen eine himmlische Musik entlocken, wenn wir uns ihm nur ausliefern würden.
Bibellese: Apg. 5,1—11.

21. Mai

Berauschet euch nicht mit Wein, was eine Liederlichkeit ist, sondern werdet voll Geistes (Eph. 5,18).

Es ist sehr bedeutsam, daß wir in den Briefen des Neuen Testaments, die uns die tiefsten Erfahrungen des Christenlebens schildern, nicht aufgefordert werden, auf den Geist zu warten, sondern »im Geist zu wandeln«, und daß uns nicht gesagt wird, den Geist zu empfangen, sondern »voll Geistes« zu werden.

Wir werden ausdrücklich davor gewarnt, den Heiligen Geist, der in uns wohnt, zu betrüben, ihm zu widerstreben und das Feuer, das der Heilige Geist in unserem Herzen entfacht hat, zu dämpfen.

Hierin liegt eine der Hauptursachen vieler Enttäuschungen und Niederlagen im Christenleben. Irgendwo und irgendwie setzen wir dem Heiligen Geist immer wieder eine Grenze, daß er uns nicht so völlig in Besitz nehmen kann, wie er es gern möchte.

Bibellese: Eph. 5,15—21.

22. Mai

Wenn jemand dürstet, der komme zu mir und trinke! (Joh. 7, 37).

Eine ungewöhnliche Geschichte finden wir im ersten Kapitel des Buches der Richter. Achsa hatte ein Stück Land von ihrem Vater Kaleb erhalten. Als sie ihren Besitz näher in Augenschein nahm, entdeckte sie zu ihrer Bestürzung, daß es dort keine Wasserbrunnen gab; das Land war eine kahle und dürre Wüste.

Achsa sandte ihrem Vater Botschaft, daß sie ihn zu sprechen wünsche. Er rief sie zu sich und begrüßte sie mit der Frage: »Was willst du, meine Tochter?« Ihre Antwort war klar und bestimmt: »Du hast mir ein im Süden gelegenes Land gegeben, gib mir auch Wasserquellen!« Ihre Bitte wurde augenblicklich gewährt. Kaleb gab ihr die oberen und unteren Quellen. Diese großzügige Gabe übertraf ihre kühnsten Erwartungen. Jetzt würde das Land überaus fruchtbar werden.

Achsa hätte sich auch mit einem dürren, kahlen Land zufriedengeben können, aber wieviel besser war es für sie, daß sie im Glauben sprechen konnte: »Gib mir einen Segen!«

Für den Geist Gottes könnte kein einfacheres und sprechenderes Bild gefunden werden als das von der Quelle, einer sprudelnden

Quelle, die niemals austrocknet, nie trübe wird. Gespeist von den verborgenen Wasseradern der Tiefe, strömt die Quelle fort und fort. Sie ruht nicht in der Tiefe, sondern sprudelt und fließt hinaus ins Land. »Alle meine Quellen sind in dir« (Ps. 87,7), sagt David.

Die Seele, welche ihre Quelle in Gott gefunden hat, weiß, daß dieser unerschöpfliche Vorrat nie zu Ende geht oder sich wandelt. Wir brauchen beides, die oberen und die unteren Quellen. Das Bedürfnis für Gottes Geist ist in allen Bereichen des Lebens das gleiche. *Bibellese:* Ri. 1,11—15.

23. Mai

Vollkommen ist sein Tun; ja alle seine Wege sind gerecht (5. Mo. 32,4).

In der Wüste stand ein Dornstrauch. Er blickte sich in seiner Umgebung um und seufzte. Konnte es überhaupt etwas Unglücklicheres geben als ihn? Über ihm ein eherner Himmel, von dem herab die Sonne ihre glühenden Pfeile sandte; um ihn herum die vor Hitze flimmernde Luft und unter ihm die Wüste. Hier der nackte, kahle Fels am Boden, dort der Sand der Wüste ohne einen grünen Halm. Hier kämpfte ein kümmerlicher Strauch um sein Dasein und dort drüben ein kleiner Fleck kärglicher Wüstengräser. »Ach, stünde ich doch in des Königs Garten!« seufzte der Strauch, »von dem ich die Reisenden habe erzählen hören, um den man sich kümmert und der gepflegt wird, dann gäbe es noch eine Hoffnung für mich. Oder wenn ich wirklich etwas wert wäre, behangen mit köstlichen Früchten wie der Feigenbaum oder die Weinstöcke, die bei den Hütten der Menschen wachsen und die Menschenkinder erfreuen! Oder wenn ich der stattlichen Libanonzeder gleich wäre oder der Eiche oder Esche, wenn aus meinem Saft ein Heilmittel für die Menschheit zu gewinnen wäre! Oder könnte ich doch wie das goldene Korn das Jahr mit Glück und Freude krönen! Aber ich bin ja nur ein Dornstrauch, in dessen Zweigen nicht einmal ein Vogel sein Nest bauen kann!«

Aber siehe da! Eines Tages begab es sich, daß Mose seine Schafe über die Wüste hinaustrieb und der Dornbusch mit einem himmlischen Feuer brannte, das ihn doch nicht verzehrte. Und Gott selbst wohnte in dem Busch, von hier aus erging der Ruf an Mose, Israel in die Freiheit zu führen. Durch diese Vision und die Botschaft, die von dem brennenden Busch aus erging, ist ein helles Licht und ein besonderer Segen Gottes auf die Menschen aller Zeiten gekommen.

Bibellese: Phil. 4,10—13.

24. Mai

So soll euer Licht leuchten vor den Leuten (Mt. 5,16).

Bevor Alexander McKay mit sieben anderen Missionaren nach Uganda ausreiste, fand in den Räumen der Missionsgesellschaft in London eine Abschiedsversammlung statt. »Eines habe ich noch nicht gesagt, liebe Brüder«, sagte McKay, »was ich jetzt gern aussprechen möchte. Ich weise das Komitee darauf hin, daß innerhalb des nächsten halben Jahres wahrscheinlich einer von uns nicht mehr am Leben sein wird.« Er machte eine Pause; im Raum herrschte feierliche Stille. Dann fuhr er fort: »Ja, ist es überhaupt denkbar, daß acht Engländer nach Zentralafrika ausreisen und nach sechs Monaten noch alle am Leben sind? Mindestens einer von uns — vielleicht bin ich's selbst — wird mit Sicherheit vorher sterben. Ich will damit sagen: Wenn diese Nachricht bei Ihnen eintrifft, seien Sie nicht traurig, sondern schicken Sie gleich einen anderen Missionar an seiner Stelle hinaus, der den leergewordenen Platz ausfüllt.«

»Ich möchte mich gern für meinen Gott im Feuer verzehren«, rief Henry Martyn, der große englische Pionier-Missionar (1781—1812). Wie eine lodernde Fackel stürzte er sich in die Finsternis Indiens, Persiens und der Türkei. Der Feuerbrand, der aus der Glut herausgenommen wurde, war bald verglüht. Aber was macht das schon? An seiner Glut und Flamme haben sich tausend andere Fakkeln entzündet.

O du ewiges, klares Licht! Wir möchten gern Lichtträger sein! Hilf uns, unsere Fackeln an dir zu entzünden und sie immer brennend zu erhalten. Bewahre uns vor der Vermessenheit, unser Licht anderen gewaltsam aufzwingen zu wollen, sondern laß uns ihnen den Weg zu dir hin erleuchten!

Bibellese: Mt. 10,26—33.

25. Mai

Bringt eure Sache her, spricht der Herr (Jes. 41,21).

In Kanada lebte eine irische Christin, die man nur die »heilige Anna« nannte. Sie erreichte das gesegnete Alter von 100 Jahren. Als junges Mädchen arbeitete sie in einer Familie für sehr geringen Lohn unter einem äußerst grausamen Hausherrn und seiner Frau. Sie mußte das Wasser aus anderthalb Kilometer Entfernung einen steilen Berghang hinaufschleppen. Man hatte zwar früher einen Brunnen gegraben, aber dieser war völlig ausgetrocknet, stand jedoch immer noch da.

Eines Nachts war Anna sehr müde von ihrer sauren Arbeit. Sie fiel auf die Knie und schrie zu Gott. Immer noch kniend, las sie die folgenden Verse: »Es werden Wasser in der Wüste entspringen und Ströme in der Einöde. Die trügerische Wasserspiegelung wird zum Teich und das dürre Land zu Wasserquellen« (Jes. 35,6—7).

Diese Worte trafen Anna tief ins Herz, und sie brachte ihre notvolle Sache vor den Herrn. Sie sagte ihm, wie nötig sie das Wasser brauche und wie schwer es ihr jedesmal fiele, das Wasser den steilen Hang hinaufzuschleppen. Dann legte sie sich getröstet nieder und schlief ein. Sie hatte ihre Sache ja vor den Herrn gebracht.

Sehr früh am nächsten Morgen sah man sie mit einem Kübel zu dem alten Brunnen gehen. Jemand fragte sie erstaunt, wo sie hin-

wolle. »Wasser aus dem Brunnen schöpfen«, gab sie zur Antwort. »Aber der hat doch gar kein Wasser!« wandte der Mann ein. Dennoch ließ sich Anna nicht aufhalten. Sie wußte, an wen sie glaubte und ging unbeirrt weiter! Und siehe da! Im Brunnen stand 11 m hoch klares, frisches Wasser! Wie sie später erzählte, versiegte der Brunnen seitdem nie mehr. So wunderbar kann der Herr seine Verheißungen wahrmachen! »Bringt eure Sache her«, spricht der Herr, und wir werden sehen, was er für uns tun wird, wenn wir ihm vertrauen.
Bibellese: 1. Mo. 15,1—6.

26. Mai

Ich ermahne euch nun, ihr Brüder, kraft der Barmherzigkeit Gottes, daß ihr eure Leiber darbringet als ein lebendiges, heiliges, Gott wohlgefälliges Opfer. Das sei euer vernünftiger Gottesdienst (Rö. 12,1).

Ein Indianermissionar aus dem Norden erzählte die folgende Begebenheit, die sich während eines Gottesdienstes zutrug.

Während er noch predigte, erhob sich ein alter Indianerhäuptling, ging nach vorn und legte seinen Tomahawk dem Missionar zu Füßen. »Indianerhäuptling geben sein Tomahawk Jesus Christus«, sagte er und setzte sich wieder.

Der Missionar predigte weiter über die Liebe Gottes in Jesus Christus, von dem Geschenk seines Sohnes, den er uns sandte und der nun einen heiligen Anspruch auf unser Leben geltend macht. Wieder stand der alte Häuptling auf und kam nach vorn. Er nahm die Decke von seinen Schultern und legte sie mit folgenden Worten zu den Füßen des Predigers nieder: »Indianerhäuptling geben seine Decke für Jesus Christus.« Wieder ging er an seinen Platz zurück.

Der Prediger sprach weiter über die in Jesus geoffenbarte Liebe Gottes, wie Gott den Himmel seiner kostbarsten Gabe beraubt und Jesus in die Welt gesandt habe, um uns verlorene Menschen zu erlösen und sich selbst für uns hinzugeben. Da verließ der alte Häuptling den Versammlungsraum. Bald darauf kehrte er mit seinem Pony zurück, das er vor dem Versammlungszelt festband. Wieder kam er im Zelt nach vorn. Er blickte den Missionar an und sagte: »Indianerhäuptling geben sein Pony für Jesus Christus.«

Nun hatte er alles gegeben, was er besaß.

Als jetzt der Missionar von dem Gott sprach, der seinen eigenen Sohn nicht schonte, sondern ihn für uns alle hingab, stellte er seinen Hörern dringend vor Augen, daß Jesus unser ganzes Leben haben will. Diese Botschaft drang tief in die Herzen der Indianer. Schließlich erhob sich der Alte ein letztes Mal. Mit zitternden Knien und unsicheren Schritten kam er nach vorn. Ehrfürchtig kniete er vor dem Missionar nieder, wobei ihm die Tränen über seine bronzefarbenen Wangen liefen. Mit bebenden Lippen sagte er: »Indianerhäuptling geben sich selbst Jesus Christus.«

In diesem Augenblick hatte er den ersten Schritt im Leben einer bedingungslosen Nachfolge Jesu getan. Er hatte seinen Willen völlig unter die Herrschaft seines Herrn und Erlösers gestellt.

Haben wir Jesus alles gegeben, was wir besitzen — auch uns selbst?

Bibellese: Rö. 6,18—23.

27. Mai

Das Mehlfaß soll nicht leer werden und das Öl im Kruge nicht mangeln (1. Kö. 17,14).

Was für wunderbare »Zufälle« hält Gottes treue Fürsorge für uns bereit! Ohne es selbst zu wissen, wird die Witwe dazu bestimmt, den Propheten zu versorgen. Die Raben werden zum Bach Krith geleitet. »Ich habe den Raben geboten, daß sie dich daselbst versorgen.«

Unser Lebensweg ist voller Überraschungen. Wir sehen den drohenden, steilen Berg und fürchten uns vor ihm; wenn wir ihn jedoch erreicht haben, sprudelt dort eine erfrischende Quelle! Der Herr des Weges war dem Pilger vorangegangen. »Ich will dich unterweisen und dir den Weg zeigen, den du wandeln sollst« (Ps. 32,8).

Wie seltsam mutet es uns an, daß der Witwe, die nur eine Handvoll Mehl besaß, von Gott geboten wurde, ihre Gastfreundschaft an Elia zu erweisen! Wieder einmal etwas »Unmögliches«. Es wäre etwas Alltägliches gewesen, den Propheten aus der übervollen Speisekammer im Palast eines reichen Mannes zu versorgen. Aber aus einem fast leeren Vorratsschrank noch etwas hervorzuholen! So überrascht uns unser Herr! Es bereitet ihm anscheinend Freude, große Gewichte an offenbar sehr dünne, schwache Drähte zu hängen, aus scheinbaren Kleinigkeiten große Ereignisse abzuleiten und die Armut zum Handlanger des »unaussprechlichen Reichtums Christi« zu machen.

Die arme Witwe opferte ihre »Handvoll Mehl« und erhielt dafür einen nie versiegenden Vorrat. Auch das ist die Art unseres Herrn. Laßt uns erkennen, daß er auch an uns so handeln möchte!

Bibellese: 1. Kö. 17,10—16.

28. Mai

Wir reden, was wir wissen, und wir bezeugen, was wir gesehen haben (Joh. 3,11).

Laßt mich erzählen, wie ich Jesus kennenlernte. Ich hatte schon viel von ihm gehört, achtete aber nicht weiter darauf. Täglich schickte er mir Gaben und Geschenke, aber ich dankte ihm nie dafür. Oft schien er meine Freundschaft gewinnen zu wollen, doch ich zeigte ihm jedesmal die kalte Schulter. Ich war heimatlos, elend, dem Verhungern nahe, stündlich in Gefahr; er bot mir Schutz, Trost, Nahrung und Geborgenheit — aber ich dankte es ihm immer noch nicht. Schließlich kreuzte er meinen Weg und bat mich mit Tränen in den Augen: »Komm doch und bleibe bei mir!«

Nun möchte ich erzählen, wie er mich jetzt behandelt. Er stillt alle meine Bedürfnisse; er gibt mir mehr, als ich je zu bitten wage. Er ahnt jede Not schon im voraus; er fordert mich auf, noch mehr zu bitten. Nie erinnert er mich an meine frühere Undankbarkeit ihm gegenüber; nie tadelt er mich für die Torheiten der Vergangenheit.

Laßt mich jetzt erzählen, wie ich heute über ihn denke. Er ist so gütig zu mir, wie er groß ist; seine Liebe ist so brennend, wie sie echt ist. Er ist in seinen Verheißungen so freigebig wie zuverlässig, sie alle zu erfüllen; so eifrig auf meine Liebe bedacht, wie er sie verdient. In allem bin ich tief in seiner Schuld; er aber gebietet mir, ihn meinen Freund zu nennen (aus einer alten Handschrift).
Bibellese: 1. Kö. 17,17—24.

29. Mai

Wir sind sein Werk, erschaffen in Christus Jesus zu guten Werken, welche Gott zuvor bereitet hat, daß wir darin wandeln sollen (Eph. 2,10).

Kennen Sie die Geschichte von dem Ingenieur, der die Brooklyn-Brücke in New York gebaut hat? Während der Bauarbeiten verletzte er sich ernstlich. Viele Monate lang durfte er das Zimmer nicht verlassen. Seine technisch begabte Frau beteiligte sich an seiner Arbeit und brachte die Pläne zu den Arbeitern. Schließlich war die mächtige Brücke fertig. Dann bat der kranke Architekt darum, sich die Brücke ansehen zu dürfen und ließ sich auf einer Bahre hintragen. Sie brachten ihn zu einer Stelle, von der aus man das prächtige Bauwerk in seiner ganzen Schönheit bewundern konnte.

Da lag nun der hilflose Mann und betrachtete staunend das Werk, das seinem Geist entsprungen war. Er sah die mächtigen Drahtseile, die massiven Pfeiler, die starken Verankerungen, die sie in der Erde festhielten. Sein prüfendes Auge wanderte über jeden Balken, jeden Träger, jedes Stahlband und jede Verstrebung; er nahm jede Einzelheit wahr. Alles war genauso ausgeführt worden, wie es ihm vorgeschwebt und wie er es in seinen Plänen und Berechnungen erdacht und zu Papier gebracht hatte. Die Freude über das gelungene Werk durchströmte warm sein Herz. Er sah, daß alles genauso geworden war, wie er es entworfen hatte. Da rief er begeistert aus: »Es ist alles genau nach Plan, alles genau nach Plan geworden!«

Eines Tages werden wir in der Herrlichkeit vor Gott stehen und ihm ins Angesicht schauen. Dann werden wir ausrufen: »O Gott, ich danke dir, daß du mich von meinem eigenwilligen, verkehrten Weg abbrachtest und mich auf deinen Weg der Liebe geleitet hast, der vollkommen ist. Ich danke dir, daß du mich immer wieder dazu führtest, mein Leben unter deine Herrschaft zu beugen. Ich danke dir, daß ich die goldenen Fäden deines großen Planes für mein Leben aufnehmen durfte, als ich Tag für Tag den schlichten Weg in deinem Dienst ging. Ich danke dir, daß mein Lebensweg, der sich wie ein winziger Pfad einen steilen Berg hinaufwindet, immer weiter ging durch Dunkel und Licht, Sturm und Schatten, Schwachheit und Tränen, Mißerfolge und Stockungen. Und du hast mich endlich an das von dir bestimmte Ziel gebracht. Und jetzt, da ich mein Leben überschaue, nicht mehr »durch einen Spiegel, in einem dunklen Wort«, sondern »von Angesicht zu Angesicht« im Glanz deiner Herrlichkeit, danke ich dir, mein Gott, daß alles genau nach deinem Plan geworden ist.«

Bibellese: Eph. 1,3—14.

30. Mai

. . . die setzte sich zu Jesu Füßen und hörte seiner Rede zu (Lk. 10,39).

Christus steht immer dann in unseren Augen am herrlichsten da, wenn man andere bedeutende Männer neben ihn stellt.

»Ich male!« ruft Raphael Santi.

»Ich baue!« rühmt sich Michelangelo.

»Ich herrsche!« ruft Cäsar.

»Ich singe!« ruft Homer.

»Ich erobere!« ruft Alexander der Große.

»Ich suche und errette und schenke erfülltes Leben!« ruft Jesus Christus.

Zu Jesu Füßen ist unser bevorzugter Ehrenplatz. Hier sollen wir für die praktischen Aufgaben und Pflichten unseres Lebens ausgebildet und zugerüstet werden.

Während wir hier auf seine Wiederkunft warten, sollen wir von ihm unsere Kraft erneuern lassen und lernen, mit Adlerflügeln aufzufahren.

Zu Jesu Füßen können wir erfüllt werden mit jenem Wissen, das wirklich Macht bedeutet. Hier lernen wir, mit Gottes Kraft echte Arbeit zu leisten. Hier finden wir Trost inmitten aller Anfechtungen, die unsere tägliche Arbeit mit sich bringt. Hier können wir mitten in unserem Dasein schon einen Vorgeschmack von den Segnungen des Himmels bekommen; denn das Sitzen zu seinen Füßen heißt, hier unten schon seine Herrlichkeit anzuschauen.

Bibellese: Lk. 10,39—42.

31. Mai

Wer Dank opfert, der ehrt mich, und wer den Weg bahnt, dem zeige ich Gottes Heil! (Ps. 50,23).

Im Buch Josua lesen wir, wie die Mauern Jerichos fielen, nachdem sie sieben Tage lang umzogen worden waren. Gott hatte den Israeliten gesagt, daß er diese Stadt in ihre Hand gegeben habe. Der Glaube rechnete damit, daß dieses Wort Wahrheit sei.

Darum begannen sie ihren Umzug um die Mauern, wobei ihre einzige Waffe das Widderhorn war, das Instrument, das sonst den Sieg anzeigte.

Der Unglaube hätte sich in folgendem Gebet geäußert: »O Herr, laß doch die Mauern nur ein klein wenig wanken oder einige Steine herausbrechen, damit wir ein Zeichen dafür haben, daß du unser Gebet wirklich erhören wirst; dann wollen wir dich preisen.«

Die Klugheit hätte so gesprochen: »Es ist nicht gut, ein Siegesgeschrei zu erheben, bevor der Sieg wirklich errungen ist. Sonst wird der Herr vor den Leuten der Stadt entehrt und erniedrigt.«

Aber das wäre überhaupt kein Glaube gewesen. Die Israeliten handelten in der Vollmacht, die ihnen Gottes Wort gab und riefen laut im Glauben den Sieg aus, noch ehe sie ein Zeichen sahen, aus dem sie hätten Mut schöpfen können. Das übrige vollbrachte der Herr selbst. Erst nachdem wir uns ihm völlig ausgeliefert haben, wird »er es für uns vollführen« (Ps. 138,8).

Wie viele Mauern unüberwindlicher Schwierigkeiten würden umfallen, wenn wir nur einfach mit einem Lobpreis auf den Lippen um sie herumzögen! Wenn wir lobend die Mauern umziehen, hat der Herr verheißen, uns »mit Rettungsjubel zu umgeben« (Ps. 32,7).

Bibellese: Jos. 6,1—20.

1. Juni

Ein Knecht des Herrn soll milde sein (2. Tim. 2,24).

Wenn Gott uns überwindet, alle Härte aus unserer natürlichen Art wegnimmt und wir tiefe Einblicke in das Wesen Jesu tun dürfen, erkennen wir wie nie zuvor das Ausmaß der Härte und Brutalität in unserer finsteren Welt.

Sanftmut und Milde fallen uns nicht in den Schoß. Sie sind »Blütenblätter« der einen Frucht, die der Heilige Geist in den Kindern Gottes wirkt. Die Eigenschaften Jesu dürfen wir uns schenken lassen. Wir sind jedoch nur in der Lage, dieses wunderbare Geschenk anzunehmen, wenn wir unsere alte Natur durch den Heiligen Geist verändern und zerbrechen lassen. Wir müssen ein genaues Bild der

Eigenschaften Jesu bekommen und den Herrn bitten, alles wegzunehmen, was ihnen entgegensteht.

So wenige sind willig, die Leiden, aus denen diese Eigenschaften erwachsen, auf sich zu nehmen. Heiligung wird heute oft nur verstandesmäßig erfaßt. Das ist jedoch nichts anderes als religiöse Einbildung. Bei dieser Art Heiligung sagt man sich mit dem Verstand, das »Ich« werde auf den Altar gelegt, der Altar heilige die Gabe und schließt dann daraus, daß man deshalb geheiligt sei. Ein solcher Mensch kann über die tiefen göttlichen Wahrheiten nur ein oberflächliches theologisches Geschwätz führen.

»In tausend Prüfungen sind es nicht fünfhundert, die zum Guten des Gläubigen mitwirken, sondern neunhundertneunundneunzig und noch eine dazu« (Georg Müller).

Bibellese: Phil. 2,5—13.

2. Juni

Und ehe er ausgeredet hatte, siehe, da kam heraus Rebekka (1. Mo. 24,15).

Jedes echte Gebet wird beantwortet, ehe wir ausgeredet haben. Und zwar deshalb, weil Gott sich in seinem Wort verpflichtet hat, daß, was wir im Glauben und im Namen Jesu (d. h. in Übereinstimmung mit ihm und seinem Willen) erbitten, geschehen wird.

Weil Gottes Wort nicht lügen kann, ist, sooft wir diese einfachen Bedingungen in unserem Gebet erfüllen, die Antwort schon gewährt und im Himmel vollendet, während wir noch beten, obwohl die Erhörung auf Erden vielleicht erst viel später sichtbar wird.

Deshalb ist es gut, jedes Gebet damit abzuschließen, Gott für die Erhörung zu danken, die er, »der seine Barmherzigkeit und seine Treue nicht weichen läßt«, gewährt hat.

Wenn wir im Glauben um einen besonderen Segen bitten, müssen wir die Haltung des Glaubens einnehmen und anfangen, zu handeln und zu beten, als ob wir den Segen bereits bekommen hätten. Wir müssen Gott so behandeln, als hätte er uns unsere Bitte bereits gewährt. Wir müssen uns in dem, was wir erbeten haben, mit unserem ganzen Gewicht auf ihn stützen und es für selbstverständlich halten, daß er es gibt und weiterhin geben wird. Das ist die Haltung echten Vertrauens.

Wenn eine Frau geheiratet hat, nimmt sie sofort eine andere Stellung ein als zuvor und handelt entsprechend dieser Tatsache. Und wenn wir Jesus als unseren Heiland und Erlöser angenommen haben, als den, der uns rettet, heiligt, heilt und befreit, erwartet er von uns, daß wir auch die entsprechende Haltung einnehmen, das heißt, daß wir von ihm erwarten, alles das für uns zu sein, worin wir ihm vertraut haben.

Bibellese: Ps. 66,16—20.

3. Juni

Soll ich den Kelch nicht trinken, den mir der Vater gegeben hat? (Joh. 18,11).

Gott gibt sich tausendmal mehr Mühe mit uns als ein Künstler mit seinem Bild. Er gebraucht viele Striche des Leids und viele Farben der Umstände, um uns in die Form zu bringen, die in seinen Augen die höchste und edelste ist. Wenn wir nur das Leid, das er uns schickt, in der rechten Gesinnung annehmen wollten!

Wenn wir uns wehren, den Kelch, den Gott uns reicht, zu nehmen, wird der Seele nicht wiedergutzumachender Schaden zugefügt. Kein Menschenherz kann sich ausdenken, in welch unüberbietbarer Liebe Gott uns den Kelch des Leids reicht. Doch das, was wir zum Besten unserer Seele annehmen sollten, lassen wir in unserer Schläfrigkeit und Gleichgültigkeit vorübergehen, so daß keine Frucht entsteht.

Dann kommen wir und klagen: »Ach Herr, ich bin so ausgedörrt, und in mir ist alles dunkel!« Ich sage dir, sperre dich nicht gegen

Leid und Schmerz, so wird Gott dir mehr Gutes tun, als wenn du voll Gefühl und Frömmigkeit wärest (Joh. Tauler).
Bibellese: Joh. 18,10—11.

4. Juni

Der Herr, dein Gott, ist in deiner Mitte, ein starker Heiland (Zeph. 3,17).

Durch diesen Text wurde mir vor 25 Jahren zum erstenmal die Wahrheit göttlicher Heilung wie vom Blitz erleuchtet vor die Seele und meinen erschöpften Leib gestellt. Diese Worte sind immer noch die Tür, heute noch weiter geöffnet als früher, durch die der lebendige Herr Augenblick um Augenblick in meinen erlösten Leib kommt. Er erfüllt ihn mit der Gegenwart und Kraft seiner eigenen Persönlichkeit und verleiht ihm Energie und Lebenskraft, so daß mein ganzes Wesen zu einer neuen Schöpfung wird.

»Der Herr, dein Gott«. Dein Gott. Mein Gott. Dann gehört mir alles, was in dem allmächtigen Gott ist, und zwar in dem Maße, als ich fähig und willig bin, ihn und alles, was ihm gehört, mir anzueignen. Dieser Gott, stark, allmächtig, ist der Gott, der in unserer Mitte ist. Er ist als Vater, Sohn und Heiliger Geist *in* mir, ebenso real wie die Sonne am Himmel oder das Herz in meiner Brust. Er ist in der Mitte, im Zentrum meines körperlichen Seins. Er ist in meinem Gehirn, in meinen Nervenzentren.

Seit Jahren ist mir dies nicht nur eine lebendige Tatsache, sondern auch eine Wirklichkeit, die immer tiefer und reicher wird, je älter ich werde. Heute fühle ich mich mit meinen siebzig Jahren in jeder Beziehung jünger und frischer als mit dreißig. Jetzt gerade bin ich in der Kraft Gottes, arbeite genau doppelt soviel wie in meinen besten Jahren, und zwar geistig und körperlich, und das alles mit weniger als der Hälfte der Energie, die ich damals brauchte. Mein körperliches, geistiges und geistliches Leben ist wie ein artesischer Brunnen — immer gefüllt, überfließend. Vorträge hal-

ten, lehren, reisen bei Tag und bei Nacht, bei jedem Wetter und plötzlichem Witterungsumschwung bedeutet füı mich keine größere Anstrengung als für das Mühlrad, das sich unter dem vollen Strom des Wassers dreht oder für das Rohr, das das Wasser durch sich hindurchfließen läßt (Dr. Henry Wilson).
Bibellese: 2. Mo. 15,22—27.

5. Juni

Wir sahen auch Riesen daselbst (4. Mo. 13,33).

Es stimmt: Die Kundschafter hatten tatsächlich Riesen in Kanaan gesehen! Aber Josua und Kaleb schauten nicht auf die Riesen, sondern auf Gott! Wer zweifelt, sagt: »Wir können nicht hinaufziehen gegen das Volk, denn es ist uns zu stark.« Wer glaubt, sagt: »Lasset uns hinaufziehen und das Land einnehmen, denn wir können es überwältigen.«

Riesen bedeuten große Schwierigkeiten, und solche »Riesen« stolzieren überall herum. Sie sind in unseren Familien, in unseren Gemeinden, in unserem gesellschaftlichen Leben und in unserem eigenen Herzen anzutreffen. Wir müssen sie überwältigen, sonst werden sie uns »auffressen«, wie die Männer in unserem Text von den Riesen Kanaans berichteten. Die Männer des Glaubens sagten: »Wir wollen sie verschlingen wie Brot.« Mit anderen Worten: Wir werden dadurch, daß wir sie überwältigen, stärker, als wenn es gar keine Riesen gegeben hätte.

Tatsache ist, daß, wenn wir keinen überwindenden Glauben haben, wir »aufgefressen« werden, überwältigt von den Riesen auf unserem Weg. Wir sollten einen solchen Geist des Glaubens haben wie Josua und Kaleb und allein auf Gott schauen. Er wird mit allen Schwierigkeiten, mit allen »Riesen« fertig.

Wir werden den Riesen auf dem Weg begegnen, den Gott uns führt. Als Israel auf dem Vormarsch war, tauchten die Riesen auf. Als sie umkehrten und in die Wüste zurückgingen, trafen sie keine.
Bibellese: 4. Mo. 13,1—33.

6. Juni

Kämpfe den guten Kampf des Glaubens (1. Tim. 6,12).

Man kann unter Christen oft der Meinung begegnen, die Macht Gottes in unserem Leben müßte uns über alle Prüfungen und Kämpfe emporheben. Tatsache ist jedoch, daß Gott immer in den Kampf führt. Man hätte doch annehmen können, daß Paulus auf seiner großen Missionsreise nach Rom durch die mächtige Hand Gottes vor der Gewalt des Sturmes, des Unwetters und der Feinde bewahrt geblieben wäre. Das Gegenteil war der Fall! Die Reise war ein einziger, harter Kampf mit den Juden, die ihn verfolgten, mit den Stürmen des Meeres, mit giftigen Schlangen und der ganzen Macht der Hölle. Schließlich kam er um Haaresbreite davon und mußte in Malta auf einem Wrackteil des Schiffes an Land schwimmen.

Sieht das nach einem Gott aus, der allmächtig ist? Ja, genau. Paulus erzählt uns, daß, als er Jesus Christus als Herrn über Leib und Leben angenommen hatte, sofort ein schwerer Kampf ausbrach. Es wurde in der Tat ein ununterbrochener Kampf, ein ständiger Druck. Aber durch die Kraft Jesu Christi ging er stets siegreich daraus hervor.

Bibellese: Apg. 27.

7. Juni

Wir werden allenthalben bedrängt, aber nicht erdrückt; wir kommen in Verlegenheit, aber nicht in Verzweiflung (2. Kor. 4,8).

Die Sprache, in der Paulus den Kampf des Glaubens beschreibt, ist sehr anschaulich: »Wir werden verfolgt, aber nicht verlassen; wir werden niedergeworfen, aber wir kommen nicht um; wir tragen allezeit das Sterben Jesu am Leibe herum, damit auch das Leben Jesu an unsrem Leibe offenbar werde« (2. Kor. 4,9—10).

Also ein ständiger Kampf! Es ist unmöglich, im Deutschen die eindrucksvolle Sprache des Urtextes wiederzugeben. Es werden nacheinander fünf Bilder gebraucht.

Das erste Bild zeigt Feinde, die von allen Seiten einstürmen und ihn, Paulus, doch nicht überwältigen, weil Gott einen Ausweg für ihn bahnt, der gerade breit genug ist, um durchschlüpfen zu können. Die wörtliche Übersetzung wäre: »Wir werden von allen Seiten eingeengt, aber nicht zu Boden geworfen.«

Das zweite Bild zeigt jemand, dessen Weg völlig versperrt ist und der sich doch durchgezwängt hat. Es ist gerade hell genug, um den nächsten Schritt zu erkennen.

Das dritte Bild zeigt einen Feind in wilder Verfolgung; der göttliche Verteidiger aber steht dem Angeklagten bei und läßt ihn nicht allein.

Das vierte Bild ist noch lebendiger und dramatischer. Der Feind hat ihn schließlich überwältigt, geschlagen und zu Boden geworfen. Dennoch ist es kein tödlicher Schlag, er kann wieder aufstehen. Man könnte es so übersetzen: »Geschlagen, aber nicht besiegt.«

Das Bild wird noch weiter entrollt. Jetzt scheint der Tod selbst aufzutauchen. »Immer das Sterben Jesu an unserem Leibe tragend.« Aber er stirbt nicht, denn »auch das Leben Jesu« kommt ihm jetzt zu Hilfe, und er lebt durch das Leben eines anderen, bis seine Lebensaufgabe erfüllt ist.

Bibellese: 2. Kor. 4.

8. Juni

Weil du solches getan und deines einzigen Sohnes nicht verschont hast, will ich dich gewiß segnen (1. Mo. 22,16).

Von jenem Tag an bis heute haben Menschen gelernt, daß, wenn sie auf Gottes Geheiß ihm das Liebste opferten, er ihnen dieses Opfer tausendfach erstattete. Abraham gab auf Gottes Befehl seinen einzigen Sohn dahin. Damit entschwanden alle seine Hoffnungen für das Leben des Jungen und für eine Familie, die seinen Namen tragen würde. Aber Isaak wurde ihm wiedergegeben, und seine Nachkommen wurden so zahlreich wie die Sterne und der Sand am Meer. Und als die Zeit erfüllt war, kam Jesus Christus aus diesem Volk.

Genauso handelt Gott mit jedem echten Opfer seiner Kinder. Wir geben alles hin und wählen die Armut, aber er sendet Reichtum. Wir verzichten auf ein reiches Arbeitsfeld, und er führt uns auf ein reicheres, als wir je zu träumen gewagt hätten. Wir geben alle unsere Hoffnungen auf und sterben unserem Eigenleben, und er schenkt uns das überfließende Leben voller Freude.

Die Krone all dessen ist unser Herr Jesus Christus. Wir können niemals die Fülle des Lebens, das in Christus ist, erkennen, solange wir nicht wie Abraham unser Liebstes geopfert haben. Der irdische Gründer der Familie Christi mußte den Anfang machen, indem er sich selbst und seinen einzigen Sohn opferte, genauso wie es der himmlische Gründer dieser Familie tat. Und wir können auf keiner anderen Grundlage Glieder dieser Familie mit allen ihren Vorrechten und Freuden sein.

Denke nicht, die Erfahrung Abrahams sei einmalig und einzig gewesen. Sie ist nur ein Muster dafür, wie Gott mit allen Menschen umgeht, die bereit sind, ihm zu gehorchen, koste es, was es wolle. Wenn du geduldig ausgeharrt hast, wirst du die Verheißung empfangen. Der Augenblick des größten Opfers wird der Augenblick größten und herrlichsten Segens.

Es gibt nichts, das Gott nicht für einen Menschen tun würde, der es wagt, auf sein Wort hin in die Ungewißheit hinauszugehen. Wenn er dann den ersten Schritt tut und den Fuß aufsetzt, findet er einen Felsen unter sich.

Bibellese: Lk. 18,18—30; 2. Kor. 12,15.

9. Juni

Ich gedachte meines Saitenspiels des Nachts (Ps. 77,6).

Auf einer Reise durch den Balkan hörte ich zum erstenmal, daß die Hauptproduktion des Rosenöls aus den Balkanbergen kommt. Und was mich am meisten interessierte, war, daß die Rosen in den dunkelsten Stunden der Nacht gepflückt werden müssen. Um ein Uhr in der Nacht gehen die Männer und Frauen an die Arbeit und pflükken die Rosen, und um 2 Uhr gehen sie wieder nach Hause. Zuerst schien mir das ein Rest von Aberglauben zu sein. Als ich jedoch dem Geheimnis auf den Grund ging, hörte ich, daß volle 40 Prozent des Rosenduftes mit Anbruch des Tages verschwinden.

Genauso ist es in der Tat mehr als zweifelhaft, ob ein Mensch wirklich die Liebe Gottes in ihrem ganzen Reichtum und ihrer ganzen Fülle erfahren kann, solange der Himmel in seinem Leben nicht schwarz und verhangen ist. Licht kommt aus der Dunkelheit, der Morgen aus dem Schoß der Nacht.

Viele Menschen lernen erst zu singen, wenn die dunklen Schatten hereinbrechen. Die berühmte Nachtigall jubiliert, auch wenn ein Dorn in ihrer Brust steckt. Und es war in der Nacht, als sich über Bethlehems Hirtenfeld der Himmel öffnete und Engel die Freudenbotschaft brachten.
Bibellese: Ps. 77.

10. Juni

Vertraue auf ihn, so wird er handeln (Ps. 37,5).

Die wörtliche Übersetzung dieses Verses, den Luther mit »Befiehl dem Herrn deine Wege und hoffe auf ihn, er wird's wohl machen« übersetzt, lautet im Urtext: »Wälze auf den Herrn deinen Weg, vertraue auf ihn: Er wird handeln.«

Dieses Wort macht uns darauf aufmerksam, daß Gott sofort handelt, wenn wir uns und unsere Lasten wirklich ihm überlassen, wenn wir sie loslassen und auf ihn wälzen, wie immer diese Last auch aussehen mag, ob es ein Weg des Schmerzes ist, eine besondere Schwierigkeit, körperliche Not oder die Sorge um die Errettung eines geliebten Menschen.

»Er wird handeln.« Wann? Sofort. Wir stehen leicht in der Gefahr, unser Vertrauen, daß der Herr handeln wird, auf die lange Bank zu schieben.

Wenn wir vom Herrn etwas erwarten, hat der Heilige Geist die Möglichkeit, gerade das zu tun, was wir auf ihn gewälzt haben. Es ist uns aus den Händen genommen. Wir versuchen auch gar nicht mehr, es selbst tun zu wollen. »Er handelt.«

Wir wollen daraus Trost schöpfen und die Last nicht mehr anfassen. Welche Erleichterung bringt das! Er handelt wirklich in unserer Not.

Jemand mag jedoch sagen: »Ich sehe nichts davon.« Das tut nichts. »Er handelt«, wenn du deine Sorgen auf ihn gewälzt hast und jetzt auf Jesus schaust, daß er es tun möge. Der Glaube mag geprüft werden, aber »er handelt«. Das Wort ist gewiß!

Bibellese: Ps. 37,1—9.

11. Juni

Deine Ohren werden hören das Wort, das hinter dir her also spricht: »Dies ist der Weg, denselben geht«, wenn ihr zur Rechten oder zur Linken abbiegen wollt (Jes. 30,21).

Wenn wir in Zweifel oder in Schwierigkeiten sind, wenn viele Stimmen auf uns eindringen und uns in diese oder jene Richtung weisen wollen, wenn der Verstand uns einen anderen Rat gibt als der Glaube, dann wollen wir still werden, jeden Eindringling zum Schweigen bringen und uns selbst in die heilige Stille der Gegenwart Gottes begeben. Wir wollen sein Wort in der Haltung gesammelter Aufmerksamkeit studieren, uns in das helle Licht seines Angesichts stellen, eifrig darauf bedacht, nur das zu erfahren, was Gott, der Herr, uns sagen wird — dann werden wir bald einen sehr deutlichen Eindruck bekommen von dem, was Gottes Absicht mit uns ist.

In der ersten Zeit unseres Glaubenslebens ist es nicht klug, uns allein darauf zu verlassen, sondern auf die Bestätigung durch die Umstände zu warten. Diejenigen aber, die viel Erfahrung im Umgang mit Gott haben, wissen den Wert der Gemeinschaft mit ihm zu schätzen, um dadurch seinen Willen zu erkennen.

Bist du im Zweifel wegen des Weges, den du gehen sollst? Geh mit deiner Frage zu Gott. Geh nur in die Stille, dorthin, wo die Lichter und Schatten der Welt dich nicht ablenken können, wo dich menschliche Meinungen nicht erreichen können. Wenn du es wagst, dort still und vertrauensvoll zu warten, obwohl alles um dich herum auf sofortige Entscheidung oder Handlung drängt — dann wirst du den Willen Gottes klar erkennen und eine neue Vorstellung von Gott bekommen, eine tiefere Einsicht in seine Natur und sein Herz voller Liebe, das dir gehören soll — eine wunderbare Erfahrung, die dir niemand und nichts rauben kann, der reiche Lohn einer langen Wartezeit.
Bibellese: Ps. 25.

12. Juni

Und Sarah empfing und gebar dem Abraham einen Sohn in seinem Alter, zur bestimmten Zeit, wie ihm Gott versprochen hatte (1. Mo. 21,2).

Wenn Gott Abraham bereits in Haran gesagt hätte, er müsse 30 Jahre warten, bis er das versprochene Kind an sein Herz drücken dürfe, wäre ihm wahrscheinlich der Mut entfallen. So war ihm durch Gottes gnädige Liebe die Zeit des ermüdenden Wartens verborgen. Erst als diese Wartezeit beinahe vorüber war und Abraham nur noch ein paar Monate warten sollte, sagte ihm Gott, daß Sarah im künftigen Jahr einen Sohn haben solle (1. Mo. 18,14).

Schließlich kam die von Gott festgesetzte Zeit. Dann ließ frohes Kinderlachen im Zelt des Patriarchen das alte Elternpaar die lange und ermüdende Wartezeit vergessen.

Fasse Mut, der du wartest! Du wartest auf einen, der dich nicht enttäuschen kann und der keine fünf Minuten zu spät kommen wird.

Wenn Gott dich lachen läßt, dann werden Kummer und Seufzen für immer entfliehen wie die Nacht vor der Morgendämmerung.

Unsere Aufgabe als Passagiere ist es nicht, uns mit Karte und Kompaß abzugeben. Das dürfen wir getrost dem besten Piloten überlassen.

Es gibt Dinge, die nicht an einem Tag erledigt werden können. Gott schafft einen herrlichen Sonnenuntergang nicht in einem Augenblick, sondern türmt vielleicht schon Tage vorher den Dunst auf, aus dem er seine prachtvollen Wolkenpaläste im Westen aufbaut.

Bibellese: 1. Mo. 21,1—8.

13. Juni

... gebet euch selbst Gott hin, als solche, die aus Toten lebendig geworden sind (Rö. 6,13).

Ich besuchte eines Abends eine Versammlung, in der über Hingabe gesprochen wurde. Ich wurde nicht besonders davon getroffen, aber als der Redner zum Gebet niederkniete, sagte er u. a.: »O Herr, wir danken dir, daß wir dem vertrauen können, der für uns gestorben ist.« Das war die Botschaft für mich. Ich stand auf und ging die Straße hinab zum Bahnhof. Unterwegs dachte ich über all das nach, was Hingabe für mich, in meinem Leben, bedeuten würde — und ich fürchtete mich. Dann aber kam mir mitten im Straßenlärm das Wort in den Sinn: »Du kannst dem vertrauen, der für dich gestorben ist.«

Ich stieg in den Zug, um nach Hause zu fahren. Während der Fahrt dachte ich an die Opfer, die ich bringen müßte, an das, was sich in meinem Leben ändern müßte, an die Enttäuschungen, die eine solche Hingabe vielleicht mit sich bringen würde, und — ich fürchtete mich.

Zu Hause angekommen, ging ich in mein Zimmer, und da, während ich auf den Knien lag, sah ich mein bisheriges Leben in einem ganz neuen Licht. Ich war ein Christ, ja sogar Ältester in der Gemeinde und Sonntagsschulleiter, aber ich hatte nie mein ganzes Leben bewußt Gott ausgeliefert.

Doch als ich an meine Lieblingspläne dachte, die vielleicht vereitelt würden, an die Hoffnungen, die ich begraben müßte, an den erwählten Beruf, den ich vielleicht aufgeben müßte — da fürchtete ich mich.

Ich sah nicht, daß Gott etwas viel Besseres für mich bereit hatte, weil meine Seele so zurückschreckte. Aber dann durchfuhr es mich zum letztenmal mit überzeugender Kraft, und ich wurde in meinem innersten Herzen von der Botschaft getroffen: »Mein Kind, du kannst dem vertrauen, der für dich gestorben ist. Wenn du ihm nicht vertrauen kannst, wem dann?«

Damit war die Sache für mich erledigt, denn blitzartig erkannte ich, daß ich Jesus Christus absolut in allem, was mein Leben betraf, vertrauen konnte, weil er mich so liebt, daß er sein Leben für mich gab.

Freund, du kannst dem vertrauen, der für dich starb. Du kannst ihm vertrauen, daß er nur solche Pläne vereiteln wird, die nicht gut für dich sind, und daß er jeden zur Ausführung bringen wird, der zur Ehre Gottes und zu deinem Besten dienen wird. Du kannst ihm vertrauen, daß er dich auf den Weg führen wird, der der allerbeste für dich ist.

Bibellese: 2. Kor. 5,14—17.

14. Juni

Kommt zum Brunnen! Singt von ihm! (4. Mo. 21,17).

Das war ein seltsames Lied und ein seltsamer Brunnen! Das Volk Israel war durch die trostlose Sandwüste gezogen. Kein Wasser war in Sicht; sie waren am Verdursten. Da sprach Gott zu Mose: »Versammle das Volk, so will ich ihnen Wasser geben.« Und so geschah es. Sie setzten sich in Gruppen auf den Sand. Sie nahmen ihre Stäbe und gruben tief in die heiße Erde, und indem sie gruben, sangen sie: »Kommt zum Brunnen! Singt von ihm!« Und siehe da, ein gurgelnder Laut war zu hören, Wasser schoß hervor, füllte den Brunnen und floß über den Sand. Als sie diesen Brunnen in der Wüste gruben, kamen sie mit dem Strom in Berührung, der darunter floß und erreichten die Fluten, die lange nicht mehr zu sehen gewesen waren.

Wie schön ist dieses Bild, das uns von dem Segensstrom berichtet, der durch unser aller Leben fließt! Wir brauchen nur durch Glauben und Loben mit ihm in Berührung zu kommen, dann ist all unser Mangel, selbst in der trostlosesten Wüste, gestillt.

Wie hat das Volk Israel diesen Brunnen erreicht? Auf dem Sand sangen sie ihr Glaubenslied, während sie mit dem Stab der Verheißung den Brunnen gruben. Durch unser Lob werden wir Brunnen in der Wüste öffnen. Murren dagegen wird uns nur Züchtigung bringen, und selbst das Gebet wird nicht ausreichen, um die Quellen des Segens zu finden.

Nichts erfreut den Herrn so sehr wie unser Lob. Keine Glaubensprüfung ist so heilsam wie die Gnade des Danksagens. Loben wir Gott genügend? Danken wir ihm für seine Segnungen, die nicht zu zählen sind und wagen wir, ihm selbst für die Prüfungen zu danken, die doch nur verkleidete Segnungen sind? Haben wir gelernt, im voraus zu danken für die Dinge, die noch gar nicht eingetroffen sind?

Bibellese: 4. Mo. 21,10—20.

15. Juni

Bringt sie mir hierher! (Mt. 14,18).

Steckst du jetzt gerade in besonderen Problemen? Wirst du fast erdrückt von Schwierigkeiten, Prüfungen und Nöten? Das sind alles von Gott vorgesehene Gefäße, die der Heilige Geist füllen will. Wenn du ihre Bedeutung recht verstehst, werden sie zu Gelegenheiten für neue Siege und Segnungen, die du auf keine andere Art erfahren kannst.

Bring diese Gefäße zu Gott! Halte sie ihm im Glauben und im Gebet ständig vor. Sei still, laß ab von deiner rastlosen Tätigkeit, bis er anfängt zu wirken. Tu nichts, was er dich nicht tun heißt. Gib ihm eine Chance zu wirken, dann wird er es gewiß tun. Gerade die Prüfungen, die über deine Kraft zu gehen drohen und dich entmutigen wollen, werden Gottes Gelegenheiten, seine Gnade und Herrlichkeit in deinem Leben so zu offenbaren, wie du es nie erfahren hast. »Bringt alle Nöte her zu mir!«
Bibellese: Mt. 14,13—21.

16. Juni

Ich lasse dich nicht, du segnest mich denn! (1. Mo. 32,26).

Jakob erhielt den Segen nicht dadurch, daß er mit Gott kämpfte, sondern dadurch, daß er ihn nicht losließ. Seine Hüfte war verrenkt, er konnte nicht mehr kämpfen; aber er wollte Gott nicht loslassen. Unfähig zu ringen, schlang er die Arme um den Hals seines Gegners und hängte sich mit seiner ganzen Hilflosigkeit an ihn.

Wir werden in unserem Gebet so lange keinen Sieg haben, bis wir aufhören zu kämpfen, unseren Eigenwillen aufgeben und in festem Glauben die Arme um den Hals unseres Vaters schlingen.

Kann denn unsere armselige menschliche Kraft überhaupt etwas mit Gewalt der Hand des Allmächtigen entreißen? Können wir mit

Gewalt Segen von Gott erringen? Es ist niemals ein starker menschlicher Wille, der bei Gott den Sieg erlangt, sondern die Macht des Glaubens, der nicht nachgibt. Demut und Vertrauen müssen sich vereinigen und sprechen: »Nicht mein, sondern dein Wille geschehe!« Wir sind nur in dem Maß stark bei Gott, als unser Ich besiegt und in den Tod gegeben ist. Nicht durch eigenwilliges Beten, sondern durch Vertrauen können wir den Segen erlangen.
Bibellese: 1. Mo. 32,24—32.

17. Juni

... sondern auch wandeln in den Fußstapfen des Glaubens, den unser Vater Abraham hatte (Rö. 4,12).

»Mein kleiner Junge war sehr krank. Die Ärzte hatten die Hoffnung für ihn aufgegeben. Alles, was ich über das Gebet wußte, hatte ich für mein Kind eingesetzt, aber es wurde immer schlimmer. So ging es mehrere Wochen lang. Eines Tages stand ich an seinem Bettchen und sah, daß er nicht mehr lange leben würde, wenn nicht eine Wende zum Guten eintreten würde.

Ich betete: ›O Gott, ich habe jetzt viel Zeit im Gebet für mein Kind verbracht, und doch wird es nicht besser. Ich muß es jetzt dir überlassen und werde mich der Fürbitte für andere widmen. Wenn es dein Wille ist, das Kind zu dir zu nehmen, will ich ihn annehmen — ich übergebe mein Kind völlig in deine Hände.‹ Dann rief ich meine Frau und sagte ihr, was ich getan hatte. Sie weinte, aber übergab das Kind dann auch Gott. Zwei Tage später kam ein Bruder zu uns. Er hatte starken Anteil am Ergehen unseres Sohnes genommen und viel für ihn gebetet. Jetzt berichtete er: ›Gott hat mir den Glauben gegeben, daß der Junge durchkommen wird. Hast du Glauben?‹ Ich antwortete: ›Ich habe ihn Gott übergeben, aber ich will nochmals zu ihm gehen.‹ Das tat ich und entdeckte dann im Gebet, daß ich den Glauben hatte, mein Kind würde sich erholen. Von der Zeit an ging es aufwärts mit ihm. Es war das ›Festhalten der Seele‹ in meinen Gebeten, das Gott gehindert hatte einzugreifen. Wenn ich weiterhin festgehalten hätte und nicht willig gewesen wäre, ihn Gott zu überlassen, zweifle ich, ob mein Junge heute noch am Leben wäre« (Charles H. Usher).

Kind Gottes! Wenn du willst, daß Gott deine Gebete erhört, mußt du bereit sein, den Fußstapfen unseres Vaters Abraham bis zum Berg der Opferung zu folgen.

Bibellese: Hb. 11,17—19.

18. Juni

... euch aber habe ich Freunde genannt (Joh. 15,15).

Vor Jahren lebte ein alter deutscher Professor. Sein Leben war so bewundernswert, daß seine Studenten immer wieder darüber staunten. Deshalb beschlossen einige von ihnen, hinter sein Geheimnis zu kommen.

Eines Abends verbarg sich ein »Abgesandter« im Studierzimmer des Professors, wo er seine Abende zu verbringen pflegte.

Es war spät, als der Professor hereinkam. Er war sehr müde, setzte sich und las eine Stunde in der Bibel. Dann senkte er den Kopf und betete leise. Schließlich schloß er das Buch der Bücher und sagte: »Jetzt, Herr Jesus, haben wir wieder das alte Verhältnis zueinander.«

Jesus zu kennen ist das Höchste, was wir in diesem Leben erreichen können, und jeder Christ sollte mit aller Kraft danach trachten, »wieder das alte Verhältnis« zu ihm zu haben.

Die Gegenwart Jesu zu erkennen und zu erfahren ist das Ergebnis treuen Gebets und eines persönlichen, intensiven Bibelstudiums. Jesus wird dem, der den Umgang mit ihm pflegt und in seiner Gegenwart lebt, immer realer.

Bibellese: Ps. 119,89—105.

19. Juni

Ich habe alles (was ich brauche) und habe Überfluß (Phil. 4,18).

In einem meiner Gartenbücher steht ein Kapitel mit einer sehr interessanten Überschrift: »Blumen, die im Schatten wachsen«. Es handelt von den Stellen eines Gartens, auf die nie das Sonnenlicht fällt. Es werden dann Blumenarten beschrieben, die diese dunklen Ecken nicht fürchten, sondern dort ganz gut gedeihen.

Ähnlich ist es in der Welt des Geistes. Es gibt da »Blumen«, die nur wachsen, wenn die äußeren Umstände hart und streng werden. Sie wachsen im Dunkeln. Wie könnten wir uns sonst einige Erfahrungen des Apostels Paulus erklären?

Hier ist er im Gefängnis in Rom. Seine Lebensaufgabe scheint ihm aus den Händen genommen zu sein. Aber gerade in dieser Bedrängnis und Dunkelheit wachsen Blumen von seltener Schönheit. Er mag sie zuvor gesehen haben, wie sie am Wegrand wuchsen, aber noch nie so, wie sie jetzt in unvergleichlicher Kraft und Schönheit vor ihm standen. Worte der Verheißung öffneten ihre Schätze, wie er es nie zuvor erlebt hatte.

Unter diesen Schätzen waren solch herrliche Dinge wie die Gnade Jesu, die Liebe Jesu, die Freude und der Friede Jesu, und es schien, als ob sie die Dunkelheit brauchten, um ihr Geheimnis zu offenbaren und ihre innere Herrlichkeit ans Licht zu bringen. Auf jeden Fall wurde das finstere Verlies die Stätte der Offenbarung, und Paulus begann, den Reichtum seines geistlichen Erbes zu erkennen wie nie zuvor.

Bibellese: Phil. 4,1—9.

20. Juni

Seid männlich, seid stark! (1. Kor. 16,13).

Betet nicht um ein leichtes und angenehmes Leben! Betet, daß ihr stark sein könnt. Betet nicht um Aufgaben, die euren Kräften entsprechen, sondern um Kräfte, die euren Aufgaben entsprechen. Dann ist nicht euer Werk ein Wunder, sondern ihr selbst!

Ein leichtes Leben führt nicht aufwärts, sondern abwärts. Der Himmel ist über uns, und wir müssen stets zu ihm aufsehen. Es gibt Menschen, die immer solche Dinge meiden, die sie etwas kosten, die Selbstverleugnung, Selbstbeherrschung und Opfer verlangen. Aber nur auf dem Weg der Mühe und Entbehrung gelangen wir zu echter Würde. Wahre Größe erreichen wir nicht auf einem weichen Wiesenweg, sondern dadurch, daß wir ausgesandt werden, uns mit unseren Händen einen Weg zu bahnen.

Werden wir den Gipfel des Berges erreichen? Sind wir bereit, alle Schwierigkeiten und Nöte aus Gottes Hand zu nehmen und dafür zu danken?

Bibellese: Jos. 1,6—9.

21. Juni

Alle eure Sorge werfet auf ihn; denn er sorgt für euch! (1. Pt. 5,7).

Warum machst du dir so viele Sorgen? Was nützt all dein Sorgen? Du bist an Bord eines Schiffes, das du niemals steuern kannst, selbst wenn der große Kapitän dir das Steuer überlassen würde. Nicht einmal ein Segel könntest du reffen, und doch sorgst und quälst du dich, als ob du der Kapitän und Steuermann wärst. Beruhige dich, Gott ist der Herr!

Meinst du, all die Unruhe und das Durcheinander um dich herum deute darauf hin, daß Gott seinen Thron verlassen habe? Nein! Seine Rennpferde jagen ungestüm vorwärts, und sein Wagen ist der Sturm. Aber zwischen den Kiefern der Pferde liegt ein Zaum, und Gott hält den Zügel und lenkt sie, wie er will. Er ist immer noch der Herr. Glaube es! Friede sei mit dir! Fürchte dich nicht! (Spurgeon).

Ich bitte dich, gib der Verzweiflung keinen Raum! Das ist eine gefährliche Anfechtung — eine feine, nicht eine grobe Versuchung

des Teufels. Schwermut verkrampft und erschlafft das Herz und macht es unempfänglich für die Eindrücke der Gnade. Sie läßt alles größer und in einem falschen Licht erscheinen, so daß deine Lasten dir zu schwer werden. Aber Gottes Absichten mit dir und seine Methoden, diese Absichten auszuführen, sind unendlich weise (Madame Guyon).
Bibellese: Jak. 1,1—12.

22. Juni

Er [Abraham] hat gegen alle Hoffnung auf Hoffnung hin geglaubt ... Und er wurde nicht schwach im Glauben (Rö. 4,18—19).

Georg Müller wurde einmal gefragt, welches der beste Weg zu einem starken Glauben sei. »Der einzige Weg, starken Glauben zu erlernen«, erwiderte der Patriarch des Glaubens, »ist, große Prüfungen zu erdulden. Ich habe meinen Glauben dadurch erlernt, daß ich mitten in schweren Prüfungen fest blieb.« Das ist eine tiefe Wahrheit. Wenn alles andere versagt, dann heißt es glauben. Lieber Leser, du bist dir vielleicht nicht klar darüber, wie wichtig deine gegenwärtige Lage ist. Wenn du durch Trübsal gehst, hast du die beste Gelegenheit, glauben zu lernen, und wenn du es nur zuläßt, wird der Herr dich in solchen Stunden lehren, dich an ihn zu klammern wie nie zuvor. »Fürchte dich nicht, glaube nur!« Und wenn du dich doch fürchtest, schaue nach oben und sprich: »Wenn mir angst ist, vertraue ich auf dich!« (Ps. 56,4). Dann wirst du Gott danken für die Schule des Leids, denn sie wurde für dich zu einer Schule des Glaubens.

Großer Glaube muß durch große Prüfungen gehen.

Damit der Tempel Gottes errichtet werden konnte, mußte David durch große Nöte und Kämpfe gehen. Damit das Evangelium von der Gnade Gottes aus der jüdischen Tradition gelöst wurde, mußte der Apostel Paulus sein ganzes Leben lang kämpfen und leiden.
Bibellese: Rö. 4,13—25.

23. Juni

Lasset uns hinüberfahren! (Mk. 4,35).

Auch wenn wir auf Befehl Jesu vorwärtsgehen, dürfen wir nicht damit rechnen, von Stürmen verschont zu bleiben. Die Jünger in unserem obigen Text waren auf Befehl ihres Herrn losgefahren und in einen heftigen Sturm geraten. Sie waren in großer Gefahr unterzugehen, so daß sie in ihrer Not Jesus um Hilfe anriefen.

Jesus zögert vielleicht, in unserer Not zu uns zu kommen, aber er tut es nur deshalb, um unseren Glauben zu erproben und zu stärken, um unsere Gebete zu vertiefen und unser Verlangen nach Rettung zu vermehren, so daß, wenn die Rettung wirklich kommt, wir sie um so mehr zu schätzen wissen.

Jesus tadelte seine Jünger liebevoll: »Wo ist euer Glaube?« Warum habt ihr nicht mitten im Sturm den Sieg ausgerufen und dem heulenden Wind und den brausenden Wellen getrotzt?

Es ist viel leichter zu glauben, wenn die Sonne scheint, als wenn der Sturm tobt.

Wir wissen nie, wieviel echten Glauben wir haben, solange er nicht in irgendeinem heftigen Sturm erprobt wurde. Entgegen der Meinung vieler sind Stürme geradezu ein Beweis dafür, daß der Herr an Bord unseres Schiffes ist, das heißt in unserem Herzen Wohnung genommen hat.

Wenn wir jemals stark sein sollen in dem Herrn und der Macht seiner Stärke, dann wird unsere Kraft in einem Sturm erprobt werden müssen.

Jesus sagte: »Lasset uns hinüberfahren« an das andere Ufer! Er sagte nicht: Fahrt auf die Mitte des Sees, um dort unterzugehen!

Bibellese: Mk. 4,35—41.

24. Juni

Als nun Mose seine Hand über das Meer streckte, ließ der Herr dasselbe die ganze Nacht durch einen starken Ostwind ablaufen (2. Mo. 14,21).

Dieser Vers enthält einen starken Trost. Er zeigt uns, wie Gott im Dunkeln wirkt. Das eigentliche Werk Gottes für die Kinder Israel geschah nicht, als sie am Morgen feststellten, daß sie durch das Rote Meer ziehen konnten, sondern es geschah in jener »ganzen Nacht«.

So kann Gott auch in unserem Leben Großes tun, wenn alles dunkel zu sein scheint und wir nichts sehen können. Gott wirkt trotzdem. Ebenso wie er in jener »ganzen Nacht« wirkte, wirkte er auch am ganzen darauffolgenden Tag. Am nächsten Morgen wurde nur sichtbar, was er in der Nacht getan hatte.

Bist du an einen Ort gekommen, wo es dunkel zu sein scheint? Du glaubst zu sehen, aber du siehst nichts. Du hast nicht immer Sieg in deinem Leben. Die tägliche, ungestörte Gemeinschaft mit dem Herrn ist nicht da. Alles scheint dunkel.

»... ließ der Herr dasselbe [das Meer] die ganze Nacht ... ablaufen.« Vergiß nicht, daß es »die ganze Nacht« hindurch geschah. Gott wirkt während der ganzen Nacht, bis das Licht kommt. Du siehst es vielleicht nicht, aber während dieser »ganzen Nacht« in deinem Leben wirkt Gott, wenn du ihm vertraust.

Bibellese: 2. Mo. 14,10—22.

25. Juni

Und alles, was ihr gläubig erbittet im Gebet, werdet ihr empfangen (Mt. 21,22).

Wir müssen anhaltend beten und auf den Herrn warten, bis er unsere Gebete erhört. Es gibt keinen Grund, weshalb wir nicht um große Dinge bitten sollten, und zweifellos werden wir sie bekommen, wenn wir im Glauben bitten und den Mut haben, geduldig und beharrlich auf die Erhörung zu warten und in der Zwischenzeit das zu tun, was in unserer Macht liegt.

Wir können nicht den Wind schaffen oder seinen Lauf bestimmen, aber wir können unsere Segel so setzen, daß wir bereit sind, wenn der Wind aufkommt. Wir können dem Heiligen Geist nicht gebieten, aber wir können uns vor den Herrn stellen und das, was er uns tun heißt, so tun, daß wir unter den Einfluß und die Kraft seines Geistes kommen.

Warum sollten die Wunder, die in früheren Zeiten geschehen sind, nicht auch heute möglich sein? Wo ist der Gott Elias? Er wartet nur darauf, daß wir ihn in Elias Glauben anrufen.

Die größten Heiligen, die jemals lebten, ob im alten oder neuen Bund, stehen auf einer Ebene, die auch in unserer Reichweite ist. Dieselben Kräfte der geistlichen Welt, die ihnen zur Verfügung standen und durch deren Anwendung sie zu solchen geistlichen Helden wurden, stehen auch uns zur Verfügung. Wenn wir denselben Glauben, dieselbe Hoffnung, dieselbe Liebe haben wie sie, werden wir ebenso große Wunder tun wie sie.

Bibellese: Mt. 21,18—22.

26. Juni

Seid nun . . . nüchtern zum Gebet (1. Pt. 4,7).

Wenn Jesus der Sohn Gottes, es für nötig hielt, vor Tagesanbruch aufzustehen, um im Gebet sein Herz vor dem Vater auszuschütten, wieviel mehr sollten wir dann zu ihm beten, der der Geber jeder guten und vollkommenen Gabe ist und der versprochen hat, uns alles zu geben, was zu unserem Guten dient!

Wir können nie ermessen, was Jesu Gebete für sein Leben bedeuteten, aber das wissen wir, daß ein gebetsloses Leben ein kraftloses Leben ist. Es mag ein geschäftiges und erfolgreiches Leben sein, aber es ist weit entfernt von dem Leben dessen, der Tag und Nacht zu Gott betete.

Geh nicht ohne Gebet in den Tag hinein, in dem so viele Gefahren lauern. Du kniest am Abend zum Gebet nieder, aber die Müdigkeit übermannt dich — die Anforderungen des Tages sind eine gewisse Entschuldigung. So stehst du bald wieder von den Knien auf und gehst schlafen. Am nächsten Morgen stehst du vielleicht spät auf. So bleibt für deine Morgenandacht keine Zeit, oder sie wird in Eile abgetan.

Das ist kein Nüchternsein zum Gebet. Es fehlte wieder einmal an der Wachsamkeit.

Bibellese: Lk. 18,1—8.

27. Juni

Wo ist Gott, mein Schöpfer, der Loblieder gibt in der Nacht? (Hi. 35,10).

Hast du schlaflose Nächte, in denen du dich auf deinem Lager hin- und herwirfst und den ersten Schein der Morgendämmerung herbeisehnst? Dann bitte den Heiligen Geist, daß er dich befähigen möge, deine Gedanken auf Gott, deinen Schöpfer, zu richten. Glaube, daß er diese einsamen, quälenden Stunden mit Lobgesang füllen kann.

Bist du in der Nacht der Entmutigung und des eingebildeten oder wirklichen Versagens? Niemand versteht dich, deine Freunde tadeln dich, aber dein Schöpfer kommt zu dir und gibt dir ein Lied — ein Lied der Hoffnung, das mit der vollen, tiefen Musik seiner göttlichen Absichten harmoniert. Sei bereit, die Lieder zu singen, die dein Schöpfer dir gibt!

Die Seetüchtigkeit eines Schiffes zeigt sich erst in einem starken Sturm, und die Kraft des Evangeliums wirkt sich erst dann voll aus, wenn der Christ einer schweren Prüfung unterzogen wird.

Wenn Gott die Tatsache offenbar machen will, daß er »Loblieder gibt in der Nacht«, dann muß er es zuerst Nacht werden lassen.
Bibellese: Apg. 16,25—26.

28. Juni

Denn alles, was aus Gott geboren ist, überwindet die Welt; und unser Glaube ist der Sieg, der die Welt überwunden hat (1. Joh. 5,4).

An jeder Wegbiegung kann etwas auftauchen, das dem Nachfolger Jesu den Sieg und Frieden des Herzens raubt, wenn er es zuläßt. Satan ist weit davon entfernt, sich von seinem Geschäft zurückzuziehen. Er wird Gottes Kinder zu täuschen und zu schädigen versuchen, wo er nur kann. Es ist gut, wenn wir an jedem Meilenstein unsere Verbindung zu Jesus prüfen, so wie wir auf das Thermometer schauen, um die Temperatur daran abzulesen.

Der Glaube kann jede Situation ändern. Mag es noch so dunkel sein, mag die Not aussehen wie sie will, wenn wir unser Herz in einem Augenblick wirklichen, echten Glaubens zu Gott erheben, wird sich die Situation in demselben Augenblick ändern.

Gott ist noch auf dem Plan, und er kann in einer Sekunde Niederlage in Sieg verwandeln, wenn wir ihm vertrauen.

»Wenn man Glauben hat, zieht man sich nicht zurück, sondern hält den Feind auf, wo man ihn findet« (Marschall Foch).

Gott ist noch auf dem Plan,
und alles ist ihm untertan.
Weil er uns bewahrt,
bleibet Furcht uns erspart.
Gott ist noch auf dem Plan.

Bibellese: 1. Joh. 5,1—13.

29. Juni

Ich will dich nicht verlassen noch versäumen! (Hb. 13,5).

Eine arme Negerin verdiente sich durch harte Arbeit ihren kärglichen Lebensunterhalt. Dennoch war sie ein fröhliches, unbekümmertes Gotteskind.

Eine gläubige Dame, die sehr pessimistisch veranlagt war, traf sie eines Tages und sagte zu ihr: »O Nancy, es ist ja schon recht, wenn du glücklich bist; aber ich denke doch, der Gedanke an deine Zukunft müßte dich ernüchtern. Nehmen wir beispielsweise an, du würdest krank und könntest nicht mehr arbeiten, oder dein jetziger Arbeitgeber würde wegziehen und du fändest keinen neuen Arbeitsplatz, oder stell dir nur vor —«

»Hör auf!« rief Nancy. »Ich stelle mir gar nichts vor, und ich sorge mich auch nicht! Der Herr ist mein Hirte, und ich weiß, mir wird nichts mangeln. Und außerdem machen dich gerade diese Vorstellungen und Sorgen so unglücklich. Du tätest gut daran, sie aufzugeben und einfach dem Herrn zu vertrauen!«

Es steht ein Wort in der Bibel, das alle Sorgen aus dem Leben eines Gläubigen verbannen wird, wenn er es annimmt und in kindlichem Glauben danach handelt. Es steht in Hebräer 13,5—6: »Begnüget euch mit dem Vorhandenen! Denn er selbst hat gesagt: ›Ich will dich nicht verlassen noch versäumen!‹ Also daß wir getrost sagen mögen: ›Der Herr ist mein Helfer; ich fürchte mich nicht! Was können Menschen mir tun?‹«

Bibellese: Hb. 13,1—8.

30. Juni

Wir wissen aber, daß denen, die Gott lieben, alles zum Besten mitwirkt (Rö. 8,28).

Wie umfassend ist dieses Wort Gottes. Es besagt nicht »einige Dinge« oder »die meisten Dinge« oder »die schönen Dinge«, sondern

»alles« von den kleinsten bis zu den größten, von den gewöhnlichsten bis zu den entscheidendsten Dingen unseres Lebens.

Und alles »wirkt mit« — nicht »hat mitgewirkt« oder »wird mitwirken«, sondern »wirkt hier und jetzt mit«.

In diesem Augenblick, wenn vielleicht jemand sagt: »Deine Gerichte sind wie die große Flut« (Ps. 36,7), rufen die Engel droben, die die Verwirklichung des großen Planes Gottes beobachten: »Der Herr ist gerecht in *allen* seinen Wegen und gnädig in *allen* seinen Werken« (Ps. 145,17).

Viele Fäden, die an sich manchmal grob und unansehnlich sind, sind nötig, um ein harmonisches Muster entstehen zu lassen. Viele verschiedene Töne, ja auch Dissonanzen sind nötig, um ein Musikstück erklingen zu lassen, das uns zu Herzen geht.

Viele verschiedene Räder und Verbindungsstücke sind nötig, um eine Maschine zu bauen. Wenn wir einen Faden gesondert betrachten oder eine Note, ein Rad oder ein Zahnrad, ist nichts von Schönheit oder Nützlichkeit daran zu erkennen. Wenn aber das Gewebe vollendet ist, die Töne zusammenklingen und die einzelnen Teile aus Stahl und Eisen zusammengefügt sind, sieht man, wie vollkommen und ausgewogen das fertige Stück ist.

Die Lektion, die es hier für den Glauben zu lernen gilt, lautet: »Was ich tue, weißt du jetzt nicht, du wirst es aber hernach erfahren!«

Bibellese: 1. Mo. 50,15—21.

1. Juli

Und du begehrst für dich Großes? Begehre es nicht! Denn siehe, ich bringe Unglück über alles Fleisch, spricht der Herr; aber dir will ich dein Leben zur Beute geben allenthalben, wohin du gehen wirst (Jer. 45,5).

Das ist eine Verheißung für schwere Zeiten. Auch unter stärkstem Druck wird Leben und Sicherheit verheißen, Leben, das »wie eine

Beute« davongebracht wird. Eine solche Verheißung eignet sich besonders für unsere Zeit, die immer schwerer werden wird, je mehr wir uns dem Ende dieses Zeitalters und der Wiederkunft Jesu nähern.

Was heißt das, »das Leben wie eine Beute davonbringen«? Es bedeutet ein Leben, das dem Rachen des Feindes entrissen wurde, so wie David das Lamm dem Rachen des Löwen entriß. Es bedeutet nicht, daß wir vom Schlachtenlärm und der Gegenwart des Feindes verschont bleiben, sondern es bedeutet einen Tisch im Angesicht der Feinde, eine Zuflucht vor dem Sturm, eine Festung mitten im Kampf, ein Leben, das trotz ständigen Drucks bewahrt bleibt, so wie Paulus es erfuhr, als er über die Maßen beschwert war, so daß er am Leben verzagte, oder wie er die Hilfe Gottes erfuhr, als der Stachel blieb, aber die Kraft Christi bei ihm wohnte und die Gnade Christi genügte. Herr, gib mir mein Leben zur Beute, und hilf mir heute, in den schwierigsten Situationen siegreich zu sein!

Wir beten oft darum, aus schwierigen Lagen befreit zu werden, und wir vertrauen sogar darauf, daß wir errettet werden, aber wir beten nicht darum, uns in dieser Not so verhalten zu können, wie wir sollten und in dem Bewußtsein zu leben, daß wir von dem Herrn gehalten und beschützt und deshalb unverletzt bleiben werden.

Bibellese: 2. Kor. 11, 23—33.

2. Juli

Meinen Frieden gebe ich euch (Joh. 14,27).

Zwei Maler malten ein Bild, um ihre Auffassung von Ruhe darzustellen. Der erste wählte als Motiv einen stillen, einsamen See mitten in den Bergen.

Der zweite malte einen schäumenden Wasserfall. Eine zarte Buche streckte ihre Zweige über den Gischt, und in der Gabelung eines

Zweiges, fast naß vom Schaum des Wassers, saß ein Rotkehlchen in seinem Nest.

Das erste Bild zeigte nur Stillstand, das zweite Ruhe.

Das Leben Jesu war, äußerlich gesehen, das unruhigste Leben, das man sich denken kann: Unruhe, Sturm und Tumult. Die Wellen brachen ständig über ihn herein, bis der müde Leib ins Grab gelegt wurde. Aber sein inneres Leben war voller Frieden. Ein großer Friede ging ständig von ihm aus. Jeden Augenblick hätten wir zu ihm gehen und Ruhe finden können. Und selbst als die menschlichen Bluthunde ihn schon in den Straßen von Jerusalem suchten, wandte er sich seinen Jüngern zu und bot ihnen als letztes Vermächtnis seinen »Frieden« an.

Friede ist nicht ein heiliges Gefühl, das in einer Kirche über uns kommt, es ist der Zustand eines tief in Gott verwurzelten Herzens.

Bibellese: Hb. 4,1—13.

3. Juli

Ich aber habe für dich gebetet, daß dein Glaube nicht aufhöre (Lk. 22,32).

Kind Gottes, achte auf deinen Glauben! Denke daran: Der Glaube ist das einzige Mittel, wodurch du Segen empfangen kannst. Das Lippengebet kann keine Antwort von Gottes Thron herabziehen, es sei denn das ernste Gebet eines Menschen, der glaubt.

Der Glaube ist der Telegrafendraht, der die Erde mit dem Himmel verbindet, über den Gottes Botschaften der Liebe so schnell zu uns kommen, daß, ehe wir rufen, er antwortet, und während wir noch reden, er uns hört. Wenn jedoch dieser Draht des Glaubens durchschnitten wird, wie können wir dann die Verheißungen erlangen?

Bin ich in Not? Dann kann ich durch den Glauben Hilfe in meiner Not bekommen. Werde ich vom Feind verfolgt? Dann sucht meine Seele durch den Glauben Zuflucht bei dem allmächtigen Gott.

Aber ohne Glauben rufe ich vergeblich zu Gott. Es gibt keinen anderen Weg zwischen meiner Seele und dem Himmel. Wenn dieser Weg blockiert ist, ist die Verbindung mit dem großen König abgeschnitten.

Der Glaube bindet mich an Gott. Der Glaube bekleidet mich mit der Kraft des Herrn. Er garantiert mir, daß jede Eigenschaft Gottes zu meiner Verfügung steht. Er hilft mir, den Mächten der Hölle zu trotzen. Er läßt mich triumphierend den Fuß auf den Nacken meiner Feinde setzen. Aber wie kann ich ohne Glauben etwas von dem Herrn bekommen?

Deshalb, Kind Gottes, habe acht auf deinen Glauben! Wenn du glauben könntest! »Alles ist möglich dem, der glaubt!« (Spurgeon).

Bibellese: Hb. 11,1—6.

4. Juli

... weil es nicht tiefe Erde hatte (Mt. 13,5b).

Aus der Erklärung dieses Gleichnisses Jesu geht hervor, daß unsere Herzen mit dem Erdboden verglichen werden können. Der gute Same fiel auf felsigen Boden. Die Leute mit dem Boden ohne viel Erde sind diejenigen, die kein lohnendes Ziel verfolgen, die sich von einer sanft vorgetragenen Bitte, einer guten Predigt beeinflussen lassen. Zuerst sieht es so aus, als ob sie etwas vom Wort Gottes erfaßt hätten, aber da ist »nicht viel Erde«, das heißt keine Tiefe, keine tiefe, ehrliche Absicht, kein aufrichtiges Verlangen, seine Aufgaben zu erkennen, um sie dann zu tun. Laßt uns den Boden unseres Herzens prüfen!

Ein römischer Soldat wurde von seinem Vorgesetzten gewarnt: Wenn er darauf bestehe, eine gewisse Reise zu unternehmen, würde es ihn wahrscheinlich das Leben kosten. Darauf antwortete der

Soldat: »Es ist wichtig, daß ich gehe; aber es ist nicht wichtig, daß ich lebe.«

Das war Tiefe. Wenn wir etwas von dieser Überzeugung haben, werden wir etwas erreichen. Oberflächliche Menschen handeln aus Impulsen heraus, lassen sich von Eindrücken, Eingebungen, Instinkten leiten und sind weitgehend von ihrer Umgebung abhängig. Tiefangelegte Menschen sehen über all diese Dinge hinaus und gehen zielbewußt ihren Weg, dringen durch alle Stürme und Wolken hindurch in den hellen Sonnenschein hinein, der immer auf der anderen Seite ist und warten auf das »Hernach«, das Leid, scheinbare Niederlagen und Versagen wiedergutmacht.

Wenn Gott uns in die Tiefe geführt hat, kann er uns seine tieferen Wahrheiten und seine tiefsten Geheimnisse anvertrauen. Herr, führe mich in die Tiefen deines Lebens, und bewahre mich vor einem oberflächlichen Leben!

Bibellese: Mt. 13,1—9.18—23.

5. Juli

Saget allezeit Gott, dem Vater, Dank für alles (Eph. 5,20).

Wir sahen einmal einen Mann, der schwarze Punkte auf Papier zeichnete. Gespannt schauten wir ihm zu, konnten uns aber unter der unregelmäßigen Anordnung schwarzer Punkte absolut nichts vorstellen. Dann zog er ein paar Linien, zeichnete einige Pausen ein, dann einen Schlüssel an den Anfang der Linien — da erkannten wir, daß die schwarzen Punkte Noten bedeuteten. Er schrieb die Melodie: »Lobe den Herren, den mächtigen König der Ehren.«

In unserem Leben finden sich auch viele schwarze Punkte und dunkle Flecken, die wir nicht verstehen. Wir wissen nicht, weshalb sie da sind und weshalb Gott sie zugelassen hat. Wenn wir aber den Herrn Jesus Christus in unser Leben aufnehmen und ihm erlauben, die Punkte richtig anzuordnen und die Linien zu ziehen, die er will, das eine vom andern zu trennen und die Pausen an die richtigen Stellen zu setzen — dann macht er aus den schwarzen Punkten unseres Lebens eine herrliche Melodie. An diesem großen Werk wollen wir ihn nicht hindern.

Welcher Art auch das Leid sein mag, das uns betroffen hat, wenn wir in Christus sind und von ihm wie von der Luft umgeben sind, muß alles Böse, das uns begegnet, zuerst durch ihn hindurch, ehe es uns erreicht. Deshalb können wir Gott für alles, was uns begegnet, danken.

Bibellese: Ps. 50.

6. Juli

Der Engel des Herrn erschien ihm in einer Feuerflamme mitten aus dem Dornbusch (2. Mo. 3,2).

Mitten in seiner alltäglichen Arbeit, beim Schafehüten, hatte Mose diese große Begegnung. Gott offenbart sich gern in unserem Alltag. Er sucht einen Menschen, der gewöhnliche Dinge tut, um dann plötzlich das göttliche Feuer aufflackern zu lassen. Die geheimnisvolle Leiter zum Himmel und die Verbindung zu Gott kann von jedem Ort aus aufgenommen werden.

Manche Christen meinen, sie müßten immer auf den Höhen außerordentlicher Freude und besonderer Offenbarungen wandeln. Aber das ist nicht Gottes Art. Diese geistlichen Höhepunkte hat uns Gott nirgends verheißen, dagegen aber die tägliche Gemeinschaft mit ihm. Und das genügt! Wir werden die besondere Offenbarung dann bekommen, wenn sie gut für uns ist.

Drei Jüngern war es vergönnt, ihren Herrn verklärt zu sehen, und diese drei erlebten auch das Dunkel von Gethsemane. Niemand kann auf dem Berg der Verklärung bleiben. Im Tal der Pflicht sind Aufgaben zu erfüllen. Jesus Christus fand sein Lebenswerk nicht in der Herrlichkeit, sondern im Tal, und dort war er völlig und ganz der Heiland. Visionen und Offenbarungen sollen nur dazu dienen, uns für unsere gewöhnlichen Aufgaben geschickter zu machen.

Bibellese: 2. Mo. 3,1—6.

7. Juli

Nur auf Gott wartet still meine Seele; denn von ihm kommt, was ich hoffe (Ps. 62,6).

Wir rechnen im allgemeinen viel zu wenig damit, daß unsere Bitten erhört werden. Daraus geht hervor, wie wenig ernst es uns mit unserem Gebet ist.

Ein Bauer ist nicht zufrieden, wenn er keine Ernte bekommt; ein Schütze wird genau prüfen, ob die Kugel ins Schwarze getroffen hat; ein Arzt beobachtet die Wirkung der Medizin, die er verschrieben hat. Sollte allein der Christ im Blick auf die Frucht seiner Gebete gleichgültig sein?

Jedes Gebet eines Christen, das im Glauben und in Übereinstimmung mit dem Willen Gottes und unter der Wirkung des Heiligen Geistes gesprochen wird — ganz gleich, ob es sich dabei um zeitliche oder geistliche Segnungen handelt —, ist beantwortet oder wird beantwortet werden.

Gott antwortet immer auf die Absicht und Gesinnung, aus der heraus wir beten. Er tut das, was bei Berücksichtigung aller Punkte am meisten zu seiner Ehre und zum geistlichen und ewigen Heil der Seinen dient.

Wir finden im Neuen Testament keine Begebenheit, bei der Jesus jemand, der ihn um Hilfe bat, zurückgewiesen hätte. Deshalb wird auch kein Gebet in seinem Namen vergeblich sein.

Es kann sein, daß die Antwort auf unser Gebet unterwegs ist, wenn wir auch noch nichts davon wahrnehmen. Das Saatkorn, das im Winter unter dem Erdboden liegt, schlägt Wurzel, um im Frühjahr zu blühen und im Herbst Frucht zu tragen. Dabei ist über der Erde nichts zu sehen, sondern alles scheint tot und verloren.

Wenn unsere Gebete nicht sofort erhört werden, sind das nicht nur Anfechtungen für den Glauben, sondern wir bekommen dadurch Gelegenheit, Gott durch unser festes Vertrauen zu ihm zu ehren — auch wenn unsere Bitten augenscheinlich abgewiesen wurden (Spurgeon).

Bibellese: Ps. 62.

8. Juli

Es kam eine Stimme oben von dem Himmelsgewölbe her, welches über ihren Häuptern war; wenn sie still standen, ließen sie ihre Flügel hängen (Hes. 1,25).

Was bedeutet dieses »Hängenlassen der Flügel«? Viele fragen: »Wie kann man die Stimme des Herrn hören?« Hier ist das Geheimnis! Diese Wesen hörten die Stimme, wenn sie stillstanden und ihre Flügel hängen ließen.

Wir haben alle schon einen Vogel gesehen, der in der Luft stillstand und mit den Flügeln flatterte. Aber hier wird uns gesagt, daß sie die Stimme hörten, wenn sie stillstanden und ihre Flügel hängen ließen.

Kommt es nicht oft vor, daß wir zwar vor dem Herrn knien oder sitzen, unser Geist jedoch hin- und herflattert? Wir merken es genau: Wir haben keine wirkliche Stille in seiner Gegenwart.

Eine Frau erzählte einmal, daß sie um etwas Bestimmtes gebeten habe. »Aber«, fuhr sie fort, »ich wartete nicht, bis die Antwort kam.« Sie wurde nicht still genug, um den Herrn reden zu hören, sondern ging weg und folgte ihren eigenen Gedanken in dieser Sache. Das Ergebnis war verheerend, und sie mußte umkehren.

Wieviel Zeit und Energie verschwenden wir, wenn wir die Flügel unseres Geistes nicht hängen lassen und vor Gott ganz still werden!

Ruhe, Stille und Frieden werden uns erfüllen, wenn wir in seiner Gegenwart verharren, bis wir ihn reden hören. Dann können wir unverzüglich vorwärtsgehen und uns nicht umwenden, sondern gehen, »wo der Geist hingehen wollte« (Hes. 1,12).
Bibellese: Hes. 1,22—28.

9. Juli

Darum ›recket wieder aus die schlaff gewordenen Hände und die erlahmten Knie‹ und ›tut gerade Tritte mit euren Füßen‹, damit das Lahme nicht abweiche, sondern vielmehr geheilt werde! (Hb. 12,12—13).

Das ist ein ermutigendes Gotteswort! Wir sollen die Hände des Glaubens erheben wie Mose in der Schlacht gegen Amalek. Oft wird unser Glaube müde, schlaff und matt, und unser Gebet verliert an Kraft und Wirksamkeit.

Das Bild, das hier verwendet wird, ist interessant. Es scheint der Gedanke dahinter zu stehen, daß wir so entmutigt und ängstlich werden können, daß ein kleines Hindernis uns deprimiert und erschreckt, so daß wir versucht sind, der Schwierigkeit aus dem Weg zu gehen.

Es gibt viele Möglichkeiten, Schwierigkeiten zu meiden, statt zu überwinden. Wie oft stoßen wir auf etwas, das uns erschreckt! Wir sind versucht, die Auseinandersetzung mit der Entschuldigung zu meiden: »Ich bin jetzt noch nicht dafür bereit.« Irgendein Opfer soll gebracht werden. Gehorsam wird verlangt. Ein Jericho muß eingenommen werden oder eine Menschenseele.

Gott sagt: »Recket aus die schlaff gewordenen Hände!« Geh geradewegs durch die Flut. Das Wasser wird sich teilen, das Rote Meer wird sich öffnen; der Jordan wird abgeschnitten werden, und der Herr wird dich hindurchführen zum Sieg.

Laß deine Füße nicht vom Weg abkommen, sondern geh geradeaus und laß kein Jericho uneingenommen hinter dir, keinen Ort, an dem Satan sagen könnte, daß er dir zu stark gewesen wäre. Das ist eine nützliche und außerordentlich praktische Lektion.

Beachte deine Entmutigung so wenig wie möglich. Geh unbeirrt vorwärts, wie ein Dampfer, der seine Bahn zieht, ob das Meer glatt oder stürmisch ist, ob es regnet oder die Sonne scheint. Die Last zu tragen und den Hafen zu erreichen — darum geht's!

Bibellese: Hb. 12,12—17.

10. Juli

Wenn das Weizenkorn nicht in die Erde fällt und erstirbt, so bleibt es allein; wenn es aber erstirbt, so bringt es viele Frucht (Joh. 12,24).

Armut, Entbehrung und Unglück haben in manchem Leben zu geistlicher Größe geführt. Schwierigkeiten sind eine Herausforderung an unsere Energie und Beharrlichkeit. Sie aktivieren die stärksten Eigenschaften der Seele.

Es waren die Gewichte an der alten Uhr meines Vaters, die sie in Gang hielten. Mancher Gegenwind wurde von einem Steuermann ausgenützt, um den Hafen zu erreichen. Gott schickt uns Widerwärtigkeiten, um unseren Glauben zu prüfen und uns dahin zu bringen, nichts mehr selbst tun zu wollen.

Die größten Gestalten der Bibel wurden zerbrochen, sozusagen ausgedroschen und gemahlen, um zu Brot für die Hungrigen zu werden. Abraham wurde in seiner Glaubensschule das Zeugnis ausgestellt, er sei »der Vater der Gläubigen«. Das konnte er nur deshalb sein, weil er das Vorbild für Selbstverleugnung und Gehorsam wurde.

Jakob litt hart unter dem Gedroschen- und Gemahlenwerden. Joseph wurde geschlagen und mußte Potiphars Küche und Ägyptens Gefängnis durchlaufen, um zu seinem Thron zu gelangen.

David, wie ein Rebhuhn auf dem Gebirge gejagt, wurde müde, wund und zerschlagen. Er wurde für ein Königreich zu Brot gemahlen. Paulus hätte nie »Brot« für des Kaisers Haushalt sein können, wenn er nicht die Auspeitschungen, Steinigungen und sonstige Mühsal ertragen hätte. Er wurde zu »feinem Mehl« für die königliche Familie.

Wie der Kampf, so der Sieg. Wenn Gott dich zu besonderen Prüfungen ausersehen hat, darfst du gewiß sein, daß du in seinem Herzen einen besonderen Platz hast. Eine zermalmte Seele ist eine auserwählte Seele.

Bibellese: Ps. 143.

11. Juli

Man brachte einen Gelähmten zu ihm, der von Vieren getragen wurde (Mk. 2,3).

Man weiß von diesen vier Männern weder den Namen noch sonst irgend etwas. Sie dienten Jesus in hervorragender Weise.

Wenn du einen unscheinbaren Platz in Gottes Haushalt einnimmst, lehne dich nicht dagegen auf; beklage dich nicht! Wenn Gott dich dort hingestellt hat, suche nicht, gegen seinen Willen wegzugehen.

Korallentierchen, die die Korallenriffe bauen, arbeiten unter Wasser und lassen sich nie träumen, daß sie den Grund für eine neue Insel legen, auf der nach und nach Pflanzen, Tiere und Menschen leben. Ohne die Korallentierchen würden die Korallenriffe nie gebaut. Ebenso braucht Gott Christen, die gewillt sind, geistliche Korallentierchen zu sein, die ungesehen von den Menschen, aber in der Kraft des Heiligen Geistes ihre Arbeit tun.

Der Tag wird kommen, an dem Jesus den Lohn austeilen wird. Er macht keine Fehler, obwohl dann einige vielleicht erstaunt sein werden, wie du zu einem solchen Lohn kommst, da sie doch nie von dir gehört hatten.

Bibellese: Mk. 2,1—17.

12. Juli

Denn die Augen des Herrn durchstreifen die ganze Erde, um sich mächtig zu erzeigen an denen, die von ganzem Herzen ihm ergeben sind (2. Chr. 16,9).

Gott sucht Männer und Frauen, deren Herz ganz auf ihn ausgerichtet ist und die ihm in allem, was er tut, vertrauen. Gott wartet auf jemand, der ihm ergeben und willig ist, nichts zu sein, damit Jesus alles in ihm sein kann; er wartet auf Menschen, die Gottes Pläne zu ihren eigenen machen und seine Demut, seinen Glauben, seine Liebe und seine Macht in Anspruch nehmen und ihn ungehindert wirken lassen.

Es gibt keine Grenze für das, was Gott mit einem Menschen tun kann, vorausgesetzt, daß er nicht den Ruhm für sich in Anspruch nimmt.

In einer Ansprache an Reichsgottesarbeiter bezeugte Georg Müller nach seinem 90. Geburtstag folgendes: »Ich habe mich im November 1825 bekehrt, aber erst vier Jahre später, im Juli 1829, kam ich zur ganzen Hingabe meines Herzens an den Herrn. Damit war die Liebe zum Geld, die Liebe zu irgendeinem Ort, das Streben nach einer angesehenen Position, die Liebe zu weltlichen Vergnügungen und Verpflichtungen verschwunden. Gott allein wurde mein Teil. Alles, was ich gesucht hatte, fand ich in ihm. Außer ihm wollte ich nichts mehr haben. Das ist durch die Gnade Gottes so geblieben. Ich wurde zu einem glücklichen, ja überglücklichen Menschen. Ich wurde dahin geführt, mich nur um die Dinge des Reiches Gottes zu kümmern.

Nun frage ich euch, meine geliebten Brüder, habt ihr euer Herz voll und ganz Gott ausgeliefert, oder ist da noch dieses oder jenes, das euch außer Gott gefangennimmt? Ich las früher ab und zu in der Bibel, zog jedoch andere Bücher vor. Aber seit jener Zeit hat sich Gott mir so geoffenbart, daß er mein ein und alles wurde. Ich kann von Grund meines Herzens sagen: Gott ist unsagbar herrlich.

O gebt euch nicht damit zufrieden, bis ihr in eurem innersten Herzen sagen könnt: Gott ist unsagbar herrlich!«
Bibellese: 2. Chr. 16,1—14.

13. Juli

Da glaubten sie seinen Worten und sangen sein Lob. — Aber sie vergaßen seine Werke bald, sie warteten nicht auf seinen Rat, sondern ließen sich gelüsten in der Wüste und versuchten Gott in der Einöde. Und er gab ihnen, was sie forderten, sandte aber eine Seuche unter sie (Ps. 106,12—15).

Wir lesen von Mose, »er hielt sich an den Unsichtbaren, als sähe er ihn«. Von den Kindern Israel dagegen lesen wir in diesem Bericht genau das Gegenteil. Sie hielten sich nur an Gott, wenn die Umstände günstig waren. Sie ließen sich weitgehend von den Dingen beeindrucken, die ihre Sinne wahrnahmen, anstatt in dem unsichtbaren und ewigen Gott zu ruhen.

In unserer Zeit gibt es viele »Ab-und-zu-Christen«. Sie beschäftigen sich zu sehr mit den Dingen dieser Welt und hängen von Umständen ab anstatt von Gott. Gott aber möchte, daß wir mehr und mehr in allem, was uns begegnet, ihn erkennen und nichts gering achten, wenn er uns dadurch etwas sagen will.

Die Kinder Israel glaubten erst, nachdem sie gesehen hatten, wie Gott wirkte. Sie zweifelten an Gottes Hilfe, als sie ans Rote Meer kamen; aber als Gott ihnen einen Weg durch das Meer bahnte und sie hindurchführte und sie sahen, wie Pharao und sein Heer ertranken — »da glaubten sie«.

Weil sie einen solchen Glauben hatten, ging ihr Leben auf und ab. Es war ein Glaube, der sich nach den Umständen richtete. Aber das ist nicht die Art Glaube, die Gott von uns erwartet.

Die Welt sagt: »Ich glaube nur, was ich sehe«, aber Gott möchte, daß wir glauben, *um zu sehen.* Der Psalmist sagte: »Dennoch glaube ich zuversichtlich, daß ich die Güte des Herrn sehen werde im Lande der Lebendigen.«

Vertraust du Gott nur, wenn die Umstände günstig sind, oder glaubst du ohne Rücksicht auf die Umstände?

Bibellese: Hb. 3,7—19.

14. Juli

Er tat seinen Mund nicht auf (Jes. 53,7).

Wieviel Gnade gehört doch dazu, ein liebloses Urteil oder die Tatsache, nicht verstanden zu werden, in der rechten Art hinzunehmen! Der wahre Charakter eines Christen zeigt sich, wenn man etwas Böses über ihn sagt. Es ist wie mit einer Feile, mit deren Hilfe es sich schnell feststellen läßt, ob wir nur vergoldet oder aus echtem Gold sind.

Wenn wir nur den Segen, der in unseren Prüfungen verborgen liegt, besser erkennen würden! Dann könnten wir bald wie David sprechen, als Simei ihn verfluchte: »Laßt ihn fluchen ... vielleicht wird der Herr ... mir sein heutiges Fluchen mit Gutem vergelten« (2. Sam. 16,11—12).

Es gibt Menschen, die sich schnell von ihrer eigentlichen Lebensaufgabe abbringen lassen, indem sie sich zu sehr mit ihren eigenen Widerwärtigkeiten und Problemen beschäftigen, so daß ihr Leben schließlich zu einem ununterbrochenen Kleinkrieg wird. Es ist so, als ob man in ein Wespennest sticht. Vielleicht gelingt es dir, die Wespen zu verjagen, aber du wirst sehr wahrscheinlich dabei gestochen werden und für deine Schmerzen nicht einmal Honig bekommen wie von den Bienen.

Gott möge uns doch mehr von dem Geist Jesu geben, der »schalt nicht, da er gescholten ward ... sondern übergab es dem, der recht richtet«. »Achtet auf ihn, der solchen Widerspruch von den Sündern gegen sich erduldet hat.«

Bibellese: Jes. 53.

15. Juli

Wenn die Wolke ... verharrte, so beachteten die Kinder Israel den Wink des Herrn und zogen nicht (4. Mo. 9,19).

Das war die härteste Gehorsamsprüfung für das Volk Israel! Es war verhältnismäßig leicht, die Zelte abzubrechen, wenn die Wolke sich langsam von der Stiftshütte erhob und majestätisch vor dem Zug herschwebte. Abwechslung ist immer willkommen. In solchen Zeiten herrschte Aufregung unter dem Volk. Man fragte sich, wie der Weg wohl weitergehen, wie die Gegend aussehen und wo der nächste Rastplatz sein würde.

Aber ach, wenn die Wolke stehenblieb! Dann mochte der Ort, wo sie gerade waren, noch so wenig einladend, noch so langweilig und unfreundlich sein, mochte die Versuchung für Fleisch und Blut noch so stark, die Ungeduld noch so groß und die Gefahr noch so drohend sein — es blieb keine Wahl, man mußte im Lager bleiben.

Der Psalmist sagt: »Beharrlich habe ich auf den Herrn geharrt, da neigte er sein Ohr zu mir und erhörte mein Schreien« (Ps. 40,2). Und was Gott für die Heiligen des Alten Testaments tat, wird er für die Gläubigen aller Jahrhunderte tun.

Dennoch läßt Gott uns oft warten, Auge in Auge mit drohenden Feinden, umgeben von Gefahren, unter einem überhängenden Felsen, der jeden Augenblick auf uns herunterzubrechen droht. Wie lange müssen wir noch bleiben? Ist es noch nicht Zeit, unser Zelt abzubrechen? Haben wir noch nicht genug gelitten, wo wir doch fast am Ende unserer Kraft sind? Dürfen wir die Hitze und das grelle Sonnenlicht noch nicht mit grünen Weiden und stillen Wassern vertauschen?

Keine Antwort. Die Wolke bleibt stehen, und wir müssen warten, obwohl uns Manna, Wasser aus dem Felsen, Schutz und Verteidigung zugesagt sind. Gott läßt uns niemals auf der Stelle treten, ohne uns seiner Gegenwart zu vergewissern und uns das zu geben, was wir für jeden Tag nötig haben.

Warten wir deshalb und übereilen nichts! Harren wir auf unse-

rem Posten aus! So lange, bis die Wolke sich deutlich vorwärtsbewegt, müssen wir aushalten, so lange warten, bis es unserem Herrn gefällt, uns ziehen zu lassen. Er weiß die richtige Zeit!
Bibellese: 4. Mo. 9,15—23.

16. Juli

Wie denn? Wenn auch etliche ungläubig waren, hebt etwa ihr Unglaube die Treue Gottes auf? (Rö. 3,3).

Die kleinste Sorge in unserem Leben läßt sich auf Unglauben zurückführen. Wie könnten wir sonst anders als restlos glücklich sein! Wenn wir doch stets glauben würden, daß unsere gesamte Vergangenheit durch das Blut Jesu ausgelöscht und vor Gott für immer vergessen ist, daß die Gegenwart mit der Kraft des Heiligen Geistes erfüllt und die Zukunft in dem Wissen erhellt ist, daß diese Tatsachen unveränderlich und bleibend sind. Sie ändern sich nicht mit meiner Stimmung! Sie wanken nicht, auch wenn ich durch Unglauben an der Verheißung zweifle. Sie sind unerschütterlich, weil sie in Gott gegründet sind und mit ihren Perlengipfeln in die Regionen der Ewigkeit hineinragen. Der Mont Blanc wird nicht zu einem Phantom oder Nebel, nur weil es einem Bergsteiger an seiner Wand schwindlig wird.

Ist es ein Wunder, daß Gott seine Verheißungen nicht einlöst, wenn wir durch Unglauben daran zweifeln? Nicht, daß der Glaube eine Antwort erwarten oder verdienen würde, aber Gott hat den Glauben zur Voraussetzung für die Einlösung seiner Verheißungen gemacht, und der Geber hat das Recht, souverän zu bestimmen, welche Bedingungen für seine Gabe gelten sollen.
Bibellese: Mk. 11,22—26.

17. Juli

Ohne Glauben aber ist es unmöglich, ihm wohlzugefallen; denn wer zu Gott kommen soll, muß glauben, daß er ist und die, welche ihn suchen, belohnen wird (Hb. 11,6).

Der Unglaube sagt: Wie soll dieses oder jenes möglich sein? Er ist voller »wie?«, aber der Glaube hat eine große Antwort auf die zehntausend »Wie's« — und diese eine Antwort lautet — Gott, denn bei Gott ist kein Ding unmöglich! Wenn wir glauben, dann gefallen wir Gott, dann leben wir so, wie er es will. Und wer glaubt, betet.

Kein Mensch erreicht so viel mit so wenig Zeitaufwand wie der Mensch, der betet.

Man hat einmal gesagt: Wenn ein Mensch aufstehen würde, der Gott in allem absolut vertraut — und diese Worte entsprechen sicher den Gedanken unseres Herrn Jesus Christus in seiner ganzen Lehre über das Gebet —, könnte er den Lauf der Weltgeschichte ändern.

Gebet ohne Glauben entartet und wird zur Routine oder Heuchelei. Gebet im Glauben zieht die Allmacht Gottes herab, die unsere Bitten unterstützt. Es ist besser, nicht zu beten, wenn wir uns nicht mit unserem ganzen Sein auf die Erhörung unserer Bitte einstellen. Wenn wir in der rechten Art beten, sagen Erde und Himmel, Vergangenheit und Zukunft Amen. Und so betete Jesus.

Es gibt nichts, was wir mit unserem Gebet nicht erreichen könnten, solange es dem Willen Gottes entspricht.

Bibellese: 1. Joh. 5,13—15.

18. Juli

Der Herr ist meine Kraft (Hab. 3,19).

Der Herr gibt uns Kraft und Charakterfestigkeit, damit wir alles im Leben mit Entschlossenheit und Hingabe tun können. Paulus bittet für die Epheser, »an Kraft zuzunehmen durch seinen Geist am inwendigen Menschen« (Eph. 3,16). Diese Kraft steht uns immer zur Verfügung. Es sind unerschöpfliche Kraftreserven!

»Wie deine Tage, so sei deine Kraft!« — Kraft des Willens, Kraft der Liebe, Kraft des Urteils, Kraft zum Tun. Gott gibt Kraft, den schweren Weg zu gehen, die endlos scheinende Straße, die niemals durch eine Kurve unterbrochen wird, die keine angenehmen Überraschungen bringt und die unser Gemüt durch ihr mühseliges Einerlei belastet und niederdrückt.

»Der Herr ist meine Kraft«, um aufwärts gehen zu können. Er ist für mich die Kraft, durch die ich den Berg der Schwierigkeit ohne Furcht erklimmen kann.

»Der Herr ist meine Kraft«, um abwärts gehen zu können. Wenn wir die luftigen Höhen verlassen müssen, wo wir in Sonne und Wind wanderten und dann in die schwüle Ebene absteigen müssen, will uns der Mut entsinken. Ich hörte kürzlich, wie ein Mann im Blick auf seine zunehmende körperliche Schwäche sagte: »Das Abnehmen der Kräfte ist so beschwerlich!«

»Der Herr ist meine Kraft«, um still zu sein. Und wie schwer fällt uns das oft! Sagen wir nicht in Zeiten, da wir zur Untätigkeit verurteilt sind: Wenn ich nur etwas tun könnte!?

Wenn das Kind krank ist und die Mutter hilflos am Bettchen stehen muß — wie hart ist diese Prüfung! Still sein und warten erfordert ungeheure Kraft. »Der Herr ist meine Kraft.« »Unsere Tüchtigkeit kommt von Gott.«

Bibellese: Kol. 1,9—14.

19. Juli

Eine Tür war geöffnet im Himmel (Off. 4,1).

Wir müssen bedenken, daß Johannes hier auf der Insel Patmos war, einer einsamen, felsigen, unwirtlichen Insel. Sie war wie ein Gefängnis für das Wort Gottes und das Zeugnis von Jesus. Und doch wurden dem Apostel unter diesen Umständen, getrennt von all den Lieben in Ephesus, ausgeschlossen vom Gottesdienst der Gemeinde, verdammt in die Gesellschaft unfreundlicher Mitgefangener, die Visionen der Offenbarung geschenkt. Auch für ihn war eine Tür aufgetan.

In diesem Zusammenhang werden wir an Jakob erinnert, wie er, aus dem Haus seines Vaters vertrieben, sich an einem wüsten Ort zum Schlafen niederlegte und im Traum eine Leiter sah, die Himmel und Erde miteinander verband und auf deren Spitze Gott selbst stand.

Nicht nur diesen Männern der Bibel, sondern noch vielen anderen wurde gerade da eine Tür in den Himmel aufgetan, als nach menschlichen Maßstäben ihre Umstände alles andere als günstig für solche Offenbarungen zu sein schienen. Wie oft wurde Gefangenen, chronisch Kranken, die mit eisernen Ketten des Schmerzes an ihr Siechbett gebunden waren, einsamen Pilgern und Wanderern oder Frauen, die durch die Anforderungen ihrer Familie vom Hause des Herrn abgehalten wurden, eine Tür in den Himmel aufgetan!

Aber dazu müssen gewisse Bedingungen erfüllt werden. Wir müssen wissen, was es heißt, *im Geist zu sein.* Wir müssen reines Herzens sein, gehorsam im Glauben, bereit, alles für Schaden anzusehen gegen die überschwengliche Größe der Erkenntnis Jesu Christi. Dann, wenn Gott für uns alles in allem ist, wenn wir in seiner Gnade leben, weben und sind, dann haben wir ständig eine so innige Gemeinschaft mit ihm, daß wir mit David sprechen können: »Wen habe ich im Himmel? Und dir ziehe ich gar nichts auf Erden vor!« (Ps. 73,25).
Bibellese: Off. 4,1—11.

20. Juli

Ich hörte eine flüsternde Stimme (Hi. 4,16).

Vor Jahren gab mir ein Freund ein Buch mit dem Titel »Echter Friede«. Es enthielt eine Botschaft aus dem Mittelalter und hatte nur einen Hauptgedanken — daß Gott darauf warte, zu mir zu reden, wenn ich nur still genug würde, um seine Stimme hören zu können.

Ich dachte, das sei doch nicht schwierig und versuchte, still zu werden. Aber kaum war ich äußerlich zur Ruhe gekommen, als ein wahrer Höllenlärm der verschiedensten Stimmen an mein Ohr drang. Tausend Stimmen von außen und innen forderten Gehör, bis ich aus dem ganzen Durcheinander nichts mehr unterscheiden konnte. Es waren zum Teil meine eigenen Stimmen, darunter meine Fragen und sogar Gebete. Andere waren Einflüsterungen des Feindes und Stimmen aus meiner Umwelt.

Ich wurde nach allen Richtungen gezerrt. Eine unsagbare Unruhe ergriff mich. Ich hielt es für notwendig, auf einige dieser Stimmen zu hören und zu antworten. Aber Gott sprach: »Sei stille und erkenne, daß ich Gott bin.« Dann entbrannte der Kampf der Gedanken um das Morgen, seine Pflichten und Sorgen. Aber Gott sprach: »Sei still!«

Und als ich lauschte und langsam zu gehorchen lernte und meine Ohren vor jedem Laut schloß, fand ich nach einer gewissen Zeit, daß, wenn die anderen Stimmen aufhörten und ich nicht mehr auf sie hörte, eine leise Stimme anfing, mit unbeschreiblicher Zartheit, aber doch voll Kraft und Trost zu reden.

Indem ich zuhörte, wurde es für mich die Stimme des Gebets, die Stimme der Weisheit, und ich brauchte gar nicht so angestrengt zu denken, zu beten oder zu vertrauen, denn jene »flüsternde Stimme« des Heiligen Geistes war Gottes Gebet in meiner innersten Seele.

Nur so kann und will Gottes Geist unser Leben bestimmen. Wenn wir aus solcher Stille kommen, gehen wir in die Kämpfe und Aufgaben des Lebens hinein wie eine Blume, die während der Nacht den kühlen, kristallklaren Tau getrunken hat. Aber wie der Tau niemals in einer stürmischen Nacht fällt, kommt der Tau der Gnade Gottes auch niemals in ein ruheloses Herz (Simpson).

Bibellese: Hi. 4,12—21.

21. Juli

Die Herrlichkeit des Herrn erschien in einer Wolke (2. Mo. 16,10).

Gewöhne es dir an, den Silberstreifen am Horizont zu suchen, und wenn du ihn entdeckt hast, halte den Blick auf ihn gerichtet und nicht auf die dunklen Wolken davor!

Wenn du noch so sehr bedrängt und bekümmert bist, überlaß dich niemals der Verzagtheit und Niedergeschlagenheit! Eine verzagte Seele ist hilflos. Sie kann in dieser Verfassung weder den Listen des Teufels widerstehen noch in der Fürbitte für andere Sieg haben.

Fliehe jedes Anzeichen solcher Verzagtheit wie den Biß einer Giftschlange. Und drehe ihr schnell den Rücken zu, wenn du nicht nachher geschlagen am Boden liegen willst. Suche Gottes Verheißungen in der Bibel und sag bei jeder einzelnen laut: Diese Verheißung gehört mir! — Wenn du dann immer noch ein Gefühl des Zweifels und der Entmutigung hast, schütte dein Herz vor Gott aus, und bitte ihn, dem Feind, der dich so grausam reizt, zu gebieten. Im gleichen Augenblick, wo du dich mit deinem ganzen Herzen vom Unglauben und der Entmutigung abwendest, wird der Heilige Geist deinen Glauben stärken und deine Seele mit göttlicher Kraft erfüllen. Du magst dir dessen zunächst gar nicht bewußt sein, doch wenn du entschlossen und kompromißlos jedem aufsteigenden Zweifel und jeder Depression, die dich anfallen will, den Rücken zukehrst, wirst du bald merken, daß die Mächte der Finsternis weichen.

Bibellese: 1. Kö. 19.

22. Juli

Herr, wir möchten Jesus gern sehen! (Joh. 12,21b).

Wenn unsere Augen das machtvolle Heer der Engel sehen könnten, das uns jederzeit zur Verfügung steht, wenn wir uns von den

Mächten der Finsternis ab- und Gott zuwendeten, würden wir die Versuche des Bösen, uns zu entmutigen und niederzudrücken, kaum beachten!

All die wunderbaren Eigenschaften Jesu stehen dem schwächsten Gläubigen zur Verfügung, wenn er im Namen Jesu und in einfachem kindlichen Glauben sich Gott anvertraut und ihn um Hilfe und Leitung bittet.

An einem schönen Herbsttag sah ich einen Prärie-Adler, der von einem Gewehrschuß tödlich getroffen war. Sein Auge leuchtete noch wie eine kleine Sonne. Dann wandte er langsam den Kopf und sandte noch einen suchenden, sehnsüchtigen Blick zum Himmel. Wie oft hatte er diese weiten Himmelsräume mit seinen starken Flügeln durchflogen! Der Himmel war die Heimat seiner Seele. Er war sein Lebenselement. Vieltausendmal hatte er dort seine Kraft erprobt. In jenen Höhen hatte er mit dem Blitz gespielt, mit den Winden um die Wette gejagt. Und jetzt, so weit von der Heimat entfernt, lag der Adler im Sterben, weil er sich einmal vergessen hatte und zu niedrig geflogen war.

Diesem Adler gleicht unsere Seele. Ihre Heimat ist nicht hier unten. Wir müssen Glauben, Hoffnung und Mut bewahren, indem wir auf Jesus schauen.

Bibellese: 2. Kö. 6,8—23.

23. Juli

Jesus aber hob die Augen empor und sprach: Vater, ich danke dir, daß du mich erhört hast (Joh. 11,41).

Die Reihenfolge der Geschehnisse ist hier zu beachten. Lazarus liegt noch im Grab. Der Dank geht also dem Wunder der Auferstehung voraus. Unserer Meinung nach hätte es umgekehrt sein sollen: erst die Gabe, dann der Dank. Aber Jesus dankt für das, was er im Begriff steht zu erhalten. Die Dankbarkeit bricht hervor, ehe die Gabe eintrifft, weil Jesus gewiß war, daß sie eintreffen würde. Das Siegeslied wird angestimmt, noch ehe die Schlacht geschlagen ist. Der Sämann singt bereits das Erntelied. Es ist die Danksagung vor dem Wunder.

Wer denkt schon daran, ein Siegeslied anzustimmen, wenn die Kreuzfahrer eben erst dabei sind, in den Kampf zu ziehen? Wo hören wir das Danklied für eine Antwort, die noch gar nicht eingetroffen ist? Und doch ist in dieser Reihenfolge unseres Herrn nichts Seltsames, Erzwungenes oder Unvernünftiges. Dank ist wirklich die wichtigste Vorbereitung für das Eintreten von Wundern. Wunder geschehen durch geistliche Kraft. Geistliche Kraft aber steht immer im Verhältnis zu unserem Glauben.

Nichts erfreut Gott an unserem Gebet mehr als der Dank. Und durch nichts wird der Beter so gesegnet wie durch den Dank, den er darbringt. In diesem Zusammenhang erfuhr ich einmal in China einen tiefen Segen. Von Zuhause hatte ich sehr schlechte Nachrichten bekommen. Tiefe Schatten fielen auf meine Seele. Ich betete, aber das Dunkel wich nicht; ich sprach mir selbst Mut zu, wollte ausharren, aber die Dunkelheit wurde nur noch tiefer.

Gerade in jenen Tagen besuchte ich eine Station im Inland und sah an der Wand des Missionshauses folgende Worte: »Versuche es mit Danken!« Das tat ich, und im selben Augenblick war jeder Schatten auf immer verschwunden. Ja, der Psalmist hat recht: »Gut ist's, dem Herrn zu danken« (Henry W. Frost).

Bibellese: Joh. 11,41—46; Ps. 92.

24. Juli

Und Elisa betete und sprach: Herr, öffne ihm doch die Augen, daß er sehe! (2. Kö. 6,17).

Dies ist ein Gebet, das wir für uns selbst und für andere beten sollten. »Herr, öffne unsere Augen, damit wir sehen!«, denn die

Welt um uns herum ist wie für den Propheten voll von Gottes Pferden und Wagen, die nur darauf warten, uns an Orte glorreichen Sieges zu tragen. Und wenn dann unsere Augen geöffnet sind, sehen wir in allen Ereignissen unseres Lebens, ob groß oder klein, ob freudig oder traurig, einen »Wagen« für unsere Seele.

Es kommt immer darauf an, wie wir die Dinge, die auf uns zukommen, betrachten und was wir aus ihnen machen. Sie können in einem Augenblick zu einem Wagen werden, wenn wir sie dazu machen. Andererseits kann selbst die kleinste Anfechtung zu einer Dampfwalze werden, die uns zermalmt und uns in Elend oder Verzweiflung treibt, wenn wir es zulassen. Es liegt in unserer Hand, was wir daraus machen wollen. Alles hängt davon ab, wie wir die Dinge ansehen, nicht davon, was sie in Wirklichkeit sind. Wenn wir uns darunter beugen und zulassen, daß sie über uns wegrollen und uns zermalmen, werden sie zu Dampfwalzen, aber wenn wir hineinklettern wie in einen Siegeswagen und sie dazu benützen, uns siegreich vorwärts und aufwärts zu tragen, werden sie zu Wagen Gottes.

Der Herr kann mit einer zerschlagenen Seele nicht viel anfangen; deshalb versucht der Feind, Gotteskinder in Verzweiflung und Hoffnungslosigkeit über sich selbst oder über die Gemeinde zu treiben.

Ein mutloses Heer verliert bestimmt die Schlacht.

Eine Missionarin erzählte, sie sei wegen Krankheit nach Hause geschickt worden. Weil sie keinen Mut und keine geistliche Kraft mehr gehabt hatte, sei auch ihr Leib krank geworden. Wir müssen diese Angriffe des Bösen auf unsere geistliche Verfassung besser verstehen und um sie wissen, um ihnen entgegentreten zu können. Wenn der Feind uns aus unserer Siegesstellung in Jesus herauswerfen kann, hat er leichtes Spiel; bleiben wir jedoch in Jesus, so kann uns niemand und nichts etwas anhaben.

Bibellese: 1. Joh. 2,28—3,6.

25. Juli

Schließe die Tür hinter dir und deinen Söhnen zu (2. Kö. 4,4).

Diese Witwe und ihre Söhne sollten mit Gott allein sein, denn sie hatten es jetzt nicht mit Naturgesetzen zu tun, nicht mit einer menschlichen Obrigkeit, der Kirche oder den Priestern, nicht einmal mit dem großen Propheten Gottes. Sie mußten sich von allen Menschen, von allen äußeren Umständen, von allen Überlegungen des menschlichen Verstandes lösen (abschließen), sozusagen den Sprung ins Ungewisse wagen und sich allein an Gott klammern, die Quelle aller Wunder.

Dieses abgeschlossene Zimmer, in dem wir Gebet und Glauben üben sollen, ist ein Teil von Gottes Handeln an uns. Jedes Kind Gottes, das viel Frucht bringen will, muß dieses Zimmer betreten.

Es gibt Zeiten und Orte, wo Gott eine geheimnisvolle Mauer um uns bilden wird, uns alle Sicherungen wegnehmen und uns aus der gewöhnlichen menschlichen Handlungsweise herausreißen und uns für sein göttliches Eingreifen abschließen will für etwas ganz Neues und Unerwartetes, etwas, das nicht in unsere alten Lebensumstände und Gewohnheiten hineinpaßt. Wir wissen nicht, was geschehen wird, aber wir wissen, Gott will etwas Neues in unserem Leben anfangen. Er will uns dazu bringen, auf ihn zu blicken.

Die meisten Christen leben in einer Art Tretmühle, wo sie fast alles bis ins einzelne genau berechnen und vorhersagen können. Aber diejenigen, die Gott zu besonderen und sofortigen Taten hinausführen will, schließt er ein. Sie wissen dann nur, daß Gott sie im Griff hat und mit ihnen handelt, und so erwarten sie alles von ihm.

Wie diese Witwe müssen wir von allem Äußeren abgeschlossen und innerlich allein an den Herrn angeschlossen sein, um seine Wunder zu sehen. In den schwersten Prüfungen und Anfechtungen schenkt Gott oft die schönsten Offenbarungen seiner selbst.

Bibellese: 2. Kö. 4,1—7.

26. Juli

Auf meine Warte will ich treten und mich stellen auf den Turm, damit ich erspähe und sehe, was er mir sagen wird und was für eine Antwort ich auf meine Klage bekommen werde (Hab. 2,1).

Manche Hilfe, die Gott uns zugedacht hat, geht an uns vorüber, weil wir nach unserem Gebet nicht auf der Warte stehen und nach den Anzeichen der Erhörung Ausschau halten. Wer etwas von Gott erwartet, aber nicht danach ausschaut, wird nur wenig bekommen. Warte auf Gott in den Ereignissen deines Lebens!

Wer seinen Wasserkrug nicht hinausstellt, wenn es regnet, wird nie Wasser bekommen.

Wir sollten im Umgang mit Gott geschäftstüchtiger sein und unseren gesunden Menschenverstand gebrauchen, wenn wir etwas von ihm erbitten. Stellen wir uns vor, ein Mann käme in den Schalterraum einer Bank, würde ein Stück Papier auf den Tisch legen, es wieder in die Hand nehmen, dann wieder hinlegen usw. Wenn er das mehrmals am Tag täte, glaube ich bestimmt, daß dieser Mann bald abgeführt werden würde.

Wer jedoch wirklich etwas von der Bank haben will, legt seinen Scheck vor, wartet, bis er sein Geld bekommt und geht erst dann wieder weg, nicht vorher. Solche Leute legen nicht das Papier aus der Hand, sprechen über die interessante Unterschrift, diskutieren über das ausgezeichnete Dokument, sondern sie wollen ihr Geld dafür haben und sind vorher nicht zufrieden. Solche Menschen sind in der Bank stets willkommen, nicht aber Landstreicher und Müßiggänger.

Leider gibt es viele Menschen, die im Blick auf das Gebet genauso handeln. Sie erwarten von Gott keine Antwort. Sie spielen nur mit dem Gebet. Unser himmlischer Vater aber will, daß wir in unserem Gebet ganze Sache mit ihm machen (Spurgeon).

Bibellese: Mi. 7,7—10.

27. Juli

Durch ... Ruhe könnt ihr gerettet werden (Jes. 30,15).

Um Gott wirklich zu erkennen, ist innere Stille unbedingte Voraussetzung. Ich erinnere mich an eine Situation in meinem Leben, in der ich das zum erstenmal gelernt habe. Eine große Not war über mich hereingebrochen. Jede Faser meines Wesens schien vor Aufregung und Angst zu beben. Sofortiges und tatkräftiges Handeln schien dringend geboten. Und doch waren die Umstände so, daß mir die Hände gebunden waren und ich nichts tun konnte, und der einzige Mensch, der hätte helfen können, rührte sich nicht.

Eine Zeitlang glaubte ich, vor innerer Erregung platzen zu müssen, als ich plötzlich eine leise Stimme in der Tiefe meines Herzens reden hörte: »Sei still und erkenne, daß ich Gott bin.« Das Wort geschah mit Macht, und ich hörte. Ich riß mich körperlich zusammen, um völlig still zu sein und zwang auch meinen aufgewühlten Geist zur Ruhe, sah auf und wartete. Dann »erkannte« ich, daß es Gott war, der sich in meiner Hilflosigkeit meiner Not annehmen wollte, und ich ruhte in ihm. Diese Erfahrung möchte ich nicht für alle Schätze der Welt missen, und ich möchte auch hinzufügen, daß aus dieser Stelle eine Kraft zu kommen schien, die Not anzupakken, so daß sie bald behoben werden konnte. Ich lernte damals sehr deutlich, was es heißt, »durch Ruhe gerettet zu werden« (Hannah Whitall Smith).

Bibellese: Jes. 30,12—17.

28. Juli

Darum habe ich Wohlgefallen an Schwachheiten, an Mißhandlungen, an Nöten, an Verfolgungen, an Ängsten um Christi willen; denn wenn ich schwach bin, dann bin ich stark (2. Kor. 12,10).

Die wörtliche Übersetzung dieses Verses überrascht durch die Kraft des Ausdrucks, die wir wahrscheinlich noch nicht richtig erkannt haben. Sie spricht für sich selbst und lautet so: »Deshalb habe ich Freude daran, kraftlos zu sein, an Beleidigungen, an Schmähungen, an Verfolgungen, in einer Ecke eingepfercht zu sein um Christi willen, denn wenn ich kraftlos bin, dann bin ich Dynamit.«

Hier ist das Geheimnis göttlicher Allgenügsamkeit, wenn wir mit allem am Ende sind, mit uns selbst und den Umständen, in denen wir leben müssen. Wenn wir diesen Punkt erreicht haben, werden wir uns nicht mehr wegen unserer schwierigen Lage oder schlechten Behandlung beklagen. Wir erkennen dann, daß diese Dinge die Voraussetzung dafür sind, von Gott gesegnet zu werden. Wir werden uns von ihnen weg zu Gott wenden und so ein Anrecht an ihn haben.

Bibellese: 2. Kor. 12,9—10.

29. Juli

Es geht alles über mich! (1. Mo. 42,36).

... *daß denen, die Gott lieben, alles zum Besten mitwirkt* (Rö. 8,28).

Viele Menschen klagen über ihre Kraftlosigkeit. Wie wird Kraft erzeugt? Kürzlich ging ich mit einigen Freunden an einem großen Elektrizitätswerk vorbei. Wir hörten das Brummen und fragten unseren fachkundigen Freund: »Wie wird der Strom erzeugt?« »Nun«, antwortete er, »durch das Drehen der Generatoren, die von Wasser- oder Dampfturbinen angetrieben werden, und diese wiederum werden durch Wasser oder Dampf mit hohem Druck auf die entsprechende Drehzahl gebracht.«

Wenn Gott unser Leben mit mehr Kraft erfüllen will, wird er den Druck erhöhen. Durch Druck erzeugt er geistliche Kraft. Manche wehren sich dagegen und versuchen, dem Druck auszuweichen, anstatt der Hand Gottes stillzuhalten und dadurch die Kraft zu bekommen, die nötig ist, um die Not zu überwinden.

Widerstand ist wesentlich für das richtige Kräfteverhältnis. Die Zentrifugal- und die Zentripetalkräfte, die einander entgegenwirken, halten beispielsweise unsere Erde in ihrer Bahn. Die eine Kraft treibt sie vorwärts, die andere zurück, in Aktion und Reaktion, so daß unser Planet, statt in den Weltraum hinausgeschleudert zu werden, auf vorgeschriebener Bahn kreist.

So lenkt Gott auch unser Leben. Es genügt nicht, Antriebskraft zu haben; wir brauchen auch Rückhaltekraft. So hält der Herr uns zurück durch die schweren Führungen unseres Lebens, durch den Druck der Versuchung und Anfechtung, durch Dinge, die uns entgegen zu sein scheinen, die uns aber in Wirklichkeit fördern und unsere Schritte festigen.

Wir wollen dem Herrn für beides danken, wollen Gewichte und Flügel, die er uns gibt, annehmen und so in der Kraft Gottes, durch Geduld und Glauben vorwärtsgehen, unserer hohen, himmlischen Berufung entgegen.

Bibellese: Ps. 66,10—12; 2. Kor. 6,4—10.

30. Juli

Jegliche Rebe an mir, die keine Frucht bringt, nimmt er weg; jede fruchtbare aber reinigt er, damit sie mehr Frucht bringe (Joh. 15,2).

Als ein Besucher in einem großen Treibhaus die von den Wänden herabhängenden großen Trauben bewunderte, erklärte ihm der Besitzer: »Neulich bekam ich einen neuen Gärtner, der mir gleich sagte, er könne mit diesem Weinstock nichts anfangen, wenn er ihn nicht bis zum Wurzelstumpf zurückschneiden dürfe. Und das tat er dann auch, bis scheinbar nichts mehr von dem Stock übrig war. Zwei Jahre wuchsen überhaupt keine Trauben, aber dies hier ist jetzt das erstaunliche Ergebnis!«

Gott hat große Dinge mit uns vor und wird Wunderbares wirken, um unsere Aufmerksamkeit auf sich zu lenken. Das Winzermesser wird von Gottes Hand umfaßt und von seiner heiligen Liebe geführt. Menschen, die bisher in ihrem Leben schon Frucht brachten, werden »mehr Frucht bringen«; Menschen, die Gott zu besonderen Aufgaben gebrauchen will, müssen sich ein gründliches Zurückschneiden von ihm gefallen lassen.

Joseph hatte mehr zu leiden als seine Brüder; dafür wurde er später vielen Völkern zum Segen. Der Heilige Geist sagte durch Jakob von ihm: »Joseph ist ein junger Fruchtbaum, ein junger Fruchtbaum an der Quelle; seine Zweige klettern über die Mauer hinaus« (1. Mo. 49,22). Die große Frage Gottes an uns lautet: Sind wir bereit, uns von ihm zurückschneiden zu lassen, damit er uns so zum Segen setzen kann, wie er es ganz persönlich für uns geplant hat?

Bibellese: Mt. 7,13—23.

31. Juli

Denn ich halte dafür, daß die Leiden der jetzigen Zeit nicht in Betracht kommen gegenüber der Herrlichkeit, die an uns geoffenbart werden soll (Rö. 8,18).

In England wurde vor einiger Zeit eine aufsehenerregende Hochzeit gefeiert. Ein junger Mann in einflußreicher Stellung, der in seinem 10. Lebensjahr durch einen Unfall erblindet war, hatte sich trotz seiner Blindheit hohe akademische Auszeichnungen erworben und sich mit einem ausnehmend schönen Mädchen verlobt. Kurz vor der Hochzeit ließ er sich einer besonderen Behandlung durch einen berühmten Facharzt unterziehen. Der Ausgang der Behandlung sollte sich am Hochzeitstag zeigen.

Gäste und Geschenke trafen ein. Minister, Generäle, Bischöfe und andere hochgestellte Persönlichkeiten waren anwesend. Der Bräutigam im Hochzeitsanzug hatte die Augen verbunden. Er fuhr mit seinem Vater zur Kirche. Der berühmte Augenarzt traf sie in der Sakristei.

Die Braut betrat die Kirche am Arm ihres weißhaarigen Vaters. Sie war so erregt, daß sie kaum sprechen konnte. Würde ihr Bräutigam endlich ihr Gesicht sehen können, das andere bewunderten und das er nur durch Betasten mit seinen empfindsamen Fingerspitzen kannte?

Als sie sich unter den Klängen des Hochzeitsmarsches dem Altar näherte, fiel ihr Blick auf eine seltsame Gruppe. Der Vater stand da mit seinem Sohn. Der Arzt war dabei, die letzte Binde abzuschneiden. Der Bräutigam machte in einer krampfhaften Bewegung einen Schritt vorwärts, wie jemand, der nicht glauben kann, daß er wach ist. Ein Strahl rötlichen Lichtes fiel durch eines der bunten Kirchenfenster auf sein Gesicht, aber er schien es nicht zu bemerken.

Sah er etwas? Ja! Augenblicklich hatte er sich wieder in der Gewalt, und mit einer Würde und Freude, die man zuvor nie auf seinem Gesicht gesehen hatte, schritt er seiner Braut entgegen. Sie sahen einander in die Augen, und man hätte meinen können, er wolle die seinen nie mehr von ihrem Gesicht abwenden. »Endlich!« sagte sie. »Endlich!« erwiderte er feierlich und beugte das Haupt. Es war eine Szene voll unsäglichen Glücks.

Dies ist nur ein schwaches Abbild von dem, was sich im Himmel ereignen wird, wenn der Christ, der durch diese Welt der Versuchungen und Trübsal geschritten ist, endlich seinen Herrn, Jesus Christus, von Angesicht zu Angesicht sehen wird.

Bibellese: 1. Joh. 3,1—2.

1. August

Jesus aber, voll heiligen Geistes, kehrte vom Jordan zurück und wurde vom Geist in die Wüste geführt und vierzig Tage vom Teufel versucht (Lk. 4,1).

Jesus war voll heiligen Geistes, und doch wurde er versucht. Die Versuchung trifft einen Menschen oft am härtesten, wenn er Gott am nächsten ist. Petrus ließ sich so weit verführen, daß er sagte, er würde Jesus nicht einmal kennen.

Wenige Menschen haben solche Kämpfe mit Satan auszufechten wie beispielsweise Martin Luther — gerade weil er das Reich der Hölle so sehr erschüttern sollte. Und welchen Anfechtungen war John Bunyan ausgesetzt!

Wenn ein Mensch vom Geist Gottes erfüllt ist, wird er harte Kämpfe mit dem Versucher ausfechten müssen. Gott läßt die Versuchung zu, weil sie für uns so viel bedeutet wie der Sturm für die Eiche: Wir werden tiefer verwurzelt; oder wie das Feuer für Porzellan-Zeichnungen: sie werden feuerfest und können nicht mehr abgelöst werden.

Du weißt erst, daß du in der Hand Jesu bist und er dich in seiner Gewalt hat, wenn Satan alle Kraft aufwendet, um dich von Jesus wegzuziehen. Dann spürst du, daß die rechte Hand deines Herrn dich festhält.

Außergewöhnliche Leiden sind bei einem Gotteskind nicht etwa eine Strafe für außergewöhnliche Sünden, sondern vielmehr der Erweis außergewöhnlicher Gnade. Gott hat viele scharfgeschliffene Werkzeuge und rauhe Feilen, um seine Edelsteine zu polieren. Diejenigen, die er am meisten liebt und die er besonders schön und glänzend machen will, bearbeitet er am sorgfältigsten.

»Ich bezeuge gern, daß ich Feuer, Hammer und Feile mehr verdanke als irgendwelchen anderen Werkzeugen in Gottes Werkstatt. Manchmal frage ich mich, ob ich überhaupt jemals etwas ohne den Stock gelernt habe. Wenn mein Schulzimmer verdunkelt ist, sehe ich am meisten« (Spurgeon).

Bibellese: Lk. 4,1—13.

2. August

Und die Hand des Herrn kam daselbst über mich, und er sprach zu mir: Stehe auf, gehe in das Tal hinaus, damit ich dort mit dir rede! (Hes. 3,22).

Es gibt nur wenige Menschen, die Gott reich gesegnet und in seinem Dienst gebraucht hat, denen er nicht zuerst eine besondere Wartezeit auferlegte, so daß zunächst alle seine oder ihre Pläne umgeworfen wurden. Das sehen wir am Beispiel des Paulus, der drei Jahre in die Wüste von Arabien geschickt wurde, während er doch darauf brannte, die frohe Botschaft zu verkündigen. Bis auf den heutigen Tag können wir das immer wieder feststellen.

Du hattest dich darauf gefreut, von deinem Vertrauen zu Jesus in Afrika zu erzählen. Jetzt aber sagt er dir: »Ich möchte, daß du *zeigst*, was es heißt, mir zu vertrauen, ohne auf Afrika zu warten.«

Meine persönliche Erfahrung war lange nicht so ernst, aber doch im Prinzip dieselbe. Als ich dachte, die Tür sei weit offen, um mich kopfüber in schriftstellerische Arbeiten zu stürzen, trat der Arzt dazwischen und sagte ganz einfach: »Niemals! Sie müssen wählen zwischen Leben und Schreiben. Beides geht nicht.« Das war im Jahre 1860. 1869 trat ich aus meiner Isolierung heraus mit dem Werk »Ministry of Song« (Die Aufgabe des Liedes) und erkannte die Weisheit Gottes, die mich neun Jahre lang in den Schatten gestellt hatte. Die Liebe Gottes ist unveränderlich; deshalb liebt er uns, auch wenn wir von seiner Liebe nichts sehen oder fühlen. Sowohl seine Liebe als auch seine Souveränität sind allumfassend. Er dämpft unsere Freude und unser Vorwärtsdrängen, weil er am besten weiß, was wirklich sein Werk in uns fördern und reifen lassen wird (Havergal).

Bibellese: Hes. 3,22—27.

3. August

Und wenn man das Horn des Jubeljahres bläst und ihr den Ton der Posaune hört, so soll das ganze Volk ein großes Feldgeschrei erheben; so werden die Stadtmauern in sich zusammenstürzen, und das Volk soll sie ersteigen, ein jeder stracks vor sich hin! (Jos. 6,5).

Der Siegesschrei unerschütterlichen Glaubens steht in direktem Gegensatz zu den Klagen eines schwankenden Glaubens und dem Jammern der Verzagten. Unter den vielen »Geheimnissen des Herrn« weiß ich keines, das wertvoller wäre als dieses geheimnisvolle »Siegesgeschrei des Glaubens«. Der Herr sagte zu Josua: »Siehe, ich habe Jericho samt seinem Könige und den streitbaren Männern in deine Hand gegeben.« Er hatte nicht gesagt: »Ich *will* geben«, sondern »ich *habe* gegeben«. Es gehörte ihnen schon, und jetzt wurden sie aufgefordert, es in Besitz zu nehmen. Die große Frage war nur, wie? Es sah unmöglich aus, aber der Herr erklärte Josua seinen Plan.

Nun wird wohl niemand auf den Gedanken kommen, die Mauern Jerichos seien durch dieses Geschrei eingefallen. Und doch lag das Geheimnis des Sieges Israels gerade in diesem Geschrei, denn es war das Geschrei eines Glaubens, der es wagte, aufgrund der Autorität des Wortes Gottes einen versprochenen Sieg in Anspruch zu nehmen, obwohl bis dahin noch kein Zeichen dieses Sieges zu sehen war. Und Gott handelte nach ihrem Glauben, so daß, als sie das Geschrei erhoben, die Mauern einfielen.

Gott hatte erklärt, daß er ihnen die Stadt gegeben habe, und der Glaube rechnete damit, daß es so sei. Und viele Jahrhunderte später berichtet der Heilige Geist von diesem Triumph des Glaubens im Hebräerbrief: »Durch Glauben fielen die Mauern von Jericho, nachdem sie sieben Tage umzogen worden waren.«
Bibellese: 2. Chr. 20,1—26.

4. August

... auf daß ihr in mir Frieden habet (Joh. 16,33).

Es ist ein Unterschied zwischen Glück und Segen. Paulus nahm Gefängnis und Schmerzen, Opfer und Leiden in einem Ausmaß auf sich, wie sie kaum ein anderer Mensch erdulden mußte. Dennoch war er mitten in aller Trübsal reich gesegnet. In all diesen widrigen Umständen war sein Herz mit dem Frieden Gottes erfüllt.

Paganini, der große Geiger, trat eines Tages vor das Publikum und entdeckte, als er eben zu spielen anfangen wollte, daß mit seiner Geige etwas nicht stimmte. Er sah sie genauer an und stellte fest, daß es nicht sein berühmtes, kostbares Instrument war.

Bestürzt wandte er sich an seine Zuhörer und sagte, daß er durch irgendein Versehen nicht seine eigene Geige hätte. Dann trat er hinter den Vorhang, um sein Instrument zu holen, in der Meinung, es läge noch da, wo er es gelassen hatte. Zu seinem Entsetzen mußte er jedoch feststellen, daß jemand sein wertvolles Instrument gestohlen und ihm statt dessen eine ganz gewöhnliche Geige hingelegt hatte. Einen Augenblick war er wie gelähmt vor Schreck. Dann trat er mit folgenden Worten vor das Publikum:

»Meine Damen und Herren! Ich werde Ihnen jetzt zeigen, daß die Musik nicht im Instrument liegt, sondern in der Seele.« Und er spielte, wie er noch nie zuvor gespielt hatte. Der minderwertigen Geige entlockte er eine Musik, die die Zuhörer in einen Taumel der Begeisterung versetzte. Der Beifall war überwältigend. Der große Künstler hatte bewiesen, daß die Musik nicht in seinem Instrument, sondern in seiner Seele war.

Deine Aufgabe, du geprüftes und angefochtenes Gotteskind, ist, auf die Bühne der Welt zu treten und vor Himmel und Erde zu beweisen, daß dein Friede nicht in den Umständen liegt, nicht in den Äußerlichkeiten, sondern in deiner eigenen Seele. Der Friede eines Herzens, das in Gott ruht, kann durch nichts erschüttert werden.

Bibellese: Joh. 14,27.

5. August

Denn der Feigenbaum wird nicht ausschlagen und der Weinstock keinen Ertrag abwerfen; die Frucht des Ölbaums wird trügen, und die Äcker werden keine Nahrung liefern; die Schafe werden aus den Hürden verschwinden und kein Rind mehr in den Ställen sein. Ich aber will mich im Herrn freuen und frohlocken über den Gott meines Heils! (Hab. 3,17—18).

Welch abgrundtiefe Not wird hier geschildert, und welch heroischer Glaube kommt in diesen Versen zum Ausdruck! Es ist, als wollte der Prophet sagen: »Selbst wenn ich in eine so große Not kommen sollte, daß ich nicht mehr weiß, wo etwas Eßbares zu finden ist, wenn ich vor einem leeren Haus und einem verwüsteten Feld stände, wenn ich dort, wo einst die Früchte der Güte Gottes reiften, Zeichen des göttlichen Gerichts sähe — auch dann will ich mich im Herrn freuen.«

Diese Worte wären es wert, mit diamantenem Griffel auf einen Felsen geschrieben zu werden. Möchten sie doch durch die Gnade Gottes tief in unser Herz eingegraben werden! Obwohl die Sprache in diesem Text kurz und prägnant ist, sind doch offensichtlich folgende Aussagen darin enthalten: Am Tage höchster Not würde Habakuk zu Gott fliehen, in der Zeit der Heimsuchung würde er eine heilige Gelassenheit und Gefaßtheit bewahren, ja mitten in allem Unglück würde er sich freuen an seinem Gott und im Vertrauen auf ihn fröhlich ausharren. Wahrlich, ein heldenhafter Glaube, grenzenloses Vertrauen und unbesiegbare Liebe kommen darin zum Ausdruck.

Bibellese: Hab. 3,1—19.

6. August

Ich verlasse mich auf dein Wort (Ps. 119,42).

Unser Glaube ist in dem Maße schwach oder stark, als wir glauben, daß Gott tun wird, was er gesagt hat. Der Glaube fragt nicht nach Gefühlen, Eindrücken, Unwahrscheinlichkeiten oder irgendwelchen Äußerlichkeiten. Wenn wir diese Dinge mit dem Glauben verbinden wollen, fußen wir nicht mehr auf dem Wort Gottes, weil der Glaube nichts dergleichen nötig hat. Der Glaube ruht auf dem nackten Wort Gottes. Wenn wir Gott bei seinem Wort nehmen, haben wir Frieden im Herzen.

Gott freut sich, unseren Glauben zu üben, zuerst, um uns dadurch selbst zu segnen, dann die Gemeinde als Ganzes und schließlich auch die Außenstehenden. Aber vor dieser Übung schrecken wir zurück, statt sie willkommen zu heißen. Wenn Prüfungen kommen, sollten wir sagen: »Mein himmlischer Vater reicht mir diesen Kelch, weil er mir nachher etwas Gutes geben will.«

Prüfungen stärken unseren Glauben. Wir wollen uns den Händen unseres himmlischen Vaters überlassen. Es ist Freude für ihn, seinen Kindern wohlzutun.

Aber Prüfungen und Schwierigkeiten sind nicht die einzigen Mittel, durch die der Glaube erprobt und vermehrt wird. Auch durch das Lesen der Heiligen Schrift lernen wir Gott kennen, so wie er sich in seinem Wort geoffenbart hat. Kannst du aus Erfahrung, das heißt nach dem, wie du Gott kennengelernt hast, sagen, daß er ein wunderbarer Gott ist? Wenn nicht, bitte Gott, dich dahin zu bringen, daß du sagen kannst, wie gut er ist und welche Freude es für ihn ist, seinen Kindern Gutes zu tun.

Je näher wir diesem Ziel kommen, desto eher sind wir bereit, uns seinen Händen zu überlassen, mit allem einverstanden zu sein, was er mit uns tut. Und wenn dann Prüfungen kommen, sagen wir: »Ich will abwarten, was Gott mir dadurch zeigen oder geben wird, denn gewiß will er mir dadurch Gutes erweisen.« So ist unser Zeugnis vor der Welt glaubwürdig, und so stärken wir andere Menschen (Georg Müller).

Bibellese: Jak. 1,2—4.

7. August

Durch den Glauben gehorchte Abraham, als er berufen wurde, nach einem Ort auszuziehen, den er zum Erbteil empfangen sollte (Hb. 11,8a).

Abraham wußte nicht, wohin sein Weg führen würde. Ihm reichte es, die Gewißheit zu haben, daß er mit Gott ging. Er stützte sich nicht so sehr auf die Verheißungen als auf den, der die Verheißungen gegeben hatte. Er schaute nicht auf die Schwierigkeiten seines Weges, sondern auf den König, den ewigen, unsterblichen, unsichtbaren, den allein weisen Gott, der seinen Weg bestimmte und der zweifellos auch alles wohl hinausführen würde.

Was für ein wunderbarer Glaube! Das ist deine Aufgabe, dies sind deine Möglichkeiten! Begnüge dich damit, mit versiegelten Befehlen zu reisen, im unerschütterlichen Vertrauen auf die Weisheit des höchsten Befehlshabers. Sei bereit aufzustehen, alles zu verlassen und Jesus in der freudigen Gewißheit nachzufolgen, daß das Beste dieser Erde nicht mit dem Geringsten im Himmel zu vergleichen ist.

Es genügt keineswegs, mit deinem Gott fröhlich zu einem Abenteuer des Glaubens aufzubrechen. Zerreiße jeden Plan, den du dir in Gedanken für die Reise aufgezeichnet hast. Nichts wird so ausfallen, wie du es erwartest. Dein Führer wird sich nicht an die vielbegangenen Wege halten. Er wird dich einen Weg führen, den du nie für möglich gehalten hättest. Er kennt keine Furcht und erwartet von dir, nichts zu fürchten, solange er bei dir ist.
Bibellese: Jes. 55,8—9.

8. August

... indem er Gott die Ehre gab und völlig überzeugt war, daß Gott das, was er verheißen habe, auch zu tun vermöge (Rö. 4,20—21).

Die Bibel sagt uns, daß Abraham seinen alten Körper, der schon so gut wie tot war, betrachten konnte, ohne sich entmutigen zu lassen, weil er nicht auf sich selbst schaute, sondern auf den allmächtigen Gott.

Er strauchelte nicht über die Verheißung, die Gott ihm gegeben hatte, sondern stand aufrecht, ungebeugt unter dem großen verheißenen Segen. Statt im Glauben schwach zu werden, wurde er gestärkt; je mehr Schwierigkeiten auftraten, desto mehr Kraft bekam er. Er gab Gott in seiner Allmacht die Ehre und war »völlig überzeugt [wie es im Griechischen ausgedrückt ist], daß er, der die Verheißung gegeben hatte«, nicht nur fähig sei, sondern »überfließend fähig, sie auszuführen«.

Gott hat unbegrenzte Möglichkeiten. Die Begrenzung liegt in uns. Wie Abraham sollten wir bitten, denken und beten. Unsere Erwartungen sind zu begrenzt, zu bescheiden. Gott versucht, unser Begriffsvermögen zu erweitern und dahin zu bringen, daß wir mehr von ihm erwarten — und mehr nehmen. Sollten wir dieses Angebot verachten? Wir dürfen von unserem herrlichen großen Gott alles erwarten, uns ist keine Grenze gesetzt. Er mißt seinen Segen nur an dem einen Maß: »nach der Kraft, die in uns wirkt«.
Bibellese: Rö. 4,16—25.

9. August

Nicht durch Heer und nicht durch Kraft, sondern durch meinen Geist! (Sach. 4,6).

Mein Weg führte mich bergan. Am Fuß des Berges sah ich einen Jungen auf einem Fahrrad. Er trat die Pedale mit aller Kraft und versuchte, gegen den Wind den Berg hinaufzukommen. Offensichtlich war das eine ungeheure Anstrengung für ihn. Gerade als er sich am meisten anstrengte und voll Mühe sein Bestes tat, kam ein Lastwagen, der in dieselbe Richtung fuhr — bergauf.

Der Wagen fuhr nicht zu schnell für den Jungen. Als er ihn überholt hatte, faßte der Junge mit einer Hand die Stange hinten am Auto. Nun kannst du dir denken, was geschah. Er kam fast wie ein Vogel den Berg hinauf.

Da schoß mir plötzlich der Gedanke durch den Kopf: »Ich bin in meiner Müdigkeit und Schwachheit genau wie dieser Junge. Ich quäle mich gegen alle möglichen Widerstände den Berg hinauf und

bin fast erschöpft von der Größe der Aufgabe. Aber direkt vor mir ist die Kraft, die mir zur Verfügung steht, die Kraft Jesu. Ich muß mich nur an ihn anschließen und in Verbindung mit ihm bleiben, und sei es auch nur durch den kleinen Finger des Glaubens. Das wird aber genügen, um mir seine Kraft zu eigen zu machen, damit ich diesen kleinen Dienst tun kann, der mir jetzt zuviel zu sein scheint.« So wurde mir geholfen, meine Müdigkeit abzulegen und diese Wahrheit zu erfassen.
Bibellese: Sach. 4,1—7.

10. August

Er aber kennt meinen Weg (Hi 23,10).

Was für eine herrliche Gewißheit! Vielleicht ist dein Weg krumm, geheimnisvoll, verworren, ein Weg voll Anfechtung und Tränen. Aber Gott kennt ihn. Es gibt einen allmächtigen Gott, der unsere Schritte kennt und lenkt. Entweder wird er uns zu dem bitteren Wasser Mara führen oder zu der Freude und Erquickung Elims.

Über dem Weg des Volkes Israel in der Wüste stand die Wolken- und Feuersäule. Für die Ägypter jedoch war derselbe Weg dunkel. Der Ofen ist heiß, aber wir dürfen der Hand vertrauen, die ihn angezündet hat und auch die Gewißheit haben, daß das Feuer nicht verbrennen, sondern läutern soll. Wenn der Läuterungsprozeß vorüber ist (nicht früher und nicht später), führt er seine Kinder heraus wie Gold.

Wenn wir meinen, Gott sei am weitesten entfernt, so ist er oft am nächsten. »Wenn mein Geist in mir bekümmert ist, kennst du meinen Pfad« (Ps. 142,4).

Kennen wir die tiefe Liebe des einen, die heller leuchtet als der hellste Schein der Morgensonne, dessen Auge voll Zärtlichkeit und Mitgefühl den ganzen Tag über uns wacht und den Weg sieht, auf dem wir gehen?
Bibellese: 2. Mo. 15,22—27.

11. August

Wenn mein Geist in mir bekümmert ist, kennst du meinen Pfad (Ps. 142,4a).

Wenn die Welt mit ihrem nüchternen Wortschatz vom Leid spricht, findet sie nur Worte wie »Schicksal« — »der Wille des Schicksals« — »Schicksalsschläge«. »Schicksal« — was ist das?

Heißt das nicht, den lebendigen Gott, der alles regiert, zu entthronen? Warum einen toten, abstrakten Begriff an die Stelle des handelnden persönlichen Gottes setzen?

Manchem schweren Leid wäre der Stachel genommen, wenn wir wie Hiob in der Stunde seines größten Schmerzes, als ihm jede irdische Hoffnung zerschlagen war, die Hand Gottes hinter allem sehen würden. Hiob sah diese Hand hinter den blitzenden Schwertern der Sabäer, die sein Vieh raubten, hinter dem Blitz, der das Kleinvieh erschlug, sah sie hinter dem Sturm aus der Wüste, der das Haus seiner Kinder umwarf, sah sie in der entsetzlichen Stille seines leeren Hauses. »Der Herr hat gegeben, der Herr hat genommen, der Name des Herrn sei gelobt!« Weil er in allen Dingen Gott sah, erreichte sein Glaube den Höhepunkt, als dieser einst so mächtige Fürst der Wüste auf seinem Aschenhaufen sagen konnte: »Obwohl er mich geschlagen hat, will ich ihm vertrauen.«
Bibellese: Ps. 142.

12. August

Wenn ich inmitten der Drangsal wandle, wirst du mich beleben (Ps. 138,7).

Im Hebräischen lautet dieser Vers wörtlich: »Weitergehen im Zentrum der Drangsal.« Diese Worte beschreiben die Situation sehr treffend. Wir haben Gott angerufen am Tage der Not, haben seine Verheißung der Errettung geltend gemacht, aber sie kam nicht. Der

Feind bedrängte uns weiter, bis wir mitten im Kampfgewühl steckten, im Zentrum der Drangsal. Warum also den Herrn weiter belästigen?

Als Martha sagte: »Herr, wärest du hier gewesen, mein Bruder wäre nicht gestorben«, begegnete der Herr ihrer Hoffnungslosigkeit mit seiner Verheißung: »Dein Bruder soll auferstehen.« Und wenn wir »im Zentrum der Drangsal« wandeln und wie Martha meinen, alle Rettung käme zu spät, begegnet er auch uns mit einer Verheißung aus seinem Wort. »Obwohl ich im Zentrum der Drangsal wandle, wirst du mich am Leben erhalten.«

Wenn seine Antwort auch lange auf sich warten läßt, wenn wir auch jetzt noch mitten in der Drangsal »weitergehen« müssen, ist doch »das Zentrum der Drangsal« gerade der Ort, wo er uns beleben und nicht, wo er uns im Stich lassen wird.

Wenn wir uns in einer aussichtslosen Lage befinden und nach wie vor kein Lichtstrahl zu sehen ist, dann ist die Zeit gekommen, da er seine Hand ausstrecken wird gegen den Zorn unserer Feinde und seine Rechte uns retten wird, die Zeit, da er den Angriff beenden und uns zum Sieg führen wird. Haben wir also Grund zu verzagen?
Bibellese: Ps. 138.

13. August

Es ist aber der Glaube ... eine Überzeugung von Tatsachen, die man nicht sieht (Hb. 11,1).

Der wahre Glaube wirft seinen Brief in den Briefkasten und läßt ihn fallen. Der Unglaube dagegen hält eine Ecke des Briefes fest und wundert sich dann, wenn die Antwort ausbleibt. Ich habe einige Briefe auf meinem Schreibtisch liegen, die seit Wochen geschrieben sind, aber weil an der Adresse oder am Inhalt noch etwas unklar war, wurden sie noch nicht zur Post gebracht. Sie haben weder mir noch jemand anderem irgend etwas genützt. Sie werden auch so lange nichts ausrichten, bis ich sie aus der Hand gebe und sie der Post und dem Briefträger anvertraue.

So ist es auch beim echten Glauben. Er befiehlt seine Sache Gott an, und dann handelt *er*. Im 37. Psalm steht ein schöner Vers: »Befiehl dem Herrn deinen Weg und vertraue auf ihn, so wird er handeln« (Vers 5). Aber er wird nicht handeln, solange wir ihm nicht wirklich unsere Not übergeben. Glauben heißt, die Gaben, die Gott uns anbietet, annehmen. Wir dürfen glauben, kommen, ihm übergeben und dann ruhen. Wir werden uns jedoch der Segnungen Gottes erst bewußt, wenn wir anfangen zu empfangen und dann bleiben und nehmen.

Dr. Payson schrieb einmal als junger Mann an eine alte Mutter, die sich große Sorge um ihren Sohn machte: »Du machst Dir zuviel Sorgen um ihn. Wenn Du für ihn gebetet hast, wie Du es ja tust, und ihn Gott anbefohlen hast, solltest Du aufhören, Dich um ihn zu sorgen. Der Befehl ›Sorget nicht!‹ ist grenzenlos. Dasselbe gilt für das Wort: ›Alle eure Sorge werfet auf ihn!‹ Wenn wir unsere Lasten auf jemand anders legen, können sie uns dann noch drücken? Wenn wir sie vom Thron der Gnade wieder mitnehmen, ist es klar, daß wir sie nicht dort gelassen haben. Was mich betrifft, prüfe ich meine Gebete wie folgt: Wenn ich Gott eine Sache übergeben habe und dann wie Hanna mit frohem, erleichtertem Herzen weggehen kann, sehe ich das als Beweis dafür an, daß ich im Glauben gebetet habe. Wenn ich aber meine Last wieder mitnehme, schließe ich daraus, daß der Glaube nicht tätig war.«

Bibellese: Phil. 4,4—7.

14. August

Nehmet, Brüder, zum Vorbild des Unrechtleidens und der Geduld die Propheten, die im Namen des Herrn geredet haben. Siehe, wir preisen die selig, welche ausgeharrt haben. Von Hiobs Geduld habt ihr gehört, und das Ende des Herrn habt ihr gesehen; denn der Herr ist voll Mitleid und Erbarmen (Jak. 5,10—11).

Wir neigen zu der Auffassung, daß wir andern am meisten nützen, wenn wir gesund und leistungsfähig sind, wenn wir mit Herz und Händen Liebesdienste erweisen können. Werden wir dagegen beiseite gerufen und können nur noch leiden, wenn wir krank sind, die Schmerzen uns aufreiben, wenn uns alles Tun aus der Hand genommen ist, dann meinen wir, unser Leben sei nutz- und sinnlos.

Aber wenn wir geduldig sind und uns in Gottes Willen ergeben, ist es beinahe sicher, daß wir für die Welt in den Tagen unseres Leidens und Schmerzes ein größerer Segen sind als zu der Zeit, da wir meinten, am meisten zu wirken. Jetzt brennen wir, und weil wir brennen, verbreiten wir einen hellen Schein.

Viele wollen Herrlichkeit ohne Kreuz, leuchten, ohne zu brennen, aber die Kreuzigung kommt vor der Krönung.

Bibellese: Hi. 42,1—17.

15. August

Da schrien die Kinder Israel zum Herrn. Und der Herr erweckte ihnen einen Retter, der sie erlöste: Otniel ... Und der Geist des Herrn kam über ihn (Ri. 3,9—10).

Gott bereitet seine Helden zu, und wenn die rechte Zeit gekommen ist, kann er sie in einem Augenblick an den von ihm vorgesehenen Platz stellen, daß die Welt sich wundert, woher sie plötzlich gekommen sind.

Laß es zu, daß der Heilige Geist dich durch die Schule des Lebens zubereitet! Wenn an den Marmorblock die letzte Hand angelegt wurde, ist es leicht für Gott, ihn auf den Sockel zu stellen und in die dafür vorgesehene Nische zu stellen.

Es wird ein Tag kommen, an dem auch wir, wie Otniel, die Nationen richten und mit Christus im tausendjährigen Reich regieren werden. Aber bevor diese herrliche Zeit kommen kann, müssen wir es zulassen, daß Gott uns wie Otniel in Kirjath-Sepher durch die

Prüfungen dieses Lebens und die kleinen Siege, von deren Bedeutung wir vielleicht nichts ahnen, zubereitet. Wenn der Heilige Geist einen Otniel ausrüstete, hält der Herr des Himmels und der Erde auch einen Thron für ihn bereit.
Bibellese: Ri. 3,7—11.

16. August

Elia war ein Mensch von gleicher Art wie wir (Jak. 5,17).

Gott sei Dank dafür! Elia saß niedergeschlagen unter einem Ginsterstrauch. Er beklagte sich und murrte und glaubte nicht. Aber als er mit Gott in Berührung kam, war das alles vorbei. Obwohl »ein Mensch von gleicher Art wie wir«, betete er ernstlich. Im Urtext heißt es nicht »ernstlich«, sondern er »betete im Gebet«. Er betete beharrlich. Was können wir daraus lernen? Wir müssen anhaltend beten!

Laßt uns in Gedanken auf den Berg Karmel steigen und das wichtige Geheimnis von Glauben und Schauen betrachten. Jetzt war es nicht nötig, daß Feuer vom Himmel fiel, sondern Regen. Und der Mann, der dem Feuer gebieten konnte, kann durch dieselben Mittel und Methoden auch dem Regen gebieten. Wir lesen in dem biblischen Bericht, daß sich Elia zur Erde beugte, das Gesicht zwischen den Knien, um nichts zu sehen und zu hören. Seine Haltung war so, daß er unter seinem Mantel weder sehen noch hören konnte, was um ihn herum vorging.

Dann beauftragte er seinen Knaben: »Gehe doch hinauf und siehe nach dem Meere hin!« Er ging und schaute und kam zurück und sprach: »Es ist nichts da!« Wie reagieren wir unter solchen Umständen? Wir sagen: »Genauso habe ich es erwartet« und hören auf zu beten. Hat Elia so gehandelt? Nein! Er befahl seinem Knaben: »Gehe wieder hin, siebenmal!« Schließlich kam er zurück und berichtete: »Es steigt eine kleine Wolke aus dem Meere auf, wie eines Mannes Hand.« Eines Mannes Hand war im Gebet erhoben, und herab kam der Regen. Ahab hatte kaum Zeit, mit all seinen schnellen Pferden das Tor von Samaria zu erreichen.

Diese Begebenheit ist ein Gleichnis von Glauben und Schauen. Der Glaube schaut nur auf Gott.

Bibellese: 1. Kö. 18,41—46.

17. August

Und die sieben häßlichen, mageren Kühe fraßen die sieben schönen, wohlgenährten Kühe . . . Und die sieben dünnen Ähren verschlangen die sieben schweren und vollen Ähren (1. Mo. 41,4.7).

Dieser Traum Josefs, so wie er dasteht, enthält eine Warnung für uns: Es *ist* möglich, daß die besten Jahre unseres Lebens, die besten Erfahrungen, die größten errungenen Siege, die besten Dienste, die wir geleistet haben, von Zeiten des Versagens, der Niederlage, der Unehre und Nutzlosigkeit ausgelöscht werden. Das Leben einiger Menschen, das sehr verheißungsvoll und von seltener Aktivität war, endete so. Der Gedanke daran ist schrecklich, entspricht aber der Wirklichkeit. Doch braucht es niemals dahin zu kommen.

Die einzige Garantie, vor dieser Tragödie bewahrt zu bleiben, ist das Beharren und Bleiben in Gott. Die gesegneten, fruchtbaren, siegreichen Erfahrungen von gestern helfen uns heute nichts. Sie werden tatsächlich verschlungen oder durch das Versagen von heute ins Gegenteil verkehrt. Es sei denn, sie sind uns heute ein Anreiz zu noch besseren, reicheren Erfahrungen.

Nur das Bleiben in Jesus wird die mageren Kühe und das magere Korn aus unserem Leben verbannen.

Bibellese: Joh. 15,1—9.

18. August

... welches der untrügliche Gott vor ewigen Zeiten verheißen hat (Tit. 1,2).

Glauben heißt nicht, sich durch Willenskraft zu einer Art Gewißheit emporzuarbeiten, sondern was Gott gesagt hat, als absolut gültige Tatsache anzusehen. Der Gläubige freut sich darüber und ruht in diesem Wissen.

Der Glaube nimmt Gottes Verheißungen einfach in Anspruch, und so werden Prophezeiungen daraus. Dann gehen wir unseren Weg weiter in dem Bewußtsein, daß es geschehen muß, weil Gott nicht lügen kann.

Es gibt nicht wenige Kinder Gottes, die um mehr Glauben beten. Wenn man jedoch aufmerksam zuhört und ihrem Gebet auf den Grund geht, erkennt man, daß sie sich keineswegs mehr Glauben wünschen, sondern sie möchten vom Glauben zum Schauen kommen.

Der Glaube sagt nicht: »Ich sehe, daß dies gut für mich ist, deshalb muß es von Gott kommen«, sondern: »Es kommt von Gott, und deshalb muß es gut für mich sein.«

Der Glaube, der im Dunkeln mit Gott wandelt, bittet ihn nur, seine Hand fester zu fassen.
Bibellese: Tit. 1,1—4.

19. August

Jesus antwortete: Du hättest gar keine Macht über mich, wenn sie dir nicht von oben herab gegeben wäre (Joh. 19,11).

Im Leben eines Menschen, der Gott gehört, ihm vertraut und gehorcht, kann nichts geschehen, was nicht dem Willen Gottes entspricht. Diese Tatsache sollte unser Leben mit Freude und unaufhörlichem Dank erfüllen. Denn Gottes Wille ist die einzige hoffnungsvolle, herrliche und frohmachende Sache in der Welt. Sein Wille wirkt in seiner Allmacht immer für uns, und nichts kann ihn verhindern, vorausgesetzt, daß wir uns Gott ganz ausgeliefert haben und ihm vertrauen.

Jemand, der durch tiefe Wasser der Trübsal ging, schrieb an einen Freund: »Ist es nicht etwas Herrliches zu wissen, daß, wie ungerecht eine Sache auch aussehen mag, wie offensichtlich sie von Satan zu kommen scheint, es der Wille Gottes für uns ist, wenn sie an uns herankommt. Sie muß uns dann zum Besten dienen. Denn alle Dinge wirken zum Guten mit für die, die Gott lieben.«

Selbst beim Verrat des Judas sagte Jesus: »Soll ich den Kelch nicht trinken, den mir der Vater gegeben hat?« Und Pilatus war nur ein blindes Werkzeug in Gottes Rettungsplan für die Menschen. Unser Leben ist voll Frieden und Freude, wenn wir uns im Zentrum des Willens Gottes befinden. Alle Angriffe, die Satan durch die Sünde anderer Menschen auf uns richten kann, dürfen uns nicht nur nicht schaden, sondern werden unterwegs in Segen verwandelt.
Bibellese: Joh. 19,6—16.

20. August

Es soll aber geschehen, daß ein jeder, der den Namen des Herrn anruft, gerettet wird (Rö. 10,13).

Warum rufe ich nicht seinen Namen an? Warum laufe ich zu diesem oder jenem Nachbarn, wenn doch Gott so nahe ist und den leisesten Ruf hört? Warum setze ich mich hin, zerbreche mir den Kopf und versuche, selbst einen Ausweg aus der Not zu finden? Warum wälze ich nicht sofort mich selbst und meine Last auf den Herrn?

Der direkte Weg ist der kürzeste — warum also laufe ich nicht sogleich zu dem lebendigen Gott? Von Menschen und menschlichen Mitteln werde ich immer vergeblich Hilfe erwarten. Bei Gott aber werde ich sie finden, denn hier steht sein königliches »ein jeder ... gerettet wird«.

Ich brauche nicht zu fragen, ob ich ihn anrufen darf oder nicht, denn dieses Wort »ein jeder« schließt alle Menschen ein. »Ein jeder« — das bin auch ich. Es gilt jedem, der Gott anruft. Ich will deshalb dieses Wort befolgen und sofort den gnädigen und wunderbaren Herrn anrufen, der eine so weitreichende Verheißung gegeben hat.

Mein Fall ist dringend. Ich weiß nicht, wie mir geholfen werden kann. Aber das geht mich nichts an. Er, der das Versprechen gegeben hat, wird auch Mittel und Wege finden, es zu halten. Meine Aufgabe ist es, seinen Geboten zu gehorchen, nicht, ihm Vorschriften zu machen. Ich bin sein Knecht, nicht sein Berater. Ich rufe ihn an, und er wird mich erretten (Spurgeon).
Bibellese: Jo. 3,1—5.

21. August

Alle eure Sorge werfet auf ihn; denn er sorgt für euch! (1. Pt. 5,7).

Ein bedeutender Reichsgottesarbeiter erzählte von seiner Mutter, die sich immer viel Sorgen machte. Er sprach oft stundenlang mit ihr, um zu versuchen, ihr die Sünde des Sorgens vor Augen zu stellen. Aber alle Mühe war vergeblich. Sie war wie jene alte Dame, die einmal sagte, sie hätte so viel gelitten, besonders durch Sorgen und Befürchtungen, die nie eintrafen.

Eines Morgens jedoch kam die Mutter mit strahlendem Gesicht zum Frühstück. Der Sohn fragte, was denn geschehen sei, und die Mutter erzählte ihm, sie hätte in der Nacht einen seltsamen Traum gehabt. Sie wanderte in einer großen Menschenmenge auf einer Straße, alle schienen müde und beladen zu sein. Fast alle trugen kleine schwarze Bündel, und sie bemerkte zahlreiche widerwärtig aussehende Wesen, die sie für Dämonen hielt und die diese schwarzen Bündel fallen ließen, damit die Menschen sie aufheben und tragen sollten.

Wie alle anderen trug auch sie ihre unnötige Last und wurde von den teuflischen Bündeln niedergedrückt. Nach einer gewissen Zeit sah sie auf und bemerkte einen Mann mit strahlendem, liebevollen Gesicht, der zwischen der Menge hin- und herging und die Menschen tröstete.

Schließlich kam er auch zu ihr, und sie sah, daß es ihr Heiland war. Sie schaute ihn an und sagte ihm, wie müde sie sei. Er lächelte traurig und erwiderte: »Mein liebes Kind, ich habe dir diese Last nicht auferlegt. Du brauchst sie gar nicht zu tragen. Es ist des Teufels Last, und sie zehrt an deinen Kräften. Laß sie doch einfach fallen, weigere dich, sie auch nur mit dem kleinen Finger wieder anzurühren. Dann wirst du sehen, daß dein Weg leicht wird und du wie auf Adlers Flügeln getragen weiterwanderst.«

Er berührte ihre Hand, und siehe da — Friede und Freude durchströmten sie. Sie warf ihre Last ab und wollte sich gerade voll Dankbarkeit vor ihm niederwerfen, als sie plötzlich erwachte. Alle ihre Sorgen waren verschwunden. Von diesem Tag an bis an ihr Lebensende sei seine Mutter das fröhlichste und glücklichste Glied der Familie gewesen.

Auf, auf, gib deinem Schmerze und Sorgen gute Nacht!
Laß fahren, was das Herze betrübt und traurig macht,
bist du doch nicht Regente, der alles führen soll.
Gott sitzt im Regimente und führet alles wohl (P. Gerhardt).

Bibellese: Mt. 6,25—34.

22. August

Er stieg auf den Berg, um abseits zu beten (Mt. 14,23).

Ein besonderer Segen des alttestamentlichen Sabbats war die Ruhe, die Stille, sein heiliger Friede. Aus der Einsamkeit entsteht Kraft. Krähen fliegen in Schwärmen, Wölfe gehen in Rudeln, aber Löwe und Adler sind Einzelgänger.

Kraft wächst nicht in Lärm und Krach; Kraft wächst in der Stille.

Der See muß klar und ruhig sein, wenn sich der Himmel darin spiegeln soll. Unser Herr liebte die Menschen, aber wie oft lesen wir, daß er sich für eine gewisse Zeit von ihnen entfernte. Immer wieder zog er sich von der Menge zurück. Besonders abends stahl er sich davon auf einen Berg. Der größte Teil seines Dienstes geschah in den Städten und Dörfern am Ufer des Sees Genezareth, aber die Berge liebte er am meisten. Und oft, wenn die Nacht hereinbrach, suchte er ihre stillen Höhen auf.

Das, was wir heute am dringendsten brauchen, mehr als alles andere, ist, daß wir mit unserem Herrn abseits gehen und uns in seiner heiligen Gegenwart ihm zu Füßen setzen. O daß wir die Kunst der Stille vor ihm wieder lernten und das Harren auf Gott!

Jeder Nachfolger Jesu, der stark sein will, muß in seinem Leben ein Allerheiligstes haben, wo er mit Gott allein ist.

Bibellese: Mt. 14,22—24.

23. August

Das Geheimnis des Herrn ist unter denen, die ihn fürchten (Ps. 25,14).

Es gibt Geheimnisse in Gottes Fürsorge, die seine Kinder lernen können. Sein Handeln mit ihnen mag, äußerlich gesehen, oft dunkel und schwer erscheinen. Aber der Glaube sieht tiefer und sagt: »Das ist Gottes Geheimnis. Du siehst nur die äußere Seite, ich aber kann tiefer sehen und den verborgenen Sinn erkennen.«

Diamanten werden manchmal in grober Verpackung geliefert, um ihren Wert zu verschleiern. Als die Stiftshütte in der Wüste errichtet wurde, war von außen nichts Besonderes daran zu sehen. Die kostbaren Dinge befanden sich alle im Innern, und die äußere Decke von rauhen Dachsfellen ließ nichts von den Schätzen erkennen, die darunter verborgen waren.

Vielleicht schickt Gott dir einige kostbare Sendungen. Kümmere dich nicht darum, wenn sie in grober Verpackung ankommen. Du darfst gewiß sein, daß sie Schätze seiner Liebe, Freundlichkeit und Weisheit enthalten. Wenn wir annehmen, was er uns schickt und ihm vertrauen, daß Gutes darin für uns verborgen ist, werden wir den Sinn seiner Geheimnisse erkennen.

Wer von Jesus beherrscht wird, beherrscht die Umstände. Sind wir von den Umständen hart bedrängt? Schieben wir sie weg! Es ist die Hand des Töpfers. Wir werden lernen, die Umstände zu meistern, wenn wir uns nicht dagegen sträuben, sondern die Züchtigung erdulden, denn dadurch werden wir nicht nur zu einem schönen und ehrbaren Gefäß, sondern auch unsere Gaben, die in uns schlummern, werden frei.

Bibellese: Ps. 25.

24. August

Er sagte ihnen aber auch ein Gleichnis dafür, daß sie allezeit beten und nicht nachlässig werden sollten (Lk. 18,1).

Die größte Versuchung in unserem Gebetsleben ist, nicht anhaltend genug zu beten. Wir fangen an, für etwas Bestimmtes zu beten; wir stellen unsere Gebetsanliegen für einen Tag, eine Woche oder einen Monat zusammen. Wenn wir dann keine bestimmte Antwort bekommen haben, werden wir müde und hören allmählich ganz auf zu bitten. Das ist ein großer Fehler!

Es ist auf allen Gebieten des Lebens verhängnisvoll, wenn Unternehmungen ins Leben gerufen, aber nicht vollendet werden. Menschen, die sich daran gewöhnt haben, etwas anzufangen, ohne es hinauszuführen, haben sich an ihr Versagen gewöhnt. Genauso geht es dem, der anfängt, für etwas zu beten und nicht bis zur Erhörung durchbetet. Er hat sich in seinem Gebetsleben an Niederlagen gewöhnt.

Nachlassen heißt versagen. Aus diesem Versagen wächst Entmutigung und Zweifel im Blick auf erhörliches Beten — und das ist gefährlich.

Du fragst vielleicht: »Wie lange soll ich beten? Kommen wir nicht einmal an einen Punkt, wo wir mit Beten aufhören und die ganze Sache Gott überlassen sollten?«

Darauf gibt es nur eine Antwort: Bete, bis Gott dir gegeben hat, worum du batest, oder bis du in deinem Herzen die Gewißheit hast, daß er es dir geben wird!

Nur bei einem dieser beiden Fälle wagen wir, nicht mehr weiter zu beten, denn das Gebet ist nicht nur ein Rufen zu Gott, sondern auch ein Kampf mit Satan. Und weil Gott unser Gebet als wichtigen Faktor des Sieges in diesem Kampf benutzt, muß er allein entscheiden und nicht wir, wann wir aufhören sollen zu beten. Deshalb wagen wir nicht aufzuhören, bis die Antwort da ist oder bis wir die Gewißheit haben, daß sie kommen wird. Im ersteren Fall hören wir auf, weil wir die Erhörung sehen, im zweiten Fall, weil wir glauben, und der Glaube unseres Herzens ist ebenso sicher wie das, was wir mit unseren Augen sehen, denn der Glaube ist von Gott, ja, es ist der Glaube Gottes in uns.

Wir werden in unserem Gebetsleben mehr und mehr diese von Gott gegebene Gewißheit bekommen und erkennen, wann wir ruhig warten und wann wir weiterbeten sollen, bis die Erhörung da ist.

Bibellese: Rö. 12,12; Lukas 18,1–8.

25. August

Da sprach Kaleb zu ihr: Was hast du? Sie sprach: Gib mir einen Segen, denn du hast mir ein dürres Land gegeben; gib mir auch Wasserquellen! Da gab er ihr Wasserquellen, die obern und die untern (Jos. 15,18—19).

Es gibt obere und untere Quellen! Aber es sind Quellen — nicht stehende Gewässer. Es sind Freuden und Segnungen, die Gott uns in der größten Sommerhitze und mitten in der Wüste voll Sorgen und Mühsal schenkt. Das Land, das Achsa bekommen hatte, lag im Süden, unter glühender Sonne, die das Land oft versengte. Aber von den Hügeln flossen die nie versiegenden Quellen, die dem ganzen Land Kühlung, Erfrischung und Fruchtbarkeit brachten.

Solche Quellen gibt es in den Niederungen des Lebens, an Orten, wo wir es schwer haben, in der Wüste, in der Einsamkeit, im grauen Alltag. In welcher Lage wir uns auch befinden mögen, diese oberen Quellen sind immer für uns zugänglich.

Abraham fand sie mitten in den Bergen von Kanaan, Mose unter den Felsen von Midian. David entdeckte sie unter der Asche von Ziklag, als sein Besitz verbrannt, seine Familie gefangen weggeführt war und seine Leute ihn steinigen wollten: »David aber hielt sich fest an dem Herrn, seinem Gott.«

Habakuk fand diese Quellen, als der Feigenbaum verdorrt und die Felder ausgedörrt waren; aber als er aus diesen Quellen trank, konnte er singen: »Ich aber will mich im Herrn freuen und frohlocken über den Gott meines Heils!«

Jesaja machte sie ausfindig in den furchtbaren Tagen, als Sanherib ins Land eingefallen war, als die Berge ins Meer zu fallen schienen. Aber der Glaube konnte singen: »Ein Strom mit seinen Bächen erfreut die Stadt Gottes, die heiligen Wohnungen des Höchsten. Gott ist in ihrer Mitte, sie wird nicht wanken.«

Die Märtyrer fanden die Quellen mitten in den Flammen; die Reformatoren inmitten ihrer Feinde und Kämpfe. Und wir können sie das ganze Jahr über antreffen, wenn der Tröster in unserem Herzen ist und wir gelernt haben, mit David zu sprechen: »Alle meine Quellen sind in dir.« Es gibt viele solcher kostbaren Quellen — ja, die Fülle Gottes steht uns zur Verfügung!

Bibellese: Jes. 12.

26. August

Aber Abraham blieb noch stehen vor dem Herrn (1. Mo. 18,22).

Der Freund Gottes kann für andere bitten. Es mag sein, daß uns Abraham in seiner Glaubensgröße und seiner Freundschaft mit Gott sehr erhaben und jenseits unserer geringen Möglichkeiten vorkommt. Aber lassen wir uns dadurch nicht entmutigen! Abraham wuchs, und auch wir dürfen wachsen. Er ging Schritt für Schritt vorwärts, nicht in großen Sätzen.

Der Mann, dessen Glaube schwer geprüft wurde und der aus dieser Prüfung siegreich hervorgegangen ist, mußte noch schwerere Prüfungen erdulden. Die schönsten Edelsteine werden am sorgfältigsten geschnitten und poliert. Das heißeste Feuer erprobt das kostbarste Metall. Abraham wäre nie der »Vater der Gläubigen« genannt worden, wenn er nicht bis auf äußerste geprüft worden wäre: »Nimm doch deinen Sohn, deinen einzigen, den du lieb hast« (1. Mo. 22,2). Sieh, wie er mit einem geläuterten, gedankenschweren, aber demütigen und gehorsamen Herzen unterwegs war nach dem Berg Morija, den Sohn seines Herzens neben sich. Auf Befehl Gottes, den er doch geliebt und dem er so treu gedient hatte, sollte er jetzt diesen Sohn opfern!

Wenn wir das sehen, sollten unsere Fragen im Blick auf Gottes unverständliches Handeln mit uns verstummen. Weg mit allen zweifelhaften Auslegungen, die diese gewaltige Szene erklären wollen! Es war eine Lektion für alle Zeiten, und die Engel schauten zu.

Der Glaube dieses Mannes sollte allen Kindern Gottes aller Zeiten zur Kraft und Stärkung dienen. Er sollte demonstrieren, daß der Glaube, der nicht wankt, immer die Treue Gottes erfahren wird.

Als Abrahams Glaube seine größte Prüfung siegreich bestanden hatte, sprach der Engel des Herrn — wer? Jesus Christus, er, in dem alle Verheißungen Gottes ja und Amen sind — zu Abraham: »Nun weiß ich, daß du Gott fürchtest.« Du hast mir bis aufs äußerste vertraut. Nun will ich dir auch vertrauen. Du sollst für immer mein Freund sein. »Ich will segnen, die dich segnen . . . und durch dich sollen alle Geschlechter auf Erden gesegnet werden!«

Es ist immer so und wird immer so bleiben: Diejenigen, die glauben, werden mit dem glaubenden Abraham gesegnet.

Es ist kein Geringes, Freundschaft mit Gott zu haben.

Bibellese: 1. Mo. 22,1—19.

27. August

Wälze auf den Herrn deinen Weg (Ps. 37,5 wörtlich).

Was immer dich auch bedrängen mag, geh und sag es deinem himmlischen Vater! Leg die ganze Sache in seine Hand, dann bist du frei von der verzehrenden Sorge, von der die Welt erfüllt ist. Wenn du etwas tun oder erleiden sollst, wenn du dir irgend etwas vorgenommen hast, geh und sag es Gott, und laß ihn davon wissen. Ja, lege die Last auf ihn, dann bist du die Sorgen los. Statt Sorge erfüllt Ruhe und Frieden dein Herz, Eifer in der Erfüllung deiner Pflicht und Vertrauen auf Gott, daß er dich in allen Dingen recht führen wird. Wälze deine Sorgen — und dich selbst dazu — auf deinen Gott!

Wenn unser Weg jedoch ein Weg ist, den Gott nicht gutheißen kann, wird es uns unmöglich sein, ihn dem Herrn anzubefehlen. Nur durch den Glauben kann ein Mensch seinen Weg dem Herrn anbefehlen. Wenn der geringste Zweifel in unserem Herzen ist, daß unser Weg ein falscher Weg ist, wird der Glaube sich weigern, etwas damit zu tun zu haben.

Dieses »Auf-ihn-Wälzen« unseres Weges muß ständig vor sich gehen; es ist kein einmaliger Akt. Wie außergewöhnlich und unerwartet auch Gottes Führung zu sein scheint, wie dicht an den Abgrund heran er dich auch führen mag, nimm ihm nicht die Zügel aus der Hand!

Bist du gewillt, alle deine Wege Gott zu unterbreiten, damit er sie beurteile? Es gibt nichts, was ein Christ so genau prüfen sollte wie seine festgefahrenen Gewohnheiten und Ansichten. Er ist so leicht geneigt, es für selbstverständlich zu nehmen, daß Gott sie billigt. Warum sind manche Christen so voll Angst und Sorge? Offensichtlich deshalb, weil sie ihre Anliegen nicht dem Herrn überlassen haben. Sie brachten sie zu ihm, haben sie aber dann wieder mitgenommen.

Bibellese: Ps. 25,17–22.

28. August

Es begab sich aber nach einiger Zeit, daß der Bach vertrocknete; denn es war kein Regen im Lande (1. Kö. 17,7).

Woche um Woche schaute Elia zu, wie das Wasser im Bach immer mehr abnahm. Oft war er versucht, in seinem Glauben wankend zu werden, aber er weigerte sich, die Umstände zwischen sich und Gott treten zu lassen. Der Unglaube sieht Gott durch die Umstände hindurch, wie wir manchmal die Sonne durch den Nebel sehen, aber nicht ihre Strahlen. Der Glaube jedoch stellt Gott zwischen sich und die Umstände und sieht durch ihn auf diese Umstände. Und so wurde das Bächlein schließlich zu einem Rinnsal, das Rinnsal stand bald in Tümpel am Fuß der großen Felsbrocken. Dann wurden auch die Tümpel immer kleiner. Die Vögel und wilden Tiere des Feldes und Waldes kamen nicht mehr, um zu trinken. Der Bach war vertrocknet. Erst jetzt geschah das Wort des Herrn zu Elias geduldigem und unerschütterlichem Geist und sprach: »Mache dich auf und gehe nach Zarpat.«

Die meisten von uns hätten sich schon lange den Kopf zermartert, wie alles weitergehen würde. Wir hätten aufgehört zu singen, sobald das Bächlein nicht mehr so munter über sein felsiges Bett geplätschert wäre. Wir hätten unsere Harfen an die Weiden gehängt und wären in dem verdorrten Gras gedankenvoll hin- und hergegangen. Wahrscheinlich hätten wir, lange ehe der Bach vertrocknete, irgendeinen Plan ausgeheckt und Gott um seinen Segen gebeten und wären dann irgendwohin weitergezogen.

Gott führt uns oft nur deshalb aus der Not heraus, weil seine Gnade ewig währt. Wenn wir jedoch erst gewartet hätten, um zu sehen, wie sich seine Pläne entfalten, hätten wir uns nie in einem so ausweglosen Labyrinth verloren, wären wir nie gezwungen gewesen, unter vielen Tränen der Scham und Reue unseren Weg zurückzugehen.

Warte doch, warte geduldig!

Bibellese: 1. Kö. 17,1—9.

29. August

Alles ist möglich dem, der glaubt! (Mk. 9,23).

»Alles« kommt nicht immer einfach auf unser Bitten hin, weil Gott stets versucht, uns den Weg des Glaubens zu lehren. In dieser Schule des Glaubens muß die Möglichkeit für die Erprobung des Glaubens, Zucht des Glaubens, Geduld des Glaubens und den Mut des Glaubens gegeben sein. Oft müssen wir viele Stufen durchlaufen, bis wir wirklich zu der Erkenntnis gelangen, daß das Ende des Glaubens der Sieg des Glaubens ist.

Echte Charakterfestigkeit entwickelt sich in der Schule des Glaubens. Du hast Gott deine Bitte vorgetragen, aber die Antwort kommt nicht. Was nun? Glaube weiter an Gottes Wort! Laß dich nie davon abbringen durch das, was du siehst oder fühlst. So bekommst du durch dein Festbleiben mehr Kraft. Wenn du dich trotz des offensichtlichen Widerspruchs zwischen deiner Erfahrung und Gottes Wort nicht von der Stellung des Glaubens abbringen läßt, wächst du auf anderen Gebieten.

Oft zögert Gott absichtlich, und die Verzögerung ist ebenso eine Antwort auf dein Gebet wie die Erfüllung.

Im Leben all der großen Persönlichkeiten der Bibel hat Gott so gehandelt. Abraham, Mose und Elia waren ursprünglich nicht groß, wurden es aber dann durch die Schule des Glaubens. Nur so wurden sie zubereitet für die Stellung, zu der Gott sie berufen hatte.

Wir lesen in den Psalmen über Joseph, den der Herr für den Thron Ägyptens vorbereitete: »Der Ausspruch des Herrn läuterte ihn« (Ps. 105,19). Nicht das Leben im Gefängnis mit seinen harten Betten und der mageren Kost läuterte ihn, sondern das Wort, das Gott in sein Herz gelegt hatte, als er noch jung war und das ihm eine höhere Stellung und mehr Ehre versprach als seinen Brüdern. Diese Zusage behielt er stets vor Augen, auch als jeder Schritt seines Lebens die Erfüllung immer unmöglicher zu machen schien, bis er schließlich eingekerkert wurde und trotz seiner Unschuld im Gefängnis aushalten mußte, während andere, die vielleicht mit Recht eingesperrt waren, entlassen wurden.

Diese Zeit war eine harte Prüfung für Joseph, aber es war auch eine Zeit geistlichen Wachstums. Als dann das Wort der Befreiung kam, war er für die schwierige Aufgabe bereit, seine unberechenbaren Brüder mit einer Liebe und Geduld zu behandeln, die nur von Gott selbst übertroffen werden konnte.

Keine noch so schweren Verfolgungen sind eine so harte Prüfung wie Erfahrungen dieser Art: Wenn Gott von seiner Absicht gesprochen hat, etwas zu tun, und die Tage vergehen, ohne daß etwas geschieht, dann ist das sehr schwer. Aber es ist eine Schule des Glaubens, durch die wir Gott erkennen sollen, wie es sonst nicht möglich wäre.

Bibellese: Ps. 105,16—25.

30. August

Und als sie gebetet hatten, erbebte die Stätte, wo sie versammelt waren, und sie wurden alle mit dem heiligen Geist erfüllt ... und mit großer Kraft legten die Apostel Zeugnis ab von der Auferstehung des Herrn Jesus (Apg. 4,31.33).

Christmas Evans erzählt in seinem Tagebuch, wie er eines Sonntagnachmittags zu einem Dienst unterwegs war. Er ritt auf einem einsamen Weg. Da wurde er auf einmal von seiner Herzenskälte überführt. Er schreibt: »Ich band mein Pferd an einen Baum und ging an eine abgelegene Stelle, wo ich in höchster Seelenangst auf- und abging, als ich mein Leben überschaute.

Ich blieb drei Stunden vor Gott, vor Schmerz zusammengebrochen, bis schließlich das wunderbare Bewußtsein seiner vergebenden Liebe über mich kam. Gott erfüllte mich erneut mit dem Heiligen Geist.

Als die Sonne unterging, ging ich auf den Weg zurück, fand mein Pferd, stieg auf und ritt weiter. Am nächsten Tag predigte ich mit neuer Vollmacht zu einer großen Menschenmenge, die sich auf einem Berg versammelt hatte. An jenem Tag brach eine Erweckung aus, die sich durch ganz Wales ausbreitete.«

Aus dieser Begebenheit sehen wir, wie wichtig es ist, daß wir »voll Geistes« sind, wie Paulus in Epheser 5,18 uns ermahnt: »Werdet voll Geistes!« Und wie oft lesen wir in der Apostelgeschichte, daß die Apostel und Jünger Jesu »voll heiligen Geistes« waren und in dieser Kraft große Taten und Wunder vollbrachten.

Deshalb sollte unsere Hauptsorge sein, »voll Geistes und Glaubens« zu werden.

Bibellese: Apg. 4,23—37.

31. August

Wir wissen nicht, was wir beten sollen, wie sich's gebührt (Rö. 8,26).

Vieles, was uns in unserem Glaubensleben verwirrt und bestürzt, ist nur die Antwort auf unsere Gebete.

Wir beten um Geduld, und unser Vater schickt uns Menschen, die uns bis aufs äußerste in Anspruch nehmen, denn »Trübsal wirkt Geduld«.

Wir beten um Gehorsam, und Gott schickt uns Leiden, denn wir lernen Gehorsam durch das, was wir leiden.

Wir beten um Selbstlosigkeit, und Gott gibt uns Gelegenheiten, uns aufzuopfern in unserem Bemühen, auf das zu sehen, was des andern ist und unser Leben für die Brüder hinzugeben.

Wir beten um Kraft und Demut, und irgendein Bote Satans quält uns, bis wir im Staub liegen und zu Gott schreien, er möge uns davon befreien.

Wir beten: »Herr, mehre unseren Glauben«, und unser Geld zerrinnt uns unter den Händen, oder ein Kind wird ernstlich krank, oder wir bekommen einen Mitarbeiter, der gleichgültig, überspannt, schlampig oder langsam ist, oder eine bisher unbekannte Prüfung verlangt mehr Glauben auf einem Gebiet, auf dem wir ihn bisher gar nicht besonders nötig hatten.

Wir beten um die Lammesart und bekommen eine erniedrigende Arbeit aufgetragen oder werden verwundet und dürfen keine Abhilfe suchen, denn »er wurde wie ein Lamm zur Schlachtbank geführt und ... tat seinen Mund nicht auf«.

Wir beten um Sanftmut, und ein wahrer Sturm der Versuchung zu Härte und Gereiztheit bricht über uns herein.

Wir beten um Gelassenheit, und jeder Nerv wird bis aufs äußerste angespannt, damit wir durch das Aufsehen auf Jesus lernen, daß, wenn er Ruhe gibt, uns niemand und nichts beunruhigen darf.

Wir beten um Liebe, und Gott schickt uns besondere Leiden und stellt uns mit Menschen zusammen, die alles andere als liebenswert sind und läßt sie Dinge sagen, die uns auf die Nerven gehen und uns tief verletzen, denn die Liebe ist langmütig und freundlich, die Liebe ist nicht unhöflich; sie läßt sich nicht erbittern. Die Liebe verträgt alles, glaubt alles, hofft alles, duldet alles, die Liebe höret nimmer auf.

Wir beten darum, Jesus ähnlich zu werden, und die Antwort ist: »Ich habe dich auserwählt im Ofen des Elends.«

Der Weg zum Frieden und Sieg ist, jeden Umstand, jede Prüfung direkt aus der Hand unseres liebenden Vaters anzunehmen und in den himmlischen Orten zu leben, über den Wolken, in der Gegenwart des Thrones Gottes und von dort, aus der Herrlichkeit, herunterzuschauen auf unsere Umgebung, die uns die göttliche Liebe zugeordnet hat.

Bibellese: Rö. 8,18—30.

1. September

... an ebendemselben Tage, wie Gott ihm gesagt hatte (1. Mo. 17,23).

Sofortiger Gehorsam ist die einzige Art Gehorsam, die es gibt. Aufgeschobener Gehorsam ist Ungehorsam. Jedesmal, wenn Gott uns zu irgendeiner Aufgabe ruft, will er einen Bund mit uns schließen.

Die einzige Art, auf die wir gehorchen können, ist »an ebendemselben Tage«, wie Abraham. Sicher verschieben wir oft eine unangenehme Aufgabe und erfüllen sie dann später, so gut wir können. Besser später als nie. Aber dann ist es höchstens eine verkrüppelte, entstellte, halbe Sache. Aufgeschobener Gehorsam kann niemals den vollen Segen bringen, den Gott geben wollte und gegeben hätte, wenn wir sofort gehandelt hätten.

Es ist schade, wenn wir uns selbst, Gott und andere durch einen Aufschub schädigen. »An ebendemselben Tage« will sagen: «Tue es jetzt!«

Luther sagte: »Ein wahrer Gläubiger wird die Frage ›warum?‹ kreuzigen. Er wird gehorchen, ohne zu fragen. Ich will nicht zu denen gehören, die nur glauben, wenn sie Zeichen und Wunder sehen. Ich will gehorchen, ohne zu fragen.«

Gehorsam ist die Frucht des Glaubens, Geduld die Blüte der Frucht.

Bibellese: Lk. 5,1—11.

2. September

Jetzt zwar sehen wir das Licht nicht, das doch leuchtend hinter den Wolken steht (Hi. 37,21).

Die Erde verdankt viel von ihrer Schönheit den Wolken. Das unveränderliche Blau des italienischen Himmels ist kaum ein Ersatz für die Schönheit und Abwechslung der Wolkenformen. Ohne Wolken würde die Erde zu einer Wüste werden.

Auch in unserem menschlichen Leben gibt es Wolken, die uns überschatten, erfrischen und manchmal auch mit der Schwärze der Nacht einhüllen. Es gibt jedoch keine Wolke ohne Licht. »Ich setze meinen Bogen in die Wolken!«

Wenn wir die Wolken von oben aus sehen könnten, so wie es vom Flugzeug aus möglich ist, wo sie voll Schönheit und Pracht manchmal wie Wellen ausgebreitet liegen, manchmal aufgetürmt zu riesigen Gebirgen, im Sonnenlicht gebadet — wir würden staunen über diesen großartigen Anblick! Wir sehen nur die untere Seite, aber wer kann das helle Licht beschreiben, das ihre Gipfel umstrahlt und ihre Täler ausleuchtet und das von jedem Wolkengipfel reflektiert wird? Nimmt nicht jeder Tropfen ihres Wassers gesundheitsspendende Eigenschaften auf, die sie zur Erde tragen?

O Kind Gottes, wenn du deine Sorgen und Nöte nur von der anderen, der oberen Seite aus sehen könntest! Wenn du, statt von der Erde zu ihnen aufzusehen, von den himmlischen Orten aus, wo du mit Jesus sitzst, auf sie niederschauen könntest; wenn du wüßtest, wie sie in bunter Schönheit vor dem Staunen des Himmels das helle Licht des Angesichts Jesu widerspiegeln, du würdest dich nicht dagegen wehren, daß sie ihre tiefen Schatten auf die Abhänge deines Lebens werfen. Und denke daran, daß Wolken immer von Gottes reinigendem Wind getrieben werden.
Bibellese: Hi. 37,9—24.

3. September

Fürchte dich nicht, Daniel! Denn von dem ersten Tage an, da du dein Herz darauf richtetest, zu verstehen und dich vor deinem Gott zu demütigen, sind deine Worte erhört worden, und ich bin gekommen um deiner Worte willen. Aber der Fürst des Königreichs Persien hat mir einundzwanzig Tage lang widerstanden (Dan. 10,12—13).

Dieser Abschnitt gibt uns einen äußerst wichtigen Aufschluß über das Gebet. Wir sehen, wie Satan das direkte Hindernis für Daniels Erhörung war.

Daniel hatte 21 Tage gefastet und gebetet. Er hatte schwer gerungen in seinem Gebet, nicht weil er kein guter Mann gewesen wäre oder weil er nicht richtig gebetet hätte, sondern weil ein besonderer Angriff Satans dahinter stand. Der Herr sandte einen

Boten aus, der Daniel sagen sollte, sein Gebet sei in dem Augenblick erhört worden, da er anfing zu beten, daß aber ein Engel der Finsternis sich dem Engel des Lichts entgegengestellt, mit ihm gekämpft und ihn verhindert habe, seinen Befehl auszuführen. Es war also ein Kampf im Himmel, und Daniel schien auf Erden denselben heftigen Kampf durchkämpfen zu müssen, wie er im Himmel stattfand.

»Unser Kampf richtet sich nicht wider Fleisch und Blut, sondern wider die Herrschaften, wider die Gewalten ... wider die geistlichen Mächte der Bosheit« (Eph. 6,12).

Satan zögerte die Antwort Gottes drei volle Wochen hinaus. Daniel wollte fast aufgeben, und Satan hätte ihn am liebsten umgebracht. Aber Gott wird nicht zulassen, daß uns etwas begegnet, das über das hinausgeht, »was wir ertragen können«.

Das Gebet manches Gläubigen wird von Satan verhindert, aber wir brauchen keine Angst zu haben, wenn unsere Gebete und unser Glaube sich zu stauen scheinen; denn nach einiger Zeit werden sie sich wie eine Flut ergießen und nicht nur die Antwort bringen, sondern neuen Segen dazu.

Die Hölle bietet gegen die Heiligen ihre ganze Macht auf. Die kostbarsten Seelen werden durch hohen Druck und hohe Temperaturen geprüft, aber der Herr wird sie nicht verlassen.
Bibellese: Dan. 10,1—21.

4. September

Und als vierzig Jahre verflossen waren, erschien ihm in der Wüste des Berges Sinai ein Engel des Herrn in der Feuerflamme eines Busches ... und sprach: Ich will dich nach Ägypten senden (Apg. 7,30—34).

Oft ruft uns der Herr eine Zeitlang von unserer Arbeit weg und heißt uns stille sein und lernen, ehe wir unseren Dienst wieder aufnehmen. Solche Wartezeiten sind keineswegs verlorene Zeiten.

Ein Ritter war einst auf der Flucht vor seinen Feinden. Er sah, daß sein Pferd neu beschlagen werden mußte. Die Vernunft schien ihn zu drängen, ohne Verzögerung weiterzureiten, aber eine höhere Weisheit hieß ihn ein paar Minuten vor der Schmiede am Weg anhalten, um sein Pferd beschlagen zu lassen. Und obwohl er den Hufschlag seiner Verfolger hinter sich hören konnte, wartete er diese paar Minuten, bis sein Pferd für die Flucht wieder ausgerüstet war. Als die Feinde dann gerade noch hundert Meter entfernt waren, sprang er in den Sattel und jagte mit Windeseile davon. Er wußte, der Aufenthalt hatte sich gelohnt und würde zu seinem Entkommen beitragen.

So heißt der Herr auch uns oft warten, ehe wir weitergehen, um für die nächste Weg- und Dienststrecke ausgerüstet zu sein.

Bibellese: 1. Sam. 13,5—14.

5. September

Ich vertraue Gott, daß es so gehen wird, wie es mir gesagt worden ist (Apg. 27,25).

Vor Jahren fuhr ich nach Amerika. Der Kapitän des Dampfers, mit dem ich fuhr, war ein entschiedener Christ. Als wir vor der Küste von Neufundland waren, erzählte er mir: »Als ich das letzte Mal vor fünf Wochen hier vorüberfuhr, geschah etwas, das mein ganzes Glaubensleben erschütterte.

Wir hatten Georg Müller von Bristol an Bord. Ich hatte 24 Stunden ununterbrochen auf der Kommandobrücke gestanden, weil wir von dichtem Nebel eingehüllt waren. Georg Müller kam zu mir und sagte: ›Kapitän, ich wollte Ihnen nur sagen, daß ich Samstag nachmittag in Quebec sein muß.‹ ›Das ist unmöglich‹, antwortete ich. ›Nun gut, wenn Ihr Schiff mich nicht hinbringen kann, wird Gott einen anderen Weg finden. Ich habe in 57 Jahren noch nie eine Verabredung gebrochen. Wir wollen in den Kartenraum hinuntergehen und beten!‹

Ich sah diesen Mann Gottes an und dachte: Er ist wohl doch etwas überspannt! So etwas habe ich doch noch nie gehört! ›Herr Müller‹, sagte ich, ›wissen Sie, wie dicht dieser Nebel ist?‹ ›Nein‹, erwiderte er, ›der Nebel interessiert mich nicht. Ich schaue auf den lebendigen Gott, der jeden Umstand meines Lebens lenkt.‹

Er kniete nieder und sprach ein ganz einfaches Gebet. Als er geendet hatte, wollte ich beten, aber er legte mir die Hand auf die Schulter und sagte, ich solle nicht beten. ›Erstens glauben Sie nicht, daß Gott antworten wird, und zweitens glaube ich, daß er bereits geantwortet hat. Deshalb ist es unnötig, daß Sie auch noch beten.‹

Ich starrte ihn an, und er sagte: ›Kapitän, ich kenne meinen Herrn seit 57 Jahren, und in diesen 57 Jahren habe ich es keinen einzigen Tag unterlassen, beim König vorzusprechen. Stehen Sie auf, Kapitän, und öffnen Sie die Tür. Sie werden sehen, der Nebel ist weg!‹ Ich stand auf. Der Nebel war tatsächlich weg! Am Samstagnachmittag war Georg Müller rechtzeitig für seinen Dienst in Quebec.«

Bibellese: Spr. 3,5—8.

6. September

Betrachte das Werk Gottes! Wer kann gerade machen, was er krümmt? (Pr. 7,13).

Gott scheint seine Kinder oft in größte Schwierigkeiten zu führen, in ausweglose Situationen, aus denen kein Entrinnen möglich scheint. Nach menschlichem Ermessen hätte es gar nicht so weit kommen dürfen.

Vielleicht bist du jetzt gerade in einer solchen Notlage. Sie scheint verwirrend und beängstigend, aber nach Gottes Willen muß es so sein.

»Sein Weg ist vollkommen« (Ps. 18,31). Er wird dich aus dieser Not wieder herausführen, und zwar so, daß du ihm nur recht geben kannst. Alles soll dazu dienen, seine große Gnade und Kraft zu offenbaren. Und er wird dich nicht nur aus der Not befreien, sondern dir dadurch eine Lektion erteilen, die du nie mehr vergessen wirst. Du wirst ihm nie genug danken können, daß er es gerade so gefügt hat und nicht anders.

Bibellese: Pr. 7,1—14.

7. September

Sei morgen bereit, daß du früh auf den Berg Sinai steigst und daselbst zu mir auf die Spitze des Berges tretest. Und laß niemand mit dir hinaufsteigen (2. Mo. 34,2—3).

Die Morgenwache ist wichtig. Geh nicht in den Tag hinein, ehe du Gott begegnet bist! Sieh nicht anderen Menschen ins Gesicht, solange du nicht in Gottes Angesicht geschaut hast! Du kannst nicht erwarten, Sieg über die Sünde zu haben, wenn du den Tag in deiner eigenen Kraft beginnst. Geh nicht an die Arbeit des Tages, ohne einige stille Augenblicke im Gespräch mit Gott verbracht zu haben. Meide andere Menschen, selbst deine Angehörigen, ehe du dem großen Herrn und Freund deines Lebens gegenübergetreten bist — Jesus Christus.

Begegne ihm allein. Begegne ihm regelmäßig. Begegne ihm mit der Bibel in der Hand und geh dann an die gewöhnlichen und ungewöhnlichen Pflichten des Tages unter dem Einfluß seiner Persönlichkeit, damit er alles, was du tust, beherrschen kann.

Menschen, die in dieser Welt am meisten für Gott gewirkt haben, waren früh auf ihren Knien.

Matthew Henry pflegte um vier Uhr früh in seinem Studierzimmer zu sein und blieb bis acht Uhr dort; dann, nach dem Frühstück und der Familienandacht, war er bis Mittag wieder in seinem Zimmer. Nach dem Mittagessen schrieb oder las er bis vier Uhr und verbrachte den Rest des Tages damit, seine Freunde zu besuchen.

Wenn man statt um 7 Uhr um 5 Uhr aufsteht, ergibt dies in 40 Jahren eine fast um 3 Jahre längere Lebenszeit.
Bibellese: Spr. 6,6—11.

8. September

Da schrie er und riß ihn heftig und fuhr aus (Mk. 9,26).

Der Böse läßt sich seine Beute nie ohne Kampf entreißen. Wir werden niemals auf einem schönen Spaziergang ein geistliches Erbe antreten, sondern immer nur durch härteste Kämpfe. So ist es auch im geheimen Bereich der Seele. Jede geistliche Gabe wird nur durch das Blut Jesu freigesetzt. Apollyon, der Engel des Abgrunds, wird nicht durch eine höfliche Bitte in die Flucht geschlagen; er kämpft um jeden Zoll Boden, und wir kommen nur vorwärts, wenn wir ihm »bis aufs Blut widerstehen«. Das geht nicht ohne Tränen. Dies müssen wir bedenken, sonst fügen wir zu all den übrigen Lasten des Lebens noch die bittere Erfahrung einer falschen Auslegung hinzu. Wir sind nicht in geschützte, sorgfältig ausgestattete Kinderzimmer hinein »wiedergeboren«, sondern in das offene Land hinein, wo wir selbst aus dem Schrecken des Sturms Kraft saugen sollen. »Wir müssen durch viele Trübsale in das Reich Gottes eingehen.«
Bibellese: Mk. 9,14—29.

9. September

Nachfolger derer, welche durch Glauben und Geduld die Verheißungen ererben (Hb. 6,12).

Von den Helden des Glaubens, die schon in der Herrlichkeit sind, sollen wir lernen. Sie sind uns zum Vorbild gegeben. Sie sollen uns nicht nur an die Notwendigkeit des Glaubens, sondern auch an die Geduld erinnern, durch die der Glaube sein »vollkommenes Werk« hat. Hüten wir uns davor, die Hand unseres himmlischen Führers loszulassen oder auch nur eine Lektion seines freundlichen Unterrichts durch Entmutigung oder Zweifel zu versäumen.

Ein Dorfschmied sagte einmal: »Ich fürchte nur eins: auf den Schrotthaufen geworfen zu werden. Wenn ich ein Stück Stahl härte, wird es zuerst erhitzt, gehämmert und dann schnell in einen Eimer kalten Wassers getaucht. Ich sehe dann sehr bald, ob es die Härtung annehmen oder im Verlauf der weiteren Bearbeitung in Stücke springen wird. Wenn ich nach einer oder zwei Proben sehe, daß es sich nicht härten läßt, werfe ich es auf den Schrotthaufen und verkaufe es für 10 Pfennig je Pfund an den Schrotthändler.

So prüft mich der Herr auch durch Feuer und Wasser und schwere Hammerschläge. Wenn ich nicht gewillt bin, die Probe zu bestehen oder kein geeignetes Stück für seine Härtung abgebe, fürchte ich, er könnte mich auf den Schrotthaufen werfen.« Deshalb halte still, auch wenn das Feuer sehr heiß ist, denn es kommt ein herrliches »Hernach«. Dann können wir mit Hiob sagen: »Er prüfe mich, so werde ich wie Gold hervorgehen!« (Hi. 23,10).

Heiligung kommt durch Leiden. 11 Tonnen Druck sind nötig, um ein Klavier zu stimmen. Gott wird dich stimmen, damit du mit dem himmlischen Grundton übereinstimmst, wenn du den nötigen Druck aushalten kannst.
Bibellese: Hb. 6,11—20.

10. September

Wir sind Christi Genossen geworden, wenn wir die anfängliche Zuversicht bis ans Ende festbehalten (Hb. 3,14).

Auf den letzten Schritt vor dem Ziel kommt es an! In der »Pilgerreise« von John Bunyan lesen wir, daß auf der ganzen Reise des Pilgers nirgends so viele Gefahren lauerten wie in dem Gebiet unmittelbar vor den Toren der himmlischen Stadt. Dort stand die »Zweifelsburg«; dort lockte der »Bezauberte Grund« den müden Wanderer in einen gefährlichen Schlaf. Wenn die himmlischen Höhen deutlich in Sicht sind, dann ist die Hölle auf dem Plan und kämpft am hartnäckigsten darum, uns durch allerlei tödliche Gefahren vom Ziel abzuhalten. Laßt uns aber im Gutestun nicht müde werden; denn zu seiner Zeit werden wir auch ernten, *wenn wir nicht ermatten* (Gal. 6,9). »Laufet so, daß ihr den Preis erlanget!« (1. Kor. 9,24).

Die Gewähr, Großes von Gott zu bekommen, liegt darin, in der letzten halben Stunde auszuharren.

Bibellese: Hb. 3,14—19.

11. September

Wir aber hofften (Lk. 24,21).

Es tut mir immer so leid, daß die Jünger auf dem Weg nach Emmaus sagten: »Wir aber hofften« und nicht »wir hoffen immer noch«. Das ist so traurig — etwas, das endgültig vorbei ist.

Wenn sie wenigstens gesagt hätten: »Alles steht gegen unsere Hoffnung, es sieht so aus, als ob unser Glaube vergeblich gewesen wäre, aber wir geben nicht auf, wir glauben trotzdem, daß wir ihn wiedersehen werden.« Aber nein, sie gingen an Jesu Seite, sprachen von ihrem verlorenen Glauben, und er mußte ihnen sagen: »O ihr Toren! Wie langsam ist euer Herz zu glauben . . .!«

Stehen nicht auch wir in der Gefahr, daß der Herr uns diesen Vorwurf machen muß? Wir können es uns leisten, alles und jedes zu verlieren, nur nicht unseren Glauben an den Gott der Wahrheit und der Liebe.

Laßt uns nie unseren Glauben in der Vergangenheit ausdrücken wie diese Jünger, die sagten: »Wir aber hofften.« Statt dessen wollen wir immer sagen: »Ich hoffe.«

Bibellese: Lk. 24,13—35.

12. September

Wir wurden auf alle Art bedrängt (2. Kor. 7,5).

Warum muß Gott uns gerade so führen? Warum läßt er es zu, daß der Druck so stark und so anhaltend ist? Nun, zunächst kommt dadurch seine große Kraft und Gnade viel besser zur Auswirkung, als wenn wir von Druck und Anfechtung verschont blieben. »Wir haben aber diesen Schatz in irdenen Gefäßen, auf daß die überschwengliche Kraft von Gott sei und nicht von uns« (2. Kor. 4,7).

Außerdem wird uns dadurch unsere Abhängigkeit von Gott deutlicher bewußt. Er ist ständig darum bemüht, uns zu zeigen, daß wir von ihm abhängig sind, daß er uns absolut in seiner Hand festhält und wir uns deshalb auf seine Fürsorge verlassen dürfen.

In dieser Stellung der Abhängigkeit stand Jesus selbst dem Vater gegenüber, und in dieselbe Stellung will er uns führen. Nicht in eigener Kraft sollen wir in dieser Abhängigkeit stehen, sondern mit einer Hand auf ihn gelehnt, so daß wir nicht wagen, auch nur einen Schritt allein zu gehen. In dieser Stellung lernen wir vertrauen.

Es gibt keinen anderen Weg, glauben zu lernen, als in der Anfechtung. Das ist Gottes Glaubensschule, und es ist für uns weit besser, glauben zu lernen, als ein angenehmes Leben zu haben.

Wenn wir die Lektion des Glaubens einmal gelernt haben, haben wir einen immerwährenden Besitz und ein ewiges Vermögen erworben. Ohne Glauben jedoch sind wir arm, selbst bei größten irdischen Reichtümern.
Bibellese: 2. Kor. 4,7—18.

13. September

Gedenke des Wortes an deinen Knecht, auf welches du mich hoffen ließest (Ps. 119,49).

So zu bitten, ist äußerst wirksam. Dieser Satz enthält ein doppeltes Argument. Erstens: Es ist *dein* Wort. Willst du es nicht halten?

Warum hast du davon gesprochen, wenn du es nicht tun willst?

Zweitens: Du hast mich darauf hoffen lassen. Willst du die Hoffnung, die du selbst in mir erzeugt hast, enttäuschen?

»Abraham ... war völlig überzeugt, daß Gott das, was er verheißen habe, auch zu tun vermöge« (Rö. 4,21).

Es ist die ewige Treue Gottes, die eine Verheißung »sehr groß und köstlich« macht. Menschliche Versprechungen sind oft wertlos. Manches gebrochene Versprechen führte zu einem gebrochenen Herzen. Aber seitdem die Welt besteht, hat Gott niemals auch nur ein einziges Versprechen gebrochen, das er einem seiner Kinder, das ihm vertraute, gegeben hatte.

Es ist traurig für einen armen Christen, in der dunklen Nacht der Trübsal an der Tür der Verheißung zu stehen und vor Angst nicht zu wagen, die Klinke zu drücken, wo er doch kühn eintreten sollte wie ein Kind in das Haus seines Vaters!

Jede Verheißung ruht auf vier Säulen: Gottes Gerechtigkeit und Heiligkeit, die nicht zulassen werden, daß er jemand enttäusche, auf seiner Gnade oder Güte, die nicht zugeben wird, daß er etwas vergesse und auf seiner Wahrheit, die nicht dulden wird, daß er sich ändere. So ist Gott in der Lage, seine Verheißungen auch zu erfüllen.

Bibellese: Rö. 4,13—25.

14. September

Tue, wie du geredest hast! ... Und so soll dein Name erhoben werden ewiglich (1. Chr. 17,23—24).

In diesem Wort kommt ein wichtiger Bestandteil echten Gebets zum Ausdruck. Manchmal bitten wir um Dinge, die nicht eindeutig in Gottes Wort verheißen sind. Wir sind deshalb, solange wir nicht einige Zeit anhaltend gebetet haben, nicht sicher, ob unsere Bitten mit Gottes Absichten übereinstimmen oder nicht.

Es gibt aber auch Situationen — wie wir hier im Leben Davids sehen —, in denen wir fest davon überzeugt sind, daß unsere Bitten mit Gottes Willen übereinstimmen. Wir fühlen uns gedrängt, eine Verheißung der Schrift für uns in Anspruch zu nehmen, wobei wir unter dem besonderen Eindruck stehen, daß sie eine Botschaft für uns persönlich enthalte. In solchen Zeiten sagen wir in zuversichtlichem Glauben: »Tue, wie du geredet hast!«

In keiner Stellung sind wir als gläubige Christen so stark, sicher und unerschütterlich, als wenn wir den Finger auf eine Verheißung der Bibel legen und sie in Anspruch nehmen. Freimütig, ohne Angst und ohne Kampf, legen wir einfach den Scheck vor und bitten um Einlösung, halten wir Gott seine Verheißung vor und beanspruchen die Erfüllung. Dann kann kein Zweifel über den Ausgang bestehen. Unsere Gebete würden viel interessanter werden, wenn wir gezielter beten würden. Es ist besser, gezielt um wenige Dinge zu bitten, als allgemein um viele.
Bibellese: 1. Chr. 17,20—27.

15. September

Die auf den Herrn harren, kriegen neue Kraft, daß sie auffahren mit Flügeln wie Adler (Jes. 40,31).

Erdrückende Gewichte geben dem Christen Flügel. Dies scheint ein Widerspruch in sich selbst zu sein, und doch ist es eine herrliche Wahrheit. David rief einmal nach einer bitteren Erfahrung aus: »O hätte ich Flügel wie Tauben, daß ich wegflöge und Ruhe fände!« (Ps. 55,7). Aber ehe er diesen Gedanken zu Ende gedacht hatte, schien er zu begreifen, daß sein Wunsch nach Flügeln gestillt werden konnte, denn er sagte: »Wirf dein Anliegen auf den Herrn; der wird dich versorgen.«

Das Wort »Anliegen« wird auch übersetzt mit »was er [der Herr] dir auferlegt hat«. Die Lasten der Kinder Gottes sind ihnen

von Gott gegeben. Sie führen sie dahin, auf Gott zu harren. Wenn sie das getan haben, wird das »Anliegen« durch die wunderbare Kraft des Glaubens in Flügel verwandelt, und der Beladene »fährt auf mit Flügeln wie Adler«.
Bibellese: Ps. 55.

16. September

Mein Gerechter aber wird aus Glauben leben (Hb. 10,38).

Gefühle und Sinneswahrnehmungen werden oft an die Stelle des Glaubens gesetzt. Freudige Gefühle und tiefgreifende geistliche Erfahrungen gehören zum Leben eines Christen. Aber nicht nur das! Auch Anfechtungen, Kämpfe und Prüfungen liegen auf unserem Weg. Gott schickt sie uns nicht zu unserem Unglück, sondern zu unserer Erziehung.

In all diesen verschiedenen Erfahrungen sollen wir damit rechnen, daß Jesus in unserem Herzen wohnt, auch wenn wir nichts fühlen, vorausgesetzt jedoch, daß wir im Gehorsam vor ihm unser Leben führen. An diesem Punkt geraten viele in Schwierigkeiten, weil sie nicht im Glauben, sondern im Schauen wandeln wollen.

Eine gläubige Frau berichtet, sie sei einmal sehr verzweifelt gewesen. Es schien ihr, als ob Gott sie verlassen hätte, als sei seine Gnade völlig von ihr gewichen. Sechs Wochen war sie sehr niedergeschlagen; dann war es ihr, als ob der Herr zu ihr sage: »Katrin, du hast mich in der äußeren, sichtbaren Welt gesucht, ich aber war die ganze Zeit über in deinem Herzen und habe dort auf dich gewartet. Komm, suche mich im Innern deines Geistes. Dort wirst du mich finden.«

Wir müssen unterscheiden zwischen der Tatsache, daß Gott gegenwärtig ist und der Empfindung dieser Tatsache. Wenn die Seele verlassen und verzweifelt scheint, ist es gut, wenn der Glaube sprechen kann: »Ich sehe dich nicht, ich fühle dich nicht, aber dennoch bist du da und siehst mich.« Sagen wir es uns immer wieder vor:

»Du bist da, auch wenn der Busch nicht zu brennen scheint. Er brennt dennoch. Ich will meine Schuhe ausziehen, denn der Ort, auf dem ich stehe, ist heilig.«
Bibellese: Jes. 40,9—31.

17. September

Wer zweifelt, gleicht der Meereswoge (Jak. 1,6b).

Verlaß dich mehr auf Gottes Wort und Gottes Macht als auf deine Gefühle und Erfahrungen. Dein Fels ist Christus, und nicht der Fels unterliegt Ebbe und Flut, sondern das Meer!

Halte dein Auge stets auf die Herrlichkeit des vollendeten Werkes Christi und seine Gerechtigkeit gerichtet. Blicke auf Jesus und glaube! Blicke auf Jesus und lebe! Nein, mehr noch, halte den Blick auf ihn gerichtet! Setze deine Segel und kämpfe mannhaft gegen das Meer des Lebens. Bleib nicht im Hafen des Mißtrauens. Ruhe dich nicht im Schatten aus! Laß nicht zu, daß deine Stimmungen und Gefühle dich beherrschen und hin- und herwerfen wie Schiffe im Hafen. Das Glaubensleben ist nicht ein Brüten über Gefühle. Der Kiel des Glaubens soll nicht im seichten Wasser schleifen oder der Anker der Hoffnung im Schlamm der Ebbe, als ob wir uns vor einer steifen Brise fürchten müßten. Schluß damit! Die Segel gegen den Wind gesetzt und dem Herrn vertraut, der das Brausen des Meeres stillen kann!

Der Vogel ist nur sicher, wenn er fliegt. Wenn sein Nest nahe am Boden ist und wenn er niedrig fliegt, setzt er sich der Gefahr aus, im Netz des Vogelstellers oder einer Falle gefangen zu werden. Wenn wir am Boden des Gefühls und der Empfindungen dahinkriechen, verfangen wir uns in den tausend Maschen des Zweifels und der Verzweiflung, der Versuchungen und des Unglaubens. »Denn vergeblich wird das Netz ausgespannt vor den Augen aller Vögel« (Spr. 1,17). Du aber, hoffe auf Gott!
Bibellese: Jak. 1,6—12.

18. September

Und es begab sich nach dem Tode Moses, des Knechtes des Herrn, daß der Herr zu Josua, dem Sohne Nuns, dem Diener Moses, sprach: Mein Knecht Mose ist gestorben; so mache dich nun auf, ziehe über diesen Jordan, du und dieses ganze Volk (Jos. 1,1—2).

Ein General erzählte einmal ein schweres Kriegserlebnis, das er selbst gehabt hatte. Sein Sohn war Batterie-Leutnant. Es war mitten im Angriff. Der Vater führte seine Division im Sturm. Als er vorwärtsjagte, fiel sein Auge plötzlich auf einen Leichnam. Ein Batterie-Leutnant lag vor seinen Füßen. Ein Blick genügte: Es war sein eigener Sohn! Impulsiv wollte der Vater neben dem geliebten Körper niedersinken und sich seinem Schmerz überlassen. Aber das Gebot des Augenblicks verlangte, den Angriff weiterzuführen und nicht stehen zu bleiben. So drückte er rasch einen Kuß auf die bleichen Lippen und eilte weiter, seinen Soldaten voran.

Auch du befindest dich im Kampf. Wenn du auch nur einen Augenblick wanken würdest, würden dadurch Gottes Interessen gefährdet. Wenn du eine Pause machtest, würden andere Menschen darunter leiden; Ziele, die Gott im Auge hat, würden nicht erreicht, wenn du die Hände in den Schoß legtest.

Trostloses Weinen an einem Grab kann nie den geliebten Menschen zurückbringen. Auch kann aus solchem Schmerz kein Segen hervorgehen. Das Leid schneidet tiefe Wunden, gräbt sich unauslöschlich ins Herz. Großes Herzeleid können wir eigentlich nie ganz überwinden. Wir sind, wenn wir solches Leid durchgemacht haben, nie mehr ganz dieselben wie zuvor.

Es geht jedoch auch ein fruchtbarer Einfluß aus vom Leid, das in der rechten Weise angenommen und getragen wird. Wie arm sind die Menschen, die nie gelitten haben, die keine Spur des Leids an sich tragen! Die Freude, die vor uns liegt, sollte unseren Schmerz erhellen, wie die Sonne hinter den Wolken leuchtet und sie vergoldet. Gott hat es so gefügt, daß, wenn wir weitergehen und unsere Pflicht erfüllen, wir darin den besten und reichsten Trost fin-

den. Wenn wir uns jedoch niedersetzen und uns unserem Schmerz hingeben, wird die Nacht nur noch dunkler, schleicht sich in unser Herz und verwandelt unsere Kraft in Schwachheit. Wenn wir uns aber von unserem Schmerz entschlossen abwenden und die Pflichten und Aufgaben, die Gott uns gegeben hat, anpacken, wird bald das Licht wieder scheinen, und wir bekommen neue Kraft.
Bibellese: Jos. 1,1—6.

19. September

Darum wartet der Herr, damit er euch begnadigen kann . . . Wohl allen, die auf ihn harren! (Jes. 30,18).

Es geht nicht nur darum, daß wir auf Gott harren, sondern, was noch schöner ist, daß er auf uns harrt. Dieser Gedanke gibt unserem Harren auf ihn neue Impulse und neue Freude. Er gibt uns ein unerschütterliches Vertrauen, daß unser Warten nicht vergeblich sein kann. Deshalb wollen wir gerade jetzt, in diesem Augenblick, im Geist des Wartens auf Gott etwas davon zu erkennen suchen, was das bedeutet.

Gott hat unausdenkbar herrliche Absichten mit jedem seiner Kinder. Und du fragst: »Wenn er darauf wartet, gnädig zu sein, warum läßt er mir dann, selbst nachdem ich gekommen bin und auf ihn gewartet habe, nicht die Hilfe zuteil werden, die ich suche, sondern läßt mich nur immer noch länger warten?«

Gott ist ein kluger Ackersmann, der auf die köstliche Frucht der Erde wartet und geduldig ist (Jak. 5,7). Er kann die Frucht nicht ernten, solange sie nicht reif ist. Er weiß, wann wir geistlich reif sind, den Segen zu empfangen, uns zum Nutzen und ihm zur Ehre. Das Warten im Sonnenschein seiner Liebe läßt die Seele reif werden für seinen Segen. Aber das Warten unter der Wolke der Prüfung, die Segensströme bringen soll, ist ebenso notwendig. Sei gewiß, wenn Gott länger wartet, als dir lieb ist, so nur deshalb, weil er den Segen doppelt so köstlich machen will. Gott wartete 4000 Jahre, bis die Zeit erfüllt war, ehe er seinen Sohn sandte. Unsere Zeit steht in seinen Händen. Er wird seine Auserwählten schnell retten. Er wird eilen, uns zu Hilfe zu kommen und nicht eine Stunde zu lange warten (Andrew Murray).

Bibellese: Jes. 30,18—21.

20. September

Mose aber machte sich hinzu in das Dunkel, darinnen Gott war (2. Mo. 20,21).

Gott hat immer noch seine Geheimnisse, die den Weisen und Klugen verborgen sind. Fürchten wir sie nicht! Begnügen wir uns damit, die Dinge, die wir nicht verstehen können, aus Gottes Hand anzunehmen und geduldig zu warten. Dann wird er uns zeigen, welche Schätze in der Dunkelheit verborgen liegen, welche Reichtümer in seinem wunderbaren Geheimnis. Das Geheimnis ist nur der Schleier vor Gottes Angesicht.

Fürchten wir uns nicht, in die Wolke, die sich auf unser Leben niedersenkt, einzutreten. Gott ist darin verborgen. Die andere Seite der Wolke wird von seiner Herrlichkeit angestrahlt. »Lasset euch die unter euch entstandene Feuerprobe nicht befremden, als widerführe euch etwas Fremdartiges; sondern ... je mehr ihr der Leiden Christi teilhaftig seid, freuet euch« (1. Pt. 4,12—13). Wenn wir von allen verlassen und einsam scheinen, ist Gott uns nahe. Er ist in der dunklen Wolke. Tauchen wir in die schwarze Dunkelheit hinein, ohne mit der Wimper zu zucken. Hinter dem verhüllenden Vorhang des Heiligtums werden wir Gott finden, der auf uns wartet.

Eines Tages stand ein Wanderer auf einem hohen Berggipfel und sah, wie unter ihm ein Sturm tobte. Plötzlich stieß ein Adler durch die Wolken und flog steil aufwärts, gleichsam der Sonne entgegen.

Das Wasser auf seinen Flügeln glänzte in der Sonne wie Diamanten. Wenn der Sturm nicht gewesen wäre, wäre der Vogel wahrscheinlich im Tal geblieben. So führen uns die Leiden dieses Lebens dazu, uns zu Gott emporzuschwingen.
Bibellese: 2. Mo. 20,18—26.

21. September

Erschrick nicht, du Würmlein Jakob ... ich mache dich zu einem neuen, scharfschneidenden Dreschwagen (Jes. 41,14—15).

Kann es auch etwas Gegensätzlicheres geben als einen Wurm und einen Dreschwagen? Der Wurm ist zart, er kann von einem Stein zerquetscht und unter einem Rad zermalmt werden. Ein Dreschwagen kann brechen, ohne zerbrochen zu werden. Sogar in Felsen kann er Spuren eingraben.

Der allmächtige Gott kann eins ins andere verwandeln. Er kann ein Menschenleben oder ein Volk, das so schwach und hilflos ist wie ein Wurm, nehmen und es durch seinen Geist so mit Kraft erfüllen, daß es in der Weltgeschichte Spuren hinterläßt. Deshalb soll der »Wurm« Mut fassen. Der starke Gott kann uns stärker machen als die Umstände, in denen wir stehen. Er kann sie so lenken und fügen, daß sie uns zum Besten dienen müssen. Wir können sogar eine große Enttäuschung hinnehmen, uns zu eigen machen und ein Juwel seiner Gnade daraus entnehmen. Wenn Gott uns einen eisernen Willen gibt, können wir durch Nöte hindurchgehen, so wie eine eiserne Pflugschar den härtesten Boden aufreißt.

Jesus baut sein Reich mit zerbrochenen irdenen Gefäßen. Die Menschen wollen zum Bau ihrer Reiche nur die Starken, Erfolgreichen, Ungebrochenen. Aber Gott ist der Gott der Versager. Der Himmel ist voll solcher, die auf Erden zerbrochen wurden. Es gibt kein zerbrochenes Rohr, das Jesus nicht nehmen und aufrichten und zu herrlicher Schönheit verwandeln könnte. Er kann ein vom

Schmerz und Leid zerschlagenes Leben nehmen und es zu einer Harfe machen, die nur Loblieder hervorbringt. Er kann das traurigste Versagen auf Erden zur Herrlichkeit des Himmels emporheben.
Bibellese: 2. Kor. 12,1—10.

22. September

Ich will es nur noch einmal versuchen mit dem Fell (Ri. 6,39).

Es gibt Stufen im Glauben. Auf einer gewissen Stufe unseres Glaubenslebens können wir nicht glauben ohne irgendein Zeichen oder eine starke Gemütsbewegung. Wir betasten unser »Fell« wie Gideon, und wenn es naß ist, sind wir bereit, Gott zu vertrauen. Das kann echter Glaube sein, aber er ist unvollkommen. Er ist immer von Gefühlen oder irgendeinem Zeichen neben dem Wort Gottes abhängig. Es bedeutet jedoch ein beträchtliches Wachstum im Glauben, wenn wir Gott ohne ein besonderes Gefühl vertrauen.

Es gibt aber noch eine dritte Stufe des Glaubens, die über den Glauben von Gideon hinausgeht. Auf der ersten Stufe glauben wir, wenn wir angenehme Gefühle haben, auf der zweiten, wenn wir nichts fühlen, aber diese dritte Form des Glaubens vertraut Gott und seinem Wort, selbst wenn Umstände, Gefühle, äußerer Schein, Menschen und Verstand dagegen sprechen. Paulus übte diesen Glauben in Apostelgeschichte 27,20: »Da aber während mehrerer Tage weder Sonne noch Sterne schienen und heftiger Sturm anhielt, schwand endlich alle Hoffnung, daß wir gerettet würden.« Trotzdem sagt er aber in Vers 25 weiter: »Darum seid guten Mutes, ihr Männer! Denn ich vertraue Gott, daß es so gehen wird, wie es mir gesagt worden ist.«

Möge Gott uns einen solchen Glauben schenken, daß wir seinem Wort völlig vertrauen, auch wenn alles auf das Gegenteil hinweist!
Bibellese: Ri. 6,36—40.

23. September

Soll ich den Kelch nicht trinken, den mir der Vater gegeben hat? (Joh. 18,11).

Diese Worte Jesu waren eine größere Tat, als die Stillung des Sturms oder die Auferweckung von Toten.

Propheten und Apostel konnten große Wunder vollbringen, aber sie konnten nicht immer den Willen Gottes tun und erleiden. Den Willen Gottes tun und in jeder Situation zu bejahen, ist die erhabenste Form des Glaubens. Wenn alle Erwartungen eines jungen Lebens für immer zunichte gemacht werden, wenn wir täglich eine schwere Last zu tragen haben und keine Erleichterung sehen, wenn wir von der Armut geplagt werden und doch gern unsere Lieben versorgen möchten, wenn wir von irgendeiner unheilbaren Krankheit heimgesucht werden, wenn wir alle unsere Lieben nacheinander verlieren und schließlich dem harten Kampf des Lebens allein ausgesetzt sind — wenn wir in einer solchen Schule der Züchtigung sagen können: »Soll ich den Kelch nicht trinken, den mir der Vater gegeben hat?« — dann ist das Glaube in höchster Vollendung. Großer Glaube zeigt sich nicht so sehr in der Fähigkeit zu handeln, als zu leiden.

Um einen mitleidenden Gott zu haben, brauchen wir einen leidenden Heiland. Echtes Mitgefühl mit andern entsteht nur in dem Herzen dessen, der ebenso gelitten hat. Wir können andern nichts Gutes tun, wenn es uns nichts kostet, und unsere Leiden sind der Preis, den wir für unsere Fähigkeit, mitleiden zu können, zahlen müssen. Wer helfen will, muß zuerst leiden, muß selbst irgendwo und irgendwie gekreuzigt worden sein.
Bibellese: Hb. 2,8—18.

24. September

Er antwortete ihm auch nicht auf ein einziges Wort (Mt. 27,14).

In der ganzen Bibel wird uns kein so erhabenes Bild beschrieben wie der schweigende Heiland, Jesus Christus, vor seinen Feinden, die ihn lästerten. Und doch hätte er sie mit einem Blick seiner Gotteskraft oder einem Wort feurigen Tadels zu Boden strecken können. Aber er ließ sie sagen und tun, was sie wollten. In der Kraft des Schweigens stand er vor ihnen — Gottes heiliges, stilles Lamm.

Es gibt eine Ruhe, in der Gott für uns arbeitet und wir stille sein dürfen, eine Ruhe, die aufgehört hat, selbst etwas tun zu wollen, sich selbst zu rechtfertigen, zu planen und zu sorgen und die es Gott überläßt, in seiner unwandelbaren Liebe auf den furchtbaren Schlag, der uns getroffen hat, zu reagieren.

Wie oft verhindern wir Gottes Eingreifen, weil wir selbst die Sache in die Hand nehmen und uns verteidigen wollen! Möge Gott uns diese Kraft des Schweigens schenken, diesen Geist der Unterwerfung! Wenn dann der Kampf auf Erden zu Ende ist, werden die Menschen unser gedenken wie wir an das Lamm Gottes auf Golgatha.

Bischof Whipple von Minnesota, der als »Apostel der Indianer« bekannt ist, äußerte einmal folgende bemerkenswerten Worte: »30 Jahre lang habe ich versucht, das Angesicht Christi in denen zu sehen, die anders sind als ich.« Wenn dieser Geist uns beherrscht, werden wir vor Fanatismus ebenso bewahrt wie vor einer oberflächlichen Toleranz, vor leidenschaftlicher Rechthaberei wie vor allem, was unser Zeugnis für Jesus beeinträchtigen würde, denn er kam, nicht um das Leben der Menschen zu zerstören, sondern zu retten.

Bibellese: Mt. 27,11—14.

25. September

Geliebte, lasset euch die unter euch entstandene Feuerprobe nicht befremden, als widerführe euch etwas Fremdartiges; sondern je mehr ihr der Leiden Christi teilhaftig seid, freuet euch (1. Pt. 4,12).

David mußte manche Stunde mit Warten zubringen. Als Folge davon entlockte er seiner Harfe nur um so schönere Töne. Und aus mancher Stunde, die wir in der Wüste warten müssen, wird ein Psalm des Dankens und Lobens entstehen, der das Herz der Verzagten ermuntern und unseren Vater im Himmel erfreuen wird.

Welche Vorbereitungszeit war für den Sohn Isais nötig, um solche Lieder hervorzubringen, wie sie zuvor nie auf Erden erklungen waren? Die Wut und Verfolgung Sauls veranlaßten David, zu Gott um Hilfe zu schreien. Die Hoffnung auf Gottes Güte führte zu Liedern der Freude über seine mächtige Errettung, die er immer wieder erfahren durfte. Jeder Kummer schlug eine andere Saite seiner Harfe an, jede Erfahrung der Befreiung und Hilfe wurde ein weiteres Thema, Gott zu loben.

Ein Erlebnis der Angst weniger, ein Segen unbeachtet, eine Schwierigkeit oder Gefahr umgangen — all das würde einen großen Verlust in jenem wunderbaren Psalter bedeuten, in dem Gottes Volk heute noch den Ausdruck seines Leides und seines Lobes findet!

Auf Gott zu warten und seinen Willen zu erdulden, heißt, ihn in der Gemeinschaft seiner Leiden zu erkennen und seinem Sohn ähnlich zu werden. Wenn nun das Gefäß erweitert werden soll, um mehr geistliches Verständnis aufnehmen zu können, erschrick nicht, wenn das Maß des Leidens, das dich erwartet, vergrößert wird. Die göttliche Kraft des Mitleidens wird sich dann um so mehr auswirken, denn der Heilige Geist hat noch nie einen Menschen zu einem Stoiker gemacht, sondern macht die Herzen weich und empfindsam.

Bibellese: Ps. 86.

26. September

Als Betrübte, aber immer fröhlich (2. Kor. 6,10).

Der Stoiker verachtet es, eine Träne zu vergießen, dem Christen ist es erlaubt zu weinen. Die Seele mag in übermäßigem Schmerz verstummen wie ein Lamm unter den Händen des Scherers. Wenn das

Herz unter der Macht der Prüfung zu brechen droht, mag der Leidende in lautem Schreien Erleichterung suchen. Aber es gibt noch etwas Besseres.

Man sagt, daß mitten in der Sole von Salzseen Quellen frischen Süßwassers entspringen, daß die schönsten Alpenblumen auf den wildesten und schroffesten Bergen wachsen und daß die schönsten Psalmen das Ergebnis größter Seelenkämpfe sind.

So finden Menschen, die Gott lieben, mitten in mannigfachen Anfechtungen Grund zu überströmender Freude. Wenn Tiefe der Tiefe ruft, erklingt das Lob des Herrn hell durch die Nacht. Und es ist möglich, in der dunkelsten Stunde, die je über ein Menschenleben kam, den Gott und Vater unseres Herrn Jesus Christus zu loben. Haben wir diese Lektion schon gelernt: Gottes Willen nicht nur zu erdulden, auch nicht nur zu erwählen, sondern mit unaussprechlicher und herrlicher Freude zu bejahen?
Bibellese: 2. Kor. 6,3—10.

27. September

Euch geschehe nach eurem Glauben (Mt. 9,29).

»Durchbeten« könnte erklärt werden mit »beten bis zum vollen Glauben«, d. h. noch während des Gebets zu der vollen Gewißheit kommen, daß man angenommen und erhört wurde und in fester Zuversicht die Dinge vorwegnehmen darf, um die man gebetet hat.

Wir wollen nicht vergessen, daß keine irdischen Umstände Gott daran hindern können, sein Wort zu erfüllen, wenn wir den Blick fest auf die Unveränderlichkeit seines Wortes gerichtet halten und nicht auf die Ungewißheit dieser sich ständig verändernden Welt. Gott will, daß wir seinem Wort ohne weitere Bestätigung vertrauen. Dann ist er bereit, uns zu geben »nach unserem Glauben«.

Das Gebet der ersten Gemeinde war wie ein Scheck, der in bar über die Theke bezahlt wurde.
Bibellese: Mt. 9,27—31.

28. September

Ich habe die Mißhandlung meines Volkes, das in Ägypten ist, wohl gesehen und habe ihr Seufzen gehört (Apg. 7,34).

Mose wurde durch eine lange Zeit des Wartens auf seinen großen Auftrag zubereitet. Wenn Gott verzieht, ist er nicht untätig. Er bereitet seine Werkzeuge zu. Er läßt unsere Kräfte reifen, und zu dem von ihm bestimmten Zeitpunkt werden wir aufstehen und unserer Aufgabe gewachsen sein. Selbst Jesus von Nazareth lebte 30 Jahre im Verborgenen und nahm zu an Weisheit, ehe er sein Werk begann.

Gott hat es nie eilig. Er läßt sich jahrelang Zeit, um die Menschen zuzubereiten, mit denen er Großes vorhat. Für ihn sind die Tage der Vorbereitung niemals zu lang oder zu belanglos.

Oft ist das schwerwiegendste Element des Leidens die Zeit. Ein kurzer, scharfer Schmerz ist leicht zu ertragen, aber wenn sich die Not über Jahre hinzieht und Tag für Tag in derselben Gleichförmigkeit und Hoffnungslosigkeit wiederkehrt, verliert das Herz allmählich die Kraft und würde ohne die Gnade Gottes in dumpfe Verzweiflung versinken.

Josephs Prüfungszeit währte lange Jahre. Gott muß seine Lektionen oft durch das Feuer langanhaltenden Schmerzes in die Tiefe unseres Wesens eingravieren. »Er wird sitzen und schmelzen und das Silber reinigen« (Mal. 3,3), aber er weiß, wie lange. Ein echter Goldschmied löscht das Feuer, sobald er sich in dem glänzenden Metall spiegeln kann. Vielleicht sehen wir jetzt nicht den wunderbaren Plan, den Gott in seiner Hand verborgen hält, und er bleibt uns vielleicht noch lange verborgen, aber der Glaube darf sicher sein, daß Gott auf dem Thron sitzt und ruhig auf die Stunde wartet, da wir mit großer Freude und Anbetung ausrufen werden: »Alles diente zum Besten.«

Wie Joseph wollen wir uns Mühe geben, alle Lektionen in der Schule des Leidens zu lernen, statt voll Sehnsucht nach der Stunde der Befreiung auszuschauen. Hinter jeder Lektion steht ein »es muß

sein«, und sobald wir bereit sind, wird unsere Befreiung kommen. Dann werden wir einsehen, daß wir unseren Platz nicht ausfüllen könnten ohne gerade die Lektionen, die wir in der großen Not gelernt haben. Gott erzieht uns für die Zukunft zu höherem Dienst und größeren Segnungen. Wenn wir die Voraussetzungen für das uns von Gott zugedachte Amt erfüllt haben, kann uns niemand davon zurückhalten, wenn Gottes Zeit gekommen ist. Lassen wir deshalb die Zukunft in Gottes Hand ruhen. Geben wir Gott Zeit und Gelegenheit, zu uns zu reden und uns seinen Willen zu offenbaren. Er kommt nie zu spät. Lernen wir zu harren und nicht ungestüm dem Herrn vorauszulaufen, sondern auf seine Zeit zu warten. Gott handelt, wenn der kleine Minutenzeiger und der große Stundenzeiger die von ihm bestimmte Zeit anzeigen.
Bibellese: Apg. 7,29—35.

29. September

Machet im Tal Grube an Grube! Denn also spricht der Herr: Ihr werdet keinen Wind noch Regen sehen; dennoch soll dieses Tal voll Wasser werden, so daß ihr zu trinken habt, auch euer kleines und großes Vieh (2. Kö. 3,16—18).

Für menschliche Begriffe war das einfach unmöglich! Aber bei Gott ist kein Ding unmöglich. Ohne irgendein Anzeichen strömte lautlos das Wasser die ganze Nacht hindurch aus unsichtbaren Quellen. Als der Morgen dämmerte, waren die Gruben mit kristallklarem Wasser gefüllt, in dem sich die Strahlen der Morgensonne von den rötlichen Bergen Edoms spiegelten.

Unser Unglaube will immer ein sichtbares Zeichen sehen. Die Religion vieler Menschen ist weithin auf die Sinne abgestellt. Sie wollen sich nicht mit Wahrheit und Echtheit begnügen, sie wollen besondere Offenbarungen haben. Aber der größte Triumph des Glaubens ist, stille zu sein und zu erkennen, daß Gott der Herr ist.

Glauben heißt, vor irgendeinem unpassierbaren »Roten Meer« zu stehen und den Meister sagen zu hören: »Tretet hin und sehet, was für ein Heil der Herr heute an euch tun wird«, und dann »Zieht weiter!« Wenn wir ins Wasser hineingehen, ohne irgendein Zeichen oder einen Laut und unsere Füße beim ersten Schritt ins Wasser naß werden, sollten wir einfach weitergehen. Wir werden dann sehen, daß sich das Meer teilen und ein Pfad mitten durch das Wasser gebahnt wird.

Wenn wir das Wunderwirken Gottes bei einer Krankenheilung oder einer außergewöhnlichen Errettung und Befreiung erlebt haben, werden wir am meisten davon beeindruckt sein, daß alles ganz in der Stille vor sich ging, ohne jede Sensation. Wir wurden uns in der Gegenwart dieses mächtigen Gottes unserer Nichtigkeit und Nichtswürdigkeit bewußt und erkannten, wie leicht es für ihn ist, die größten Wunder zu vollbringen, ohne die geringste Anstrengung seinerseits und ohne jegliche Hilfe unsererseits.

Es ist nicht Sache des Glaubens zu fragen, sondern zu gehorchen. Die Gräben wurden gezogen, und das Wasser strömte aus übernatürlichen Quellen. Welche Lektion für unseren Glauben!

Sehnst du dich nach neuem geistlichen Segen? Ziehe die Gräben, Gott wird sie füllen. Und auch das wird an völlig unerwarteten Orten und auf höchst wunderbare Weise geschehen.

O daß wir Glauben hätten, damit wir aus Glauben handeln könnten und nicht durch Schauen! Wir brauchen Glauben, der von Gott erwartet, daß er handeln wird, auch wenn wir weder Wind noch Regen sehen.

Bibellese: 2. Kö. 3,14—20.

30. September

Gott meines Vaters Abraham und Gott meines Vaters Isaak, Herr, der du zu mir gesagt hast: Kehre wieder in dein Land und zu deiner Verwandtschaft zurück; ich will dir wohltun! ... Errette mich!« (1. Mo. 32,9.11).

In diesem Gebet finden wir viele wichtige Anhaltspunkte. In gewisser Hinsicht kann es als Form dienen, in die unser Geist sich ergießen darf, wenn er im Feuerofen der Trübsal geschmolzen wird.

Jakob begann sein Gebet, indem er Gott seine Verheißung vorhielt: »Du hast zu mir gesagt.« Das tat er zweimal (Vers 9 und 12). So hatte er Gott in seiner Gewalt! Gott gibt sich durch seine Verheißungen in unsere Hand. Wenn wir zu ihm sagen: »Du hast gesagt!«, kann er nicht nein sagen. Er muß tun, wie er gesagt hat.

Wenn schon Herodes seinen Eid so ernst nahm, daß er deshalb Johannes umbringen ließ, wieviel mehr wird Gott zu seinem Wort stehen! Sieh zu, daß du dich in deinem Gebet auf eine Verheißung stellst. Das gibt dir den richtigen Ausgangs- und Ansatzpunkt, die Tore des Himmels zu öffnen und mit Gewalt einzudringen.

Jesus möchte, daß wir in unserem Gebet konkret sind und um ganz spezielle Dinge bitten. »Was willst du, daß ich dir tun soll?« lautet die Frage, die er jedem stellt, der in Anfechtung und Trübsal zu ihm kommt. Bitte um konkrete Dinge, wenn du eine konkrete Antwort haben willst. Ziellosigkeit ist der Grund für viele scheinbar unbeantwortet gebliebene Gebete. Sei konkret in deinen Bitten. Fülle deinen Scheck mit einer bestimmten Summe aus, dann wird er in der Himmelsbank eingelöst, wenn er im Namen Jesu vorgelegt wird. Wage es, bei Gott konkret zu sein!

Frances R. Havergal sagte: »Jedes Jahr, ich könnte fast sagen jeden Tag, den ich erlebe, sehe ich deutlicher, wie alle Freude, Ruhe und Kraft unseres Christenlebens sich um einen Angelpunkt dreht: Gott bei seinem Wort zu nehmen, zu glauben, daß er wirklich genau das meint, was er sagt und die Worte, in denen er seine Güte und Gnade offenbarte, so anzunehmen, wie sie dastehen, ohne sie durch andere zu ersetzen oder die genaue Zeit- und Aussageform, die er für geeignet hielt, abzuändern.«

Berufe dich auf das Wort Jesu, seine Verheißung, sein Opfer und sein Blut, dann kann dir nicht eine einzige himmlische Segnung versagt werden.

Bibellese: 1. Mo. 32,7—33.

1. Oktober

Sei es, daß unser Gott ... uns erretten wird, oder nicht (Dan. 3,17).

Glaube für ausweglose Tage! Die Bibel enthält unzählige Berichte von solchen Tagen. Ihre Lieder sind davon inspiriert, ihre Prophetie beschäftigt sich mit ihnen, und die Offenbarung ist die Folge solcher Tage.

Ausweglose Tage sind Steine auf dem Weg des Lichts. Für Gott scheinen sie Gelegenheiten zum Eingreifen und zur Offenbarung seiner Macht zu sein und für den Menschen eine Schule der Weisheit.

Es gibt kein schöneres Beispiel eines solchen Glaubens als die Geschichte von den drei hebräischen jungen Leute Sadrach, Mesach und Abednego. Ihre Lage war aussichtslos, aber sie antworteten tapfer: »Sei es nun, daß unser Gott, dem wir dienen, uns aus dem glühenden Feuerofen befreien kann und uns von deiner Hand erretten wird, oder nicht, so sollst du wissen, o König, daß wir deinen Göttern nicht dienen und auch das goldene Bild nicht anbeten werden, das du aufgestellt hast« (Dan. 3,17—18). Dieses Wort »sei es nun, daß ... er uns erretten wird oder nicht«, ist sehr wichtig.

Oder denken wir an Gethsemane. Versenken wir uns in jenes »doch nicht wie ich will« — »wenn es möglich ist« — »doch nicht, wie ich will«! Tiefe Dunkelheit hatte die Seele unseres Herrn befallen. Vertrauen bedeutete Angst bis aufs Blut und Dunkelheit bis zum Kampf mit der Hölle — »doch nicht wie ich will!«
Bibellese: Dan. 3,13—18.

2. Oktober

Was ich euch im Finstern sage, das redet am Licht (Mt. 10,27).

Unser Herr führt uns immer wieder in die Dunkelheit, um zu uns reden zu können: In das Dunkel eines Trauerhauses, eines einsamen Lebens, einer Krankheit, einer niederschmetternden Enttäuschung oder eines großen Kummers.

In der Dunkelheit schließt er uns seine großen, wunderbaren Geheimnisse auf. Er richtet unser Auge, das von dem Glanz dieser Welt geblendet ist, auf himmlische Dinge.

Aber solche Offenbarungen schließen immer auch eine Verantwortung in sich: »das redet im Licht — das prediget auf den Dächern«.

Wir sollen nicht immer im Dunkel oder in unserem Zimmer bleiben. Es kann sein, daß wir plötzlich aufgefordert werden, unseren Platz im Getriebe des Lebens wieder einzunehmen; und wenn dieser Augenblick gekommen ist, sollen wir reden und erzählen, was wir im Dunkel gelernt haben.

Dies gibt dem Leid eine neue Bedeutung. Das Schwerste am Leid ist ja oft die augenscheinliche Sinnlosigkeit. »Ich bin zu nichts nütze!« »Was kann ich tun, um die Menschen zu bessern?« »Wozu diese Verschwendung der kostbaren Narde meiner Seele?« Das sind oft die verzweifelten Klagen von Menschen, die im Leid stehen. Aber Gott hat eine Absicht mit allem, was er tut. Er führt seine Kinder auf die Berge der Gemeinschaft mit ihm, damit sie dort seine Stimme hören und seine Botschaft an ihre Mitmenschen am Fuß des Berges weitergeben.

Waren die 40 Tage, die Mose auf dem Berg verbrachte, Zeitverschwendung? Oder die Zeit, die Elia am Horeb weilte oder die Jahre, in denen sich Paulus in Arabien aufhielt?

Auf dem Weg des Glaubens, der die unerläßliche Voraussetzung für ein heiliges und siegreiches Leben ist, gibt es keine Abkürzungen. Wir brauchen die Zeiten der Stille und der Gemeinschaft mit Gott. Nur so kann das Wissen um Gottes Gegenwart zum festen Besitz unserer Seele werden, so daß wir mit dem Psalmisten sprechen können: »Du bist bei mir« (Ps. 23,4).

Bibellese: Mt. 10,26—31.

3. Oktober

Wenn dann die Fußsohlen der Priester, welche die Lade des Herrn, des Herrn aller Lande, tragen, ins Wasser des Jordan treten, so wird das Wasser des Jordan sich zerteilen, und das Wasser, das von oben herabfließt, wird stehen bleiben wie ein Damm (Jos. 3,13).

Tapfere Leviten! Man kann nicht anders, als sie bewundern. Sie trugen die Bundeslade geradewegs in den Fluß hinein, denn das Wasser teilte sich erst, als sie die Füße ins Wasser tauchten (V. 15). Gott hatte es genauso versprochen, und er belohnt den »beharrlichen Glauben«, der nur auf die Verheißung schaut und sonst auf nichts.

Wir können uns vorstellen, wie die Israeliten, die zuschauten, wie die heiligen Männer ins Wasser hineinschritten, vielleicht sagten: »Ich würde dieses Risiko nicht eingehen! Das ist doch Wahnsinn! Die Lade wird ja weggespült werden!« Aber nein, »die Priester standen still im Trockenen« (V. 17).

Wir dürfen die Tatsache nicht übersehen, daß unser Glaube Gott hilft, seine Pläne auszuführen.

Die Bundeslade war mit Stangen versehen, damit die Träger sie auf den Schultern tragen konnten. Die Lade bewegte sich nicht selbst; sie wurde getragen. Durch den Glauben können wir Löwen den Rachen verstopfen und die Flammen des Feuers auslöschen. Der Glaube ehrt Gott, und Gott ehrt den Glauben. O daß wir Glauben hätten, vorwärts zu gehen und es Gott zu überlassen, seine Verheißung zu erfüllen, wann er es für gut befindet! Wir sind die »Leviten« von heute; laßt uns unsere Last auf uns nehmen, aber nicht mit einem Gesicht, als trügen wir den Sarg Gottes! Es ist die Lade des lebendigen Gottes! Singend wollen wir in die Fluten steigen!

Bibellese: Jos. 3,9—17.

4. Oktober

Betrachtet die Lilien des Feldes, wie sie wachsen (Mt. 6,28).

»Ich brauche Öl«, sagte ein Mönch in alter Zeit. Also pflanzte er ein Ölbäumchen. »Herr, es braucht Regen, damit die zarten Wurzeln trinken und wachsen können«, betete der Mönch, »bitte, sende milden Regen!« Und der Herr sandte den milden Regen. »Herr, mein Bäumchen braucht Sonne. Bitte, laß die Sonne scheinen!« Und die Sonne schien und vergoldete die schwarzen Regenwolken. »Jetzt Frost, lieber Herr, um das Gewebe zu stärken«, rief der Mönch. Und siehe, der kleine Baum funkelte im Frost. Aber am Abend ging er ein.

Da suchte der Mönch einen Bruder in seiner Zelle auf und erzählte ihm von seiner seltsamen Erfahrung. »Ich pflanzte auch ein Bäumchen«, erwiderte jener, »und siehe, es gedeiht prächtig. Aber ich habe mein Bäumchen Gott anbefohlen. Er, der es geschaffen hat, weiß besser, was es braucht, als ein Mensch wie ich. Ich habe keine Bedingungen gestellt, keine Vorschriften gemacht. Ich betete einfach: »Herr, gib ihm, was es braucht, Sturm oder Sonnenschein, Wind, Regen oder Frost. Du hast ihn gemacht, und du weißt alles am besten.«

Bibellese: Ps. 104,1—28.

5. Oktober

Sehet aber zu, ihr alle, die ihr ein Feuer anzündet und euch mit feurigen Pfeilen wappnet, gehet hin in die Flamme eures eigenen Feuers und in die feurigen Pfeile, die ihr angezündet habt! Solches widerfährt euch von meiner Hand, daß ihr in Schmerzen liegen müßt (Jes. 50,11).

Welch ernste Warnung an die, die im Dunkeln wandern und sich selbst helfen wollen, ans Licht zu kommen. Sie werden hier beschrieben als solche, die ein Feuer anzünden und Brandpfeile zurüsten. Was heißt das?

Nun, es bedeutet, daß wir in der Dunkelheit leicht versucht sind, einen eigenen Weg ans Licht zu suchen, ohne auf den Herrn zu vertrauen und uns allein auf ihn zu verlassen. Statt uns helfen zu lassen, versuchen wir, uns selbst zu helfen. Wir suchen das natürliche Licht und den Rat unserer Freunde. Wir lassen unseren Verstand walten und stehen in der Gefahr, einen Ausweg zu suchen, der gar nicht von Gott ist.

All das sind Feuer, die wir selbst angezündet haben, schwache Kerzenlichter, die unser Lebensschiff garantiert auf Sandbänke führen. Gott wird uns bis zum bitteren Ende in diesem Licht gehen lassen.

Ihr Lieben, wir wollen nicht versuchen, selbst aus dem Dunkel herauszukommen, außer wenn und wann Gott es will. Die Zeit der Not soll uns Lektionen erteilen, die wir bitter nötig haben. Eine vorzeitige Befreiung kann Gottes Werk der Gnade in unserem Leben vereiteln. Übergeben wir ihm die ganze Situation! Seien wir bereit, so lange in der Dunkelheit zu bleiben, wie wir der Gegenwart Gottes gewiß sind. Denken wir daran: Es ist besser, mit Gott im Dunkeln zu wandern, als allein im Licht.

Hören wir auf, uns in Gottes Pläne und Willen einzumischen. Wenn wir etwas, was ihm zukommt, anfassen, werden wir es beschädigen. Wir können die Zeiger der Uhr nach unserem Willen verstellen, aber wir werden deshalb die Zeit nicht ändern. So können wir die Offenbarung von Gottes Willen beschleunigen, aber wir richten nur Schaden an. Wir können eine Rosenknospe öffnen, aber dann werden wir die Blüte verderben. Überlassen wir alles ihm! Hände weg! Herr, dein Wille, nicht mein Wille geschehe!
Bibellese: Jes. 50,10—11.

6. Oktober

Als er nun hörte, daß Lazarus krank sei, blieb er noch zwei Tage an dem Orte, wo er war (Joh. 11,6).

Am Anfang dieses wunderbaren Kapitels steht das erklärende Wort: »Jesus aber liebte Martha und ihre Schwester und Lazarus« (V. 5), als ob wir daraus lernen sollten, daß alles Handeln Gottes mit uns, und sei es noch so dunkel und geheimnisvoll, von seiner unendlichen, unverdienten und unveränderlichen Liebe diktiert wird. Aber die Liebe läßt Schmerz zu. Die Schwestern hatten nie daran gezweifelt, daß Jesus unter allen Umständen sofort kommen und ihren Bruder vorm Tod erretten würde, aber »als er nun hörte, daß jener krank sei, blieb er noch zwei Tage an dem Orte, wo er war«.

Was für ein erschreckendes Wort »als er nun hörte . . .«! Er blieb an dem Ort, wo er war, nicht weil er die Geschwister in Bethanien nicht geliebt hätte, sondern gerade, weil er sie liebte. Seine Liebe allein hielt ihn davon zurück, sofort zu diesen geliebten, vom Schmerz heimgesuchten Menschen zu eilen. Alles, außer einer unendlichen Liebe, wäre den Menschen, die in so großer Sorge waren, sofort zu Hilfe gekommen, ihren Schmerz zu stillen, ihre Tränen zu trocknen und dafür zu sorgen, daß Schmerz und Seufzen entflohen. Göttliche Liebe allein konnte des Heilands mitfühlendes Herz zurückhalten, bis der Engel des Todes sein Werk getan hatte.

Wer kann ermessen, wieviel wir dem Schmerz und Leid verdanken? Wenn sie nicht wäre, hätten wir kaum die Möglichkeit, die wichtigsten Tugenden im Christenleben zu entwickeln. Wo wäre der Glaube ohne die Erprobung, wo wäre Geduld, wenn nichts zu ertragen wäre, oder Erfahrung ohne Trübsal, durch die sie erst bewirkt wird?

Bibellese: Rö. 5,1—5.

7. Oktober

Dein Stecken und dein Stab, die trösten mich (Ps. 23,4).

Die Hirten Palästinas können uns gut erklären, wozu sie ihren Stab brauchen. Ein solcher Hirte wurde einmal gefragt, in welchem Sinne von seinem Stab gesagt werden könne, daß er ein Trost für die Schafe sei. Der erfahrene Führer seiner Herde erklärte, daß er tagsüber den Stab immer über der Schulter trage; wenn die Schafe ihn sähen, wüßten sie, daß der Hirte in der Nähe sei, und das gebe ihnen Trost und Geborgenheit. Wenn er dagegen mit seinen Schafen von der Nacht überrascht würde, oder wenn sie am Berg in dichten Nebel gerieten, daß die Schafe ihn nicht mehr sehen könnten, nähme er seinen Stab von der Schulter und stieße beim Gehen damit auf den Boden. So wüßten die Schafe vom Hören, daß er, ihr Hirte, bei ihnen sei und sie sicher führe. Wenn wilde Tiere seine Herde angriffen, könne er den Stab als Waffe benutzen und ihren Angriff abwehren. Wenn die Lämmer in Felsspalten oder unter die Dornen gerieten, so könne er mit dem Haken am oberen Ende des Hirtenstabes das verunglückte Tier herausholen und bergen. Derjenige, der den Stab trägt, ist der Führer oder Beherrscher seiner Herde. Die Schafe erkennen ihren Herrn am Hirtenstab und folgen ihm und keinem anderen, der an ihnen vorbeigeht oder der versucht, sie wegzuführen.

An all das erinnerte sich David, als er diesen Psalm betete, als wolle er damit sagen: »Es wäre unsinnig zu glauben, daß Gott sich um mich weniger kümmern würde als ich um meine Schafe!«
Bibellese: Joh. 10,1—18.

8. Oktober

Und es erhob sich ein großer Sturm (Mk. 4,37).

Einige Stürme unseres Lebens erheben sich plötzlich: ein großer Schmerz, eine bittere Enttäuschung, eine große Niederlage. Andere nähern sich langsam. Sie erscheinen am Horizont nicht größer als eines Mannes Hand; aber die Not, die so unbedeutend anfängt, breitet sich aus, bis der ganze Himmel überzogen ist und Dunkel uns umhüllt.

Und doch sollen wir im Sturm für den Dienst ausgerüstet werden. Wenn Gott eine Eiche haben will, pflanzt er sie nicht an eine windgeschützte Stelle, sondern dahin, wo der Sturm sie schütteln und der Regen auf sie niederprasseln wird. Im Kampf mit den

Elementen bekommt sie ihre starken Wurzeln und wird zum König des Waldes.

Wenn Gott einen Menschen zum Mann machen will, läßt er einen Sturm über ihn kommen. Die Geschichte der Menschheit ist immer rauh. Niemand wird zum Mann, der nicht im heulenden Sturm gestanden und die höchste Erfüllung des Gebets gefunden hat: »O Gott, nimm mich, zerbrich mich und gebrauche mich!«

Ein Franzose malte einmal ein Bild von weltbekannten Genies. Redner, Philosophen und Märtyrer sind darauf zu sehen, alle, die zu einer bestimmten Zeit Hervorragendes geleistet haben. Das Besondere an diesem Bild ist jedoch, daß jeder, der sich wegen seiner Fähigkeiten ausgezeichnet hatte, zuvor besonders viel leiden mußte. Im Vordergrund steht einer, dem das verheißene Land versagt war: Mose. Neben ihm sieht man einen anderen, der tastend vorwärtsgeht: der blinde Homer. Milton ist da, blind und gebrochenen Herzens. Dann sieht man die Gestalt eines Mannes, der alle turmhoch überragt. Wodurch zeichnet er sich aus? Sein Gesicht ist von Qual und Schmerz gezeichnet — Jesus am Kreuz. Der Künstler hätte unter dieses Bild den Titel »Sturm« setzen können. Die Schönheit der Natur leuchtet besonders nach einem Sturm, und die Großen des Lebens sind solche, über die Sturm und Wetter gegangen sind und die Narben davongetragen haben.

Auch wir sind vielleicht in Wind und Sturm gekommen. Sind wir dadurch auf die sonnenbeschienenen Gipfel eines reicheren, erfüllteren Lebens geführt worden? Haben wir jetzt mehr Mitleid mit den vom Sturm Zerschlagenen und den vom Kampf Verwundeten?
Bibellese: Mk. 4,35—41.

9. Oktober

Aber in dem allen überwinden wir weit durch den, der uns geliebt hat (Rö. 8,37).

Das ist mehr als Sieg! Es ist vollkommener Triumph. Wir sind nicht bloß der Niederlage und Vernichtung entgangen; der Feind wurde geschlagen, und die Beute, die wir einsammelten, ist so wertvoll und kostbar, daß wir Gott danken können, daß es überhaupt zur Schlacht kam. Wie werden wir aber mehr als Überwinder?

Wir können im Kampf eine geistliche Schule sehen, durch die unser Glaube gestärkt und unser geistlicher Charakter gefestigt wird. Versuchung ist notwendig, um uns im geistlichen Leben zu festigen. Es ist wie das Feuer in den Farben der Gesteinszeichnungen oder wie der Sturm, der die mächtigen Zedern auf den Bergen nur tiefere Wurzeln treiben läßt. Unsere geistlichen Kämpfe bringen uns den größten Segen, und unser großer Gegenspieler ist daran gewöhnt, uns so lange zu widerstehen, bis er endgültig besiegt ist.

Ein bekannter Wissenschaftler hatte gehört, daß Reisende sich früher vorgestellt hatten, die Korallentierchen, die die Korallenriffe bauten, würden instinktiv die großen Kreise der Atolle anlegen, um innerhalb des Atolls besser geschützt zu sein. Er widerlegte diese Auffassung jedoch und bewies, daß die Tiere nur leben und gedeihen können, wenn sie dem offenen Ozean und dem mit Luft durchsetzten Schaum der Wellen ausgesetzt sind.

So wurde auch allgemein angenommen, Schutz und Geborgenheit seien die günstigsten Lebensbedingungen für einen Christen. Das Gegenteil ist der Fall! Die reifsten Christen sind Beweise dafür. Durch Not und Entbehrungen sind sie das geworden, was sie sind.

Bibellese: Rö. 8,31—39.

10. Oktober

Und der Herr erschien ihm in derselben Nacht (1. Mo. 26,24).

»Der Herr erschien ihm in derselben Nacht.« Es war die Nacht, in der Isaak nach Beerseba zog. War diese Offenbarung wohl ein Zufall? War der Zeitpunkt ein Zufall? Könnte diese Offenbarung nicht auch in einer anderen Nacht geschehen sein? Das zu glauben wäre ein großer Irrtum. Aber warum offenbarte sich ihm Gott in der Nacht, in der er nach Beerseba kam? Weil das die Nacht war, in der Isaak zur Ruhe gekommen war. Wo er zuvor sein Zelt aufgeschlagen hatte, hatten ihn die Hirten von Gerar gequält und geärgert. Immer wieder war es wegen ein paar armseliger Brunnen zu Streitigkeiten gekommen.

Nichts kann uns so auf die Nerven gehen wie geringfügige Widerwärtigkeiten, besonders wenn alles auf einmal kommt. Isaak empfand das auch. Selbst nachdem der Streit beigelegt war, verband sich mit der Erinnerung daran ein bitterer Nachgeschmack. Deshalb beschloß er wegzuziehen. Er suchte eine andere Umgebung. Er schlug sein Zelt an einem andern Ort auf, weg von dem Ort der früheren Streitigkeiten. Und genau in jener Nacht offenbarte sich ihm Gott. Er sprach zu Isaak, als in seinem Herzen kein Kampf mehr tobte, als er ruhig geworden war. Gott konnte nicht zu ihm sprechen, solange er Groll in seinem Herzen hatte. Gottes Stimme verlangt Stille. Erst als Isaaks Geist zur Ruhe gekommen war, konnte er den Mantel seines Gottes vorüberrauschen hören.

Bibellese: 1. Mo. 26,17—25.

11. Oktober

Tröstet, tröstet mein Volk! spricht euer Gott (Jes. 40,1).

Wir sollen zu Tröstern werden. Das war die Aufgabe des Propheten. Die Welt ist voll trostbedürftiger Menschen. Ehe wir jedoch für dieses hohe Amt ausgerüstet sind, müssen wir selbst geschult werden. Diese Schulung ist äußerst kostspielig und gründlich.

Wir müssen dieselbe Not durchleiden, in der zahllose andere Menschen Blut und Tränen vergießen. So wird unser eigenes Leben zum »Krankenzimmer«, wo wir in der göttlichen Kunst des Tröstens unterwiesen werden. Wir sind selbst verwundet, damit wir von dem großen Arzt, der uns behandelt, lernen, wie man »Erste Hilfe« an anderen leistet.

Wundern wir uns, warum wir durch eine besondere Not gehen müssen? Warten wir zehn Jahre; dann werden wir sehen, daß viele andere ebenso leiden wie wir. Dann können wir ihnen von unserem Leid erzählen und wie wir getröstet worden sind. Während wir davon berichten und die Wunden verbinden, so wie Gott einst uns getan hat, wenn der Verwundete uns mit erwartungsvollen Augen anschaut und wir sehen, wie die Verzweiflung der Hoffnung weicht, dann werden wir erkennen, warum wir geschlagen wurden. Dann lernen wir, Gott für die Schule, die unser Leben so reich an Erfahrung und Hilfe gemacht hat, zu danken.

Gott tröstet nicht, um es uns leicht zu machen, sondern um uns zu Tröstern zu machen.

Bibellese: 2. Kor. 1,3—7.

12. Oktober

... wurde ihnen vom heiligen Geist gewehrt, das Wort in Asien zu verkünden (Apg. 16,6).

Es ist interessant, die Methoden zu untersuchen, nach denen der Heilige Geist jene ersten Boten des Evangeliums leitete. Diese Führung bestand hauptsächlich aus Verboten, wenn sie versuchten, einen anderen Weg als den richtigen zu gehen. Als sie sich nach links, nach Asien, wenden wollten, gebot er ihnen Halt. Als sie versuchten, in die andere Richtung, nach Bithynien, zu ziehen, wurden sie wieder aufgehalten.

In späteren Jahren hat Paulus gerade in dieser Gegend eine große Missionsarbeit begonnen, aber jetzt war die Tür verschlossen. Der Heilige Geist ließ sie nicht weitergehen. Die Zeit des Angriffs auf diese scheinbar uneinnehmbaren Festungen des Reiches Satans war noch nicht gekommen. Apollos mußte kommen, um dort Pionier-Arbeit zu leisten. Paulus und Barnabas aber wurden jetzt dringender an einem anderen Ort gebraucht und mußten weiter geschult werden, ehe sie diese verantwortungsvolle Aufgabe übernehmen konnten.

Wenn wir im Zweifel sind, welchen Weg wir gehen sollen, unterstellen wir unser Urteil völlig dem Geist Gottes und bitten ihn, jede Tür zu schließen außer der, durch die wir gehen sollen. Sagen wir zu unserem Herrn: »Ich werfe die ganze Verantwortung auf dich. Halte meine Schritte auf und versperre jeden Weg, der nicht von dir ist. Laß mich deine Stimme hinter mir hören, wenn ich mich nach rechts oder links wende!«

In der Zwischenzeit gehen wir auf dem Weg weiter, den wir eingeschlagen haben und bleiben in dem, darin wir berufen wurden, es sei denn, es wird uns klar gezeigt, wir sollten etwas anderes tun. Der Geist Jesu wartet darauf, auch uns zu leiten, wie er Paulus geleitet hat. Wir müssen nur darauf achten, dem geringsten Verbot gehorsam zu sein. Wo nach gläubigem Gebet keine offensichtlichen Hindernisse zu sehen sind, da können wir frohen Herzens vorangehen. Aber seien wir nicht überrascht, wenn die Antwort in Form von verschlossenen Türen kommt. Wenn aber rechts und links Türen verschlossen sind, bleibt gewiß ein Weg frei, der nach Troas führt. Dort wartet Lukas, und Visionen zeigen den Weg dorthin, wo große Möglichkeiten offenstehen und treue Freunde warten.
Bibellese: Apg. 16,6—15.

13. Oktober

Denn ich halte dafür, daß die Leiden der jetzigen Zeit nicht in Betracht kommen gegenüber der Herrlichkeit, die an uns geoffenbart werden soll (Rö. 8,18).

Fast ein Jahr lang bewahrte ich einmal den flaschenähnlichen Kokon (die Puppe) eines Nachtfalters auf. Er ist sehr eigenartig in seiner Konstruktion. Im Hals der »Flasche« befindet sich eine schmale Öffnung, durch die sich das fertige Insekt hinauszwängt, so daß ein leerer Kokon genauso unbeschädigt aussieht wie ein bewohnter, weil die ineinanderverschlungenen Fasern an keiner Stelle gerissen sind. Man staunt über das Mißverhältnis zwischen der Austrittsöffnung und der Größe des gefangenen Insekts und wundert sich, wie das Tier überhaupt durchschlüpfen kann. Es geschieht immer unter großer Anstrengung und mit Schwierigkeiten. Man vermutet, daß der Druck, dem der Körper des Tieres beim Ausschlüpfen durch eine solch enge Öffnung ausgesetzt ist, von der Natur so eingerichtet wurde, um die Lebenssäfte in die Gefäße der Flügel zu pressen, weil diese beim Ausschlüpfen aus dem Kokon weniger entwickelt sind als bei anderen Insekten.

Eines Tages war ich Zeuge der ersten Anstrengung eines Falters, sein Gefängnis zu verlassen. Einen ganzen Vormittag lang beobachtete ich, wie das Tier geduldig arbeitete und sich anstrengte, ins Freie zu gelangen. Es schien jedoch nie über eine gewisse Stelle hinwegzukommen. Schließlich war meine Geduld erschöpft. Wahrscheinlich war das Gewebe trockener und weniger elastisch, als wenn der Kokon den ganzen Winter über auf der Heide gelegen hätte, wie es von der Natur vorgesehen war. Auf jeden Fall dachte ich, ich wüßte es besser und hätte mehr Mitleid mit dem Tier als sein Schöpfer. So beschloß ich, etwas nachzuhelfen. Mit der Schere schnitt ich ein paar Fasern durch, um den Ausgang ein klein wenig breiter zu machen. Und siehe da! Mein Falter schlüpfte sofort und mühelos durch, schleppte aber einen riesigen, geschwollenen Körper mit sich und kleine verkümmerte Flügel. Vergeblich wartete ich auf den großen Augenblick, in dem die Flügel sich rasch und lautlos vor meinen Augen entwickeln und ausbreiten würden. Da ich die Punkte und Zeichnungen in den verschiedenen Farben bereits sehen konnte, wartete ich gespannt, bis sie die richtigen Proportionen annehmen und den Falter in seiner vollkommenen Schönheit zeigen würden. Es war einer der schönsten seiner Art. Aber ich wartete vergeblich. Mein falsches Mitgefühl hatte sich als sein Verderben erwiesen. Das Tier wurde nicht mehr als eine verkümmerte Mißgeburt, die sich beschwerlich durch dieses kurze Leben schleppte, während es doch dazu bestimmt war, sich in die Luft zu schwingen.

An diesen Vorgang wurde ich oft erinnert, wenn ich Menschen sah, die mit Sorgen, Leid und Qual belastet waren und ich dann aus Mitleid versucht war, ihre Leidensschule abzukürzen und ihnen Befreiung zu verschaffen. Ich kurzsichtiger Mensch! Wie weiß ich denn, ob ein Schmerzensschrei oder Stöhnen erlassen werden kann? Die weitsichtige, vollkommene Liebe Gottes, der seine Kinder vollkommen machen will, schreckt nicht vor vorübergehenden Leiden zurück. Die Liebe unseres Vaters ist zu echt, um schwach zu sein. Weil er seine Kinder liebt, züchtigt er sie, damit sie seiner Herrlichkeit teilhaftig werden. Dieses große Ziel hat er im Auge und schont sie deshalb nicht, wenn sie auch weinen. Durch Leiden werden die Söhne Gottes zum Gehorsam erzogen und durch viel Trübsal zur Herrlichkeit geführt.
Bibellese: 2. Kor. 4,16—18.

14. Oktober

Wenn du durchs Wasser gehst, so will ich bei dir sein, und wenn durch Ströme, so sollen sie dich nicht ersäufen (Jes. 43,2).

Gott ebnet unseren Weg nicht im voraus. Er hat keine Hilfe zugesagt, solange wir sie nicht brauchen. Er räumt die Hindernisse nicht aus dem Weg, wenn wir noch weit davon entfernt sind. Doch wenn wir am Rand der Not stehen, hält Gott uns seine Hand entgegen, um uns zu helfen.

Viele Menschen vergessen das. Sie machen sich ständig Sorgen um Dinge, die in der Zukunft liegen und meinen, Gott müsse den Weg weit im voraus für sie ebnen. Er hat jedoch versprochen, nur Schritt für Schritt zu helfen, wenn Hilfe not ist. Es kann sein, daß wir bis an den Rand des Wassers treten und in die Fluten hinabsteigen müssen, ehe wir die Verheißung Gottes in Anspruch nehmen können. Viele fürchten sich beispielsweise vor dem Tod und klagen, sie hätten keine »Sterbegnade«. Natürlich haben sie keine

Sterbegnade, solange sie gesund sind und mitten im Leben mit seinen Aufgaben und Pflichten stehen. Warum sollten sie da Sterbegnade haben? Gnade zum Leben, zur Arbeit brauchen sie, Gnade zum Sterben aber erst, wenn die Stunde gekommen ist.
Bibellese: Hb. 4,14—16.

15. Oktober

Ich habe gelernt, mit der Lage zufrieden zu sein, in welcher ich mich befinde (Phil. 4,11).

Paulus schrieb diese Worte, als er im Gefängnis war, wo ihm jede Annehmlichkeit des Lebens versagt war!

In einer Fabel wird von einem König erzählt, der eines Morgens in seinen Garten kam und alle Bäume und Sträucher nahe daran fand einzugehen. Er fragte die Eiche, die beim Tor stand, was denn geschehen sei. Dann hörte er, sie hätte genug von diesem Leben und wolle sterben, weil sie nicht so hoch und schön sei wie die Kiefer. Die Kiefer war ganz außer sich, weil sie keine Trauben tragen konnte wie der Weinstock. Der Weinstock hingegen wollte sein Leben wegwerfen, weil er nicht aufrechtstehen und keine so schöne Frucht tragen konnte wie der Pfirsichbaum. Der Geranienstock ärgerte sich, weil er nicht groß und wohlriechend war wie der Flieder. Und so ging es weiter, den ganzen Garten hindurch. Schließlich kam der König zu dem Stiefmütterchen und fand sein kleines Gesichtchen so leuchtend und fröhlich wie immer. »Nun, Stiefmütterchen, ich freue mich, daß ich inmitten dieser Unzufriedenheit ein so tapferes kleines Blümchen finde! Du scheinst nicht im geringsten traurig zu sein.« »O nein«, erwiderte das Stiefmütterchen, »ich bin ja nicht viel wert, aber ich dachte, wenn du, o König, eine Eiche, eine Kiefer, einen Pfirsichbaum oder einen Fliederbusch hättest haben wollen, hättest du wohl einen gepflanzt. Aber ich weiß, du wolltest ein Stiefmütterchen, und deshalb will ich ein so gutes, kleines Stiefmütterchen sein wie nur irgend möglich.«

Menschen, die sich Gott vorbehaltlos ausgeliefert haben, werden in jeder Lage zufrieden sein, weil sie nur das wollen, was Gott will und das für ihn tun wollen, was er von ihnen getan haben will. Sie legen alles vor Gott nieder, und wenn sie nichts mehr haben, erhalten sie alles hundertfältig wieder.
Bibelese: 1. Tim. 6,6—10.

16. Oktober

Lasset uns jede Last und die uns so leicht umstrickende Sünde ablegen und mit Ausdauer die Rennbahn durchlaufen, welche vor uns liegt (Hb. 12,1).

Es gibt Bürden und Lasten, die an sich keine Sünde sind, die uns aber in unserem Glaubensleben hemmen und zu Fall bringen. Eine der größten Gefahren ist die Verzagtheit. Wenn uns das Herz schwer ist, wird uns dieses Gewicht bestimmt nach unten ziehen und uns in unserer Heiligung und unserem Dienst für den Herrn hindern.

Die Schuld Israels, deretwegen es das verheißene Land nicht betreten durfte, begann mit der Auflehnung gegen Gott, mit Murren. Zuerst war es nur Unzufriedenheit. Aber es wurde so schlimm, daß schließlich Aufruhr und Verderben daraus enstand. Hüten wir uns davor, jemals an Gott, seiner Liebe und seiner Treue zu zweifeln! Wir wollen unseren ganzen Willen aufbieten, nicht zu zweifeln, so wie wir uns auch vor anderen Sünden hüten. Wenn wir fest bleiben und uns weigern zu zweifeln, wird der Heilige Geist uns zu Hilfe kommen und uns den Glauben an Gott schenken und den Sieg verleihen.

Es ist sehr leicht, in die Gewohnheit des Zweifelns zu verfallen, sich zu ärgern und zu fragen, ob Gott uns verlassen habe und ob unsere Hoffnung am Ende doch vergeblich sei. Weigern wir uns, uns entmutigen zu lassen! Weigern wir uns, unzufrieden und unglücklich zu sein! Achten wir es für »eitel Freude«, auch wenn wir nicht eine Spur von Freude empfinden. Freuen wir uns im Glauben und halten unbeirrbar an Gottes Wort fest und rechnen damit. Dann werden wir erleben, daß Gott uns nicht zuschanden werden läßt.

Der Teufel hat zwei Meistertricks. Einmal versucht er, uns den Mut und die Freude zu nehmen. Dann können wir zumindest eine Zeitlang für andere nicht zum Segen sein. Das kommt einer Niederlage gleich. Das andere Mal will er in uns den Zweifel wecken. Dadurch wird die Verbindung mit unserem Vater, in der wir durch den Glauben stehen, abgebrochen. Seien wir auf der Hut! Lassen wir uns in keine dieser Fallen locken!

Bibellese: Phil. 2,14—15.

17. Oktober

Bis jetzt habt ihr gar nichts in meinem Namen gebeten; bittet, so werdet ihr nehmen, auf daß eure Freude völlig werde! (Joh. 16,24).

Während des amerikanischen Sezessionskrieges meldete sich der einzige Sohn eines Bankdirektors freiwillig zum Heer der Union. Der Vater war zwar damit einverstanden, daß sein Sohn Soldat würde, doch brach ihm fast das Herz, als er ihn ziehen lassen mußte.

Das Schicksal der Soldaten lag ihm von da an sehr am Herzen. Sooft er eine Uniform sah, wurde sein Herz warm im Gedanken an seinen geliebten Sohn. Er opferte Zeit und Geld, um für die Soldaten zu sorgen, die krank nach Hause kamen. Darüber vernachlässigte er sogar sein Geschäft, so daß seine Freunde ihn tadelten, er habe kein Recht, so viel für die Soldaten zu tun, daß seine Arbeit in der Bank darunter leide. Deshalb beschloß er, sich in Zukunft nur noch seinem Geschäft zu widmen.

Nachdem er diesen Entschluß gefaßt hatte, kam eines Tages ein Soldat in einer abgetragenen Uniform zu ihm. Man sah ihm an, daß er verwundet gewesen war; Gesicht und Hände waren voll kaum verheilter Narben. Der Junge kramte in seiner Tasche, um etwas zu suchen. Der Direktor erriet den Zweck seines Kommens und sagte zu ihm: »Mein lieber Freund, ich kann heute nichts für Sie tun. Ich habe überhaupt keine Zeit. Sie müssen zu Ihrem Hauptquartier gehen. Die Offiziere werden sich um Sie kümmern.« Der arme Soldat schien nicht zu verstehen, was man ihm gesagt hatte. Immer noch suchte er in seinen Taschen. Schließlich zog er einen schmutzigen Fetzen Papier heraus, auf dem mit Bleistift ein paar Zeilen geschrieben waren und legte ihn dem Direktor vor. Er las: »Lieber Vater, dies ist einer meiner Kameraden, der in der letzten Schlacht verwundet wurde und im Krankenhaus war. Bitte, nimm ihn auf, wie wenn ich es wäre. Dein Karl.«

Im gleichen Augenblick waren alle Vorsätze des Bankdirektors, sich nicht mehr um die Soldaten zu kümmern, verflogen. Er nahm den jungen Soldaten in sein Haus auf, er durfte in Karls Zimmer schlafen und Karls Platz am Tisch einnehmen. Er durfte bleiben, bis er durch das gute Essen, die Ruhe und Liebe, mit der er umgeben wurde, wiederhergestellt war. Dann kehrte er zu seiner Einheit zurück.

Genauso ist Gott! Er kann den in Sünde gefallenen Menschen nicht aufnehmen. Aber es gibt einen Weg. Wenn wir an Jesus glauben und dann in seinem Namen vor den Vater treten, wird er uns jede Bitte erfüllen, die seinem Wort gemäß ist.

Was für eine herrliche Möglichkeit ist es doch, im Namen Jesu zu beten!

Bibellese: Joh. 14,13—14.

18. Oktober

Fürchtet euch nicht, tretet hin und sehet, was für ein Heil der Herr heute an euch tun wird (2. Mo. 14,13).

Diese Worte enthalten den Befehl Gottes an den Gläubigen, der in großer Bedrängnis und außerordentlichen Schwierigkeiten steckt.

Er kann nicht rückwärts, er kann nicht vorwärts, er ist rechts und links eingeengt. Was soll er tun?

Das Wort des Herrn an ihn lautet: »Stehe still!« Es wird dann gut für ihn sein, wenn er in solchen Zeiten nur auf das Wort seines Herrn hört und nicht auf andere, falsche Ratgeber und deren Vorschläge. Die Verzweiflung flüstert: »Leg dich hin und stirb, gib alles auf.« Aber Gott möchte, daß wir getrosten und frohen Mutes sind und selbst in den schlimmsten Zeiten unseres Lebens uns an seiner Liebe und Treue erfreuen.

Die Feigheit sagt: »Zieh dich zurück, mach es wie die Weltmenschen! Du kannst nicht die Rolle eines Christen spielen. Es ist zu schwer. Gib deine Grundsätze auf!«

So sehr Satan dich jedoch auf diesen Weg locken möchte, du kannst ihm nicht folgen, wenn du ein Kind Gottes bist. Der Herr hat dich geheißen, von Kraft zu Kraft zu gehen, und so wird es geschehen, und weder Tod noch Hölle sollen dich von deinem Weg abbringen. Wenn du auch eine Zeitlang zum Stillstehen gerufen wirst, sollst du dadurch nur neu gestärkt werden, um zu gegebener Zeit einen größeren Schritt vorwärts tun zu können.

Die Eile ruft: »Tu etwas, rühr dich, stillstehen ist reine Faulheit!« Du mußt sofort etwas unternehmen — du mußt es tun, so meinst du, statt auf den Herrn zu blicken, der nicht nur etwas, sondern alles tun wird.

Die Anmaßung prahlt: »Selbst wenn das Meer vor dir läge, geh hinein und erwarte ein Wunder!«

Aber der Glaube hört weder auf die Anmaßung noch auf die Verzweiflung, Feigheit oder Hast, sondern auf Gott, der sagt: »Steh still!«, und dann steht er unbeweglich wie ein Fels. »Steh still!« — Nimm die Haltung eines aufrechten Mannes ein, bereit zum Handeln, in Erwartung weiterer Befehle, geduldig und gelassen auf die Weisung Gottes wartend. Dann wird es nicht lange dauern, bis er dich vorwärtsgehen heißt, so deutlich wie Mose das Volk Israel vorwärtsgehen hieß, als es vor dem Roten Meer stand (Spurgeon).

Bibellese: 2. Mo. 14.

19. Oktober

. . . *welche ihnen dienten mit ihrer Habe* (Lk. 8,3).

Eine alte Legende berichtet von drei schönen Mädchen, die vor langer Zeit in einem königlichen Palast wohnten. Eines Morgens, als sie wieder einmal durch den herrlichen Garten mit seinen klaren, sprudelnden Bächen und leuchtenden Blumen gingen, erhob sich die Frage, welche von ihnen die schönsten Hände hätte.

Eleonora, deren Finger sich beim Pflücken der köstlichen Erdbeeren rot gefärbt hatten, hielt ihre Hände für die schönsten.

Antoinette war bei den duftenden Rosen gewesen, und ihre Hände hatten den frischen Duft der Blüten angenommen; für sie waren es die allerschönsten Hände.

Johanna hatte ihre beschmutzten Hände in den klaren Bach getaucht, und als jetzt die Wassertropfen wie glitzernde Diamanten von ihren schlanken Fingern perlten, dachte sie: Meine Hände sind doch die schönsten!

In dem Augenblick kam ein armes Mädchen und bettelte um ein Almosen. Aber die königlichen Damen rafften ihre kostbaren Kleider zusammen und rauschten stolz davon. Die junge Bettlerin ging dann zu einer nahegelegenen, ärmlichen Hütte, wo ihr eine Frau mit wettergebräuntem Gesicht und von schwerer Arbeit schwieligen Händen ein Stück Brot gab. Die Bettlerin — so erzählt die Legende weiter — verwandelte sich plötzlich in einen Engel, der am Tor des königlichen Gartens erschien.

»Die schönsten Hände sind die, welche bereit sind, ihrem Mitmenschen wohlzutun und zu helfen«, sagte der Engel.

Bibellese: Apg. 4,32—37.

20. Oktober

Und sie kamen gen Mysien und versuchten nach Bithynien zu reisen; und der Geist Jesu ließ es ihnen nicht zu (Apg. 16,7).

Was für ein seltsames Verbot! Diese Männer waren auf dem Weg nach Bithynien, um des Herrn Werk zu betreiben, und da wurde durch den Geist Jesu die Tür vor ihnen geschlossen! Auch ich habe das wiederholt erlebt. Es kam vor, daß mir plötzlich in einer, wie mir schien, nützlichen Tätigkeit Einhalt geboten wurde. Ich stieß auf Widerstand und wurde gezwungen, zurückzuweichen. Oder ich wurde krank und mußte mich in die Stille zurückziehen.

In solchen Augenblicken war es schwer, meine Arbeit unerledigt liegen zu lassen, zumal diese meiner Meinung nach ein Dienst für den Herrn Jesus Christus war. Aber dann wurde mir klar, daß dieser Dienst nicht nur im Arbeiten besteht, sondern auch im Warten. Ich erkannte, daß es im Reich Jesu Christi nicht nur Zeiten des Handelns gibt, sondern auch Zeiten, in denen nichts getan werden darf. Ich lernte, daß die Wüste, die Einsamkeit, oft gewinnbringender im Leben des Menschen ist als Zeiten, in denen Korn und Wein im Überfluß vorhanden sind. Ich mußte lernen, Gott dafür zu danken, daß ich manches geliebte Bithynien liegen lassen mußte.

Und so möchte ich auch weiterhin von dir, Herr Jesus, geführt werden. Immer noch werde ich enttäuscht, wenn ich meine, dir nützlich zu sein. Heute scheint sich die Tür in ein Leben und Werk für dich zu öffnen, morgen schließt sie sich gerade in dem Augenblick, da ich hindurchgehen will (George Matheson).
Bibellese: Apg. 16,6—10.

21. Oktober

Er hat mich im Schatten seiner Hand geborgen und mich zu einem auserlesenen Pfeil gemacht; er hat mich in seinem Köcher versteckt (Jes. 49,2).

Wir alle müssen von Zeit zu Zeit »in den Schatten« gehen. Der

Glanz des Tageslichtes ist zu hell, unsere Augen schmerzen und können die zarten Farbschattierungen nicht unterscheiden. Deshalb führt uns Gott in den Schatten eines Krankenzimmers, eines Trauerhauses, eines Lebens, aus dem das Sonnenlicht gewichen ist.

Aber fürchten wir uns nicht! Es ist der Schatten der Hand Gottes. Er führt uns! Es gibt Lektionen, die man nur im Schatten lernen kann.

Auf einigen Gebieten ist der Schatten die Voraussetzung für das beste Wachstum. Der indische Mais wächst am schnellsten im Schatten einer warmen Sommernacht. In der schwülen Mittagshitze welken die Blätter, aber sobald eine Wolke die Sonne bedeckt, entfalten sie sich rasch. Es gibt Dinge, die nur der Schatten bewirken kann, nicht die Sonne. Die Welt der Sterne und ihre Schönheit ist im Schatten der Nacht am besten zu sehen. Manche prachtvollen Pflanzen blühen nur im Schatten, nicht in der Sonne. In Ländern, in denen viel Nebel, Wolken und Schatten vorkommen, leuchtet das Grün der Pflanzen besonders schön. Der Gärtner hat Pflanzen, die am Abend blühen und solche, die am Morgen blühen. Erstere leuchten nicht im Glanz des Mittags, sondern entfalten ihre größte Schönheit, wenn die Schatten des Abends sich vertiefen.

Denken wir nicht, Gott habe uns verworfen. Wir sind noch in seinem Köcher. Er hat uns nicht weggeworfen wie einen wertlosen Gegenstand. Er hält uns nur fest bei sich bis zu dem Augenblick, da er uns schnell und sicher einen Auftrag ausführen heißt, durch den er verherrlicht wird. Ihr, die ihr im Schatten, in der Einsamkeit seid, denkt daran, wie der Köcher fest und griffbereit an den Gürtel des Kriegers gebunden ist und sorgsam geschützt wird!

Bibellese: Jes. 49,1—6.

22. Oktober

Und alsbald treibt ihn der Geist in die Wüste hinaus (Mk. 1,12).

Das schien ein eigenartiger Beweis des göttlichen Wohlgefallens zu sein. »Alsbald.« Alsbald wonach? Nach dem geöffneten Himmel und dem Frieden in Gestalt einer Taube und der Stimme des Vaters: »Du bist mein geliebter Sohn, an dir habe ich Wohlgefallen gefunden!«

Das ist keine ungewöhnliche Erfahrung. Sind nicht die Zeiten der tiefsten Niedergeschlagenheit die Augenblicke nach dem Höhenflug? Gestern schwangen wir uns hoch ins Firmament und sangen in den strahlenden Morgen; heute sind unsere Flügel lahm und unser Lied verstummt. Am Mittag sonnten wir uns im Lächeln des Vaters; am Abend sagten wir in der Wüste: »Mein Weg ist vor dem Herrn verborgen.«

Nein, gerade der plötzliche Umschwung ist ein Beweis dafür, daß es nichts Besonderes ist. Haben wir den Trost erfaßt, der in dem Wort »alsbald« liegt? Warum folgt es so schnell auf den Segen? Um zu zeigen, daß es die Folge des Segens ist. Gott läßt uns die Sonne scheinen, um uns für die Wüsten des Lebens vorzubereiten — für die Gethsemanes und Golgathas. Er hebt uns hoch empor, um uns die Kraft für den Weg nach unten zu geben. Er erleuchtet uns, um uns in die Nacht schicken zu können, um uns zu einem Helfer der Hilflosen zu machen.

Wir sind nicht zu jeder Zeit der Wüste wert, nur nach der Herrlichkeit des Erlebnisses am Jordan. Nur die Erkenntnis des Sohnes kann uns für die Last des Geistes ausrüsten. Nur durch die Herrlichkeit der Taufe können wir den Hunger der Wüste ertragen. Nach dem Segen folgt der Kampf!
Bibellese: Mk. 9,1—13.

23. Oktober

Ich will dich über die Höhen des Landes führen (Jes. 58,14).

Piloten von Luftschiffen berichteten, eine der ersten Regeln, die sie gelernt hätten, sei die gewesen, ihr Schiff gegen den Wind zu drehen und gegen den Wind zu fliegen. Der Wind hob dann das

Schiff empor, so daß es stieg. Dieses Prinzip haben die Experten den Vögeln abgesehen. Wenn ein Vogel zu seinem Vergnügen fliegt, läßt er sich vom Wind treiben. Aber sobald er Gefahr wittert, dreht er sich um und fliegt gegen den Wind, um höher zu steigen, ja sogar gegen die Sonne!

Das Leid im Leben der Menschen ist Gottes Wind, sein Gegenwind, manchmal auch sein Sturmwind. Diese Winde nehmen das Menschenleben und heben es auf eine höhere Stufe.

Sicher haben wir alle schon Sommertage erlebt, an denen die Luft so drückend war, daß man kaum atmen konnte. Aber dann erschien eine Wolke am westlichen Horizont, wurde größer und größer und schüttete schließlich reichen Segen auf die Erde. Es erhob sich ein Sturm, und die Atmosphäre wurde gereinigt, neues Leben war in der Luft, und die ganze Welt sah anders aus.

Im menschlichen Leben herrscht genau derselbe Grundsatz. Wenn der Sturm losbricht, wird die Atmosphäre gereinigt, mit neuem Leben erfüllt. Es ist, als wenn ein Stück des Himmels auf die Erde käme.

Bibellese: Jes. 38,15—19.

24. Oktober

Ihr werdet aber nicht ängstlich davoneilen (Jes. 52,12).

Sicher haben die meisten von uns keine Ahnung von der außergewöhnlichen Kraft, die in der Stille liegt. Wir haben es immer so schrecklich eilig — wir müssen etwas tun — und stehen dabei in Gefahr, Gott gar keine Möglichkeit zum Wirken zu geben. Wir können uns darauf verlassen, Gott sagt nie: »Steh still«, oder »Sitz still« oder »Sei still«, wenn *er* nicht etwas tun will.

Das ist die Not im Blick auf unser Glaubensleben. *Wir* wollen als Christen etwas tun. Dabei sollen wir doch Gott wirken lassen. Wenn man sich von einem Maler malen lassen will, muß man un-

beweglich stillsitzen. Gott hat ein ewiges Ziel mit uns — wir sollen seinem Sohn ähnlich werden. Um dahin zu kommen, müssen wir uns passiv verhalten. Wir hören so viel von Aktivität. Vielleicht wäre es besser zu wissen, was es heißt, still zu sein.
Bibellese: Jes. 30,15—18.

25. Oktober

Er verwandelte das Meer in trockenes Land, durch den Strom gingen sie zu Fuß; daselbst freuten wir uns seiner (Ps. 66,6).

Das ist eine sonderbare Behauptung. In dem Strom, an dem Ort, wo wir nichts als Zittern, Angst und Schrecken erwartet hätten, »daselbst freuten wir uns seiner«, sagt der Psalmist.

Viele können diese Erfahrung bestätigen. Mitten in Leid und Traurigkeit bekamen sie Kraft wie nie zuvor, sich zu freuen und zu triumphieren.

Wie nahe ist uns Gott in solchen Tagen! Wie hell leuchten seine Verheißungen! Wenn es uns gut geht, können wir ihren Glanz nicht erkennen, wie die Sonne am Mittag die Sterne vor unseren Augen verdeckt. Aber wenn die Nacht kommt, die dunkle Nacht der Trübsal, leuchten diese Sterne auf — herrliche Konstellationen biblischer Hoffnung und verheißenen Trostes.

Es ist so, wie Jakob es am Jabbok erlebte: Wenn unsere irdische Sonne untergeht, kommt der Engel Gottes, und wir ringen mit ihm und siegen.

In der Nacht zündete Aaron die Lampen des Heiligtums an. In der Nacht der Trübsal leuchten die Lampen der Gläubigen oft am hellsten.

Wie viele Christen, die immer noch durch das Rote Meer und den Jordan irdischer Trübsal gehen, werden einmal rückblickend in der Ewigkeit im Gedenken an Gottes große Güte sagen können: »Wir gingen zu Fuß durch den Strom, da — mitten in diesem dunk-

len Erleben, als die Wellen sich zu beiden Seiten auftürmten und Tiefe der Tiefe rief wie damals, als Israel durch den Jordan zog, zur Zeit, da er voll war — da haben wir uns in ihm erfreut.«
Bibellese: Ps. 66.

26. Oktober

Darum setzen wir auch unsere Ehre darein, wir seien daheim oder wallen, daß wir ihm wohlgefallen (2. Kor. 5,9).

Ein Soldat im Krimkrieg hatte eine Auszeichnung erhalten, eine Medaille mit dem Bild Inkermans, dem Vorort von Sewastopol. Er erzählte von einem Freund, der an seiner Seite gekämpft hatte. Eine Kanonenkugel riß diesem ein Bein weg, aber der tapfere Bursche sprang sogleich wieder auf, hielt sich an einem Baum fest und zog sein Schwert, bereit, bis zum Tode zu kämpfen. Da schlug dicht neben ihm eine zweite Kanonenkugel ein, die ihm auch das andere Bein wegriß. Man trug den Schwerverwundeten zum Verbandsplatz.

Seltsamerweise erholte er sich wieder, und als der Tag kam, an dem die Tapferkeitsmedaillen verliehen werden sollten, wurde er auf einer Bahre vor die Königin gebracht.

Den anderen Soldaten wurde die Medaille durch den Sekretär der Königin überreicht. Als sie aber diesen Mann erblickte, der so blaß und schmal auf seiner Bahre hereingetragen wurde, stand sie von ihrem Thron auf, bückte sich zu ihm hinunter und heftete ihm eigenhändig die Auszeichnung an die Brust.

Ich glaube, daß es vielen von uns ähnlich ergehen wird. Wir werden in Jesu unmittelbarer Nähe sein, ihm von Angesicht zu Angesicht gegenüberstehen, und er wird sich von seinem Thron erheben und uns entgegenkommen, uns zu empfangen. Und wenn wir ihm dann ins Angesicht schauen, werden Throne und Kronen verblassen. Denn ihn, den König, in seiner Schöne zu sehen, wird unser schönster Lohn für alles Leiden sein.

Ein Mensch kann in den Himmel kommen ohne Gesundheit, ohne Ehre, ohne Bildung, ohne Freunde — aber niemals ohne Christus.
Bibellese: 2. Kor. 5,1—10.

27. Oktober

Siehe, ich bin bei euch alle Tage (Mt. 28,20).

Du brauchst nicht voll Furcht vor dem, was kommen mag, in die Zukunft zu schauen, sondern darfst voll Hoffnung sein, daß Gott, dem du gehörst, dich aus der Not erretten wird, wenn sie eintritt. Er hat dich bisher bewahrt; halte nur seine Hand fest, dann wird er dich sicher durch alles hindurchführen. Und wenn du nicht mehr stehen kannst, wird er dich auf seinen Armen tragen.

Blicke nicht voll Furcht auf das, was morgen passieren könnte. Derselbe ewige Vater, der heute für dich sorgt, wird auch morgen und jeden Tag deines Lebens für dich sorgen. Entweder wird er dich vor dem Leid bewahren, oder er wird dir unerschütterliche Kraft geben, es zu ertragen. Sei deshalb ganz ruhig, und leg alle angstvollen Gedanken und Vorstellungen zur Seite.

»Der Herr ist mein Hirte«, singt David. Es heißt nicht »war« mein Hirte, auch nicht »wird mein Hirte sein«, sondern der Herr *ist* mein Hirte im Januar, im Dezember und jeden Monat des Jahres, er *ist* mein Hirte zu Hause und in China, im Krieg und in Frieden, in Armut und Reichtum (Hudson Taylor).
Bibellese: Ps. 23.

28. Oktober

Er wird schweigen in seiner Liebe (Zeph. 3,17).

Vielleicht liest dieses Wort ein Kind Gottes, das von großem Unglück betroffen wurde, eine bittere Enttäuschung überwinden muß oder dem von ganz unerwarteter Seite großes Leid zugefügt wurde. Du sehnst dich nach der Stimme deines Herrn, daß er dir sage: »Sei getrost«, aber du stößt nur auf Schweigen und ein Gefühl des Geheimnisses.

In seiner großen Liebe muß Gott oft Schmerz empfinden, wenn er die traurigen Klagen und Schreie hört, die aus unseren schwachen, ungeduldigen Herzen kommen, weil wir nicht sehen, daß er um unser selbst willen entweder nicht antwortet oder anders, als wir mit unserem kurzsichtigen Verstand es für gut und richtig halten.

Das Schweigen Jesu ist ebenso beredt wie sein Reden und kann ein Zeichen nicht seiner Mißbilligung, sondern seiner Zustimmung und eines beabsichtigten Segens für uns sein.

Warum betrübst du dich, meine Seele? Du wirst ihn noch preisen — auch für sein Schweigen!

Bibellese: Ps. 13.

29. Oktober

Er aber antwortete ihr nicht ein Wort (Mt. 15,23).

Eine Christin hatte einmal einen schönen Traum. Sie sah, wie drei Frauen miteinander beteten. Als sie niedergekniet waren, kam Jesus zu ihnen. Er näherte sich der ersten, beugte sich voll Zärtlichkeit über sie, mit einem Lächeln voll strahlender Liebe und sprach Worte zu ihr, die wie reine, herrliche Musik klangen.

Dann ging er weiter und kam zur nächsten. Ihr legte er die Hand auf das gebeugte Haupt und blickte sie liebevoll und aufmunternd an. An der dritten Frau ging er vorüber, ohne ihr auch nur ein Wort oder einen Blick zu schenken.

Die Frau, die den Traum hatte, sagte sich: »Wie sehr muß mein Herr die erste lieben! Der zweiten gab er nur einen aufmunternden Blick, aber kein besonderes Zeichen seiner Liebe, wie er es der ersten gegeben hatte. Die dritte muß ihn tief betrübt haben, denn er hielt sie keines Wortes, ja nicht einmal eines Blickes für würdig. Was mag sie wohl getan haben, und warum macht er einen solchen Unterschied zwischen den dreien?«

Als sie versuchte, eine Erklärung für das Handeln ihres Herrn zu finden, trat er selbst zu ihr und sagte: »O mein Kind, du hast mich ganz falsch verstanden! Die erste Frau brauchte meine ganze Zärtlichkeit und Fürsorge, um auf dem schmalen Weg bleiben zu können. Sie braucht jeden Augenblick meine Liebe, mein Gedenken und meine Hilfe. Sonst würde sie versagen und fallen.

Die zweite hat einen stärkeren Glauben und größere Liebe. Ich kann von ihr erwarten, daß sie mir vertraut, ohne Rücksicht auf das, was geschieht oder was andere Menschen tun.

Die dritte, die ich nicht zu bemerken und sogar zu mißachten schien, hat einen Glauben und eine Liebe ganz besonderer Art, und ich bereite sie durch schnelle und drastische Behandlung für den höchsten und heiligsten Dienst zu. Sie kennt mich so genau und vertraut mir so völlig, daß sie nicht abhängig ist von Worten oder Blicken oder irgendeinem äußeren Zeichen meiner Zustimmung. Sie läßt sich nicht erschrecken oder entmutigen durch irgendwelche Umstände, durch die ich sie gehen heiße. Sie vertraut mir, auch wenn Verstand und Sinne und jeder Instinkt des natürlichen Herzens sich auflehnen würde. Sie weiß, daß ich sie für die Ewigkeit zubereite und daß sie später einmal verstehen wird, was ich tue, obwohl sie jetzt keine Erklärung dafür hat.

Ich schweige in meiner Liebe, weil meine Liebe über die Kraft von Worten und über das Verstehen eines menschlichen Herzens hinausgeht. Ich schweige aber auch um deinetwillen, damit du lernst, mich zu lieben und mir in geistgewirkter, spontaner Erwiderung auf meine Liebe zu vertrauen, auch ohne irgendein äußeres Zeichen.«

Er wird Wunder tun, wenn wir das Geheimnis seines Schweigens lernen, und wir werden ihn preisen, sooft er seine Gaben zurückzieht, weil wir dadurch den Geber besser erkennen und mehr lieben lernen.

Bibellese: Jes. 55,8—9.

30. Oktober

Rächet euch nicht selbst, ihr Lieben (Rö. 12,19).

Es gibt Zeiten im Leben, da braucht man mehr Kraft zum Stillsein als zum Handeln. Jesus beantwortete die gemeinsten Anklagen mit einem tiefen Schweigen, so daß der Richter und die Zuschauer sich verwunderten. Auf die gröbsten Beleidigungen, die schlimmsten Mißhandlungen und Verspottungen, die jeden Menschen entrüsten würden, antwortete er mit Ruhe und Gelassenheit. Diejenigen, die unschuldig angeklagt und ohne Grund mißhandelt werden, wissen darum, welch ungeheure Kraft dazu gehört, Gott gegenüber still zu sein.

Paulus sagte: »Alle diese Dinge erschüttern mich nicht.« Er sagte nicht, alle diese Dinge »verletzen mich nicht«. Verletzt zu sein ist etwas ganz anderes als erschüttert zu sein. Paulus war sehr zart besaitet. Wir lesen von keinem anderen Apostel, daß er geweint hätte, außer von Paulus. Nur ein starker Mann kann weinen. Jesus weinte, und er war der stärkste Mann, der je gelebt hat. Aber der Apostel war entschlossen, sich nicht von dem abbringen zu lassen, was er als richtig erkannt hatte. Er rechnete nicht, wie wir es so leicht tun. Er kümmerte sich nicht um Bequemlichkeit, sorgte sich nicht um dieses irdische Leben. Seine Sorge galt nur einem: Jesus treu zu sein und um seine Zustimmung zu wissen. Mehr als für jeden anderen war für Paulus Jesu Dienst sein Lohn, Jesu Lächeln der Himmel.

Bibellese: Eph. 4,1—14.

31. Oktober

Euer himmlischer Vater weiß (Mt. 6,32).

Ein Besucher einer Schule für taubstumme Kinder schrieb Fragen an die Wandtafel, die die Kinder beantworten sollten. Schließlich schrieb er folgenden Satz: »Warum hat Gott es so gemacht, daß ich hören und sprechen kann und ihr taub und stumm seid?«

Dieser fürchterliche Satz traf die Kleinen wie ein Schlag ins Gesicht. Sie saßen wie gelähmt vor diesem schrecklichen »Warum?« Dann stand ein kleines Mädchen auf. Seine Lippen zitterten, und die Augen schwammen in Tränen. Sie ging geradewegs zur Tafel, nahm die Kreide und schrieb mit fester Hand folgende Worte: »Ja, Vater, denn so ist es wohlgefällig gewesen vor dir.« Was für eine Antwort! Sie enthält eine ewige Wahrheit, auf der ein reifer Christ ebenso ruhen darf wie ein junges Gotteskind: die Wahrheit, daß Gott unser Vater ist.

Glauben wir das wirklich und wahrhaftig? Wenn ja, wird die Taube unseres Glaubens nicht mehr müde umherirren, sondern sich für immer auf diesem ewigen Ruheplatz niederlassen. »Euer Vater.«

Ich glaube, daß einmal für alle von uns ein Tag kommen wird, und sei er noch so fern, an dem wir verstehen werden, was uns hier verborgen war. Dann werden sich die Tragödien dieses Lebens in einen so erhabenen, herrlichen, freudevollen Plan einfügen lassen, daß wir vor Staunen und Entzücken jauchzen und Gott anbeten werden.

Bibellese: Mt. 10,28—33.

1. November

Das Gebirge soll dein sein (Jos. 17,18).

Weiter oben ist immer noch Platz! Wenn die Täler voll Kanaaniter sind und ihre eisernen Wagen sich uns in den Weg stellen, steigen wir auf die Berge und nehmen die höheren Regionen in Besitz! Wenn wir nicht mehr für Gott zu arbeiten vermögen, beten wir für die, die es noch können. Wenn wir durch unser Reden nicht die Erde bewegen können, müssen wir versuchen, den Himmel zu stürmen.

Wenn auf den flachen Hügeln kein Leben mehr gedeihen kann, sei es durch Beschränkungen im Dienst für den Herrn, durch die Notwendigkeit, andere zu stützen oder ähnliches, müssen wir ins Unsichtbare, Ewige, Göttliche durchbrechen.

Der Glaube kann Berge versetzen. Selbst wenn die Stämme Israels gewußt hätten, welche Reichtümer auf den Bergen über ihnen verborgen waren, hätten sie kaum zu hoffen gewagt, den dichten Wald dort oben roden zu können. Aber indem Gott ihnen diese Aufgabe zuwies, erinnerte er sie daran, daß sie genug Kraft dafür besaßen. Dinge, die uns unmöglich scheinen, werden uns wie diese bewaldeten Berge vor Augen gestellt, nicht um unser zu spotten, sondern um uns zu geistlichen Taten anzuspornen, die unmöglich wären, wenn Gott mit seiner großen Kraft nicht selbst in uns wohnen würde.

Gott schickt uns Schwierigkeiten, um uns zu zeigen, was er auf den Glauben hin tun kann, der betet und schafft. Sind wir in den Tälern eingeengt? Dann müssen wir auf die Berge steigen und dort unsere Wohnung aufschlagen, Honig aus dem Felsen sammeln und Reichtum aus den jetzt noch vom Wald bedeckten Hügeln.

Bibellese: Jos. 17,14—18.

2. November

Und abermals sage ich: Freuet euch! (Phil. 4,4).

Es ist etwas Gutes, sich in dem Herrn zu freuen. Vielleicht haben wir es schon versucht, aber das erstemal ist es mißlungen. Lassen wir uns nicht entmutigen, sondern versuchen wir es weiter. Wenn wir keine Freude empfinden können, wenn kein Frühling kommt und kein Zeichen von Trost und Ermutigung zu sehen ist, sollten wir uns trotzdem freuen. »Achtet es für lauter Freude.« Selbst wenn wir in verschiedene Anfechtungen fallen, sollen wir das für Freude und Wonne halten; dann wird Gott uns helfen. Glauben

wir, unser Vater würde uns das Banner seines Sieges und seiner Freude in die Schlacht tragen lassen und dann kaltblütig zurücktreten und zusehen, wie wir vom Feind gefangengenommen oder geschlagen werden? Niemals! Gottes Geist wird uns in unserem kühnen Vorwärtsgehen Kraft geben und unser Herz mit Freude und Dank erfüllen. Dann werden wir durch die in uns wohnende Fülle erfreut und erfrischt werden. Herr, lehre mich, mich in dir zu freuen, und zwar »allezeit«!
Bibellese: Neh. 8,8—12.

3. November

Werdet voll Geistes ... singet und spielet dem Herrn in eurem Herzen (Eph. 5,18—19).

Hier empfiehlt der Apostel das Singen als eine Hilfe zur Inspiration im geistlichen Leben. Er rät den Lesern, sich nicht von der körperlichen Verfassung her beeinflussen zu lassen, sondern vom Geist, nicht von einer Erregung des Fleisches, sondern von der freudigen Erregung der Seele. Laßt uns singen, auch wenn uns nicht danach zumute ist! So können wir unseren bleiernen Füßen Flügel verleihen und Müdigkeit in Kraft verwandeln.

»Um Mitternacht aber beteten Paulus und Silas und lobten Gott mit Gesang, und die Gefangenen hörten sie« (Apg. 16,25).

O Paulus, du wunderbares Vorbild der Herde Christi, der du dich freuen konntest, obwohl du an deinem Leib »die Malzeichen des Herrn Jesu« trugst! Zeichen einer Steinigung, die dich fast das Leben gekostet hätte, Zeichen dreimaligen Geschlagenwerdens mit Ruten, Zeichen von jenen 199 Schlägen, die die Juden dir zugefügt hatten und die Striemen, die dir in jenem Gefängnis in Philippi abgewaschen wurden! Wahrlich, die Gnade, die dir die Kraft gab, unter diesen Umständen zu singen, ist grenzenlos.
Bibellese: Eph. 5,18—21.

4. November

Erzürne dich nicht (Ps. 37,1).

Lassen wir uns nicht in eine gefährliche Aufregung bringen! Wenn je Ärger und Entrüstung gerechtfertigt waren, dann unter den in diesem Psalm geschilderten Umständen. Übeltäter gingen in Purpur und feiner Leinwand umher und lebten alle Tage herrlich und in Freuden. Gottlose stiegen auf in die höchsten Ämter und tyrannisierten ihre weniger erfolgreichen Mitmenschen. Sündige Männer und Frauen gingen voll Stolz und Hochmut einher und genossen großen Wohlstand, so daß die Frommen sich darüber entrüsteten und erzürnten.

»Erzürne dich nicht!« sagt unser Wort. Reg dich nicht unnötig auf! Behalte einen kühlen Kopf! Selbst in einer guten Sache ist Ärger kein guter Gehilfe. Reibung erhitzt die Lager, erzeugt aber keinen Dampf. Es nützt nichts, wenn an einem Zug die Achsen heiß werden; diese Hitze ist nur ein Hindernis, die Folge unnötiger Reibung. Trockene Flächen reiben sich aneinander, während sie durch eine dünne Ölschicht ineinander gleiten würden. »Erzürnen« zeigt deshalb an, daß das Salböl der Gnade Gottes fehlt.

Reibung entsteht, wenn ein kleines Körnchen in die Lager gerät — eine kleine Enttäuschung, Undankbarkeit oder Unhöflichkeit —, und schon ist der glatte Ablauf des Lebens beeinträchtigt. Reibung erzeugt Hitze, und Hitze kann gefährlich werden.

Lassen wir deshalb unsere Lager nicht heiß werden! Lassen wir uns durch das Öl des Herrn kühl halten, damit wir nicht durch eine unnötige Aufregung unter die Übeltäter gerechnet werden.

Bibellese: Ps. 37,1—9.

5. November

Wenn ich dich demütige, werde ich dich nicht nochmals demütigen müssen (Na. 1,12).

Leid und Demütigung haben bei Gottes Kindern ihre Grenzen. Gott schickt uns beides, aber er nimmt sie auch wieder weg. Oft fragen wir voll Seufzen: Wie lange noch? Laßt uns still warten und die auferlegte Last geduldig ertragen. Unser Vater wird den Stock weglegen, wenn er seinen Zweck erreicht hat.

Wenn uns das Leid auferlegt wurde, um uns zu erproben und zu zeigen, ob unser Wesen Gott verherrlichen wird, dann wird Gott es wegnehmen, wenn wir ihn verherrlicht haben. Wir möchten doch nicht, daß die Trübsal zu Ende geht, solange Gott nicht alle Ehre von uns bekommen hat, die wir ihm geben können! Es kann sein, daß noch heute große Stille eintritt. Wer weiß, wie bald diese brausenden Wogen sich legen und die Möwen wieder auf den Wellen sitzen werden?

Nach langem Leid wird der Dreschflegel wieder aufgehängt, und der Weizen ruht in der Scheune. Es kann sein, daß wir nach einer gewissen Zeit so glücklich sein werden, wie wir jetzt betrübt und traurig sind.

Es ist für den Herrn nicht schwer, die Nacht in einen Tag zu verwandeln. Er, der die Wolken schickt, kann sie ebenso leicht wieder verjagen. Wir wollen guten Mutes sein. Später wird es besser. Laßt uns jetzt schon Halleluja singen! (Spurgeon).
Bibellese: Ps. 81.

6. November

Heiliget den Herrn Christus in euren Herzen (1. Pt. 3,14b).

Die Tatsache, daß wir geprüft werden, beweist, daß etwas Kostbares für den Herrn in uns ist; sonst würde er nicht so viel Zeit und

Mühe an uns wenden. Er würde uns nicht auf die Probe stellen, wenn er nicht das kostbare neue Leben mit unserer alten menschlichen Natur vermischt sähe. Damit wir Jesus in unseren Herzen heiligen, führt er uns durchs Feuer.

Das Ergebnis unserer Trübsal wird uns mehr als entschädigen, wenn wir sehen, wie Jesus Christus in uns durch den Heiligen Geist immer mehr die Herrschaft übernimmt. Ein Lob aus Gottes Mund zu hören, vor den heiligen Engeln geehrt zu werden, in Christus verherrlicht zu sein, um seine Herrlichkeit klarer wiedergeben zu können — das wird uns mehr als entschädigen für alles, was wir hier erduldet haben.

Was die Gewichte für die Uhr und der Ballast für das Schiff, ist Leiden für unsere Seele. Das beste Parfum entsteht unter ungeheurem Druck; die schönsten Blumen wachsen in der Einsamkeit der schneebedeckten Berge; die kostbarsten Edelsteine werden lange auf dem Schleifrad bearbeitet; an die edelsten Skulpturen wurde der Meißel am häufigsten angesetzt. Alles geschieht jedoch nach einem bestimmten Plan und wurde mit größter Sorgfalt vorbereitet.
Bibellese: 1. Pt. 3,14—17.

7. November

In das Land, das ich ihnen, den Kindern Israel, gebe (Jos. 1,2).

Gott spricht hier in der Gegenwart. Es handelt sich nicht um etwas Zukünftiges, sondern um etwas, das jetzt, in diesem Augenblick, geschieht. Das ist immer die Sprache des Glaubens und immer die Art, wie Gott gibt. So begegnet er uns heute, in diesem Augenblick. So wird unser Glaube erprobt. Solange wir noch auf etwas warten, solange glauben wir nicht. Das ist vielleicht ernstes Verlangen, aber kein Glaube; denn der Glaube ist »ein Beharren auf dem, was man hofft, eine Überzeugung von Tatsachen, die man nicht sieht«. Die Zeitform für gläubiges Gebet ist die Gegenwart. »Alles, was ihr gläubig erbittet im Gebet, werdet ihr empfangen.« Sind wir dahin gekommen? Sind wir Gott so begegnet?

Echter Glaube rechnet mit Gott und glaubt, *bevor* er etwas sieht. Natürlich hätten wir gern einen Beweis dafür, daß unsere Bitte gewährt wird. Wenn wir aber im Glauben wandeln, brauchen wir keinen anderen Beweis als Gottes Wort. Er hat sein Wort gegeben, und uns wird geschehen nach unserem Glauben. Wir werden zum Schauen kommen, weil wir geglaubt haben, und dieser Glaube hält uns auch in den schwierigsten Situationen aufrecht, wenn alles um uns herum dem Worte Gottes zu widersprechen scheint.

Der Psalmist sagt: »Dennoch glaube ich zuversichtlich, daß ich die Güte des Herrn sehen werde im Lande der Lebendigen« (Ps. 27,13). Er sah die Erhörung seiner Gebete noch nicht, aber er glaubte, er würde sie sehen, und das bewahrte ihn vor Verzagtheit.

Wenn wir den Glauben haben, der nicht auf das sieht, was vor Augen ist, werden wir dadurch vor Entmutigung bewahrt. Über Unmöglichkeiten werden wir lachen und mit Freuden zusehen, wie Gott einen Weg durch das Rote Meer bahnen wird, wenn menschlich gesehen kein Weg aus unserer Not herausführt.

Bibellese: Ps. 27.

8. November

Alles, was ihr im Gebet verlangt, glaubet, daß ihr es empfangen habt, so wird es euch zuteil werden! (Mk. 11,24).

Als Georg etwa 10 Jahre alt war, versprach ihm seine Großmutter zu Weihnachten ein Briefmarken-Album. Der Heilige Abend kam, aber kein Briefmarken-Album und auch keine Nachricht von Großmutter! Es wurde jedoch nicht darüber gesprochen. Als dann Georgs Spielkameraden kamen, um die Weihnachtsgeschenke zu sehen, war ich erstaunt, ihn sagen zu hören, nachdem er alle Geschenke aufgezählt und gezeigt hatte: »Und dann noch ein Briefmarken-

Album von meiner Oma.« Dies wiederholte sich mehrere Male. Schließlich rief ich Georg zu mir und sagte: »Aber, Georg, du hast doch gar kein Briefmarken-Album von Großmutter bekommen! Warum erzählst du das denn?« Erstaunt sah er mich an, als ob das eine seltsame Frage wäre. Dann antwortete er: »Nun, Mama, Oma hat es aber gesagt, und das gilt doch!« Gegen diesen Glauben konnte ich nichts mehr sagen.

Ein Monat ging dahin. Von dem Briefmarken-Album war immer noch nichts zu sehen. Schließlich sagte ich eines Tages zu meinem Jungen, um seinen Glauben auf die Probe zu stellen: »Georg, ich glaube, Oma hat ihr Versprechen vergessen.«

»O nein, Mama«, antwortete er prompt und zuversichtlich, »sie hat es nicht vergessen.«

Ich beobachtete ihn. Einen Augenblick schaute er ernüchtert drein, als ob er die Möglichkeit, die ich erwähnt hatte, erwägen würde. Schließlich erhellte sich sein Gesicht, und er sagte: »Mama, meinst du, es würde vielleicht etwas nützen, wenn ich ihr schreiben und mich für das Album bedanken würde?«

»Ich weiß nicht«, antwortete ich, »aber du kannst es ja versuchen.« Gesagt, getan. In wenigen Minuten war ein Brief geschrieben und zur Post gebracht. Dann ging Georg pfeifend davon, voll Zuversicht und Vertrauen, daß ihn seine Oma nicht enttäuschen würde (Fortsetzung morgen).

Bibellese: Ps. 12,6—8.

9. November

Darum sage ich euch: Alles, was ihr im Gebet verlangt, glaubet, daß ihr es empfangen habt, so wird es euch zuteil werden! (Mk. 11,24).

Kurze Zeit später erhielt Georg von seiner Großmutter einen Brief folgenden Inhalts: »Mein lieber Georg, ich habe mein Versprechen,

Dir ein Briefmarken-Album zu schenken, nicht vergessen. Ich habe auch versucht, eins zu bekommen, konnte aber die Art, die Du gern hättest, nicht finden. Dann schrieb ich nach Hamburg und bekam das Buch erst nach Weihnachten, aber es war wieder nicht das Richtige. So bestellte ich nochmals ein anderes, und weil nun dieses immer noch nicht gekommen ist, schicke ich Dir hier 20 DM, damit Du Dir selbst eins kaufen kannst.

Herzlich grüßt Dich Deine Oma.«

Als Georg diesen Brief las, leuchtete sein Gesicht voll Stolz. »Nun, Mama, hab ich's nicht gewußt?« sagte er aus der Tiefe seines Herzens, das nie gezweifelt hatte, daß das Briefmarken-Album kommen würde. Während er glaubte, war seine Großmutter nicht untätig gewesen, und zur gegebenen Zeit führte sein Glaube zum Schauen.

Es ist menschlich, etwas sehen zu wollen, wenn wir die Verheißungen Gottes in Anspruch nehmen, aber unser Heiland sagte zu Thomas und all seinen Nachfolgern in der langen Kette der Zweifler: »Selig sind, die nicht sehen und doch glauben.«

Bibellese: Joh. 20,24—29.

10. November

Wer findet einen treuen Mann? (Spr. 20,6).
Die Treuen sind verschwunden unter den Menschenkindern! (Ps. 12,2).

Es war eine herrliche Mittsommernacht, Vollmond und ein mit tausend Sternen übersäter Himmel. Der alte Bienengarten war in sanft schimmerndes Silberlicht getaucht, der leichte Nachtwind flüsterte in den Baumkronen. Vor dem Flugloch eines der Bienenkörbe blieben wir stehen. Aus seinem Innern wurde ein zischendes Geräusch hörbar, langanhaltend, dem Rauschen einer fernen Brandung ähnlich, anschwellend und leiser werdend. »Es sind Fächerbienen«, flüsterte mir der erfahrene Imker zu. »Ihre Aufgabe besteht darin, die Luft im Bienenkorb angenehm und frisch zu erhalten. Sie stehen mit den Köpfen nach unten, dem Mittelpunkt des Korbes zugewandt. Ihre Flügel schlagen in so schneller Folge, daß es einem wie grauer Nebel vorkäme, wenn man hineinblicken könnte. Sie ziehen die schlechte, verbrauchte Luft durch die eine Seite des Flugloches heraus, während die reine Luft auf der anderen Seite angesaugt wird.«

Als ich dort so nahe am Atem der Natur stand und auf das feine Summen der Bienen lauschte, empfand ich aus unmittelbarer Nähe eines der Wunder der Natur, das Geheimnis des Bienenstaats. Plötzlich bückte sich der Imker vor dem Korb, eine brennende Kerze in der Hand. Augenblicklich wurde die kleine Flamme von einem starken Luftstrom, erzeugt von Tausenden von schwirrenden Bienenflügeln, ausgelöscht.

Als wir dort unter dem Licht der Sterne im Garten standen, sagte der alte Imker: »Die Fächerbienen ziehen die schlechte Luft heraus und lassen dadurch frische herein. Sollten wir als Christen nicht ebenso handeln? Wenn wir nur genug solcher ›Fächerer‹ hätten und sie von ihrer Aufgabe ebenso eingenommen wären wie diese Bienen! Dann würde die oft so stickige Luft in den Gemeinden wesentlich würziger und frischer werden!«

Bibellese: 1. Tim. 2,1—7.

11. November

Euch wird nichts unmöglich sein (Mt. 17,20).

Wenn wir wirklich willig sind, mit der Macht Gottes zu rechnen, daß er uns bewahren und Sieg schenken kann, *ist es möglich,* in unserem Leben seine Verheißungen so in Anspruch zu nehmen, wie sie dastehen und dann auch zu erfahren, daß sie wahr sind.

Es ist möglich, jeden Tag alle unsere Sorgen auf ihn zu werfen und dadurch tiefen Frieden zu erfahren.

Es ist möglich, die Reinigung unserer Gedanken und Vorstellungen in der tiefsten Bedeutung des Wortes zu erfahren.

Es ist möglich, in allen Dingen den Willen Gottes zu erkennen und ihn nicht seufzend, sondern fröhlich anzunehmen.

Es ist möglich, innerlich stark zu werden, wenn wir unsere ganze Zuflucht zu Gottes Allmacht nehmen. Wo früher unsere schwachen Stellen lagen und wir immer wieder vergeblich den Entschluß faßten, geduldig, freundlich oder demütig zu sein, erfahren wir heute, daß die Sünde keine Macht mehr über uns hat — durch den, der uns geliebt hat, der unseren Willen mit seinem Willen in Einklang bringt und in uns seine wunderbare Macht und Gegenwart bezeugt.

Das alles sind Möglichkeiten, die Gott wirkt. Wenn wir sie tatsächlich erfahren, werden sie uns immer dazu führen, uns tiefer vor ihm zu beugen und zu lernen, nach mehr zu verlangen.

Wir können uns unmöglich mit etwas Geringerem zufriedengeben, als mit Gott zu wandeln und jeden Tag, jede Stunde, jeden Augenblick durch den Heiligen Geist in Jesus zu sein.

Bibellese: Mt. 17,14—21.

12. November

Halte still dem Herrn und warte auf ihn (Ps. 37,7).

Hast du gebetet und immer wieder gebetet, gewartet und gewartet, und immer noch ist nichts zu sehen? Bist du so weit festzustellen, daß sich nichts tut? Bist du an dem Punkt angelangt, wo du am liebsten alles aufgeben möchtest? Vielleicht hast du nicht richtig *gewartet?* Das würde dich aus der richtigen Stellung verdrängen und von dem Ort, wo dir der Herr begegnen will.

»Wir warten sein durch Geduld« (Rö. 8,25). Geduld verdrängt die Sorge. Der Herr sagte, er würde kommen — und seine Verheißung ist genauso wirklich wie seine Gegenwart. Geduld beendet unser Weinen. Warum sind wir traurig und verzweifelt? Weil unser Verlangen nach dem, was wir uns wünschen, oft vielleicht größer ist als unser Wunsch, daß der Wille Gottes in dieser Sache geschehe.

Geduld nimmt alle Schwachheit weg. Während der Wartezeit sollen wir daran denken, daß Gott Großes für uns bereithält und dazu uns auch vorbereiten muß. Geduld endet alles Schwanken. »Er ... stellte mich wieder auf meinen Standort« (Dan. 8,18). Gottes Grundlagen sind unbeweglich, und wenn seine Geduld in uns ist, sind auch wir unerschütterlich in unserer Wartezeit. Geduld führt zur Anbetung. Geduldig sein und dabei loben und danken, manchmal »Dank mit Freuden« zu üben, ist das Beste von allem. Während wir warten, soll die Geduld »ein vollkommenes Werk haben« (Jak. 1,4) — dann werden wir reich belohnt werden.
Bibellese: Jak. 1,1—4.

13. November

Ehe ich gedemütigt ward, irrte ich, nun aber befolge ich dein Wort (Ps. 119,67).

Ein Meister der bildhaften Rede läßt einmal das Wachs klagen. »Das begreife ich nicht«, sagte das Wachs, als es an der Flamme zerschmolz und auf das darunterliegende Papier tropfte.

»Klage nicht!« erwiderte das Papier, »sicher ist es so richtig.«

»Noch nie hatte ich eine solche Todesangst!« rief das Wachs, das immer noch auf das Papier tropfte.

»Das geschieht nicht ohne Absicht und wird darum gut enden«, sagte das Papier beruhigend.

Das Wachs konnte nicht gleich antworten, aber als es aufschaute, trug es ein wunderbares Zeichen, das das Siegel auf ihm hinterlassen hatte.

»Ach, jetzt begreife ich«, rief das Wachs, jetzt ohne Wehleidigkeit. »Ich wurde nur deshalb zum Schmelzen gebracht, um für immer diesen wunderbaren Abdruck zu empfangen.«

Früher meinten wir vielleicht, Gottes Gaben lägen auf Regalen übereinander, und je mehr wir in unserem Glauben wüchsen, desto leichter könnten wir an sie herankommen. Heute wissen wir, daß Gottes Gaben auf Regalen untereinander liegen und es nicht darauf ankommt, höher hinaus zu wachsen, sondern sich tiefer hinunterzubeugen. Um an Gottes beste Gabe heranzukommen, müssen wir uns tief bücken.

Bibellese: Ps. 119,65—72.

14. November

Da kam ein Löwe (1. Sam. 17,34).

Den jungen David in seinem Gottvertrauen zu betrachten, ist immer eine Quelle der Inspiration und der Kraft. Durch seinen Glauben an Gott überwand er einen Löwen und einen Bären und später auch den Riesen Goliath. Jener Löwe, der die Herde angreifen wollte, bot David eine wunderbare Gelegenheit. Wäre er vor Angst zurückgewichen und davongerannt, hätte er Gottes Gelegenheit verpaßt und wäre wahrscheinlich nie Gottes auserwählter König für Israel geworden.

Einen Löwen würde man im allgemeinen gewiß nicht als Segen Gottes ansehen, eher als Grund zum Fürchten. Aber dies war Gottes Gelegenheit in Gestalt eines Löwen. Jede Schwierigkeit ist, wenn wir ihr recht begegnen, eine Gelegenheit Gottes für uns. Jede Versuchung ist eine solche Gelegenheit.

Wenn der »Löwe« kommt, denke daran, daß es Gottes Gelegenheit ist, ganz gleich, wie die Sache von außen aussieht. Selbst die Stiftshütte war mit Dachs- und Widderfellen bedeckt, und man hätte darin gewiß nichts von Herrlichkeit vermutet. Die Herrlichkeit Gottes aber offenbarte sich unter dieser Decke. Möge Gott uns die Augen öffnen, damit wir in Versuchungen, Prüfungen, Gefahren oder Unglücksfällen ihn erkennen.

Bibellese: 1. Sam. 17,31—51.

15. November

Johannes hat zwar kein Zeichen getan; aber alles, was Johannes von diesem gesagt hat, ist wahr (Joh. 10,41).

Vielleicht sind wir sehr unzufrieden mit uns selbst. Wir sind kein Genie, haben keine besonderen Gaben und Fähigkeiten. Unser Leben zeichnet sich durch Mittelmäßigkeit aus. Eintönig und uninteressant fließen unsere Tage dahin. Und doch kann unser Leben reich werden.

Johannes tat kein Zeichen, aber Jesus sagte, daß unter allen von Frauen Geborenen keiner größer war als er. Die Hauptaufgabe des Johannes war, für das Licht zu zeugen, und das ist vielleicht auch deine und meine Aufgabe. Johannes war damit zufrieden, nur eine »Stimme« zu sein.

Seien wir bereit, nur eine Stimme zu sein, gehört, aber nicht gesehen zu werden, ein Spiegel, in dem man sich nicht betrachten kann, weil er den hellen Glanz der Sonne widerspiegelt oder eine Brise, die vor Tagesanbruch aufkommt und nur meldet: »Der Morgen kommt! Der Morgen!«, um sich dann wieder zu legen.

Verrichten wir die gewöhnlichsten und nebensächlichsten Arbeiten so, als ob uns Jesus dabei zusehen würde? Wenn wir mit unfreundlichen Menschen zusammenleben müssen, müssen wir uns daran machen, sie durch Liebe zu gewinnen. Wenn wir in unserem Leben einen großen Fehler gemacht haben, darf nicht alles dadurch verdunkelt werden. Gott läßt auch diesen Fehler uns zum Besten dienen, wenn wir ihn als Schuld bekennen und dann dafür danken, daß Gottes herrlicher Plan auch diesen Fehler umschließt.

Bibellese: Kol. 3,12—17.

16. November

Jeden Ort, darauf eure Fußsohlen treten, habe ich euch gegeben (Jos. 1,3).

Dieses Wort hat nicht nur für das Volk Israel Bedeutung. Wir dürfen es auch auf das weite Gebiet der göttlichen Verheißungen beziehen, das wir noch nicht in Anspruch und in Besitz genommen haben. Was sagte Gott zu Josua? »Jeden Ort, darauf eure Fußsohlen treten, habe ich euch gegeben.« Und dann zeichnete er die Grenzen des verheißenen Landes — alles sollte ihnen gehören, unter einer Bedingung: Sie sollten es der Länge und Breite nach durchziehen und es mit ihren Füßen ausmessen.

Die Israeliten hatten nie mehr als ein Drittel des verheißenen Gebiets betreten und folglich auch nie mehr besessen, sondern nur so viel, wie sie abgemessen hatten.

Im 2. Petrusbrief lesen wir von dem »verheißenen Land«, das uns offensteht. Es ist Gottes Wille, daß wir dieses Gebiet mit »den Füßen des Glaubens und des Gehorsams« abmessen und es so für uns in Anspruch und in Besitz nehmen. Wie viele haben jemals die Verheißungen Gottes im Namen Jesu in Anspruch genommen! Hier liegt ein weites und schönes Land offen, das wir uns im Glauben aneignen und der Länge und Breite nach durchziehen dürfen. Aber haben wir es getan? Wir wollen unser ganzes Erbe einnehmen, wollen unsere Augen nach Norden, Süden, Osten und Westen richten und uns das Wort des Herrn vergegenwärtigen: »Das ganze Land, das du siehst, will ich dir geben.«

Das Gebiet, auf das Juda den Fuß setzte, sollte Juda gehören, und das Gebiet, auf das Benjamin den Fuß setzte, sollte Benjamin gehören. Jeder sollte sein Erbe in Besitz nehmen, indem er den Fuß darauf setzte. Glaubst du nicht, daß, wenn einer ein Gebiet betreten hatte, er auch sofort instinktiv empfand: »Das gehört jetzt mir«?

Ein alter Neger, der die Gnade Gottes in wunderbarer Weise erfahren hatte, wurde einmal gefragt: »Daniel, warum hast du so viel

Frieden und Freude in deinem Glauben?« »Ach«, erwiderte er, »ich lasse mich einfach auf die großen und herrlichen Verheißungen fallen, dann habe ich alles, was darin steht!« Wer sich auf die Verheißungen Gottes fallen läßt, weiß, daß alle Reichtümer, die darin enthalten sind, ihm gehören.
Bibellese: Jos. 1,1—9; 2. Kor. 1,20.

17. November

Laß dir an meiner Gnade genügen (2. Kor. 12,9).

Neulich fuhr ich abends nach Hause. Ein Tag harter Arbeit lag hinter mir, und ich war sehr müde und ziemlich niedergeschlagen. Plötzlich, wie ein Blitz, kam mir das Wort in den Sinn: »Laß dir an meiner Gnade genügen.« Zu Hause schlug ich dieses Wort im Urtext nach, und schließlich verstand ich es so: *»Meine* Gnade ist genug für dich.« Ich sagte: »Wahrhaftig, Herr, deine Gnade reicht auch für mich!« und fing an zu lachen. Bis dahin hatte ich nie ganz verstanden, warum Abraham gelacht hatte, als ihm ein Sohn verheißen wurde. Der Unglaube schien auf einmal so absurd, einfach zum Lachen. Es war, als ob ein kleines durstiges Fischlein den Fluß austrinken wollte und Vater Rhein zu ihm sagte: »Trink nur feste, kleiner Fisch, ich habe genug Wasser für dich!« Oder wie wenn nach den sieben fetten Jahren eine Maus Angst gehabt hätte, sie würde verhungern und Joseph dann zu ihr gesagt hätte: »Keine Angst, kleine Maus, in meinen Scheunen ist genug für dich!« Oder ich stellte mir einen Mann auf einem Berggipfel vor, der sich sagte: »Ich atme jedes Jahr so viele Kubikmeter Luft ein; ich fürchte, ich werde den Sauerstoffgehalt der Luft aufbrauchen«, und die Erde würde antworten: »Atme nur fröhlich weiter, lieber Mann, und fülle deine Lungen; die Atmosphäre reicht aus für dich!«

O Brüder, seid stark im Glauben! Ein kleiner Glaube wird eure Seelen in den Himmel bringen, aber ein großer Glaube wird den Himmel in eure Seelen bringen (Spurgeon).
Bibellese: Eph. 3,14—21.

18. November

Jakob aber blieb allein zurück. Da rang ein Mann mit ihm, bis die Morgenröte anbrach (1. Mo. 32,24).

Allein gelassen! Diese Worte rufen in jedem von uns verschiedene Gedanken und Empfindungen wach. Für den einen bedeuten sie Einsamkeit und Trostlosigkeit, für den andern Ruhe und Stille. Ohne Gott allein gelassen zu sein, wäre entsetzlich, aber mit Gott allein zu sein, ist ein Vorgeschmack des Himmels. Wenn die Nachfolger Jesu mehr Zeit dazu verwenden würden, mit ihm allein zu sein, hätten wir mehr Vollmacht und geistliche Kraft in der Gemeinde Jesu.

Der Meister selbst gab uns ein Beispiel. Wie oft ging er von den andern weg, um mit Gott allein zu sein! Hinter seinem Gebot: »Wenn du betest, geh in dein Kämmerlein und schließ deine Türe zu!« stand ein großes Ziel.

Die größten Wunder Elias und Elisas geschahen, nachdem sie mit Gott allein gewesen waren. Jakob wurde ein Fürst, als er mit Gott allein war, und genauso können auch wir Fürsten werden, »Männer [und auch Frauen!] des Wunders« (Sach. 3,8). Josua war allein, als der Herr zu ihm kam (Jos. 1,1). Gideon und Jephthah waren allein, als sie beauftragt wurden, Israel zu retten (Ri. 6,11; 11,29). Mose war allein in der Wüste, als er den brennenden Busch sah (2. Mo. 3,1—5). Kornelius betete allein, als der Engel zu ihm kam (Apg. 10,2). Petrus war allein auf dem Dach des Hauses, als er beauftragt wurde, zu den Heiden zu gehen (Apg. 10,9). Johannes der Täufer war allein in der Wüste (Lk. 1,80), und der Jünger Johannes allein auf Patmos, als er Gott am nächsten war (Off. 1,9).

Trachten wir danach, mit Gott allein zu sein. Wenn wir es vernachlässigen, bringen wir nicht nur uns selbst, sondern auch andere um den Segen Gottes, denn wenn wir gesegnet sind, können wir auch Segen an andere weitergeben.

Bibellese: Dan. 6,11; Ps. 84.

19. November

Wer mir nachkommen will, der verleugne sich selbst und nehme sein Kreuz auf sich und folge mir nach! (Mk. 8,34).

Unser Kreuz mag verschiedene Formen haben. Vielleicht ist unser Wirkungskreis sehr begrenzt und unbedeutend, und wir meinen, die Fähigkeiten für eine viel verantwortungsvollere Arbeit zu haben. Vielleicht müssen wir Jahr um Jahr ein Feld bebauen, das keine Ernte irgendwelcher Art abwirft. Vielleicht wurden wir geheißen, freundliche und liebevolle Gedanken gegen jemand zu hegen, der uns Unrecht getan hat — wir müssen zart und rücksichtsvoll mit ihm umgehen, ihn gegen alle, die ihn angreifen, verteidigen und ihm Mitleid und Hilfe entgegenbringen.

Oder vielleicht müssen wir unseren Herrn bekennen unter solchen, die nicht an ihn und seine Gebote erinnert werden wollen. Oder wir sind berufen, mit fröhlichem Angesicht umherzugehen, obwohl uns fast das Herz brechen will.

Es gibt viele Kreuze, und jedes ist schmerzlich und schwer zu tragen. Keines hätten wir wahrscheinlich selbst ausgewählt. Aber niemals ist Jesus uns so nahe, als wenn wir unser Kreuz aufnehmen, es gehorsam auf unsere Schulter legen und geduldig und ohne Murren tragen.

Jesus will dadurch unsere Weisheit zum Reifen bringen, unseren Frieden vertiefen, unseren Mut stärken, unsere Kraft, andern nützlich zu sein, mehren — gerade durch die so beschwerliche und schmerzliche Erfahrung. Dann geht es uns wie jenem schottischen Christen, der auf einer kleinen einsamen Insel ins Gefängnis geworfen wurde und auf dessen Siegel stand: »Ich wachse unter der Last.«

Gebrauche dein Kreuz als eine Krücke zum Weitergehen und nicht als Stein des Anstoßes, der dich zu Boden wirft!

Bibellese: Mk. 8,31—38.

20. November

Fahre hinaus auf die Tiefe (Lk. 5,4)

Jesus sagt nicht, wie tief diese Tiefe sein wird, auf die wir hinausfahren sollen. Je weiter wir uns vom Ufer entfernen, desto tiefer wird das Wasser. So sollen wir all unsere Not und unsere eigenen Möglichkeiten hinter uns lassen. Die Fische sind in der Tiefe des Meeres zu finden, nicht am seichten Ufer.

Genauso verhält es sich mit uns. Unsere Nöte sollen durch die Tiefe göttlicher Gnade behoben werden. Wir sollen auf die Tiefe des Wortes Gottes »hinausfahren«. Dort kann der Heilige Geist uns dieses Wort in seiner kristallklaren, unergründlichen Tiefe aufschließen, so daß dieselben Worte, die wir früher schon gelesen haben, jetzt einen ganz neuen, tiefen Sinn bekommen und uns die anfänglich erfaßte Bedeutung dagegen sehr flach und seicht erscheint.

Wir sollen hinausfahren auf die unergründliche Weite und Tiefe der Versöhnungstat Jesu, bis der Heilige Geist uns das kostbare, für uns vergossene Blut Jesu so vor Augen stellt, daß wir es als das alles umfassende Heilmittel für Leib und Seele ergreifen.

Wir sollen hinausfahren auf die Tiefe des göttlichen Willens, bis wir erkennen, wie der Vater in seiner Güte mit größter Genauigkeit, bis in die Einzelheiten hinein, für uns plant und sorgt.

Wir sollen hinausfahren auf die Tiefe des Heiligen Geistes, bis er wie ein unergründlich tiefer See, hell glänzend in der Sommersonne, vor uns liegt und uns einlädt, darin zu baden und zu atmen, uns selbst und unsere Sorgen in der Stille und dem Frieden seiner ständigen Gegenwart zu vergessen.

Die tiefen Wasser des Heiligen Geistes sind immer zugänglich, weil sie immer weiterfließen. Wollen wir nicht heute erneut in dieses Lebenswasser eintauchen und von ihm durchdrungen werden? In der Schau des Propheten Hesekiel sickerte das Wasser zuerst unter der Tür des Tempels heraus. Dann kam der Mann mit der Meßschnur und maß das Wasser. Es ging bis an die Knöchel. Er

maß nochmals, da war es bis an die Knie gestiegen. Wieder wurde gemessen, und das Wasser ging bis an die Hüften. Schließlich war es so tief, daß man darin schwimmen konnte (siehe Hes. 47). Wie weit sind wir in diesen Lebensstrom hineingegangen? Der Heilige Geist möchte, daß wir völlig ausgelöscht werden, nicht nur bis an die Knöchel, Knie oder Hüften, sondern bis zum Scheitel, so daß wir selbst ganz verschwinden und in diesen lebenspendenden Strom eingetaucht sind. Laßt das Ufer hinter euch und fahrt hinaus auf die Tiefe! Und vergeßt nicht, daß der Mann mit der Meßschnur immer bei uns ist!
Bibellese: Lk. 5,1—11.

21. November

Und das Bauwerk wurde breiter in dem Maße, als die Seitengemächer sich höher und höher um das Haus herumzogen, so daß der Umfang des Hauses nach oben zu rings um das Haus größer wurde. Also war es ein Breiterwerden des Hauses nach oben zu. Und man stieg vom untern zum obern Stockwerk durch das mittlere (Hes. 41,7).

Wir sollten uns nicht damit zufriedengeben, im Nebel des Tales zu wandern, wenn der Berg Tabor auf uns wartet. Wie rein ist der Tau auf den Bergen! Wie erfrischend die Luft! Wie gesund die Nahrung der Bergbewohner, deren Fenster nach dem neuen Jerusalem gehen!

Viele Christen begnügen sich damit, wie Bergleute zu leben, die in den Kohlengruben die Sonne nicht sehen! Ihre Gesichter sind statt mit dem himmlischen Öl mit Tränen überströmt. Mancher schmachtet in einer Höhle und könnte doch auf dem Dach eines Palastes stehen und das gute Land und den Libanon sehen. Stehe auf! Schüttle deine Trägheit, Gleichgültigkeit, Kälte oder was auch immer deiner reinen Liebe zu Jesus im Weg stehen mag, von dir ab! Mach ihn zur Quelle, zum Mittelpunkt und zur Einfassung alles

dessen, was dein Herz erfreut! Blick auf zum Himmel! Näher, mein Gott, zu dir! (Spurgeon).
Bibellese: Eph. 5,9—21.

22. November

Den berufenen Heiligen: Gnade sei mit euch und Friede von Gott, unsrem Vater (Rö. 1,7).

Hier werden die wiedergeborenen Glieder der Gemeinde zu Rom »Heilige« genannt. Sie wurden von Gott durch den Heiligen Geist herausgerufen und abgesondert. Sie hatten im Glauben angenommen, daß Jesus Christus auch für sie gestorben war und die Strafe, die sie eigentlich hätten tragen müssen, an ihrer Stelle auf sich genommen hatte. Durch den Heiligen Geist war Gottes Kraft in ihnen wirksam. Es war nun ihre Aufgabe, ihre Berufung festzumachen.

Was zeichnete diese Heiligen aus, und was sollte auch uns auszeichnen? Warum waren sie Heilige? Ganz einfach:

Weil sie fröhlich waren, als es schwer war, fröhlich zu sein; weil sie Geduld hatten, als es schwerfiel, geduldig zu sein; weil sie weiterliefen, als sie am liebsten stehen geblieben wären; weil sie nichts sagten, obwohl sie gern etwas gesagt hätten; weil sie nachgaben, als sie lieber protestiert hätten. Das ist alles.

Was ist ein Heiliger?

Eine Perle in unansehnlicher Umhüllung. Ein Prinz in den Kleidern eines einfachen Bauern. Unsterbliches Leben in vergänglichem Fleisch. Ein Botschafter des ewigen Königs, der in einem fremden Land festgehalten wird. Ein Herrscher an den Stufen des Thrones, der auf seine Krönung wartet. Ein König als Sklave in einem armseligen Gefängnis, der weiß, daß er einmal in einem Herrenhaus wohnen wird. Ein Reisender auf staubigen, steinigen Straßen, der die goldenen Gassen zum Ziel hat. Ein Wächter auf mitternächt-

lichem Berge, der den ewigen Tag begrüßen will. Ein Rohdiamant, der poliert und geschliffen wird, um wie die Sterne zu funkeln. Ein Goldbarren, der im Schmelztiegel von allen Schlacken gereinigt wird. Eine Perle in der Muschel, die vom Fleisch befreit wird. Eine Lampe in dunkler Nacht, die bald in ewigem Glanz aufstrahlen wird. Ein Fremder inmitten von Feinden, der davoneilt, um in ewiger Gemeinschaft zu leben. Eine Blumenknospe mitten im Dorngestrüpp, die sich bald dort entfalten wird, wo die Rose von Saron blüht (von einem unbekannten Dichter).
Bibellese: 1. Kor. 1,26—31.

23. November

Herr, gegen dich vermag kein Mensch etwas (2. Chr. 14,10).

Wir dürfen Gott daran erinnern, daß er die ganze Verantwortung trägt. »Gegen dich vermag kein Mensch etwas.« Die Übermacht des Feindes gegenüber Asa und seinem Heer war ungeheuer. Eine Million Soldaten und 300 Kriegswagen waren gegen Israel gezogen. Es schien unmöglich, gegen diese riesige Streitmacht zu kämpfen. Weit und breit waren keine Verbündeten, die Asa hätten zu Hilfe eilen können. Es blieb ihm nur eine Hoffnung — Gott.

Es kann sein, daß unsere Not ein so erschreckendes Ausmaß angenommen hat, daß wir gezwungen sind, auf alle menschliche Hilfe, die wir sonst in Anspruch genommen hätten, zu verzichten. Jetzt bleibt uns nur der eine Ausweg, uns auf unseren allmächtigen Helfer zu verlassen.

Wir müssen Gott zwischen uns und den Feind treten lassen. Asa sah Gott im Glauben zwischen der Streitmacht Serachs und sich selbst stehen. Er wurde nicht enttäuscht. Es wird uns gesagt, daß die Äthiopier vor dem Herrn »und seinem Heer« geschlagen wurden, als ob himmlische Krieger gegen den Feind gekämpft hätten, um Israel zu helfen. Das große Heer wurde in die Flucht geschlagen.

Israel brauchte nur die Verfolgung aufzunehmen und die Beute einzusammeln.

Unser Gott ist der Herr der Heerscharen, der jeden Augenblick unerwartete Verstärkung heranholen kann, um seinem Volk zu helfen. Wir müssen nur glauben, daß er da ist, zwischen uns und unserer Not. Dann wird das, was uns Angst und Sorge machen will, vor ihm fliehen wie Wolken vor dem Wind.

Bibellese: 2. Chr. 14,1—14.

24. November

Daniel, du Knecht des lebendigen Gottes, hat dich dein Gott, dem du ohne Unterlaß dienst, auch von den Löwen zu erretten vermocht? (Dan. 6,21).

Wie oft finden wir in der Bibel diesen Ausdruck »der lebendige Gott«, und doch ist es gerade diese Eigenschaft Gottes, die wir so leicht aus den Augen verlieren. Wir wissen, daß geschrieben steht, Gott ist ein »lebendiger« Gott, aber in unserem Alltag rechnen wir praktisch eben doch nicht mit dem *lebendigen* Gott. Wir vergessen, daß er heute derselbe ist wie vor 3000 oder 4000 Jahren, daß er heute dieselbe Kraft und Macht besitzt, dieselbe Liebe zu denen, die ihn lieben und ihm dienen, wie einst vor Jahrtausenden, und daß er für sie heute dasselbe tun wird, was er für andere vor 2000, 3000 oder 4000 Jahren getan hat, einfach deshalb, weil er der lebendige Gott ist, der ewig Unveränderliche. Sollten wir ihm deshalb nicht viel mehr vertrauen und in unseren dunkelsten Stunden die Tatsache nie aus den Augen verlieren, daß er immer noch der *lebendige* Gott ist und bleiben wird?

Du darfst gewiß sein, wenn du mit ihm lebst, auf ihn blickst und von ihm Hilfe erwartest, wird er dich nie enttäuschen. Ein alter Bruder, der den Herrn seit über 44 Jahren kennt und der diese Zeilen schreibt, sagt dir das zu deiner Ermutigung. In den größten

Schwierigkeiten, in den schwersten Prüfungen, in größter Armut und Not hat er mich nie im Stich gelassen. Weil ich durch seine Gnade ihm vertrauen konnte, ist er mir immer zu Hilfe gekommen. Es ist mir eine Freude, seinen Namen zu preisen (Georg Müller).
Bibellese: Dan. 6,20—29.

25. November

Er ist ein lebendiger Gott und ein ewiger König (Jer. 10,10).

Als Luther einmal in großer Gefahr war und die unsichtbare Kraft Gottes besonders nötig hatte, saß er wie geistesabwesend am Tisch und schrieb mit dem Finger die Worte: »Vivit! Vivit!« (Er lebt! Er lebt!)

Das ist die Hoffnung für uns im Blick auf das Evangelium Gottes und auf die ganze Menschheit. Menschen kommen und gehen, Politiker, Philosophen, Professoren reden und lehren eine Zeitlang, dann verstummen sie und werden alt, schwach und kraftlos. Gott aber bleibt. Sie sterben, aber er lebt. Sie sind wie Lichter, die früher oder später wieder erlöschen. Gott aber ist das wahrhaftige Licht, von dem sie alle ihre Leuchtkraft haben, und sein Licht erlöscht nie.

John Adams größter geistlicher Besitz war, daß er sich stets der Gegenwart Jesu bewußt war. Nichts machte ihn so froh wie das Bewußtsein: Jesus ist immer gegenwärtig! Dieses Bewußtsein war ganz unabhängig von seinen Gefühlen und seinen eigenen Vorstellungen, *wie* Jesus seine Gegenwart offenbaren würde. Außerdem, sagte er, sei Jesus der Mittelpunkt seines Denkens. Sobald er sich nicht mehr mit anderen Dingen beschäftigen müßte, wenn er allein sei oder auf der Straße, würde er laut mit ihm sprechen, so selbstverständlich und natürlich wie zu einem menschlichen Freund.
Bibellese: Jer. 10,1—16.

26. November

Gott aber sei Dank, der uns allezeit in Christus triumphieren läßt (2. Kor. 2,14).

Gottes Sieg wird am herrlichsten offenbar nach einer augenscheinlichen Niederlage. Sehr oft kommt es vor, daß der Feind eine Zeitlang zu triumphieren scheint. Und Gott läßt es zu. Dann aber greift er ein und wirft das ganze Werk des Feindes über den Haufen, kehrt seinen scheinbaren Sieg um und »stellt das Werk des Bösen auf den Kopf«. Dadurch wird der Sieg viel herrlicher, als wenn Gott dem Feind zunächst nicht erlaubt hätte, den Sieg davonzutragen.

Wir kennen alle die Geschichte von den drei hebräischen jungen Männern, die in den Feuerofen geworfen wurden. Hier haben wir einen scheinbaren Sieg des Feindes! Es sah so aus, als ob die Diener des lebendigen Gottes eine schreckliche Niederlage erleiden würden. Wir alle waren schon in solcher Lage, wo es aussah, als ob wir geschlagen wären und der Feind triumphierte. Wir können uns vorstellen, wie vollständig diese Niederlage zu sein schien. Die jungen Leute fielen in die Flammen. Ihre Feinde beobachteten sie und warteten darauf, daß sie in dem furchtbaren Feuer verbrennen würden. Wie groß war aber ihr Erstaunen, als sie sahen, wie die drei jungen Männer im Feuer umhergingen und ganz unbekümmert waren. Nebukadnezar befahl ihnen, aus dem Feuer herauszukommen. Nicht einmal ein Haar an ihnen war verbrannt, noch war der Geruch des Feuers an ihren Kleidern, »weil kein anderer Gott ist, der also erretten kann wie dieser«. So endete diese anfängliche Niederlage in einem herrlichen Sieg.

Nehmen wir an, die drei jungen Leute hätten Glauben und Mut verloren und hätten angefangen zu jammern und zu klagen: »Warum hat Gott uns nicht vor dem Feuerofen bewahrt?« Dann wären sie verbrannt, und Gott wäre nicht verherrlicht worden!

Wenn wir in unserem Leben in eine schwere Prüfung geführt werden, dürfen wir sie nicht zu einer Niederlage werden lassen,

sondern wir müssen im Glauben fortwährend den Sieg Jesu in Anspruch nehmen, durch den wir weit überwinden können. Dann wird es bald zu einem glorreichen Sieg kommen. Wir wollen lernen, daß Gott aus all den schweren Prüfungen, in die er uns kommen läßt, Gelegenheiten machen will, daß wir einen solchen Glauben praktizieren.
Bibellese: Dan. 3,14—30.

27. November

Jesus sagte ihnen . . . daß sie allezeit beten und nicht nachlässig werden sollten (Lk. 18,1).

»Gehe hin zur Ameise!« Tammerlane erzählte seinen Freunden einmal ein Erlebnis aus seinen früheren Jahren. »Ich mußte vor dem Feind Unterschlupf in einem zerfallenen Haus suchen. Stundenlang saß ich allein da. Auf der Suche nach Abwechslung in dieser hoffnungslosen Lage fiel mein Blick auf eine Ameise, die ein Maiskorn eine steile Wand hinauftransportieren wollte. Ich zählte die Versuche, die das Tier zu diesem Zweck unternahm. 69 mal fiel das Korn auf den Boden, aber die Ameise ließ nicht nach, und beim siebzigsten Mal erreichte sie ihr Ziel. Dieser Anschauungsunterricht gab mir in jenem Augenblick neuen Mut, und ich habe diese Lektion nie mehr vergessen.«

Die Tatsache, daß frühere Gebete nicht erhört wurden, darf nicht der Anlaß dazu sein, in unserem Gebet nachzulassen; sonst ist es kein Gebet des Glaubens mehr. Für das Gebet des Glaubens ist die Tatsache, daß Gebete bisher nicht beantwortet wurden, nur der Beweis dafür, daß der Augenblick der Erhörung um so näher ist. Die Beispiele und Lektionen unseres Herrn zeigen uns, daß das Gebet, das nicht anhaltend ist, das nicht aus jedem vorhergegangenen Gebet neue Kraft bekommt, nicht zur Erhörung führt.

Livingstones Wahlspruch lautete: »Ich bin entschlossen, mich nicht aufhalten zu lassen, bis ich mein Ziel erreicht habe.« Durch

Beharrlichkeit und unerschütterlichen Glauben errang er den Sieg. *Bibellese:* 2. Mo. 17,8—16.

28. November

Ich achte mich selbst keiner Rede wert (Apg. 20,24).

Wir lesen im Buch Samuel, daß, nachdem David in Hebron zum König gekrönt worden war, »die Philister heraufkamen, um David zu suchen«. In dem Augenblick, da wir etwas vom Herrn empfangen, für das es sich zu kämpfen lohnt, kommt der Feind, um uns zu versuchen. Wenn der Teufel sich aufmacht, sobald wir im Begriff stehen, ein großes Werk für Gott zu tun, wollen wir das als »Pfand der Erlösung« ansehen und doppelten Segen, Sieg und Kraft erwarten. Kraft entsteht durch Widerstand. Elektrizität im Kraftwerk entsteht durch die starke Reibung sich drehender Räder. So werden wir eines Tages feststellen, daß selbst Satan ein Handlanger Gottes zum Segen für uns werden mußte.

Der Weg zum Sieg führt durch das Leid. Der Talweg mündet in den Höhenweg. Spuren des Leids finden wir auf allem, was groß ist. Kronen werden im Schmelzofen gegossen. Der größte Sieger hat zuvor die Kelter des Leids getreten. Der »Mann der Schmerzen« sagte zu seinen Jüngern: »In der Welt habt ihr Trübsal.« Aber auf diesen Seufzer folgte die Verheißung: »Aber seid getrost, ich habe die Welt überwunden.« Blutspuren markieren den Weg zum Thron. Zepter müssen mit Wunden bezahlt werden. Unsere Kronen werden den Riesen, die wir besiegten, entrissen. Kummer und Schmerz waren immer das Los wahrhaft großer Menschen.

Leid hat den Weg der großen Reformatoren begleitet. Wir sehen es am Leben des Paulus, Luther, Savonarola, Know, Wesley und aller übrigen in diesem machtvollen Heer.

Wer war der unvergleichliche Dichter der Griechen? Homer. Aber dieser begnadete Sänger war blind. Wer schrieb den unvergänglichen Traum der »Pilgerreise«? Ein Prinz in Samt und Seide auf einem bequemen Sofa? Nein! Der Glanz jener Vision fiel auf die schmutzigen Wände des Gefängnisses von Bedford, wo John Bunyan, ein Fürst unter den Gefangenen, ein glorreiches Genie, sein großes Werk schrieb.

Bibellese: Apg. 20,17—24; Jes. 48,10—11.

29. November

Jesus entwich . . . abseits an einen einsamen Ort (Mt. 14,13).

In einer Pause ist keine Musik, aber sie gehört zur Musik! Unsere Lebensmelodie wird immer wieder durch »Pausen« unterbrochen, und wir sind dann meist so töricht zu glauben, die Melodie sei zu Ende. Gott schickt uns eine Zeit unfreiwilliger Ruhe — Krankheit, unerfüllte Hoffnungen, Enttäuschungen — und setzt dadurch plötzlich eine Pause in das »Lied« unseres Lebens. Dann beklagen wir uns, daß unsere Stimme schweigen muß und wir nicht in das Lob einstimmen dürfen, das ständig zum Schöpfer aufsteigt.

Wie liest nun der Musiker die Pause? Wenn wir ihm zuschauen, sehen wir, wie er den Takt unbeirrt weiterschlägt und die folgende Note richtig und genau spielt, als ob gar keine Pause dagestanden hätte.

Gott schreibt die Musik unseres Lebens nicht plan- und ziellos. An uns liegt es, die Melodie zu erlernen und uns nicht von den »Pausen« verwirren zu lassen. Sie dürfen nicht einfach übergangen werden, um die Melodie nicht zu verändern und die Harmonien nicht durcheinanderzubringen. Wenn wir zu Gott aufsehen, wird er selbst den Takt für uns schlagen. Das Auge auf ihn gerichtet, werden wir den der Pause folgenden Ton voll und klar erklingen lassen. Statt zu trauern und zu sagen: »In einer Pause ist keine Musik«, wollen wir nicht vergessen, daß sie »zur Musik gehört«. In diesem Leben erfordert das Musikmachen meist viel Zeit und Mü-

he. Wie geduldig ist Gott in unserem »Musikunterricht«! Er wartet so lange, bis wir unsere Lektion gelernt haben.
Bibellese: Ps. 33.

30. November

Herr, warum trittst du so ferne? (Ps. 10,1).

Gott ist »eine Hilfe in der Not« (wörtlich: »eine sehr gegenwärtige Hilfe«). Aber er läßt die Not zu, als ob er ihrem übermäßigen Druck gegenüber gleichgültig wäre, damit wir mit unserer eigenen Kraft zuschanden werden und den Wert der Dunkelheit erkennen, den unschätzbaren Gewinn des Leids. Wir dürfen aber gewiß sein, daß Gott, der das Leid zuläßt, uns im Leid nicht allein läßt. Es kann sein, daß wir ihn erst sehen, wenn die Prüfung fast vorüber ist, aber wir müssen zu glauben wagen, daß er den »Schmelzvorgang« überwacht und ihn keine Sekunde aus den Augen läßt. Unsere Augen sind gehalten, und wir können den nicht sehen, den unsere Seele liebt. Es ist dunkel, und die Binde vor unseren Augen läßt uns die Gestalt unseres Hohenpriesters nicht erkennen. Aber er ist da und nimmt teil an unserem Ergehen.

Wir wollen uns nicht auf unser Gefühl verlassen, sondern an seine unwandelbare Treue glauben. Obwohl wir ihn nicht sehen, wollen wir mit ihm sprechen, als ob er buchstäblich gegenwärtig wäre. Obwohl wir seine Gegenwart wie hinter einem Schleier nur erahnen, hören wir eine Antwort, die uns zeigt, daß er im Schatten steht und über den Seinen wacht. Unser Vater ist uns in einem dunklen Tunnel ebenso nahe wie unter dem offenen Himmel.
Bibellese: Ps. 10,1—18.

1. Dezember

Aber die Taube fand keinen Ort, da ihr Fuß ruhen konnte. Da kehrte sie zu ihm zur Arche zurück ... Und die Taube kam zur

Abendzeit wieder zu ihm und siehe, sie hatte ein frisches Ölblatt in ihrem Schnabel! (1. Mo. 8,9.11).

Gott weiß sehr wohl, wann er uns ein sichtbares Zeichen der Ermutigung gewähren und wann er es uns versagen muß. Wie gut, daß wir ihm in jedem Fall vertrauen dürfen! Wenn uns alle sichtbaren Beweise, daß er unser gedenkt, versagt sind, ist es gewiß am besten für uns. Dann will Gott uns lehren, daß sein Wort, seine Verheißung, er werde uns nicht verlassen noch versäumen, wichtiger und zuverlässiger ist als jeder mit unseren Sinnen wahrnehmbare Beweis. Wenn er uns aber ein sichtbares Zeichen schenkt, ist unser Herz voll Lob und Dank. Dann lernen wir es noch besser, ihm auch ohne Zeichen zu vertrauen.

Menschen, die schnell bereit sind, Gott ohne irgendeinen Beweis allein auf sein Wort hin zu vertrauen, bekommen immer die meisten sichtbaren Zeichen seiner Liebe.

Wenn unsere Gebete nicht sofort erhört werden, heißt das nicht, daß sie überhaupt nicht erhört werden. Manches Gebet wird wohl registriert, aber darunter stehen die Worte: »Meine Zeit ist noch nicht gekommen!« Gott hat eine feste Zeit und eine feste Absicht. Er, der die Dauer unserer Not festsetzt, bestimmt auch die Zeit unserer Errettung.

Bibellese: Jes. 38,1—8.

2. Dezember

Dein Stecken und dein Stab, die trösten mich (Ps. 23,4).

In meinem Elternhaus auf dem Land befindet sich ein Kämmerchen, in dem die Spazierstöcke mehrerer Generationen unserer Familie aufbewahrt werden. Wenn ich zu Besuch zu Hause bin, gehen mein Vater und ich oft vor einem Spaziergang in jenes Kämmerchen und suchen uns den Stock aus, der uns für den geplanten Weg am besten geeignet erscheint. Dabei wurde ich oft daran erinnert, daß Gottes Wort ein Stab ist.

Während des Krieges, in Zeiten der Entmutigung und drohender Gefahr war der Vers: »Vor bösem Gerücht fürchtet er sich nicht; sein Herz vertraut fest auf den Herrn« (Ps. 112,7) ein Stab, mit dem ich durch viele dunkle Tage gehen konnte.

Als der Tod unser Kind wegraffte und unsere Herzen fast zerbrachen, fand ich einen anderen Stab in dem Wort: »Am Abend kehrt das Weinen ein und am Morgen der Jubel« (Ps. 30,6).

Als ich durch meine angeschlagene Gesundheit ein Jahr von zu Hause weggehen mußte und nicht wußte, ob ich jemals zurückkommen und wieder arbeiten könnte, nahm ich den Stab mit, der mir nie seinen Dienst versagte: »Denn ich weiß, was für Gedanken ich über euch habe, spricht der Herr, Gedanken des Friedens und nicht des Leides« (Jer. 29,11).

In Zeiten besonderer Gefahr und Anfechtung, wenn wir mit unserem Verstand am Ende waren, konnte ich leicht mit diesem Stab vorwärts gehen: »Im Stillesein und im Vertrauen liegt eure Stärke« (Jes. 30,15). Und in plötzlich über uns hereinbrechender Not, als keine Zeit zum Überlegen war, war dieser Stab mir immer eine Hilfe: »Wer traut, der flieht nicht!« (Jes. 28,16) (B. V. Abbot).

Bibellese: Ps. 119,89—106.

3. Dezember

Siehe, ich habe angefangen ... vor dir hinzugeben; hebe an ... einzunehmen und ... zu besitzen (5. Mo. 2,31).

In der Bibel ist viel vom Warten auf Gott die Rede. Diese Lektion kann nicht genug eingeschärft werden. Wir werden leicht ungeduldig, wenn Gott uns warten läßt. Viel Not in unserem Leben rührt allein von unserer ruhelosen und manchmal auch rücksichtslosen Hektik und Eile her. Wir wollen nicht warten, bis die Frucht reif ist und bestehen darauf, sie zu pflücken, solange sie noch grün ist. Wir wollen nicht warten, bis unsere Gebete erhört werden, obwohl die Dinge, um die wir bitten, vielleicht jahrelang für uns vorbereitet werden müssen. Wir werden ermahnt, mit Gott vorwärts zu gehen, aber Gott hat keine Eile.

Die andere Seite der Lektion müssen wir jedoch auch lernen: Gott wartet oft auf uns. Wir verscherzen uns nicht selten den Segen, den er für uns bereit hat, weil wir nicht mit Gott Schritt halten. Wir bringen uns um viel Gutes, wenn wir nicht auf Gott warten und ihm davoneilen; aber dasselbe gilt für zu langes Warten. Es gibt Zeiten in unserem Leben, da unsere Stärke darin besteht, still zu warten; aber es gibt auch Zeiten, da erwartet Gott von uns, entschlossen vorwärts zu gehen.

Viele Verheißungen Gottes sind an eine Bedingung geknüpft, an eine Tat unsererseits. Wenn wir anfangen zu gehorchen, wird Gott anfangen zu segnen. Gott hatte Abraham große Verheißungen gegeben, aber keine wäre erfüllt worden, wenn er in Chaldäa gewartet hätte. Abraham mußte Heimat, Freunde und Vaterland verlassen, auf unbekannten Wegen ausziehen und in ständigem Gehorsam weitergehen, um die Verheißungen zu erlangen.

Bibellese: 1. Mo. 12,1—9.

4. Dezember

Als nun die Priester, welche die Lade trugen, ihre Füße zuäußerst in das Wasser tauchten, da stand das Wasser, das von oben herabkam, aufgerichtet wie ein Damm (Jos. 3,15—16).

Den zehn Aussätzigen sagte Jesus, sie sollten sich dem Priester zeigen, und »indem sie gingen, wurden sie rein«. Wenn sie gewartet hätten, bis sie an ihrem Körper sehen konnten, daß sie rein waren, wären sie nie geheilt worden. Gott wartete darauf, sie zu heilen; aber erst in dem Augenblick, als ihr Glaube zur Tat wurde, kam der Segen.

Als die Israeliten vor dem Heer Pharaos flohen und am Ufer des Roten Meeres standen, befahl ihnen Mose vorwärts zu gehen. Die Zeit des Wartens war vorbei; jetzt war es Zeit, von den Knien aufzustehen und in heroischem Glauben vorwärts zu gehen. Später sollten sie nochmals ihren Glauben beweisen, als ihnen befohlen wurde, über den Jordan zu ziehen, wobei der Jordan über seine Ufer getreten war. Den Schlüssel zum Eingangstor in das verheißene Land hielten sie in ihrer Hand, aber dieses Tor drehte sich nicht eher in seinen Angeln, als bis sie davorstanden und es aufschlossen. Und dieser Schlüssel war ihr Glaube!

Auch wir sind zu bestimmten Kämpfen berufen. Wir fürchten oft, in diesem oder jenem Kampf niemals den Sieg zu erlangen, niemals diesen oder jenen Feind besiegen zu können, aber in dem Augenblick, da wir den Kampf aufnehmen, kommt uns Jesus zu Hilfe und kämpft an unserer Seite. Und durch ihn sind wir mehr als Überwinder. Wenn wir zitternd und zagend auf unseren Helfer gewartet und den Kampf nicht eher aufgenommen hätten, bis er dagewesen wäre, hätten wir vergeblich gewartet.

Gott wartet darauf, seine verheißenen Segnungen über uns auszuschütten. Wir müssen in kühnem Glauben vorwärtsziehen und uns nehmen, was uns gehört.

Bibellese: Lk. 17,11—19.

5. Dezember

Denn ich eifere um euch mit göttlichem Eifer (2. Kor. 11,2).

Wie hängt doch ein alter Harfenspieler an seiner Harfe! Sorgfältig, zart und liebevoll geht er mit ihr um, wie eine Mutter mit ihrem Säugling! Sein ganzes Leben ist mit seiner Harfe verbunden. Aber wie anders behandelt er sein Instrument, wenn es gestimmt wird! Er nimmt es fest in die Hand und schlägt eine Saite mit scharfem, kurzem Schlag an. Wenn sie dann wie im Schmerz erzittert, lehnt er sich darüber und lauscht angespannt auf den ersten aufsteigenden Ton, der, wie befürchtet, falsch und hart klingt. Dann spannt er die Saite mit einer Flügelschraube, und obwohl sie jetzt bis zum Zerspringen angezogen ist, schlägt er sie erneut an und beugt sich über sie, um wie zuvor aufmerksam zu lauschen. Schließlich huscht ein Lächeln über sein Gesicht, wenn der erste richtige Ton aufklingt.

Es mag sein, daß Gott mit uns genauso umgeht. Er liebt uns mehr als jeder Harfenspieler seine Harfe. Wir sind für ihn aber wie eine Anhäufung schriller Mißtöne. Deshalb erschüttert er die Saiten unseres Herzens mit irgendeinem quälenden Schmerz, beugt sich dann liebevoll über uns, schlägt und lauscht. Wenn er nur den schrillen Mißton des Murrens vernimmt, schlägt er blutenden Herzens nochmals zu und wartet, bis die Melodie »Nicht mein Wille, sondern dein Wille geschehe!« aufklingt. Diese Weise ist in seinen Ohren wie Engelsgesang. Er wird auch nicht aufhören zu schlagen, bis unsere geläuterte Seele mit den reinen und unendlichen Harmonien seines Wesens übereinstimmt.

Bibellese: Hb. 12,5—11.

6. Dezember

Gott ist in ihrer Mitte, sie wird nicht wanken; Gott wird ihr helfen, wenn der Morgen anbricht (Ps. 46,6).

»Sie wird nicht wanken« — was für eine beglückende Aussage! Ist es möglich, daß wir, die wir uns so leicht durch die Dinge dieser Welt aus der Fassung bringen lassen, dahin kommen, wo uns nichts mehr aufregen oder aus der Ruhe bringen kann? Ja, das ist möglich! Wir sehen es an dem Apostel Paulus. Als er auf dem Weg nach Jerusalem war und wußte, daß dort »Gefängnis und Trübsale« ihn erwarteten, konnte er triumphierend sagen: »Alle diese Dinge erschüttern mich nicht.« Er blieb fest in seinem Entschluß. Alles, was im Leben dieses Apostels überhaupt erschüttert werden konnte, war erschüttert worden. Er achtete sein Leben und jeden irdischen Besitz, der ihm lieb war, für »nicht der Rede wert«.

Und wir? Wenn wir uns gegen Gottes Führung nicht auflehnen und uns in seinen Willen ergeben, können auch wir dahin kommen, daß weder die Widerwärtigkeiten des Alltags noch die großen und schweren Prüfungen unseres Lebens uns den Frieden rauben können, der höher ist als alle Vernunft. Dieser Friede ist denen zugesagt, die gelernt haben, ihr Vertrauen allein auf Gott zu setzen.

»Wer überwindet, den will ich zu einem Pfeiler im Tempel meines Gottes machen, und er wird nicht mehr hinausgehen« (Off. 3,12). Fest und unerschütterlich sein wie eine Säule im Hause Gottes — um dieses Ziel zu erreichen, lohnt es sich, Erschütterungen auf sich zu nehmen.

Wenn Gott in einem Reich oder einer Stadt regiert, macht er sie so fest wie den Berg Zion, der nicht erschüttert werden kann. Und wenn er in einem Menschenherzen wohnt, herrscht darin eine unerschütterliche Ruhe und ein Frieden, den die Welt niemals geben oder nehmen kann, auch wenn Not und Unglück von allen Seiten einstürmen und brausen wie die Wogen des Meeres. Wenn wir Menschen bei jeder geringsten Gefahr zittern wie Blätter im Wind, ist das nur ein Zeichen dafür, daß die Welt in unserem Herzen regiert und nicht Gott.

Bibellese: Joh. 14,1—3.25—27.

7. Dezember

Ich will für Israel sein wie der Tau (Hos. 14,6).

Der Tau ist eine Quelle der Erfrischung und dient dazu, das Angesicht der Erde zu erneuern. Er fällt in der Nacht. Ohne den Tau würde die Vegetation verkümmern. Diese große Bedeutung des Taus wird in der Heiligen Schrift oft erwähnt. Er dient als ein Bild für geistliche Erfrischung. So wie die Natur im Tau gebadet wird, erneuert der Herr sein Volk. In Titus 3,5 finden wir denselben Gedanken geistlicher Erneuerung im Zusammenhang mit der Aufgabe des Heiligen Geistes.

Viele Christen haben die Bedeutung des himmlischen Taus in ihrem Leben noch nicht erkannt! Deshalb fehlt es ihnen an geistlicher Frische und Kraft. Ihr Geist ist ermattet durch den Mangel an Tau.

Liebe Schwester, lieber Bruder, es ist dir doch ohne weiteres klar, was für eine Torheit es ist, wenn ein Mensch sein Tagewerk ausführen will, ohne Nahrung zu sich zu nehmen. Genauso töricht ist es, wenn ein Christ ohne die Speise des himmlischen Manna seinen Dienst tun will. Es genügt auch nicht, nur gelegentlich Speise zu sich zu nehmen. Du brauchst jeden Tag die Erneuerung im Heiligen Geist. Du weißt genau, wann dein ganzes Wesen von der Frische und Kraft göttlichen Lebens durchströmt ist und wann du dich müde und ausgelaugt fühlst.

Durch Ruhe und Stille über dem Wort Gottes empfangen wir den Tau. In der Nacht, wenn Blatt und Halm zur Ruhe gekommen sind, öffnen sich die Poren der Pflanzen, um das erfrischende und belebende Bad zu empfangen. So kommt der geistliche Tau aus dem stillen Verweilen in der Gegenwart des Herrn. Werde vor ihm still! Wenn du voll Unrast bist, wirst du den geistlichen Tau nicht empfangen. Bleibe vor Gott und warte, bis du dich an seiner Gegenwart gesättigt hast. Dann geh an deine nächstliegende Aufgabe in der Frische und Kraft des Herrn!

Tau entsteht nicht in der Hitze oder im Wind. Die Temperatur muß fallen und der Wind aufhören. Die Luft muß an einen gewissen Punkt der Kühle und Ruhe kommen, ehe sie ihre unsichtbaren Feuchtigkeitspartikel abgeben kann, um Gras und Blumen zu befeuchten. So wird die Gnade Gottes die Seele des Menschen erst dann erfrischen, wenn sie ganz zur Ruhe gekommen ist.

Bibellese: Hos. 14,5—10.

8. Dezember

Er schafft Ruhe (Hi. 34,29).

Ruhe mitten im Sturm. Wir segeln mit Jesus ruhig über das Wasser. Wenn wir dann in die Mitte des Sees kommen, weit weg vom Ufer, bricht unter dem mitternächtlichen Himmel plötzlich ein gewaltiger Sturm los. Erde und Hölle scheinen sich gegen uns verschworen zu haben. Jede Welle droht uns zu verschlingen. Dann aber steht er auf vom Schlaf und bedroht Wind und Wellen. Seine Hand gebietet dem Wüten der aufgebrachten Elemente Frieden und Ruhe. Seine Stimme ist über dem Heulen des Windes und über dem Brausen der Wellen zu hören: »Schweig! Verstumme!« Und dann folgt eine große Stille.

»Er schafft Ruhe.« Ruhe, auch wenn uns jeder Trost fehlt. Der Herr zieht Trost und Segnungen manchmal zurück, weil wir sie zu wichtig nehmen. Wir sind versucht, unsere Freude, unsere Begeisterung oder unsere Visionen mit zu großer Selbstgefälligkeit zu betrachten. Dann zieht er sie um der Liebe willen zurück. Aber durch seine Gnade bringt er uns an den Punkt, wo wir zwischen diesen Segnungen und ihm selbst unterscheiden können. Er kommt und macht uns seiner Gegenwart gewiß. So kommt eine unendliche Ruhe in unser Herz und Gemüt.
Bibellese: Mt. 8,23—27.

9. Dezember

Du bist derselbe, mein König, o Gott; verordne Jakobs Heil! (Ps. 44,5).

Es gibt keinen Feind, der sich unserem Wachstum in der Gnade oder unserem Dienst für den Herrn entgegenstellt, der nicht von unserem Heiland besiegt worden wäre.

Wir brauchen uns deshalb vor keinem Feind zu fürchten. Wenn wir ihn anpacken, wird er vor uns fliehen. Gott hat versprochen, ihn vor uns dahinzugeben. Wir müssen nur stark und mutig sein! Fürchten wir uns nicht, und entsetzen wir uns nicht! Der Herr ist mit uns. Unsere Stärke liegt ja darin, daß wir mit dem Stärksten eins sind. Deshalb gilt es, den Sieg in Anspruch zu nehmen!

Sooft unsere Feinde auf uns einstürmen, gilt es, den Sieg Jesu auszurufen; sooft uns der Mut sinken will und menschliche Waffen versagen, müssen wir auf Jesus schauen und den Sieg in Anspruch nehmen.

Wir müssen glauben, daß wir an dem Sieg Jesu Anteil haben. Er hat ihn nicht für sich allein erworben, sondern für uns alle. Denken wir daran, daß wir in ihm waren, als er den Sieg errang. Deshalb gilt es, sich den Sieg anzueignen.

Rechnen wir mit dem Sieg, und sammeln wir die Beute ein! Weder die Riesen noch die festen, ummauerten Städte brauchen uns zu erschrecken oder einzuschüchtern. Wir gehören zur Armee des Siegers. Deshalb müssen wir unseren Anteil am Sieg unseres Heilands in Besitz nehmen!

Wir sind Kinder des Königs. Wodurch wird unser göttlicher König mehr geehrt? Dadurch, daß wir unsere Rechte nicht in Anspruch nehmen und sogar daran zweifeln, ob sie uns überhaupt zustehen oder dadurch, daß wir unser Vorrecht als Kinder der königlichen Familie behaupten und die Rechte beanspruchen, die zu unserem Erbe gehören?

Bibellese: 1. Kor. 15,55—58.

10. Dezember

Macht euch auf ... Denn wir haben das Land besehen, und siehe, es ist sehr gut; und ihr wollt untätig bleiben? Seid nicht faul, sondern zieht hin, um das Land einzunehmen! (Ri. 18,9).

Macht euch auf! Das ist ein Befehl, eine Aufforderung, etwas Bestimmtes zu tun. Was uns angeboten wird, gehört uns erst, wenn wir es *nehmen.* »Die vom Hause Jakob werden ihre Besitzungen einnehmen« (Ob. 17). »Ich habe Sihon, den Amoriter, samt seinem Land in deine Hand gegeben: hebe an einzunehmen!« (5. Mo. 2,24).

Im Blick auf Gottes Verheißungen brauchen wir einen Glauben, der in Besitz nimmt. Wir müssen uns Gottes Worte aneignen wie einen persönlichen Besitz. Ein Kind wurde einmal gefragt, was in Besitz nehmender Glaube sei. Es antwortete: »Man muß einen Bleistift nehmen und alle *Mich, Mein* und *Mir* in der Bibel unterstreichen.«

Nimm irgendein Wort, das Gott gesprochen hat, und sage: »Dieses Wort gehört mir!« Lege deinen Finger auf die Verheißung und sage: »Sie gehört mir!« Wie viele Gottesworte wurden auf diese Weise in Anspruch genommen und durch Gottes Antwort verwirklicht! Wie viele Verheißungen kannst du nehmen und sagen: »Sie sind für mich erfüllt worden«?

Laß dir dein Erbe, das dir zusteht, nicht durch Nachlässigkeit entgehen!

»Mein Sohn, du bist allezeit bei mir, und alles, was mein ist, das ist dein« (Lk. 15,31).

Bibellese: 5. Mo. 2,16—37.

11. Dezember

Sollte dem Herrn etwas zu wunderbar sein? (1. Mo. 18,14)

Mit diesem Wort fordert uns Gott heute heraus. Er will uns damit an den größten, höchsten und edelsten Wunsch unseres Herzens erinnern, an etwas, das wir für uns selbst oder einen anderen Menschen ersehnen. Dieser Wunsch ist uns so lange nicht erfüllt worden, daß wir die Hoffnung auf seine Erfüllung vielleicht schon aufgegeben haben.

Wenn jedoch dieser Wunsch mit Gottes ausdrücklichem Willen übereinstimmt (wie der Wunsch Abrahams und Sarahs nach einem Sohn), will Gott ihn erfüllen, selbst dann, wenn er für uns so absurd und unmöglich erscheint, daß wir bei dem Gedanken an seine

Erfüllung nur lachen können. Aber gerade diesen Wunsch will Gott uns erfüllen, wenn wir ihn nicht daran hindern.

»Sollte dem Herrn etwas zu wunderbar sein?« Gewiß dann nicht, wenn wir genügend Glauben haben, vorwärts zu gehen und seinen Willen zu tun und das Unmögliche getrost ihm überlassen. Selbst Abraham und Sarah hätten Gott daran hindern können, seinen Plan zu erfüllen, wenn sie im Unglauben verharrt hätten!

Das einzige, was für den Herrn ein Hindernis ist, ist vorsätzlicher, beharrlicher Unglaube, Zweifel an seiner Macht und Liebe und unsere Weigerung, ihn seine Absichten mit uns erfüllen zu lassen. Es gibt nichts, das für den Herrn zu wunderbar wäre; alles kann er tun für die, die ihm vertrauen.

Bibellese: 1. Mo. 18,1—15.

12. Dezember

Schlage auf die Erde! Da schlug er dreimal und hielt inne. Da ward der Mann Gottes zornig über ihn und sprach: Hättest du fünf- oder sechsmal geschlagen, so würdest du die Syrer bis zur Vernichtung geschlagen haben (2. Kö. 13,18—19).

Wie beredt und ausdrucksvoll ist die in diesen Versen enthaltene Botschaft! Joas dachte gewiß, er hätte es gut gemacht, als er der Aufforderung des Propheten Elisa nicht nur einmal, sondern gleich zwei- und dreimal nachkam. Für ihn war dies zweifellos eine Glaubenstat. Aber Gott und der Prophet waren bitter enttäuscht, daß er *auf halbem Wege stehengeblieben war.*

Er bekam etwas. Er bekam sogar viel. Er bekam genau nach seinem Glauben, aber es war nicht alles, was der Prophet im Auge hatte und was Gott ihm verleihen wollte. Er ließ sich viel von der umfassenden Bedeutung der Verheißung und der Fülle des Segens entgehen. Er erhielt etwas Besseres als menschliche Gaben, aber es war nicht Gottes beste Gabe.

Wie ernst ist die Bedeutung dieser Worte! Wir sollten daraus lernen, wie wichtig es ist *durchzubeten.* Sollen wir nicht die ganze Fülle der Verheißung und alle Möglichkeiten gläubigen Gebets in Anspruch nehmen?

»Dem aber, der über alles hinaus zu tun vermag, über die Maßen mehr, als wir bitten oder verstehen ... ihm sei die Ehre« (Eph. 3,20).

An keiner anderen Stelle in den Briefen des Apostels Paulus haben wir eine solche Anhäufung von Worten wie »über alles hinaus«, »über die Maßen mehr«. Jedes Wort ist angefüllt mit unendlicher göttlicher Liebe und Kraft, »zu tun« für seine Heiligen, die beten. Eine Begrenzung liegt nur in »der Kraft, die in uns wirkt«. Gott wird genau so viel *für* uns tun, wie wir ihn *in* uns tun lassen. Die Macht Gottes, die uns mit seinem eigenen Blut erlöste und reinigte, uns durch seinen Geist mit Kraft erfüllte und uns in mancherlei Versuchungen bewahrte, wird für uns wirken und jeder Not, jeder Krise, jedem Umstand und jedem Feind begegnen.
Bibellese: 2. Kö. 13,14—25.

13. Dezember

Und wenn ich hingehe und euch eine Stätte bereite, so komme ich wieder und werde euch zu mir nehmen, auf daß auch ihr seid, wo ich bin (Joh. 14,3).

Georg Müller bezeugte einmal: »Als es Gott gefiel, mir im Juli 1829 die Wahrheit der persönlichen Wiederkunft Jesu zu offenbaren und mir zu zeigen begann, daß ich einen großen Fehler begangen hatte, auf die Bekehrung der Welt zu warten, wirkte sich das folgendermaßen auf mich aus: Von Grund meiner Seele wurde ich erregt, Mitleid für verlorene Menschen und für die Welt, die um mich herum in einer falschen Sicherheit schlief, zu empfinden. Ich kam dann zu dem Schluß: Sollte ich nicht alles in meinen Kräften stehende für den Herrn Jesus tun, solange er noch ausbleibt, um eine schlafende Kirche aufzuwecken?«

Es mag wenig oder viel Zeit vor uns liegen, ehe der Herr wiederkommt, aber die Zeichen seines baldigen Kommens sind eine große Ermutigung für uns. All unser Tun und Lassen sollten wir im Licht dieser Tatsache prüfen, von der an etwa 1845 Stellen in der Bibel gesprochen wird, von denen sich allein 318 im Neuen Testament befinden. Viele Fragen, ja Probleme, aber auch Dinge, die wir für wichtig gehalten haben, bekommen im Licht dieses Wortes ein neues, meist viel geringeres Gewicht. Laßt uns nüchtern sein und zuerst nach dem trachten, was droben ist (Kol. 3,1).
Bibellese: 1. Th. 4,13—18.

14. Dezember

Da wir nun einen großen Hohenpriester haben, der die Himmel durchschritten hat, Jesus, den Sohn Gottes ... so lasset uns mit Freimütigkeit hinzutreten zum Thron der Gnade, damit wir Barmherzigkeit erlangen und Gnade finden zu rechtzeitiger Hilfe! (Hb. 4,14.16).

Jesus Christus ist unser großer Helfer im Gebet; er ist unser Fürsprecher beim Vater, unser großer Hoherpriester. Seit seiner Himmelfahrt besteht seine Haupttätigkeit darin, Fürbitte und Gebet für die Seinen vor Gott darzubringen. Er ist es, der unsere unvollkommenen Bitten nimmt, sie von allen Mängeln reinigt und die Fehler korrigiert, um dann aufgrund seiner vollbrachten Erlösung und seiner Gerechtigkeit die Antwort vom Vater zu verlangen.

Bist du dabei, im Gebet müde zu werden? Schaue auf! Dein großer Fürsprecher hat bereits die Antwort gefordert, und du würdest ihn betrüben und enttäuschen, wenn du den Kampf in dem Augenblick aufgeben wolltest, in dem der Sieg schon unterwegs ist. Er ist bereits für dich ins Allerheiligste eingetreten und hält deinen Namen auf seiner Handfläche dem Vater entgegen. Der Bote, der dir den Segen bringen soll, wurde bereits abgesandt, und der Geist wartet nur auf deinen Glauben, um dir die Antwort vom Thron zu bringen: Es ist geschehen!

Der Heilige Geist spielt bei den Gebeten, die vor Gott angenehm sind, eine wichtige Rolle. Seine Mitwirkung wird viel zu sehr unterschätzt. Er erleuchtet den Geist, um die vorhandenen Mängel zu erkennen; er macht das Herz weich, um diese Mängel zu empfinden; er stachelt unser Verlangen nach Abhilfe an; er macht uns die Macht Gottes, seine Weisheit und Gnade groß, und er schafft in uns das Vertrauen auf seine Treue, so daß jeder Zweifel ausgeschlossen ist. Das Gebet ist also etwas Herrliches. Bei jedem Gott wohlgefälligen Gebet ist der Vater, der Sohn und der Heilige Geist beteiligt.
Bibellese: Hb. 9,11—28.

15. Dezember

Einer seiner Jünger sprach zu ihm: Herr, lehre uns beten ... Da sprach er zu ihnen: Wenn ihr betet, so sprechet ... Es komme dein Reich (Lk. 11,1—2).

Als die Jünger ihren Herrn baten: »Lehre uns beten«, erhob der Meister den Blick und streifte den weiten Horizont Gottes ab. Er erkannte die höchsten und letzten Absichten seines Vaters und faßte all das, was er im Leben des Menschen tun will, in diesen sieben kurzen Sätzen zusammen: »Wenn ihr betet, so sprechet ...«

Welch ein Gegensatz zwischen diesem und so vielen anderen Gebeten, die wir schon gehört haben! Wenn wir der Neigung unseres Herzens folgen, wie heißt es dann? »O Herr, segne mich, meine Familie, meine Gemeinde, meine Stadt, mein Land!«, und am äußersten Rand, kurz vor dem Schluß, bitten wir noch für die Ausbreitung seiner Gemeinde auf der ganzen Welt.

Der Herr aber beginnt dort, wo wir aufhören! Zuerst die Nöte der Welt und dann meine persönlichen — das ist die Rangordnung seines Gebets.

Wenn Jesus am Kreuz alles für uns hingegeben hat, ist es dann zuviel verlangt, wenn er uns bittet, dasselbe zu tun? Kein Mann

und keine Frau wird je etwas im Reich Gottes erreichen, niemand wird je auch nur den Rand des Machtbereichs Gottes erreichen, solange er diese Lektion nicht gelernt hat, daß die Hauptsorge unseres Lebens die Sache Jesu ist und daß alle persönlichen Dinge, mögen sie uns noch so lieb und wert sein, dieser Sorge unterstellt sein sollten.
Bibellese: Lk. 11,1—13.

16. Dezember

Danket dem Herrn; denn er ist freundlich, denn seine Gnade währet ewiglich! (1. Chr. 16,34).

Martin Luther schrieb einmal: »Wenn ich nicht beten kann, singe ich.«

Man sagt, daß im Neuen Testament nicht eine einzige entmutigende Bemerkung zu finden sei.

Im zweiten Buch der Chronik lesen wir einen spannenden Bericht über eine Schlacht, die durch Danken und Loben gewonnen wurde. Josaphat wurde gemeldet, eine große Menge Feinde käme von jenseits des Toten Meeres gegen ihn gezogen. Er war sich der Aussichtslosigkeit der Lage wohl bewußt und ging zu Gott mit seiner Not. Er betete demütig: »In uns ist keine Kraft gegen diesen großen Haufen ... und wir wissen nicht, was wir tun sollen; sondern unsere Augen sehen auf dich!« Nicht auf die große Not, sondern auf Gott. Es war eine schwere Prüfung, aber der Herr ließ Josaphat nicht im Zweifel über seinen Willen. Er tat ihn durch einen der jungen Leute kund, der im Namen des Herrn sprach: »Ihr sollt euch nicht fürchten, denn der Kampf ist nicht eure Sache, sondern Gottes!«

Furcht ist ein Todfeind des Christen. Wir wollen daran denken, wenn wir versucht sind zu zittern, daß »Gott uns nicht einen Geist der Furchtsamkeit gegeben hat, sondern der Kraft und der Liebe und der Zucht« (2. Tim. 1,7).

Dann ernannte Josaphat Sänger, die vor dem Heer herziehen und singen sollten: »Danket dem Herrn, denn seine Gnade währet ewig.« Sie dankten, obwohl kein sichtbares Zeichen der versprochenen Errettung des Herrn zu sehen war. Direkt vor der Schlacht — angesichts eines mächtigen feindlichen Heeres — fingen sie an zu singen: »Danket dem Herrn!« In dem Bericht heißt es dann: »Und als sie anfingen mit Jauchzen und Loben, ließ der Herr einen Hinterhalt kommen über die Ammoniter, Moabiter und die vom Gebirge Seir . . . und sie wurden geschlagen.«

Zwei der feindlichen Armeen begannen, die dritte zu bekämpfen, und als sie sie aufgerieben hatten, halfen sie einander zur Vertilgung. ». . . da lagen die Leichen auf dem Boden; es war niemand entronnen.« Sie hatten mehr als Sieg, denn wir lesen: »Josaphat kam mit seinem Volk, um unter ihnen Beute zu machen . . . und sie plünderten drei Tage lang, weil so viel vorhanden war.« Am Ende der Prüfung waren sie also reicher als zuvor.

Zwei Lieder finden wir in Josaphats großer Schlacht: das Danklied vorher und das Siegeslied nachher.

Auch wir sollten zwei Lieder haben: zuerst das Danklied, mit dem wir Gott loben, ohne etwas zu sehen oder zu fühlen. Dann stellt Gott einen Hinterhalt und vollendet den Sieg. Und schließlich das Siegeslied, das Lied im Tal Beraka (Lobetal), wobei wir Gott loben für die Erfüllung all dessen, was er verheißen hat.
Bibellese: 2. Chr. 20,1—26.

17. Dezember

. . . durch welche uns die teuersten und größten Verheißungen geschenkt sind (2. Pt. 1,4).

Wenn ein Schiffsbauer ein Schiff konstruiert, ist es dann fürs Trokkene bestimmt? Nein, er baut es für das Meer und den Sturm; wenn nicht, ist er ein schlechter Meister seines Faches.

Als Gott dich zu einem Christen machte, wollte er dich erproben. Und als er dir Verheißungen gab und dich bat, ihnen zu vertrauen, gab er solche Verheißungen, die für Zeiten des Sturms geeignet sind. Meinst du, Gott mache Schaupackungen wie eine Firma, die Schwimmwesten herstellt — für eine Ausstellung geeignet, aber nicht zum Gebrauch in Seenot?

Wir haben sicher auch schon von Schwertern gehört, die im Kampf nicht zu gebrauchen waren oder sogar von Schuhen, die zum Verkauf angeboten waren, in denen man aber nicht gehen konnte. Gottes Schuhe jedoch sind unzerstörbar. Du kannst mit ihnen zum Himmel gehen, ohne daß sie je abgetragen werden. Mit seinen Schwimmwesten kannst du tausendmal den Atlantik durchschwimmen, ohne Angst haben zu müssen, daß du untergehst. Seine Verheißungen sind dazu da, erprobt zu werden.

Nichts betrübt den Herrn Jesus so sehr, als wenn sein Volk aus ihm ein Schaustück macht, ohne ihn zu gebrauchen. Er liebt es, wenn wir ihn täglich in Anspruch nehmen. Seine Segnungen sind nicht zum Ansehen da, sondern wollen angeeignet werden.

O Mensch, ich bitte dich, geh nicht mit Gottes Verheißungen um, als seien sie Museumsstücke, sondern benütze sie als Quelle des Trostes und der Kraft für jeden Tag. Vertraue dem Herrn in jeder Lage und besonders, wenn Not auf dich zukommt (Spurgeon).

Bibellese: 2. Pt. 1,3—11.

18. Dezember

Der Herr wird eine Zuflucht sein in der Not (Ps. 9,10).

Ein bekannter Geschäftsmann kam oft in unser Büro. Seine Besuche waren uns eine geistliche Erfrischung. Er war stets fröhlich und zuversichtlich. Seine Augen leuchteten immer. Er strahlte förmlich Sieg aus. Wenn man nur ein paar Minuten in seiner Gegenwart war, fühlte man sich Gott näher, denn Sieg ist ansteckend. Die alten Propheten wußten um dieses Geheimnis, als sie von dem Schmied schrieben, der den Gießer ermutigte und dem Gießer, der den ermutigte, der auf den Amboß schlug.

Kürzlich kam nun dieser selbe Mann wieder in unser Büro, aber schleppenden Schrittes, sank in einen Sessel, begrub das Gesicht in den Händen und brach in Tränen aus. Was war geschehen? Er war schwach geworden am Tage der Not. Durch einen großen finanziellen Verlust hatte er Haus, Geschäft und Vermögen verloren. Er fing an, sich Sorgen zu machen, und als Folge davon wurde er krank und ist jetzt ein körperliches Wrack. Das war für Satan eine Chance gewesen, und er hatte sie sich rasch zunutze gemacht. Er war mit der hinterlistigen Frage gekommen: »Wie willst du den Menschen unter die Augen treten?« Es gelang ihm, den einst triumphierenden Christen an den Rand des Abgrunds zu führen und hieß ihn, sich hinunterzustürzen. Es war Nacht um ihn, tiefdunkle Nacht.

Der Vater kümmert sich darum, wenn er sieht, wie seine Kinder von einem Wirbelsturm erfaßt werden, aber er weiß auch, daß der Glaube im Sturm wächst. Er hält unsere Hand und bittet uns, nicht zu versuchen, den nächsten Schritt *sehen* zu wollen. Er, der Millionen Sterne in ihren Bahnen lenkt, kennt auch den Weg durch den Sturm und hat verheißen: »Ich werde deine Hand niemals loslassen!«

Es ist zweifellos eine große Gefahr für viele, durch Depressionen geistlich gelähmt zu werden. Die Mächte der Dunkelheit stehen so drohend vor uns, die Krise ist so groß, daß viele versucht sind, mit den Jüngern zu rufen: »Herr, kümmert es dich nicht, daß wir umkommen?« Doch er, der »auf einem Kissen« zu schlafen scheint, geht in seiner göttlichen Majestät mit uns durch den Sturm. Was wir brauchen, ist bedingungsloser Glaube an den allmächtigen Gott.
Bibellese: Hi. 4,1—5.

19. Dezember

Er selbst aber, der Gott des Friedens, heilige euch durch und durch (1. Th. 5,23).

Nachdem ich erkannt hatte, daß »ohne Heiligung niemand den Herrn sehen wird«, fing ich an, nach der Heiligung zu streben und alle, mit denen ich zusammenkam, aufzufordern, dasselbe zu tun. Zehn Jahre später gab mir Gott eine völlig neue Erkenntnis, wie ich die Heiligung erlangen konnte, nämlich durch den Glauben an den Sohn Gottes. Und sofort erklärte ich meinen Zuhörern überall: »Wir *haben* die Vergebung unserer Sünden und *sind* geheiligt durch den Glauben« (Apg. 26,18) (John Wesley).

»Ich kannte Jesus, und er war meiner Seele sehr kostbar. Aber ich fand etwas in mir, das nicht sanft, geduldig und freundlich bleiben wollte. Ich versuchte alles, was ich konnte, dies zu unterdrükken, dennoch war es da. Ich bat Jesus, mir zu helfen. Dann, als ich ihm meinen Willen auslieferte, kam er in mein Herz und nahm alles weg, was nicht sanft, freundlich und geduldig war, und dann schloß *er* die Tür« (George Fox).

»In meinem Herzen findet sich in diesem Augenblick nicht das leiseste Verlangen nach menschlicher Anerkennung. Ich bin allein mit Gott; er füllt die Leere aus. Ich habe außer ihm keinen Wunsch, kein Verlangen. Er hat meine Füße in einen weiten Raum gestellt. Ich kann nur staunen, daß Gott alles in mir durch die Liebe überwand (Lady Huntingdon).

Bibellese: Hb. 10,4—18.

20. Dezember

Ich weiß, er wird befehlen seinen Kindern ... daß sie des Herrn Wege halten (1. Mo. 18,19).

Gott sucht Menschen, auf die er sich verlassen kann. Er konnte von Abraham sagen: »Ich weiß, er wird befehlen seinen Kindern und seinem Hause nach ihm, daß sie des Herrn Wege halten und tun, was recht und gut ist, auf daß der Herr auf Abraham kommen lasse, was er ihm verheißen hat.« Auf Gott können wir uns verlassen, und er will, daß wir ebenso zuverlässig sind. Das bedeutet Glaube.

Gott sucht Menschen, auf die er all seine Liebe und seine Kraft legen und an denen er seine Verheißungen wahrmachen kann. Gottes Motor ist stark genug, jedes Gewicht, das wir ihm anhängen, zu ziehen. Nur ist leider oft das Kabel, das wir mit dem Motor verbinden, zu schwach, um das Gewicht unseres Gebets auszuhalten. Deshalb bearbeitet, züchtigt und schult uns Gott, um uns standhaft, fest und nüchtern im Glaubensleben zu machen. Wir wollen deshalb unsere Lektionen geduldig lernen.

Gott weiß, daß du die Prüfung bestehen kannst, sonst würde er sie dir nicht auferlegen. Er vertraut dir! Deshalb führt er dich in Situationen, die möglicherweise sehr notvoll sind. Er kennt unsere Kraft und mißt sie bis zur Zerreißprobe. Noch nie wurde einem Menschen eine Last auferlegt, die größer gewesen wäre als die Kraft, sie mit Gottes Hilfe zu tragen.
Bibellese: 1. Kor. 10,13.

21. Dezember

Gott ist Liebe (1. Joh. 4,8).

Ein glückliches Leben besteht nicht darin, daß man sich herrliche Auslandsreisen leisten kann, materiellen Wohlstand genießt oder ein gesetztes Ziel erreicht, sondern darin, daß man es im Glauben annimmt und erfährt, daß Gott einen ganz persönlich liebt. Nichts kann die Erfahrung dieser Liebe übertreffen.

Eines Tages wurden in London einige besonders alte Gebäude eingerissen. Sie sollten neuen Häusern Platz machen. An einer Stelle jedoch lag die Erde ein Jahr lang unbearbeitet und war Sonne und Regen ausgesetzt.

Nach einiger Zeit kamen Fachleute, um das Erdreich zu untersuchen. Etwas Seltsames war geschehen, und sie wollten der Sache auf den Grund gehen. Eine Reihe von Pflanzen und Blumen war an dieser Stelle gewachsen, die man nie zuvor in England gesehen hatte. Sie blühten sonst nur in den Ländern des Mittelmeers. Jahrtausendelang waren die Samenkörner anscheinend tot gewesen, begraben unter Bergen von Steinen und Mörtel; aber sobald sie mit Luft und Licht in Berührung kamen, war neues Leben hervorgebrochen.

Ist dieser Vorfall nicht ein wunderbares Bild dafür, daß der Sonnenschein der göttlichen Liebe unser oft kümmerliches Leben als Kinder Gottes entfalten und zu herrlicher Blüte führen kann? Voraussetzung ist allerdings, daß wir es Gottes Geist erneut erlauben, uns die Sünde in unserem Leben zu zeigen. Wenn wir dann »unsere Sünden bekennen, so ist er treu und gerecht, daß er uns die Sünden vergibt und uns reinigt von aller Ungerechtigkeit« (1. Joh. 1,9). Beachten wir: Die Liebe Gottes war schon immer für uns da; sie konnte nur nicht zu uns durchdringen.

Laßt uns Gott danken für die Liebe, die er uns erwiesen hat, indem er seinen Sohn für uns sterben ließ, als wir noch Sünder waren!
Bibellese: 1. Joh. 4,7—21.

22. Dezember

Ein zerbrochenes Herz wird Gott nicht verachten (Ps. 51,19).

Gott kann solche Dinge und Menschen am meisten zu seiner Ehre gebrauchen, die völlig zerbrochen sind. Die Opfer, die ihm gefallen, sind ein zerbrochenes und zerschlagenes Herz.

Jakobs natürliche Kraft wurde bei Pniel zerbrochen; dadurch konnte Gott ihn mit geistlicher Kraft ausrüsten. Mose mußte den Felsen am Horeb schlagen und aufbrechen, erst dann floß das kühle Wasser für das durstige Volk heraus.

Als die 300 ausgewählten Soldaten unter Gideon ihre Krüge zerbrachen — ein Bild für ihren eigenen Zerbruch —, leuchteten die bis dahin verborgenen Fackeln auf, und die Feinde wurden bestürzt.

Als die arme Witwe ihren kleinen Ölkrug aufbrach und ausleerte, mehrte Gott das Öl, so daß sie ihre Schulden bezahlen und sich die Mittel für ihren Lebensunterhalt beschaffen konnte.

Als Esther ihr Leben aufs Spiel setzte und die strenge Etikette eines heidnischen Hofes durchbrach, wurde ihr die Gunst gewährt, ihr Volk vom Untergang zu erretten.

Als Jesus die fünf Brote nahm und sie brach, wurde das Brot beim Brechen vermehrt und reichte aus, um fünftausend Menschen zu sättigen.

Als Maria ihre Alabasterflasche zerbrach, wurde das Haus vom Geruch der Salbe erfüllt.

Als Jesus seinen sündlosen Leib am Kreuz brechen ließ, wurde seine Seele »ausgeschüttet«, so daß durstige Sünder trinken und leben können.

Wenn ein Weizenkorn in der Erde durch den Tod zerbrochen wird, entstehen Hunderte neuer Körner.

So sehen wir auf allen Gebieten, in der Geschichte, in Biographien, in der Pflanzenwelt und im geistlichen Leben, daß Gott *zerbrochene Dinge* braucht, um Neues zu schaffen.

Menschen, die an ihrem Reichtum, am Eigenwillen, ihren ehrgeizigen Bestrebungen, ihren Idealen, ihrem weltlichen Ansehen, ihren Neigungen und oft auch ihrer Gesundheit zerbrochen sind, Menschen, die verachtet sind und völlig hilflos und verloren scheinen, die ergreift der Heilige Geist und gebraucht sie zur Verherrlichung Gottes. »Auch die Lahmen machen Beute«, sagte Jesaja (33,23).

Bibellese: Joh. 12,20—26.

23. Dezember

Von allen Seiten umgibst du mich (Ps. 139,5).

Es war Heiligabend 1875. Sankey, der berühmte Sänger in Moodys Evangelisationsveranstaltungen, reiste auf einem Dampfer den Delaware-Fluß hinauf. Es war ein wunderschöner, sternklarer Abend. Zahlreiche Passagiere waren auf Deck versammelt. Da bat jemand Sankey, ein Lied zu singen. Gegen einen der großen Kamine des Schiffes gelehnt, hob er die Augen in stillem Gebet zum Sternenhimmel empor. Er wollte ein Weihnachstlied singen, aber fast gegen seinen Willen wurde er getrieben, das Lied »Welch ein Freund ist unser Jesus« anzustimmen.

Lautlose Stille herrschte. Worte und Melodie klangen in der kraftvollen Stimme des Sängers über das Deck und den stillen Fluß. Die Zuhörer waren tief berührt. Nachdem das Lied verklungen war, schritt ein Mann mit wettergebräuntem Gesicht auf Sankey zu und fragte: »Haben Sie einmal in der Unionsarmee gedient?«

»Ja«, antwortete Sankey, »im Frühjahr 1862.«

»Erinnern Sie sich, daß Sie in einer hellen Mondnacht auf Wache standen?«

»Ja«, erwiderte Sankey höchst erstaunt.

»Ich auch«, sagte der Fremde, »aber ich diente im Heer der Konföderierten. Als ich Sie stehen sah, sagte ich mir: ›Dieser Kerl wird nicht lebendig von hier wegkommen!‹ Ich hob mein Gewehr und zielte. Ich stand im Schatten, völlig verdeckt, während das volle Mondlicht auf Sie fiel. In eben jenem Augenblick hoben Sie den Blick zum Himmel, genau wie Sie gerade getan haben und fingen an zu singen. Musik, und besonders Lieder, haben immer eine große Macht auf mich ausgeübt. So ließ ich mein Gewehr sinken.

›Ich will warten, bis er das Lied zu Ende gesungen hat‹, sagte ich mir, ›und ihn nachher erschießen. Er entgeht mir sowieso nicht.‹ Aber das Lied, das Sie damals sangen, war dasselbe wie das, das Sie soeben gesungen haben. Deutlich konnte ich die Worte hören: ›Wenn des Feindes Macht uns drohet und manch Sturm rings um uns weht ...‹ Als Sie zu Ende gesungen hatten, war es mir unmöglich, auf Sie zu schießen. Der Gott, der diesen Mann vom sicheren Tod retten kann, muß wahrlich groß und mächtig sein, dachte ich und mußte den Arm wie gelähmt fallen lassen.

Seit jener Zeit bin ich weit herumgekommen in der Welt, aber als ich Sie eben dort stehen und beten sah, genau wie damals, erkannte ich Sie wieder. Ich wurde im Innersten getroffen von Ihrem Singen. Jetzt bitte ich Sie, mir zu helfen, für meine wunde Seele Heilung zu finden.«

Tief bewegt schlang Sankey die Arme um die Schultern des Mannes, der einst sein Feind gewesen war. Und in jener Nacht fand der Fremde Jesus Christus als seinen persönlichen Heiland.

Bibellese: Ps. 139,1—12.

24. Dezember

Hat nicht Gott die Weisheit dieser Welt zur Torheit gemacht? (1. Kor. 1,20).

Menschen, die nicht an Jesus Christus glauben, sagen, diese alte Geschichte von den Weisen, dem Stern und den Hirten sei völlig widersinnig. Wie sollten drei Weise (Magier) einen einzigen Stern aus den unzähligen Milchstraßen herausgreifen und ihm zu einer kleinen Stadt in Palästina folgen? Ist es nicht widersinnig, daß eine Jungfrau ein Kind zur Welt bringt? Ist es nicht widersinnig, daß einfache Hirten den König aller Könige, die Hoffnung aller Zeitalter, in einem Stall finden?

Mag es auch widersinnig sein, *wahr* ist es doch, denn Jesus Christus wurde tatsächlich in jenem Stall zu Bethlehem geboren. Herodes, der damals eine so große Rolle spielte, ist heute nur deshalb bekannt, weil er versuchte, dieses Kind zu töten.

Wenn wir die 33 Jahre des Erdenlebens Jesu überdenken und sehen, wie er an ein Kreuz genagelt wurde und starb, sagt sich der normale Mensch: »Damit war es aus!« Genau das sagten sich einst die Leute mit gesundem Menschenverstand am Fuße des Kreuzes auch und gingen zur Stadt zurück, um noch eins zu trinken und sich einen vergnügten Abend zu machen. Aber der menschliche Verstand täuschte sich wieder einmal — denn Jesus war nicht am Ende. Im Gegenteil, er hatte erst angefangen!

Es ist demütigend zu sehen, daß unser menschlicher Verstand sich in wichtigen Dingen so sehr täuschen kann. Aber es ist eine gesunde Entdeckung. Dann sehen wir auch der Tatsache ins Auge, daß unser Verstand seit Adams Ungehorsam »verfinstert ist« (Eph. 4,18). Er braucht Gottes Rat, Gottes Stern, um in der dunklen Nacht des Lebens zur Wahrheit zu finden.

Bibellese: 1. Kor. 1,18—31.

25. Dezember

Denn euch ist heute der Heiland geboren, welcher ist Christus, der Herr, in der Stadt Davids (Lk. 2,11).

Der Heiland ist geboren.
Freu dich, du Christenheit!
Sonst wär'n wir gar verloren
in alle Ewigkeit.
Freut euch von Herzen, ihr Christen all,
kommt her zum Kindlein in den Stall!

Jesus Christus wurde in ärmlichsten Verhältnissen geboren, aber die Luft war vom Lob der himmlischen Heerscharen erfüllt. Als Wiege diente eine Futterkrippe in einem Stall. Ein Stern am Himmel zog vornehme Besucher aus fernen Landen an, die ihm huldigten.

Seine Geburt widersprach dem Gesetz des Lebens, sein Tod widersprach dem Gesetz des Todes. Kein Wunder ist so unerklärlich wie sein Leben und sein Lehren.

Er besaß keine Kornfelder und keinen Fischhandel, aber er konnte fünftausend Menschen sättigen und noch Brot und Fisch übrig haben. Er ging nicht auf weichen Teppichen, aber er wandelte auf dem Wasser, und es trug ihn. Seine Kreuzigung war das größte aller Verbrechen, aber Gott hatte angeordnet, daß unsere Erlösung mit nichts Geringerem als seinem Tod erkauft werden mußte. Als er starb, trauerten nur ein paar Menschen, aber ein schwarzer Schleier verhüllte die Sonne. Menschen zitterten nicht wegen ihrer Sünde, aber die Erde erbebte unter der Last. Die ganze Natur huldigte ihm, aber die Menschen verwarfen ihn. Niemals kam er mit der Sünde in Berührung. Die Verwesung konnte seinem Leib nichts anhaben. Der Erdboden, der sich unter seinem Blut rot gefärbt hatte, durfte seinen Leib nicht aufnehmen.

Drei Jahre lang predigte er das Evangelium. Er schrieb kein Buch, baute keine Kirche, hatte kein Geld zur Förderung seiner Arbeit. Aber nach fast 2000 Jahren ist er immer noch die große Zentralfigur der Weltgeschichte, das immer wiederkehrende Thema aller Verkündigung, der Angelpunkt, um den sich die Weltgeschichte dreht, der einzige, der neue, wiedergeborene Menschen schaffen kann.

War es nur der Sohn Marias, der vor fast 2000 Jahren am Horizont der Welt erschien? War es nur menschliches Blut, das auf Golgatha für die Erlösung sündiger Menschen vergossen wurde und das durch alle Jahrhunderte hindurch Wunder in Menschen und Völkern gewirkt hat? Was könnte ein denkender Mensch anders tun als ausrufen: »Mein Herr und mein Gott!«

Bibellese: Phil. 2,5—11.

26. Dezember

Man wird ihm den Namen Emmanuel geben; das heißt übersetzt: Gott mit uns (Mt. 1,23).

Vor Jahren erschien einmal eine auffallende Weihnachtskarte mit dem Titel »Wenn Jesus nicht gekommen wäre«. Sie bezog sich auf

Jesu Wort: »Wenn ich nicht gekommen wäre ...« (Joh. 15,22). Die Karte zeigte einen Pastor, der am Weihnachtsmorgen in seinem Studierzimmer in einen kurzen Schlaf gefallen war und dabei von einer Welt träumte, in die Jesus nicht gekommen war.

Im Traum schaute er sich in seiner Wohnung um, aber da war kein Tannengrün, keine Geschenke. Er ging auf die Straße, aber keine Kirche mit ihrem zum Himmel weisenden Turm war zu sehen, keine Weihnachtsglocken waren zu hören. Er kehrte in seine Wohnung zurück und setzte sich in seine Bibliothek, aber alles, was ihn an seinen Herrn erinnert hatte, war verschwunden. In seiner Not konnte er sich nicht an seinen Heiland wenden, der ihn hätte trösten, ermuntern und retten können.

Da läutete es an der Haustür. Ein Kind bat ihn, seine sterbende Mutter zu besuchen. Er eilte mit dem weinenden Kleinen davon. Am Bett der Sterbenden setzte er sich und sagte: »Ich lese Ihnen jetzt ein Wort, das Sie trösten wird.« Er schlug seine Bibel auf, um eine bekannte Verheißung zu suchen, aber das Buch endete mit dem Propheten Maleachi. Da war kein Evangelium, keine Verheißung der Hoffnung und Erlösung. Alles, was er tun konnte, war, traurig den Kopf zu senken und mit der Frau vor Verzweiflung zu weinen.

Zwei Tage später stand er an ihrem Sarg und mußte die Beerdigung halten. Aber keine Botschaft des Trostes, kein Wort von einer herrlichen Auferstehung, kein offener Himmel, sondern nur »Staub zu Staub und Erde zu Erde« und ein ewiger Abschied ohne Wiedersehen. Schließlich wurde ihm bewußt, daß Jesus nicht gekommen war, und er brach in bittere Tränen aus.

Plötzlich erwachte er mit einem Ruck und hörte, wie der Chor nebenan in seiner Kirche sang: »Herbei, o ihr Gläubigen, fröhlich triumphieret, o kommet, o kommet nach Bethlehem! Sehet das Kindlein, uns zum Heil geboren! O lasset uns anbeten, o lasset uns anbeten den König, den Herrn!« Vor Freude stieß er einen lauten Jubelruf aus und dankte Gott aus tiefstem Herzen, daß er seinen Sohn in diese Welt gesandt hatte.

Auch wir wollen uns heute freuen und fröhlich sein, weil Jesus

auf diese Erde gekommen ist, um an unserer Stelle zu sterben. Wir wollen aber auch an die Botschaft der Engel denken: »Siehe, ich verkündige euch große Freude, die allem Volk widerfahren wird, denn euch ist heute der Heiland geboren, welcher ist Christus, der Herr, in der Stadt Davids« (Lk. 2,10—11). Mögen sich unsere Herzen weit öffnen für die Menschen, die nichts von der eigentlichen Bedeutung des Weihnachtsfestes wissen. »Gehet hin, esset Fettes und trinket Süßes und sendet Teile davon auch denen, die nichts für sich zubereitet haben« (Neh. 8,10).
Bibellese: Joh. 10,10b; Tit. 2,11—14.

27. Dezember

Wo keine Weissagung ist, wird das Volk zügellos (Spr. 29,18).

Wenn wir Gott erkennen wollen oder eine Offenbarung von ihm erbitten, müssen wir auf ihn warten können. Dabei spielt die Zeit eine wesentliche Rolle. Unser Herz ist wie eine empfindliche fotografische Platte. Wenn Gott sich darin offenbaren soll, müssen wir lange warten und auf ihn harren. In einem bewegten, aufgewühlten See kann sich kein Gegenstand spiegeln.

Auch in nachbiblischer Zeit haben immer wieder Menschen Offenbarungen von Gott bekommen. William Carey, der große Indienmissionar, hatte eine göttliche Offenbarung und verließ seine Schuhmacher-Werkstatt; David Livingstone hatte eine göttliche Offenbarung und verließ alles, um Gottes Ruf in die Urwälder des Schwarzen Erdteils zu folgen. Hunderte von Missionaren hatten eine Offenbarung Gottes und stehen heute in den verschiedenen Kontinenten, um verlorenen Menschen das Evangelium von Jesus Christus zu verkündigen.

In unserer Seele herrscht selten völlige Stille. Gott spricht wohl unaufhörlich zu uns, aber wir hören seine Stimme nicht, weil uns der Lärm, die Hetze und die Dinge dieser Welt gefangennehmen.

Erst wenn unsere Seele zur Stille gekommen und der Lärm verebbt ist, hören wir das leise Reden Gottes.
Bibellese: 1. Sam. 3,1—14.

28. Dezember

Prüfet mich doch (Mal. 3,10).

Was Gott hier sagt, ist: »Mein Kind, ich habe immer noch Fenster im Himmel. Sie sind noch da. Sie gehen noch so leicht auf wie früher. Die Angeln wurden nicht rostig. Ich möchte sie lieber öffnen und Segen herabschütten, als sie geschlossen halten und den Segen zurückhalten. Ich öffnete sie für Mose, und das Meer teilte sich. Ich öffnete sie für Josua, und der Jordan floß zurück. Ich öffnete sie für Gideon, und die Feinde flohen. Ich will sie für dich öffnen — *wenn du es mir nur erlaubst.*

Der Himmel enthält immer noch dieselben Schätze wie früher. Die Quellen und Brunnen fließen immer noch über. Die Schatzkammern sind immer noch zum Bersten voll mit guten Gaben. Der Mangel ist nicht auf *meiner* Seite. Er ist auf deiner Seite. Ich warte. *Prüfe mich* doch jetzt. Erfülle die Bedingungen. Bring den ganzen Zehnten. Gib mir eine Chance!«

Ich vergesse nie die kurze Auslegung meiner Mutter zu Mal. 3,10. Der Vers beginnt mit: »Bringet aber den Zehnten ganz in mein Kornhaus« und endet mit »ich will Segen herabschütten in überreicher Fülle«. Sie umschrieb den Satz wie folgt: »Gib alles, was er will, und nimm alle Verheißungen in Anspruch!« (Gordon).
Bibellese: Mal. 3,7—12.

29. Dezember

Wie deine Tage, so sei deine Kraft! (5. Mo. 33,25).

Eine kleine Uhr, die eben fertig geworden war, wurde in einem Uhrmacherladen auf ein Regal gestellt. Dort stand sie nun zwischen zwei älteren Uhren, die eifrig dabei waren, ihre Sekunden abzuticken.

»So, jetzt bist du also auch dran«, sagte eine der beiden Uhren. »Du tust mir leid. Jetzt zwar tickst du munter drauflos, aber warte nur, bis du 33 millionenmal getickt hast, dann wirst du am Ende deiner Kräfte sein.«

»Was, 33 millionenmal ticken!« rief die neue erschrocken. »Das schaffe ich nie!« Und vor Verzweiflung blieb sie sofort stehen. »Du dummes Ding«, mischte sich jetzt die andere Uhr ein. »Warum hörst du auch auf solche Redensarten? Es ist gar nicht schlimm. Du mußt nur immer einen Schlag auf einmal machen. Probier's noch einmal. So, das ist doch nicht schwer, oder? Und jetzt noch einen, der ist genauso leicht, und jetzt immer weiter.«

»Ach, das ist ja nicht schwierig!« rief die neue Uhr erleichtert. »Also fange ich nochmals an.« Und sie rappelte sich auf und tickte tapfer drauflos, immer nur einen Schlag auf einmal. Sie zählte nicht die Monate und nicht die Millionen Schläge. Aber am Ende des Jahres hatte sie 33 millionenmal getickt, ohne es zu merken.

Wenn wir als Christen doch auch nur einen Augenblick nach dem andern nehmen würden — und nicht das ganze Jahr auf einmal! »Täglich« heißt es im Vaterunser. »Es ist genug, daß ein jeglicher Tag seine eigene Plage habe«, sagt der Herr. Und »wie deine Tage, so deine Kraft« ist die Verheißung, die auch nach 4000 Jahren noch gilt.

Bibellese: 5. Mo. 33,24—29.

30. Dezember

Du wirst alle ihre Sünden in die Tiefe des Meeres werfen (Mi. 7,19).

Als Kind haben wir sicher auch manchmal am Rand eines Bächleins gestanden, das sich durch die Wiese schlängelte und haben uns an dem klaren Wasser erfreut. Meist führte das Bächlein nur wenig Wasser. In solch seichtem Wasser liegen alle Dinge offen zutage. Jedes Sandkörnchen ist sichtbar. Jedes bißchen Glimmer ist deutlich zu sehen. Jedes kleinste Kieselsteinchen liegt bloß. In seichtem Wasser kann nichts verborgen bleiben.

So ähnlich stellen wir uns oft die Vergebung unserer Sünden vor. Wir tun so, als hätte Gott sie nur in seichtes Wasser geworfen. Aber Gott handelt in seiner Gnade nicht so. Denn in Micha 7 lesen wir: »Er wird alle unsere Sünden *in die Tiefen* des Meeres werfen.«

Weshalb hat der Heilige Geist dieses Bild gewählt? Was bedeutet es eigentlich? Wir wissen, daß der Pazifische Ozean im Marianengraben vor der Küste Japans etwa 11 km tief ist. Stellen wir uns einmal eine Strecke von 11 km auf dem Land vor. Und nun diese Entfernung in die Tiefe! Was in diese fast nicht auszulotende Tiefe fällt, wird nie wieder ans Tageslicht kommen. Dort unten herrscht undurchdringliche Finsternis, die kein Lichtstrahl erhellt. Kein menschliches Auge kann in eine solche Tiefe blicken.

In einen solchen Abgrund des Vergessens hat Gott alle Sünden der Menschen geworfen, die seinen Sohn als ihren Retter und Erlöser annehmen. In Jesus Christus ist sein Werk der Sündenvergebung abgeschlossen und vollkommen. Er hat unsere Sünden nicht in das seichte Wasser eines Baches geworfen, wo unser Auge sie noch entdecken und unser Herz noch bekümmert sein könnte. Es entspricht nicht der Liebe Gottes und ehrt nicht den unausforschlichen Reichtum seiner Gnade, wenn wir noch über unsere Sünden traurig und beschwert sind.

Auch die Sünden dieses zu Ende gehenden Jahres hat Gott in die Tiefen des Meeres geworfen. Und das gilt für jeden, der Jesu stellvertretenden Opfertod im Glauben angenommen hat. Deshalb

»aufwärts froh den Blick gewandt und vorwärts fest den Schritt. Wir gehn an unsres Meisters Hand, und unser Herr geht mit«.
Bibellese: Mi. 7,18—20.

31. Dezember

Gedenke des ganzen Weges, durch den der Herr, dein Gott, dich geleitet hat (5. Mo. 8,2).

Wieder stehen wir an der Schwelle eines neuen Jahres. Vielleicht wird es ein Jahr großer Segnungen. Folgen wir dem, der vorangeht — dem einen, der einst vor seinem Volk herzog — als Wolke und Feuersäule, als ständiger Schutz, treuer Freund und Berater, als ein allmächtiger Heiland.

Wenn die Schatten länger werden und die Angst uns überfallen will, wenn Schmerzen uns quälen und wir im Tal der Trübsal wandeln müssen, aber auch wenn Freude winkt und wir auf sonnigen Wegen gehen dürfen, sollten wir »gedenken«, wie er uns bisher geführt und geleitet hat. Er wird auch weiterhelfen. Wenn Schatten der Vergangenheit uns verfolgen wollen, wenn die Schmerzen und Sorgen dieses Jahres uns niederdrücken und die Sonne verfinstern wollen, dann sollen wir vergessen, »was dahinten ist« und uns nach den Freuden, die vor uns liegen, ausstrecken. Paulus sagte: »Ich strecke mich aus nach dem, was vor mir ist.« Darin liegt ein Vorwärtsdrängen, das durch nichts aufgehalten und gehindert werden kann.

Wir schaffen uns unsere Hindernisse oft selbst. Dabei hat unser Herr alles getan, damit wir ihm jede Last abgeben können. Er bietet uns alles an, was wir brauchen: *Vergebung* für die Vergangenheit, *Hilfe* für die Gegenwart und *Zuversicht* für die Zukunft. Deshalb wollen wir im Blick auf das neue Jahr, das uns mit jedem Tag dem Kommen unseres Herrn näherbringt, »alles ablegen, was uns beschwert ... und uns ausstrecken nach dem, was vor uns ist« und mit einfältigem Herzen »aufsehen auf Jesus«.

Vergiß nicht, zu danken dem ewigen Herrn,
er hat dir viel Gutes getan.
Er kennt deine Sorgen und hilft dir so gern,
du darfst ihm, so wie du bist, nah'n.
Barmherzig, geduldig und gnädig ist er,
viel mehr, als ein Vater es kann.
Er warf unsre Sünde ins äußerste Meer.
Kommt, betet den Ewigen an!

Du kannst ihm vertrauen in dunkelster Nacht,
wenn alles verloren dir scheint.
Er liebt dich, auch wenn du ihm Kummer gemacht;
ist näher, als je du gemeint.

Im Danken kommt Neues ins Leben hinein,
ein Wünschen, das nie du gekannt,
daß jeder wie du Gottes Kind möchte sein,
vom Vater zum Erben ernannt.

In Jesus gehörst du zur ewigen Welt,
zum Glaubensgehorsam befreit.
Er hat dich in seine Gemeinde gestellt
und macht dich zum Dienen bereit.
Barmherzig, geduldig und gnädig ist er,
viel mehr, als ein Vater es kann.
Er warf unsre Sünde ins äußerste Meer.
Kommt, betet den Ewigen an!
Bibellese: Off. 1,7—20.

VERZEICHNIS DER ABKÜRZUNGEN

In diesem Andachtsbuch wurden die Bibeltexte in der Regel nach der Bibelübersetzung von Franz Eugen Schlachter wiedergegeben. Die biblischen Bücher wurden wie folgt abgekürzt:

AT

Mo = Mose
Jos = Josua
Ri = Richter
Sam = Samuel
Kö = Könige
Chr = Chronika
Es = Esra
Neh = Nehemia
Est = Esther
Hi = Hiob
Ps = Psalmen
Spr = Sprüche
Pr = Prediger
Hl = Hohelied
Jes = Jesaja
Jer = Jeremia
Klg = Klagelieder
Hes = Hesekiel
Dan = Daniel
Hos = Hosea
Jo = Joel
Am = Amos
Ob = Obadja
Jon = Jona
Mi = Micha
Na = Nahum
Hab = Habakuk
Zeph = Zephanja
Hag = Haggai
Sach = Sacharja
Mal = Maleachi

NT

Mt = Matthäus
Mk = Markus
Lk = Lukas
Joh = Johannes
Apg = Apostelgeschichte
Rö = Römer
Kor = Korinther
Gal = Galater
Eph = Epheser
Phil = Philipper
Kol = Kolosser
Th = Thessalonicher
Tim = Timotheus
Tit = Titus
Phim = Philemon
Pt = Petrus
Hb = Hebräer
Jak = Jakobus
Jd = Judas
Off = Offenbarung

Verzeichnis der Bibelstellen